한국어
선생님과
함께하는

TOPIK
한국어 문법

II

시대에듀

▍머리말 ▍

　　앞서 나온《한국어 선생님과 함께하는 TOPIK 한국어 문법 Ⅰ》에 이어 《한국어 선생님과 함께하는 TOPIK 한국어 문법 Ⅱ》를 발간하였다. 《한국어 선생님과 함께하는 TOPIK 한국어 문법 Ⅰ》이 초급 수준의 문법을 다룬 문법 사전이라면, 《한국어 선생님과 함께하는 TOPIK 한국어 문법 Ⅱ》는 중·고급 수준의 문법을 다룬 문법 사전이라고 할 수 있다.

　　표제어는《한국어 선생님과 함께하는 TOPIK 한국어 문법 Ⅰ》과 동일하게 국내외 한국어 중·고급 교재에서 선정하였다. 표제어의 의미는 쉽고 간결하게 설명하였고, 형태적 결합 정보는 표로 제시하여 한눈에 볼 수 있게 하였다. 또한 다양한 예문을 들어 표제어를 사용하는 맥락을 구체적으로 설명하여 혼자서도 충분히 학습할 수 있도록 하였다.

　　현재 집필진이 모두 한국어교육에 몸담고 있는 만큼 현장의 경험을 살려, 문법의 이론적인 측면 외에도 학습자들이 자주 범하는 오류 등을 분석하여 그 내용을 실었다. 문법 설명은 실제 수업에서 한국어 선생님이 설명하는 순서를 참고하였으므로 이 책에 제시된 순서대로 학습한다면 실제로 수업을 듣는 것과 유사한 효과를 얻을 수 있을 것이다. 또한 학습자들이 스스로 학습할 수 있도록 어려운 문법 용어는 가급적 피하고 실제 한국어 수업에서 허용되는 수준의 용어를 사용하여 설명하였다. 집필과 번역에 함께 참여한 김몽 선생님 역시 한국어교육 전공자이자 현재 한국어교육 현장에 있으므로 단순히 문법의 의미만을 번역하기보다는 한국어 문법과 중국어 문법의 특성을 고려하여 번역하였다.

　　우리 집필진은《한국어 선생님과 함께하는 TOPIK 한국어 문법 Ⅱ》편찬 작업의 시작부터 끝까지 사명감을 갖고 참여한 것에 자부심을 느낀다. 또한 중·고급 수준의 한국어 학습자들이 학습을 하다가 쉽고도 구체적인 설명이 필요할 때 이 책이 도움이 되기를 바란다. 마지막으로 보다 나은 모습으로 책을 만들어 주신 시대에듀에도 감사의 말씀을 전한다.

집필진 일동

序言

　　跟着《跟韩国语老师一起学习TOPIK韩国语语法Ⅰ》的发行，随后又发行了《跟韩国语老师一起学习TOPIK韩国语语法Ⅱ》。《跟韩国语老师一起学习TOPIK韩国语语法Ⅰ》是以初级水平为中心的语法，那么随后发行的《跟韩国语老师一起学习TOPIK韩国语语法Ⅱ》就可谓是以中·高级水平为中心的语法。

　　与《跟韩国语老师一起学习TOPIK韩国语语法Ⅰ》相同，中收录的词条(语法)参与了国内外中·高级韩国语教材。在说明上使每个语法既易懂又简洁，在形态上的结合通过列表的形式使读者一目了然。并给每个语法例举了多样的例句，更具体地说明了在实际状况中的使用方法，使学习者通过使用此语法可以达到自行学习的目的。

　　笔者现今工作在韩国语教育前线，精通语法理论，有着丰富的实际教学经验，因此在此书中使用了实际课堂上允许使用的通俗易懂的语法用语。在语法说明中借鉴了实际课堂中语法讲解的顺序，若使用者按照此书提示的顺序来学习，能达到类似实际课堂上语法授课的效果，这也是此书的一大优点。在此书中还载入了实际学习者们经常出现的错误，并且例举来分析说明，这也可谓是此书的一大特点。参与编辑的金梦翻译身为在教育前线从事韩国语教育专业的教师，不仅把翻译的重点投放在单纯语法意思的表达上，而且更者重把翻译的重点投放在韩国语语法和中国语语法的融会贯之中，使学习者更加轻松地理解并且达到快速了学习掌握韩国语的目的。

　　从开始到完成《跟韩国语老师一起学习TOPIK韩国语语法Ⅱ》的过程中，所有参加编辑的研究人员都通过编辑此语法感到自豪。希望学习韩国语的中·高级学习者们在遇到难以理解的语法需要既易懂又具体的说明时，能通过此语法得到帮助。

　　最后特别感谢竭尽全力为此书精心设计的出版社。

全体笔者

시험 안내

TOPIK

Test of Proficiency in Korean의 약자로 재외동포 및 외국인에게 한국어 학습의 방향을 제시하고 한국어 보급을 확대하고자 하는 시험이다. 나아가 그들의 한국어 사용 능력을 측정·평가한 결과는 국내 대학 유학 및 한국 기업체 취업 등에 활용하는 것을 목적으로 한다.

Test of Proficiency in Korean的缩写，是向在外同胞和外国人提示韩国语学习方向，扩大韩国语普及的考试。进而测定·评价他们的韩国语使用能力，其目的是用于国内大学留学及韩国企业就业等。

수준	TOPIK I		TOPIK II		
영역(시간)	듣기(40분)	읽기(60분)	듣기(60분)	쓰기(50분)	읽기(70분)
유형 및 문항 수	객관식 30문항	객관식 40문항	객관식 50문항	주관식 4문항	객관식 50문항
배점	100점	100점	100점	100점	100점
총점	200점		300점		

考试指南

대한민국에 체류하는 이민자가 한국 사회의 구성원으로 적응하고 자립할 수 있도록 지원하고, 필수적인 기본 소양(한국어, 한국 문화, 한국 사회 이해 및 시민 교육 등)을 체계적으로 함양할 수 있도록 마련한 사회통합교육이다.

为帮助滞留在韩国的移民者适应社会成员并自立，系统地培养必需的基本素质(韩国语，韩国文化，韩国社会理解，市民教育等)而准备的社会统合教育。

단계	0단계	1단계	2단계	3단계	4단계	5단계	
과정	한국어와 한국 문화					한국 사회 이해	
	기초	초급 1	초급 2	중급 1	중급 2	기본	심화
이수 시간	15시간	100시간	100시간	100시간	100시간	70시간	30시간
평가	없음	1단계 평가	2단계 평가	3단계 평가	중간 평가	영주용 종합평가	귀화용 종합평가
사전 평가 점수	구술시험 3점 미만 (필기점수 무관)	3~ 20점	21~ 40점	41~ 60점	61~ 80점	81~ 100점	–

일러두기

《한국어 선생님과 함께하는 TOPIK 한국어 문법 Ⅱ》는 중·고급 한국어 학습에서 쓰이는 419개의 문법으로 구성하였다. 각 문법의 주요 의미, 형태 정보, 시제 정보, 품사에 따른 결합 정보, 활용 정보 등을 설명하였고 문법의 의미를 명쾌히 알 수 있도록 예문을 제공하였다. 또한 필요한 때에는 심화 학습('더 생각해보기')에서 해당 문법을 좀 더 자세하게 설명하여 학습자의 이해를 돕도록 하였다. 세부 내용은 다음과 같다.

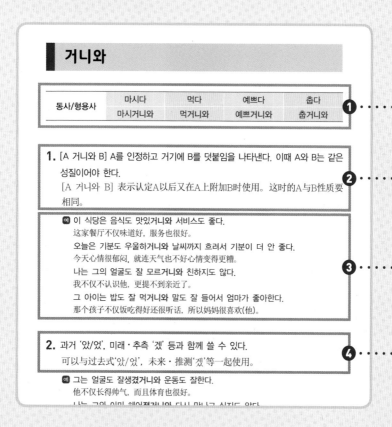

거니와

동사/형용사	마시다	먹다	예쁘다	춥다
	마시거니와	먹거니와	예쁘거니와	춥거니와

1. [A 거니와 B] A를 인정하고 거기에 B를 덧붙임을 나타낸다. 이때 A와 B는 같은 성질이어야 한다.
[A 거니와 B] 表示认定A以后又在A上附加B时使用。这时的A与B性质要相同。

예 이 식당은 음식도 맛있거니와 서비스도 좋다.
这家餐厅不仅味道好，服务也很好。
오늘은 기분도 우울하거니와 날씨까지 흐려서 기분이 더 안 좋다.
今天心情很郁闷，就连天气也不好心情变得更糟。
나는 그의 얼굴도 잘 모르거니와 친하지도 않다.
我不仅不认识他，更提不到亲近了。
그 아이는 밥도 잘 먹거니와 말도 잘 들어서 엄마가 좋아한다.
那个孩子不仅饭吃得好还很听话，所以妈妈很喜欢(他)。

2. 과거 '았/었', 미래·추측 '겠' 등과 함께 쓸 수 있다.
可以与过去式'았/었'，未来·推测'겠'等一起使用。

예 그는 얼굴도 잘생겼거니와 운동도 잘한다.
他不仅长得帅气，而且体育也很好。

凡例

《跟韩国语老师一起学习TOPIK韩国语语法Ⅱ》是以针对中·高级学习者使用的419个语法来编辑的。每个语法的说明都以意思的传达，形态信息，时态信息，词性的连接信息，活用信息的结构来表达。并且通过提供例文使语法的说明更加明确，在必要情况下，通过引申学习（'더 생각해보기'）对语法进行了更加详细地说明助于学习者的理解。详细内容如下。

❶ 결합하는 품사에 따른 기본적인 형태 정보를 제시하였다.

　　提供了基本的詞性連接形態信息。

❷ 간결하고 명확한 문장을 사용하여 해당 문법의 의미를 전달하였다. 학습자의 편의와 이해를 향상시키기 위해 연결 어미의 경우 [A (문법) B]로 표현하여 선행절(A)과 후행절(B)의 관계를 쉽게 이해할 수 있도록 하였다.

　　使用簡單明了的文章表達了關于語法的意思。在連接語尾的情況下以 [A (語法) B] 的形式，明確的表達了先行句 (A) 与后行句 (B) 的關系，提高了學習者的理解程度。

❸ 해당 문법마다 2~3가지의 예문을 제시하여 의미를 확실하게 이해할 수 있도록 하였다.

　　針對相應的語法提供了2~3个例文使語法的理解更加透徹。

❹ 학습자들이 실수하기 쉬운 시제 정보를 제공하여 학습자 스스로 학습할 수 있도록 하였다.

　　提供了學習者經常出現錯誤的時態信息，使學習者能夠自主學習。

5

더 생각해보기

'고 나서'와 '고2'의 차이 ('고2' → 초급 참고)
'고 나서'与 '고2'的区别 ('고2' → 参考初级)

'고 나서'와 '고' 모두 앞의 행위가 끝난 후에 뒤의 행위를 함을 나타낸다. 그러나 '고 나서'는 앞의 행위가 완전히 끝나고 뒤의 행위가 발생함을 강조할 때에 쓰므로, 순서를 강조할 때에는 '고 나서'를 더 많이 쓴다.
'고 나서'与 '고' 都表示前面的行为结束之后做后面的行为。但是'고 나서'表

6

7

❺ 친근한 캐릭터의 대화 형식으로 해당 문법의 맥락과 의미를 가장 대표적으로 나타
낼 수 있는 예문을 제시하여 그 문법이 사용되는 상황을 자연스럽게 이해할 수 있도록
하였다.

以親切可愛的卡通人物對話的形式，提供了最有代表性的語法例文，
使學習者自然而然的理解關于該語法的使用环境。

❻ '더 생각해보기'에서는 의미나 형태가 비슷한 두 문법의 차이를 설명하였으며, 의미적
차이나 형태적, 화용적 차이를 종합적으로 다루어 학습자의 이해를 도왔다.

通过'더 생각해보기'对意思类似或形态类似的两个语法之间的差异进行
了说明。帮助學習者概括了在意思上，形態上，話用上的語法區別。

❼ '중 · 고급, 중급, 고급'의 3가지 목차를 제시하여 필요시 찾아볼 수 있도록 하였다.

本书把目录分为'中·高级, 中级, 高级'，以便让学习者查找方便。

중·고급 문법 목차

ㅈ

ㅊ

ㅌ

부록

중급 문법 목차

ㄷ

ㅁ

ㅂ

ㅇ

ㅈ

ㅊ

부록

고급 문법 목차

ㄷ

ㅁ

ㅇ

부록

한국어
선생님과
함께하는

TOPIK
한국어 문법

중급
문법

거든

동사/형용사	가다	먹다	예쁘다	좋다
	가거든	먹거든	예쁘거든	좋거든

1. [A 거든 B] 구어적인 표현으로 A는 B의 조건이 된다.

[A 거든 B] 以口语的表达方式说明A是B的条件。

> 예 선생님을 만나거든 메모를 좀 전해 주세요.
> 如果见到老师的话请把便条转交给老师。
> 이 책을 다 읽거든 빌려 주시겠어요? 如果这本书都看完的话能不能借给我?
> 기분이 좋지 않거든 일찍 들어가세요. 如果心情不好的话请早点回去吧。

2. '거든' 뒤에는 명령 '(으)십시오, (으)세요', 청유 '(으)ㅂ시다, (으)ㄹ까요?', 그리고 의지를 나타내는 '겠, (으)ㄹ게요' 등이 주로 온다.

'거든'后常接表示命令的'(으)십시오, (으)세요', 劝诱的'(으)ㅂ시다, (으)ㄹ까요?', 和表示意志的'겠, (으)ㄹ게요'。

> 예 도움이 필요하거든 저한테 연락하세요. 如果需要帮助的话请联系我。
> 시험에 붙거든 축하 파티를 엽시다. 如果考试合格的话我们开庆祝派对吧。
> 바쁘거든 나중에 연락할게요. 如果你忙的话以后联系。

ㄱ
ㄴ

ㄷ
ㅁ
ㅂ

ㅇ

ㅈ
ㅊ

3. 앞에 명사가 오면 '(이)거든'으로 쓴다.

前面接名词变为'(이)거든'来使用。

예 좋은 사람**이거든** 한번 만나 보세요. 是个不错的人, 见一面看看吧。

집에 도착하거든 전화해 주세요.

알았어요. 걱정 마세요.

더 생각해보기

'거든'과 '(으)면'의 차이 ('(으)면' → 초급 참고)

'거든'与'(으)면'的区别 ('(으)면' → 参考初级)

'거든'과 '(으)면' 모두 조건을 나타낸다. 그러나 '거든'은 뒤에 '겠, (으)ㄹ게요' 등과 같은 의지를 나타내는 평서형 문장과 명령형, 청유형 문장만 쓸 수 있다. '(으)면'은 문장 종류에 상관없이 쓸 수 있다.

'거든'与'(으)면'都是表达条件的语法。但'거든'后只能接表示意志的'겠, (으)ㄹ게요'等类似的叙述型, 命令型, 劝诱型句型, '(으)면'可以用在任何种类的文章当中。

예 한국에 도착하거든 전화하세요. (○) 到了韩国请打电话。
한국에 도착하면 전화하세요. (○)

수업이 끝나거든 집에 갑니다. (×)
수업이 끝나면 집에 갑니다. (○) 下课的话就回家。

거든요

동사/형용사	가다	먹다	예쁘다	춥다
	가거든요	먹거든요	예쁘거든요	춥거든요

1. 구어적인 표현으로 이유를 나타낼 때 쓴다. 이때 문장 끝에 쓴다.

以口语的表达方式表示理由时使用。这时用在文章句尾。

> 예 가 : 오늘 왜 이렇게 일찍 가요? 今天为什么走的这么早?
> 나 : 몸이 좀 안 좋거든요. (因为)身体不太好。
>
> 가 : 비빔밥을 먹을 때 고추장을 왜 빼고 먹어? 吃拌饭的时候为什么不加辣椒酱?
> 나 : 난 매운 걸 못 먹거든. (因为)不能吃辣的。

2. 어떤 이야기를 전제로 말할 때 쓴다.

表示为某谈话的前提时使用。

> 예 저 요즘 태권도를 배우러 다니거든요. 태권도를 배우니까 몸도 건강해지는 것
> 같아요. 我最近在学习跆拳道。学习跆拳道身体好像变得健康了。
> 우리 옆집에 연예인이 살거든요. 그런데 오늘 아침에 봤는데 그냥 평범해 보이
> 더라고요. 我家邻居住着演员。但是今天早上看起来和平凡的人一样。

3. 과거 '았/었', 미래·추측 '(으)ㄹ 것이다' 등과 함께 쓸 수 있다.

与过去'았/었', 未来·推测'(으)ㄹ 것이다'等一起使用。

> 예 가 : 어제 왜 전화 안 받았어요? 昨天为什么没接电话啊?
> 나 : 아파서 약 먹고 일찍 잤거든요. (因为)生病了所以吃了药很早就睡了。
>
> 가 : 왜 수영복을 사요? 为什么买泳衣啊?
> 나 : 내일 바다로 놀러 갈 거거든요. (因为)明天去海边玩儿。

4. 앞에 명사가 오면 '(이)거든'으로 쓴다.

前面接名词变为'(이)거든'来使用。

> 예 유리가 우리 반에서 제일 예쁜 여학생이거든요. 그래서 그런지 눈이 정말 높아요.
> 刘丽是我们班长得最漂亮的女学生。因此她的眼光很高。

가 : 두 사람이 똑같은 반지를 끼고 있네. 两个人戴着一样的戒指。
나 : 두 사람은 연인이거든. (因为)两个人是情侣。

오늘 피곤해 보여요.

어제 밤을 새웠거든요.

게 마련이다

동사/형용사	가다	먹다	예쁘다	춥다
	가게 마련이다	먹게 마련이다	예쁘게 마련이다	춥게 마련이다

1. 그러한 일이 당연히 생길 수 있음을 나타낸다.

表示当然会出现某事实时使用。

> 예 누구나 아프면 부모님이 생각나게 **마련이에요**. 无论是谁，生病的话就会想起父母。
> 사람은 누구나 늙게 **마련입니다**. 无论是谁，都会变老。
> 습도가 높으면 불쾌지수도 높게 **마련이지요**. 湿度高的话不愉快指数就会上升。
> 사랑을 하면 예뻐지게 **마련이다**. 恋爱的话谁都会变得漂亮。

2. 비슷한 표현으로 '기 마련이다'가 있다. ('기 마련이다' → 23쪽 참고)

类似的语法有'기 마련이다'。('기 마련이다' → 参考23页)

> 예 살다 보면 힘든 일이 생기게 **마련이다**. 生活中都会遇到困难。
> 살다 보면 힘든 일이 생기기 **마련이다**.

그 선수가 드디어 금메달을 땄대.

꾸준히 노력하면 성공하게 마련이지.

게 하다

동사	마시다	찾다
	마시게 하다	찾게 하다

1. 다른 사람에게 어떤 일을 시키거나 사물이 어떤 일을 할 수 있도록 해 줌을 나타낸다.

표示使别人做某事或使事物能够做成某事时使用。

> 예 엄마는 아이에게 음식을 골고루 먹게 한다. 妈妈让孩子不挑食。
> 선생님은 학생들에게 모르는 단어를 사전에서 찾게 한다.
> 老师让学生们用字典找不认识的单词。
> 수리 기사는 세탁기가 잘 돌아가게 해 주었다.
> 修理工使洗衣机从新启动。

2. 과거 상황에 대해 말할 때는 '게 했다'로 쓰고 미래·추측 상황에 대해 말할 때는 '게 하겠다, 게 할 것이다'의 형태로 쓴다.

对过去状况叙述时用'게 했다', 未来·推测的状况叙述时用'게 하겠다, 게 할 것이다'的形式表达。

> 예 선생님이 수업 시간에 한국어로 말하게 했어요.
> 老师上课期间使学生们使用韩国语来讲话。
> 내 아이는 아무거나 잘 먹게 할 거예요. 要让我的孩子不挑食。

요즘 부모들은 아이들한테 너무 공부만 하게 하는 것 같아.

맞아. 나는 그렇게 하지 않을 거야.

게2

동사	가다	먹다
	가게	먹게

1. [A 게 B] A가 B의 목적이 된다. A에는 원하는 행위나 상태가 오고, B에는 그
것을 위해 하는 행동이 온다.

[A 게 B] A是B的目的。A为想要达到的行为或状态，B为达成此行为或状
态的行动。

> 예 선생님, 잘 보이게 써 주세요. 老师，为了看得清楚一些请大点儿写。
> 모두 배불리 먹을 수 있게 음식을 많이 만들었어요.
> 为了让大家都能吃饱，做了充足的食物。

2. 비슷한 표현으로 '도록'이 있다. ('도록' → 149쪽 참고)

类似的语法有'도록'。('도록' → 参考149页)

> 예 실수하지 않게 신중하게 판단하세요. 为了不出现失误，请慎重地判断。
> 실수하지 않**도록** 신중하게 판단하세요.

ㄱ
ㄴ

ㄷ
ㅁ
ㅂ

ㅇ

ㅈ
ㅊ

잘 들리게 큰 소리로 말해 봐요.

알았어요.

고 나서

동사	마시다	찾다
	마시고 나서	찾고 나서

1. [A 고 나서 B] A를 한 후에 B를 하거나 B의 상태가 됨을 나타낸다.

[A 고 나서 B] 表示先做A之后做B，或者变为B的状态。

> 예 숙제를 끝내고 나서 친구를 만날 거예요. 打算做完作业之后再去见朋友.
> 식사를 하고 나서 커피를 마십시다. 吃完饭之后再喝咖啡.
> 선생님의 설명을 듣고 나서 이해가 되었어요. 听完了老师的说明才理解了.

2. 과거 '았/었', 미래·추측 '겠, (으)ㄹ 것이다' 등과 함께 쓸 수 없다.

与过去的'았/었'，未来·推测'겠, (으)ㄹ 것이다'等不能一起使用。

> 예 어제 영화를 보고 나서 밥을 먹었어요. (○) 昨天看完电影之后吃了饭.
> 어제 영화를 봤고 나서 밥을 먹었어요. (×)
>
> 주말에 집안일을 하고 나서 산책할까 해요. (○) 打算周末做完家务再去登山.
> 주말에 집안일을 하겠고 나서 산책할까 해요. (×)

3. '고 나서'는 시작과 끝이 명확한 동사만 쓴다. 따라서 '일어나다, 가다, 오다' 등은 행위가 끝났지만 끝난 상태가 지속되면서 뒤의 행위가 발생하는 것이므로 같이 쓰지 않는다.

'고 나서'的开始和结束只能使用明确的动词。所以'일어나다, 가다, 오다' 等表示行为虽然结束但状态仍然持续但后面的行为仍在发生时不能一起使用。'

> 예 일어나고 나서 이를 닦았어요. (×)
> 일어나서 이를 닦았어요. (○) 起床之后刷了牙.
> 학교에 오고 나서 예습을 했어요. (×)
> 학교에 와서 예습을 했어요. (○) 来到学校之后预习了.

수업이 끝나고 나서 뭐 할 거예요? 집에 갈 거예요.

더 생각해보기

'고 나서'와 '고2'의 차이 ('고2' → 초급 참고)
'고 나서'与'고2'的区别 ('고2' → 参考初级)

'고 나서'와 '고' 모두 앞의 행위가 끝난 후에 뒤의 행위를 함을 나타낸다. 그러나 '고 나서'는 앞의 행위가 완전히 끝나고 뒤의 행위가 발생함을 강조할 때에 쓰므로, 순서를 강조할 때에는 '고 나서'를 더 많이 쓴다.
'고 나서'与'고'都表示前面的行为结束之后做后面的行为。但是'고 나서'表示强调前面的行为完全结束后做后面的行为时使用, 表示强调顺序时更多使用'고 나서'。

예 준비 운동을 하고 나서 수영장에 들어가세요.
做完准备运动之后再进入游泳馆。
손을 씻고 나서 식사를 해야 합니다.
要洗完手之后再吃饭。

고말고요

동사/형용사	가다	먹다	예쁘다	춥다
	가고말고요	먹고말고요	예쁘고말고요	춥고말고요

1. 상대방의 말을 듣고 당연히 그렇다거나 그렇게 할 거라고 대답할 때 쓴다.

表示在听完对方的话之后，表示完全认可或积极的接受对方的观点时使用。

예 가 : 강아지가 그렇게 예뻐요? 小狗那么可爱吗?
　 나 : **예쁘고말고요.** 저는 나중에 꼭 수의사가 될 거예요.
　　　　当然(可爱)了。以后我要成为兽医。

　 가 : 유리 씨 좋아하지요? 喜欢刘丽吧?
　 나 : **좋아하고말고요.** 친한 친구인데요. 当然喜欢了，(我们)是要好的朋友。

　 가 : 주말 모임에 올 거지요? 会来参加周末的聚会吧?
　 나 : **가고말고요.** 마지막 모임이니 꼭 가야죠.
　　　　当然了，因为是最后的聚会当然要参加。

2. 과거 '았/었'과 함께 쓸 수 있다.

可以与过去式'았/었'一起使用。

예 가 : 네 어머니가 옛날에 그렇게 예뻤다면서? 听说你的妈妈从前很漂亮?
　 나 : 그럼, **예뻤고말고.** 동네에서 아주 유명했대.
　　　　是啊，(当然漂亮)在附近都很有名。

　 가 : 점심 먹었어요? 吃午饭了吗?
　 나 : **먹었고말고요.** 지금 시간이 3시인데요. 当然吃过了，现在都3点了。

유리 씨, 수영 잘해요?

그럼요, 잘하고말고요.

고 말다1

동사	포기하다	울다
	포기하고 말다	울고 말다

1. 원하지 않는 어떤 일이 일어났음을 나타낸다. 이때 '고 말았다'의 형태로 쓴다.
表示发生了不希望发生的事时使用。这时用'고 말았다'来表达。

> 예 끝까지 해 보려고 했지만 중간에 포기하**고 말았다**. 想坚持到最后, 但是中途放弃了。
> 아무리 힘들어도 울지 않으려고 참았으나 결국 울**고 말았다**.
> 不管有多辛苦都想忍住眼泪, 但是最后还是哭了。

2. '고 말다' 앞에 '결국, 드디어, 마침내, 끝내' 등이 자주 온다.
'고 말다'前面常接'결국, 드디어, 마침내, 끝내'。

> 예 3년 동안 사귀었던 여자 친구와 **결국** 헤어지**고 말았어요**.
> 和交往了3年的女朋友最后还是分手了。
> 무리하게 사업을 늘리더니 **끝내** 망하**고 말았다**.
> 不合理的扩张事业结果还是破产了。

시험에 합격했어요?

아니요, 열심히 했지만 떨어지고 말았어요.

더 생각해보기

'고 말다1'와 '아/어 버리다'의 차이 ('아/어 버리다' → 171쪽 참고)
'고 말다1'与 '아/어 버리다'的区别 ('아/어 버리다' → 参考171页)

'고 말다'는 원하지 않는 일이 발생해서 안타까운 마음을 나타내며, '아/어 버리다'는 안타까운 마음을 나타내기도 하고 시원한 마음을 나타내기도 한다. 따라서 안타까운 마음을 나타낼 때에는 '고 말다'와 '아/어 버리다'를 모두 쓸 수 있고, 시원한 마음을 나타낼 때에는 '아/어 버리다'만 쓸 수 있다.
'고 말다'表示发生了不希望发生的事实而感到遗憾, '아/어 버리다'也表示遗憾, 还表示希望的事实达成时使用。在表示遗憾时都可以使用'고 말다'与'아/어 버리다'。表示希望的事实达成时只能使用'아/어 버리다'。

1) 안타까운 마음을 나타내는 경우
   表示遗憾时

   예 급하게 길을 건너다가 넘어지고 말았어요. (○) 冲忙地穿过马路结果跌倒了。
   급하게 길을 건너다가 넘어져 버렸어요. (○)

2) 시원한 마음을 나타내는 경우
   希望的事实达成时

   예 날씨가 너무 더워서 머리를 짧게 잘라 버렸어요. (○)
   天气太热了所以把头发剪短了。
   날씨가 너무 더워서 머리를 짧게 자르고 말았어요. (×)

고 보니

동사	마시다	찾다
	마시고 보니	찾고 보니

1. [A 고 보니 B] A를 한 후에 B를 새롭게 알게 됨을 나타낸다. 이때 보통 과거형으로 문장이 끝난다.

   [A 고 보니 B] 表示做完A之后发现了新的事实B。这时句子通常以过去式结尾。

   > 예 선생님 얘기를 듣고 보니 이제 이해가 되네요. 听完老师的话现在才理解。
   >
   > 그 사람을 만나고 보니 내가 예전에 알던 사람이었다.
   > 见到那个人才知道那个人是从前认识的人。
   >
   > 막상 옷을 입고 보니 나한테 꽤 잘 어울리는 것 같았다.
   > 穿上衣服才知道(这件衣服)好像挺适合我。

2. 과거 '았/었' 등과 함께 쓸 수 없다.

   不能与过去式'았/었'等一起使用。

   > 예 청소를 끝내고 보니 벌써 점심때가 다 되었다. (○)
   > 打扫卫生结束后才知道已经到了中午。
   >
   > 청소를 끝냈고 보니 벌써 점심때가 다 되었다. (×)

민수 씨랑 아는 사이예요?

네, 알고 보니 초등학교 동창이더라고요.

더 생각해보기

'고 보니'와 '다 보니(까)'의 차이 ('다 보니(까)' → 126쪽 참고)
'고 보니'与'다 보니(까)'的区别 ('다 보니(까)' → 参考126页)

'다 보니(까)'는 어떤 일을 하다가 알게 된 상황을 나타낼 때 쓰고 '고 보니'는 어떤 일을 다 끝내고 나서 알게 된 상황을 나타낸다.
'다 보니(까)'表示在做某事的途中发现的状况。'고 보니'表示某事结束后发现的某状况。

예 시험을 보다 보니 모르는 단어가 너무 많았다. (시험을 보는 도중에 알게 된 사실)
考试的途中发现不懂的单词很多。(考试的途中发现的事实)
시험을 보고 보니 모르는 단어가 너무 많았다. (시험이 다 끝난 후에 알게 된 사실)
考试完了试才发现不懂的单词很多。(考试结束后发现的事实)

고 해서

동사/형용사	가다	먹다	예쁘다	춥다
	가고 해서	먹고 해서	예쁘고 해서	춥고 해서

1. [A 고 해서 B] B를 하게 되는 여러 가지 이유 중에서 A가 대표적인 이유임을
나타낸다.
[A 고 해서 B] 表示为了做B的各种理由当中，A为代表性的理由。

> 例 날씨도 좋고 해서 산책이나 하려고 해요. 天气也很好打算去散步。
> 할 일도 없고 해서 일찍 들어왔어요.
> 因为没有特别要做的事，所以提早进来了。
> 기분도 우울하고 해서 친구랑 술 마시기로 했어요.
> 心情也很郁闷决定了和朋友一起喝酒。

2. 과거 '았/었', 미래·추측 '겠, (으)ㄹ 것이다' 등과 함께 쓸 수 있다.
与表示过去'았/었'，未来·推测'겠，(으)ㄹ 것이다'等一起使用。

> 例 수업도 끝났고 해서 좀 쉬려고 해요. 课也结束了打算休息一会儿。
> 친구들도 올 거고 해서 방 청소를 했어요. 朋友也要来所以打扫了房间。

3. 앞에 명사가 오면 '(이)고 해서'로 쓴다.
前面接名词变为'(이)고 해서'来使用。

> 例 휴일이고 해서 영화나 볼까 하고 나왔어요. 因为是周末打算看看电影所以出来了。

여기서 뭐 해요?

할 일도 없고 해서 그냥 산책하고 있어요.

고서

동사	마시다	찾다
	마시고서	찾고서

1. [A 고서 B] A를 한 후에 B를 하거나 B의 상태가 됨을 나타낸다. 이때 B는 A의 영향을 받는다.

[A 고서 B] 表示做完A之后做B或者变为B的状态时使用。这时的B受A的影响。

> 📖 합격 소식을 듣고서 매우 기뻤어요. 听到了合格的消息之后很开心。
> 친구하고 심하게 다투고서 마음이 안 좋았어요. 和朋友吵架之后心情很不好。
> 급한 일을 먼저 끝내고서 이야기합시다. 等急事结束后再谈吧。
> 창문을 열고서 상쾌한 공기를 마셔 보세요. 开完窗之后请尝试呼吸新鲜(凉)的空气。

2. 비슷한 표현으로 '고 나서'가 있다. ('고 나서' → 10쪽 참고)

类似的语法有'고 나서'。('고 나서' → 参考10页)

> 📖 계단에서 넘어지고서 한참을 일어나지 못했어요.
> 在楼梯上跌倒了很久都没能站起来。
> 계단에서 넘어지고 나서 한참을 일어나지 못했어요.

3. 과거 '았/었', 미래·추측 '겠, (으)ㄹ 것이다' 등과 함께 쓸 수 없다.

不能与过去的'았/었', 未来·推测'겠, (으)ㄹ 것이다'等一起使用。

> 📖 작년에 운전을 배우고서 바로 차를 샀어요. (○) 去年学完开车之后马上就买了车。
> 작년에 운전을 배웠고서 바로 차를 샀어요. (×)
>
> 학교를 졸업하고서 결혼할 거예요. (○) 学校毕业后打算结婚。
> 학교를 졸업하겠고서 결혼할 거예요. (×)

감기는 많이 좋아졌어요?

네, 약을 먹고서 다 나았어요.

고는

동사	마시다	찾다
	마시고는	찾고는

1. [A 고는 B] A를 한 후에 B를 했거나 B의 상태가 되었음을 나타낸다. 이때 B에는 기대와 다른 행동이나 변화된 상황이 오며, 주로 과거형 문장이 온다.
   [A 고는 B] 表示做完A之后做了B或者变为B的状态。这时的B为与期待相反的行为，或为已经变化的状态，主要用于过去式的句型。

   예 식사를 하고는 돈도 안 내고 급하게 나가 버렸다.
   吃完饭还没有结账就匆忙地出去了。
   몇 분 이야기하고는 바로 친구가 되었다. 聊了几分钟马上就成为朋友了。
   민수가 친구하고 싸우고는 괜히 나한테 짜증을 냈다.
   民秀和朋友吵架后，莫名其妙地和我发脾气。
   영호 씨가 성공하고는 좀 달라진 것 같아요. 英浩那个人成功以后变了。

   어제 숙제 안 했어요?

   아니요. 해 놓고는 안 가져왔어요.

곤 하다

동사	마시다	찾다
	마시곤 하다	찾곤 하다

1. 같은 행위를 습관적으로 함을 나타낸다.

表示习惯性的做同样的行为时使用。

> 예 수업이 끝나면 친구들하고 같이 농구를 하곤 해요.
> 下课后经常和朋友们一起打篮球。
> 스트레스를 받으면 음악을 듣곤 합니다. 压力大时经常听音乐。
> 부모님이 보고 싶을 때마다 전화를 하곤 하지요. 想念父母时经常打电话。

2. 일상적으로 반복되는 일에는 쓰지 않는다.

不使用在日常中反复发生的事情上。

> 예 매일 아침에 세수를 하곤 해요. (×)
> 날마다 학교에 가곤 해요. (×)

3. 지금은 하지 않는 과거 습관에 대해 말할 때는 '곤 했다'를 쓴다.

对现在不做但过去习惯的事实表达时用'곤 했다'。

> 예 어렸을 때는 그곳에 자주 가곤 했어요. 小时候经常去那个地方。
> 예전에는 밥을 먹은 후에 담배를 피우곤 했어요. 从前吃饭后就吸烟。

시간 있을 때 보통 뭐 해요?

시간이 나면 도서관에 가곤 해요.

기

동사/형용사	가다	먹다	건강하다	춥다
	가기	먹기	건강하기	춥기

1. 동사나 형용사와 함께 쓰여 문장에서 명사처럼 쓴다.

与动词和形容词一起使用在句中变为名词。

> 예 한국은 생활하**기**가 편해요. 韩国的生活很方便.
> 제 취미는 책 읽**기**예요. 我的爱好是看书.
> 나는 밖에 나가**기**가 싫어. 我不喜欢出门.
> 부모님이 건강하**기**를 바랍니다. 希望父母健康.
> 올해는 참 춥**기**도 하네요. 今年真冷.

2. 동사와 함께 쓰여 어떤 일을 메모하거나 알릴 때 문장 끝에 쓴다.

与动词一起使用表示在记录某事或通知某事时使用.

> 예 오전에 은행에 가서 돈 찾**기**. 上午去银行取钱.
> 주말에 시험 준비하**기**. 周末准备考试.
> 쓰레기 버리지 않**기**. 不要(随意)扔垃圾.

3. 과거 '았/었', 미래·추측 '겠, (으)ㄹ 것이다' 등과 함께 쓸 수 없다.

不可以与过去式'았/었', 未来·推测'겠, (으)ㄹ 것이다'等一起使用.

> 예 한국어 배우**기**가 어려웠어요. (○) 学习韩国语很难.
> 한국어 배웠기가 어려웠어요. (×)

취미가 뭐예요?

제 취미는 사진 찍기예요.

'기'와 '는 것'의 차이 ('는 것' → 초급 참고)
'기'与'는 것'的区别 ('는 것' → 参考初级)

'기'와 '는 것'은 동사나 형용사를 명사로 바꿔 주는 역할을 한다. 그러나 '기'는 '는 것'에 비해 더 제한적으로 사용된다. '기(를) 바라다, 기 시작하다, 기(가) 좋다[싫다], 기(가) 쉽다[어렵다], 기(가) 편하다[불편하다]' 등과 같은 경우를 제외하고는 보통 '는 것'을 사용하는 것이 더 자연스럽다. ('기(를) 바라다' → 34쪽 참고) ('기 시작하다' → 35쪽 참고) ('기(가)+(형용사)' → 26쪽 참고)

'기'与'는 것'起到把动词形容词变为名词的作用。但'기'比起'는 것'使用上更具有限制性，除了与'기(를) 바라다, 기 시작하다, 기(가) 좋다[싫다], 기(가) 쉽다[어렵다], 기(가) 편하다[불편하다]'等一起使用外，其它都用'는 것'来表达更为自然。('기(를) 바라다' → 参考34页) ('기 시작하다' → 参考35页) ('기(가)+(形容词)' → 参考26页)

예 꼭 성공하기를 바랍니다. 希望(你)一定要成功。
　　갑자기 비가 오기 시작했어요. 突然下起了雨。
　　저는 한국어 배우기가 어려워요. 我学习韩国语很难。

　　저는 먹는 것을 좋아해요. 我喜欢吃东西。
　　한국어 배우는 것이 재미있어요. 学习韩国语很有趣。

기 마련이다

동사/형용사	가다	먹다	예쁘다	춥다
	가기 마련이다	먹기 마련이다	예쁘기 마련이다	춥기 마련이다

1. 그러한 일이 당연히 생길 수 있음을 나타낸다.

表示用于当然会发生某事时使用。

> 예 누구나 아프면 부모님이 생각나**기 마련이에요**. 无论是谁，生病的话都会想起父母。
> 시간이 지나면 사회도 변하고 사람도 변하**기 마련이다**.
> 时间流逝社会在变化当然人也会变的。
> 습도가 높으면 불쾌지수도 높**기 마련이지요**.
> 湿度上升的话不愉快指数当然也会变高。
> 사랑을 하면 예뻐지**기 마련이다**. 恋爱的话谁都会变得漂亮。

2. 비슷한 표현으로 '게 마련이다'가 있다. ('게 마련이다' → 7쪽 참고)

类似的语法有'게 마련이다'。('게 마련이다' → 参考7页)

> 예 살다 보면 힘든 일이 생기**기 마련이다**. 生活中都会遇到困难。
> 살다 보면 힘든 일이 생기**게 마련이다**.

> 그 배우도 많이 늙었더라.

> 사람은 누구나 늙기 마련이잖아.

기 위해서

동사	하다	찾다
	하기 위해서	찾기 위해서

1. [A 기 위해서 B] A를 이루고자 B를 하는 것을 나타낸다. 이때 A에는 너무 일 상적이거나 사소한 일은 쓰지 않는다.

[A 기 위해서 B] 表示为了达成A来做B。这时的A不用在过于日常或琐碎的 事情上。

> 예 저는 한국어를 배우**기 위해서** 한국에 왔어요. 我为了学习韩国语来到了韩国。
>
> 저는 성공하**기 위해서** 열심히 노력하고 있습니다. 我为了成功正在努力。

2. '기 위해서'의 '서'를 생략하여 '기 위해, 기 위하여'로 쓸 수 있다.

可以省略'기 위해서'的'서'变为'기 위해, 기 위하여'来使用。

> 예 시장 조사를 하**기 위해** 명동에 가려고 합니다. 为了做市场调查所以要去明洞。
>
> 저는 건강을 지키**기 위하여** 매일 운동을 합니다. 我为了保持健康所以每天运动。

3. 뒤에 오는 명사를 꾸며 줄 때에는 '기 위한+(명사)'로 쓴다.

修饰后面的名词时用'기 위한+(名词)'来表达。

> 예 공부를 잘하**기 위한** 방법을 좀 알고 싶습니다. 想知道能够学好习的方法。
>
> 어려운 사람을 돕**기 위한** 사람들의 노력이 보기 좋네요.
>
> 为了帮助有困难的人, 大家努力的样子看起来很棒。

4. 명사와 함께 쓸 때에는 '을/를 위해서'로 쓴다.

与名词一起使用时用'을/를 위해서'来表达。

> 예 부모님은 저를 **위해서** 많은 희생을 하십니다. 父母为了我付出了很大的牺牲。
> 우리의 즐거운 직장 생활을 **위해서** 건배합시다. 为了我们愉快的职场生活干杯吧。

저축을 참 열심히 하네요.

여행 가기 위해서 돈을 모으는 중이에요.

더 생각해보기

'기 위해서'와 '(으)려고', '고자'의 차이 ('(으)려고' → 초급 참고) ('고자' → 328쪽 참고)
('기 위해서'与'(으)려고', '고자'的区别 ('(으)려고' → 参考初级) ('고자' →
参考328页)

1) '기 위해서'와 '(으)려고', '고자' 모두 어떤 것을 이루려는 목적을 나타낸다. 그러나
   '(으)려고'와 '고자' 뒤에는 명령형과 청유형 문장을 쓸 수 없다.
   '기 위해서'与'(으)려고', '고자'都表示达成某目的。但'(으)려고'与'고자'后不
   能使用表示命令或劝诱的句型。

   > 예 건강해지기 위해서는 담배를 끊으세요. (○) 为了变得健康请把烟戒掉。
   > 건강해지려고 담배를 끊으세요. (×)
   > 건강해지고자 담배를 끊으세요. (×)

2) '고자'는 '기 위해서'와 '(으)려고'에 비해서 더 공식적이고 문어적인 표현이며, 말
   할 때에는 '(으)려고'가 가장 많이 쓰인다.
   '고자'比起'기 위해서', '(으)려고'更加正式并且是书面表达方式。在口语
   中最常使用的为'(으)려고'。

   > 예 사람은 행복을 누리고자 많은 노력을 한다.
   > 为了享受幸福因而付出很多努力。
   > 김치를 담그려고 시장에서 배추를 샀어요. 为了腌辛奇所以去市场买了白菜。

기가

동사	가다	먹다
	가기가	먹기가

1. [A 기가 B] '가+가'의 형태로, A를 하는 데 있어서 B와 같이 판단함을 나타낸다. 이때 B에는 '쉽다, 어렵다, 좋다, 나쁘다, 편하다, 불편하다, 힘들다' 등과 같은 일부 형용사만 온다.

   [A 기가 B] 以'기+가'的形态表示在做A的同时做出了类似B的判断。这时的B与'쉽다, 어렵다, 좋다, 나쁘다, 편하다, 불편하다, 힘들다'等一部分形容词一起使用。

   예 이 단어는 발음하**기가 어렵다**. 这个单词发音很难。
   이 음식은 맵지 않아서 아이들이 먹**기가 좋아요**. 这道菜不辣适合孩子们来吃。
   새로 이사 간 집은 교통이 편해서 학교 다니**기가 편해요**.
   新搬的家交通很便利去学校很方便。

2. '기가'의 '가'를 생략할 수 있다.

   可以省略'기가'的'가'来使用。

   예 다리를 다쳐서 걷**기가 힘들다**. 弄伤了腿走起路来很吃力。
   다리를 다쳐서 걷**기 힘들다**.

의자가 너무 높아서 앉기가 힘드네요.

낮은 것으로 갖다 드릴게요.

기가 무섭게

동사	마시다	찾다
	마시기가 무섭게	찾기가 무섭게

1. [A 기가 무섭게 B] A를 하자마자 바로 B가 일어남을 강조할 때 쓴다.

[A 기가 무섭게 B] 表示强调刚做完A马上发生B时使用。

> 예 지하철이 도착하기가 **무섭게** 사람들이 몰려들었다. 地铁刚到马上就聚集了很多人。
> 돈을 찾기가 **무섭게** 다 써 버렸어요. 刚取了钱就都花光了。
> 전화벨이 울리기가 **무섭게** 전화를 받네요. 电话铃刚响起就接了电话。

2. 비슷한 표현으로 '자마자'가 있다. ('자마자' → 293쪽 참고)

类似的语法有'자마자'。('자마자' → 参考293页)

> 예 침대에 눕기가 **무섭게** 잠이 들었어요. 刚躺在床上就睡着了。
> 침대에 눕**자마자** 잠이 들었어요.

3. 과거 '았/었', 미래·추측 '겠, (으)ㄹ 것이다' 등과 함께 쓸 수 없다.

不可以与过去式'았/었', 未来·推测'겠, (으)ㄹ 것이다'等一起使用。

> 예 음식을 만들기가 **무섭게** 다 먹었어요. (○) 刚做好菜就都吃没了。
> 음식을 만들었기가 **무섭게** 다 먹었어요. (×)

아까 수업이 끝나기가 무섭게 나가던데, 무슨 급한 일이 있었어요?

네, 친구가 밖에서 기다리고 있었거든요.

기는 하다

동사/형용사	가다	먹다	예쁘다	춥다
	가기는 하다	먹기는 하다	예쁘기는 하다	춥기는 하다

1. 상대방의 말이나 어떤 사실에 대해 어느 정도는 그렇다고 인정함을 나타낸다.
表示对对方说的话在某种程度上认可时使用。

> 예 가 : 이따가 명동에 같이 가는 거지요? 一会儿一起去明洞吧?
> 나 : 네, 같이 가**기는 할 거예요.** 그런데 일이 있어서 바로 가야 해요.
> 好的, 虽然一起去, 但是有事情的话就得马上走。
>
> 가 : 날씨가 많이 춥지요? 天气很冷吧?
> 나 : 네, **춥기는 해요.** 하지만 어제보다는 덜 춥네요.
> 是的, 虽然冷但是没有昨天冷。

2. '기는 하다'는 '기는 하지만, 기는 하는데/한데'의 형태로 쓰여, 뒤에는 부분적으로 부정하는 문장이나 생각과는 다른 결과의 문장이 온다.
'기는 하다'可以变为'기는 하지만, 기는 하는데/한데'的形态来表达后面的句子为否定或与期待的结果相反时使用。

> 예 가 : 요즘 한국 요리를 배운다면서요? 听说最近在学习韩国料理?
> 나 : 요리를 배우**기는 하지만** 아직은 잘 못해요. 虽然在学但是做得还不好。

3. '(동사/형용사)+기는 하다'에서 '하다'를 앞에 있는 '(동사/형용사)'로 바꿔 쓸수 있으며, '기는 하다'의 '기는'을 '긴'으로도 바꿀 수 있다.
可以把'(动词/形容词)+기는 하다'的'하다'变为与前面相同的'(动词/形容词)'来使用, '기는 하다'的'기는'变为'긴'来使用。

> 예 가 : 날씨가 많이 춥지요? 天气很冷吧?
> 나 : 네, **춥기는 추워요.** 하지만 어제보다는 덜 춥네요.
> 是的, 冷是冷但是没有昨天冷。

한국 생활이 힘들**기는 한데** 재미있어요.
虽然在韩国生活很难但是很有意思。
한국 생활이 힘들**긴 힘든데** 재미있어요.

음식을 다 잘 먹**기는 하는데** 너무 매운 건 못 먹어요.
虽然不挑食但是不能吃太辣的东西。
음식을 다 잘 먹**긴 먹는데** 너무 매운 건 못 먹어요.

4. 과거 상황에 대해 말할 때는 '기는 했다'로 쓰고 미래·추측 상황에 대해 말
할 때는 '기는 하겠다, 기는 할 것이다'의 형태로 쓴다.
对过去的状况实现时用'기는 했다', 未来·推测的状况叙述时用'기는 하겠
다, 기는 할 것이다'的形态来表达。

예 가 : 밥 먹었어요? 吃饭了吗?
나 : 먹**기는 했는데** 조금밖에 못 먹었어요. 虽然吃了但是吃得很少。

가 : 민수 씨가 여자 친구랑 헤어져서 학교에 안 오나 봐요.
民秀和女朋友分手了所以不来学校吧。
나 : 마음이 아프**긴 하겠지만** 결석은 하면 안 되지요.
虽然伤心但是不应该缺席啊。

5. 앞에 명사가 오면 '(이)기는 하다'로 쓴다.
前面接名词变为'(이)기는 하다'来使用。

예 여기가 도서관**이긴 한데** 책이 별로 없네요. 这里虽然是图书馆但是书不太多。

한국 생활이 힘들지요?

힘들기는 한데 재미있어요.

기는요

동사/형용사	가다	먹다	예쁘다	춥다
	가기는요	먹기는요	예쁘기는요	춥기는요

1. 구어적인 표현으로 상대방의 말에 가볍게 반박할 때 쓴다.
口语的表达方式，表示对对方的话轻微地反驳时使用。

> 예 가 : 이거 정말 맛있지 않아요? 这个真的很好吃吧?
> 나 : 맛있**기는요**. 好吃什么啊。
>
> 가 : 밥 먹었어요? 吃饭了吗?
> 나 : 먹**기는요**. 배고파 죽겠어요. 吃什么吃。快饿死了。

2. 상대방의 칭찬에 겸손하게 말할 때 쓴다.
对对方的称赞表示谦虚时使用。

> 예 가 : 오늘 화장하고 왔네요. 예뻐요. 今天化了妆来的，很漂亮。
> 나 : 예쁘**기는요**. 漂亮什么啊。
>
> 가 : 글씨를 예쁘게 잘 쓰네요. 字写得很好啊。
> 나 : 잘 쓰**기는요**. 好什么啊。

3. 과거 상황에 대해 말할 때는 '았/었기는요' 대신에 '기는요'의 형태로 주로 쓴다.
对过去状况叙述时代替'았/었기는요'用'기는요'的形式来表达。

> 예 가 : 점심 먹었어요? 吃午饭了吗?
> 나 : 먹**기는요**. 아침도 못 먹었는걸요. 吃什么吃，连早饭都没吃。
>
> 가 : 어제 많이 추웠어요? 昨天很冷吗?
> 나 : 춥**기는요**. 冷什么啊。

4. '기는요'는 '긴요'로 줄여서 쓸 수 있다.

'기는요'可以缩写成'긴요'来使用。

> 가 : 유리 씨는 머리가 참 똑똑해요. 刘丽的头脑真的很聪明啊。
>
> 나 : 똑똑하**긴요**. 聪明什么啊。

5. 앞에 명사가 오면 '(이)기는요'로 쓴다.

前面接名词变为'(이)기는요'来使用。

> 가 : 이 아이는 천재네요. 这孩子是个天才。
>
> 나 : 천재**기는요**. 什么天才啊。

한국어를 정말 잘하시네요.

잘하기는요.

기는커녕

동사/형용사	가다	먹다	예쁘다	춥다
	가기는커녕	먹기는커녕	예쁘기는커녕	춥기는커녕

1. [A 기는커녕 B] 말할 필요도 없이 A는 당연히 그렇지 않음을 나타낸다. 이때
B에는 A보다 하기 쉬운 것도 못하는 상황이나 A와 반대되는 결과가 온다. 부
정적인 상황에서만 쓴다.
[A 기는커녕 B] 表示先行句A与后行句B比较时，没有说的必要A当然不
怎样的情况下使用。这时的B比起A来虽然做起来要容易但也没有做成，
或出现与A为相反的结果时使用。用在否定的状况。

> 예 가 : 민수 씨는 결혼했나요? 民秀结婚了吗?
> 나 : 결혼하**기는커녕** 여자 친구도 없는데요. 别说结婚了就连女朋友都没有。
>
> 가 : 주말인데 잘 쉬었어요? 周末休息的怎么样?
> 나 : 쉬**기는커녕** 회사에 나와서 일만 했어요. 别说休息了来公司只工作了。
>
> 가 : 데이트는 즐거웠어요? 约会开心吗?
> 나 : 즐겁**기는커녕** 엉망이었어요. 别说开心了都乱套了。

2. [A 기는커녕 B] B에는 '도, 까지, 조차, 만' 등이 자주 쓰인다.
[A 기는커녕 B] 的B常与'도, 까지, 조차, 만'等一起使用。

> 예 시험이 쉽**기는커녕** 너무 어려워서 반도 못 풀었어요.
> 别说考试简单了，难的就连一半都没有答完。
> 일찍 퇴근하**기는커녕** 새벽까지 일했어요. 别说提前下班了，一直工作到凌晨。
> 휴가 때 해외여행을 가**기는커녕** 국내 여행조차 가기 힘들 것 같아요.
> 别说海外旅行了，就连国内旅行都不一定能去成。
> 남편이 집안일을 도와주**기는커녕** 더 늘어놓기만 해요.
> 别说丈夫帮助打扫家务了，反而弄得更乱。

3. 과거 상황에 대해 말할 때는 '았/었기는커녕' 대신에 '기는커녕' 형태로 주로 쓴다.
对过去状况叙述时代替'았/었기는커녕'用'기는커녕'的形式来表达。

> 예 가 : 어제 잘 잤어? 昨天睡得好吗?
> 나 : 잘 **자기는커녕** 밤새도록 악몽을 꾸었어. 别说睡得好了，整个晚上都在做噩梦。
>
> 가 : 어제 영화 재미있었어요? 昨天电影有意思吗?
> 나 : 재미있**기는커녕** 졸리기만 했어요. 别说有意思了，一直在打瞌睡。

4. 명사와 함께 쓸 때에는 '은/는커녕'으로 쓴다. ('은/는커녕' → 124쪽 참고)
与名词一起使用时用'은/는커녕'来表达。('은/는커녕' → 参考124页)

> 예 오늘 하루 종일 **밥은커녕** 물도 못 마셨다. 今天一天别提吃饭了，就连水都没喝。
> 연말이라 바빠서 공부**는커녕** 일만 했어요. 年末很忙别说学习了，只工作了。

영화 재미있었어요?

재미있기는커녕 졸리기만 했어요.

기를 바라다

동사	만나다	먹다
	만나기를 바라다	먹기를 바라다

1. '기+를+바라다'의 형태로 그렇게 되기를 소망함을 나타낸다. 공식적인 자리에서 많이 쓰인다.
以'기+를+바라다'的形态表示希望达成某状态。在正式的场合中经常使用。

> 예 모든 일이 다 잘 되기를 **바랍니다.** 希望所有的事情都能变好。
> 동창회에 사람들이 많이 참석하기를 **바랍니다.** 希望同学聚会能有很多人参加。
> 빨리 회복하시기를 **바랍니다.** 希望能快点儿恢复健康。

2. '건강하다, 행복하다'는 형용사지만 '기를 바라다'와 함께 쓰여 관용적으로 '건강하(시)기를 바라다, 행복하(시)기를 바라다'로 쓸 수 있다.
'건강하다, 행복하다'虽然是形容词, 与'기를 바라다'一起惯用, 变为'건강하(시)기를 바라다, 행복하(시)기를 바라다'来使用。

> 예 새해에도 건강하시기를 **바랍니다.** 在新的一年里希望(你)能健康。
> 더욱더 행복하시기를 **바랍니다.** 希望(你)能更加幸福。

3. '기를 바라다'의 '를'은 생략할 수 있다.
可以省略'기를 바라다'的'를'来使用。

> 예 새로운 환경에 빨리 적응하기를 **바랍니다.** 希望能尽快适应新的环境。
> 새로운 환경에 빨리 적응하기 **바랍니다.**

> 새해에도 좋은 일 많이 생기기를 바랍니다.

기 시작하다

동사	가다	먹다
	가기 시작하다	먹기 시작하다

1. '기+(를)+시작하다'의 형태로 어떤 일을 처음 하거나 어떤 상태가 처음으로 나타날 때 쓴다. 이때 '를'을 생략해서 쓴다.
以'기+를+시작하다'的形态表示初次进行某事或初次出现某状态时使用。
这时可以省略'를'来使用。

> 예 나는 작년부터 수영을 배우**기 시작했다.** 我从去年开始学习游泳。
> 비가 오**기 시작해서** 빨리 집으로 뛰어갔다. 因为开始下雨了, 所以尽快地跑回了家。
> 날이 점점 더워지**기 시작했다.** 天气开始变得越来越热了。
> 그는 스무 살 때부터 담배를 피우**기 시작했다.** 他从二十岁开始吸的烟。

언제부터 한국어를 공부하기 시작했어요?

일 년 전부터요.

기만 하다

동사/형용사	가다	먹다	예쁘다	춥다
	가기만 하다	먹기만 하다	예쁘기만 하다	춥기만 하다

1. 다른 일은 하지 않고 단지 한 가지만을 하거나 어떤 한 상태가 계속됨을 나타낸다.
表示不做其他的事情，单纯只做一件事情，或保持一种状态时使用。

> 예 저는 항상 친구들한테 도움을 받**기만 한** 것 같아요.
> 我好像一直在受朋友们的帮助。
> 파티 준비는 안 해도 되니까 오**기만 하세요**. 不用准备派对只要来参加就可以。
> 결혼을 했는데 행복하기는커녕 힘들**기만 해요**. 结了婚别提幸福了只有累。

2. 과거 상황에 대해 말할 때는 '기만 했다'를 쓰고 미래·추측 상황에 대해 말할 때는 '기만 하겠다, 기만 할 것이다'의 형태로 쓴다.
对过去状况叙述时用'기만 했다'，对未来·推测的状况叙述时用'기만 하겠다, 기만 할 것이다'。

> 예 아기는 엄마가 없다고 계속 울**기만 했다**. 孩子因为妈妈不在一直在哭。
> 방학을 하면 무조건 놀**기만 할 거예요**. 只要放假就要一直玩儿。

3. '공부하다, 청소하다, 일하다, 운동하다, 전화하다, 잔소리하다' 등과 같은 '(명사)하다' 동사의 경우는 '(명사)만 하다'의 형태로 주로 쓴다.
与'공부하다, 청소하다, 일하다, 운동하다, 전화하다, 잔소리하다'等同样的'(名词)하다'动词的情况下'(名词)만 하다'的形态来表达。

> 예 내 친구는 주말에도 일**만 해요**. 我的朋友周末也只工作。
> 남편은 소파에 앉아서 잔소리**만 해요**. 丈夫坐在沙发上一直在唠叨。

주말엔 주로 뭐 해요?

아무 것도 안 하고 쉬기만 해요.

기만 하면

동사/형용사	가다	먹다	바쁘다	춥다
	가기만 하면	먹기만 하면	바쁘기만 하면	춥기만 하면

1. [A 기만 하면 B] 단지 A의 상황이 되면 항상 B와 같은 상황이 생김을 나타낸다.

[A 기만 하면 B] 表示只要为A的状态B就发生同样的状态时使用。

> 예 내 동생은 엄마가 나가**기만 하면** 게임을 한다. 我弟弟只要妈妈一出门就玩儿游戏。
> 이 옷을 입**기만 하면** 좋은 일이 생긴다. 只要一穿这件衣服就有好事发生。
> 그 친구는 바쁘**기만 하면** 연락을 뚝 끊는다. 那个朋友只要一忙就会断了联系。

2. 명사와 함께 쓰일 때에는 '(명사)만 (동사)(으)면'으로 쓴다. 이때 '(동사)'는 앞의 '(명사)'와 어울려야 한다.

与名词一起使用时以'(名词)만 (动词)(으)면'的形式使用。这时'(动词)'要与前面的'(名词)'互相搭配。

> 예 나는 영화만 보면 운다. 我一看电影就哭。
> 우리 어머니는 내가 무슨 말만 하면 화부터 내신다. 我妈妈只要我说话就发火。
> 내 동생은 주말만 되면 밖으로 나간다. 弟弟一到周末就出去。
> 나는 고향 음식만 먹으면 부모님 생각이 난다. 我一吃到家乡饭菜就想起父母。

비가 오는군요.

네, 제가 세차를 하기만 하면 비가 오네요.

기에는

동사	마시다	살다
	마시기에는	살기에는

1. [A 기에는 B] A를 기준으로 그것이 어떠한지 판단함을 나타낸다. 이때 B에는 '크다[작다], 쉽다[어렵다], 멀다[가깝다], 많다[적다], 춥다[덥다], 힘들다, 부족하다[충분하다], 이르다[늦다]' 등과 같은 일부 형용사만 온다.
   [A 기에는 B] 以A为基准来判断某事。这时的B与'크다[작다], 쉽다[어렵다], 멀다[가깝다], 많다[적다], 춥다[덥다], 힘들다, 부족하다[충분하다], 이르다[늦다]'等部分形容词一起使用。

   > 예 세 명이 같이 살기에는 좀 작은 것 같아요. 三个人一起住好像有些小。
   > 이 책을 외국 사람이 읽기에는 어려울 것 같은데요. 这本书外国人看起来可能会有难度。
   > 오늘 안에 이 일을 끝내기에는 시간이 부족해요. 今天要结束这件事时间不够。
   > 이제 22살인데 결혼하기에는 너무 이른 거 같아요. 才22岁结婚好像太早了。

2. '기에는'을 '기엔'으로 줄여서 쓸 수 있다.
   '기에는'可以缩写成'기엔'来使用。

   > 예 오늘 티 하나만 입기엔 좀 추운 날씨인 것 같다. 今天只穿T恤似乎有些冷。
   > 여기에서 명동까지 걸어가기엔 너무 멀어요. 从这里走到明洞太远了。

이걸 혼자 다 먹기에는 좀 많을 텐데.

어제 저녁부터 굶어서 다 먹을 수 있어요.

길래

동사/형용사	가다	먹다	예쁘다	춥다
	가길래	먹길래	예쁘길래	춥길래

1. [A 길래 B] 구어적인 표현으로 A는 B를 하게 된 이유나 근거이다. 이때 B는 말
하는 사람이 직접 선택하여 하는 행동이 와야 한다. A는 다른 사람이나 제삼자,
사물이고 B는 '나(저), 우리'이다.
[A 길래 B] 口语的表达方式A为做B的理由或根据。这时B为说话人亲自选
择的行动。A为别人或第3人称，事物，B为'나(저)，우리'。

> **예** 과일이 맛있어 보이**길래** (내가) 좀 사 왔어요. 水果看起来很好吃所以就买回来点儿。
> 배가 아프**길래** (내가) 병원에 왔어요. 肚子有点儿疼所以来医院了。
> 꽃이 예쁘**길래** (내가) 당신한테 주려고 샀어요. 因为花很漂亮所以(我)买来送给你。
> 유리 씨가 노래를 좋아하**길래** (내가) CD를 선물로 주었어요.
> 因为刘丽喜欢歌曲所以(我)买了CD送给她做礼物。

2. [A 길래 B] A에 의문사가 함께 쓰여 B와 같은 일이나 상황이 생긴 이유를 질문할
때 쓴다. 이때 A와 B의 주어는 같아도 되고 같지 않아도 되며 '나(저), 우리'는
쓸 수 없다.
[A 길래 B] A与疑问句一起使用，表示提问发生与B相同的事情，或状况的理
由时使用。这时A和B的主语相同或不相同都可以，不相同时不能用'나(저)，
우리'。

> **예** 영호 씨, **뭘** 하**길래** 아직도 안 와요? 荣浩在做什么还没来?
> 유리 씨, **누구를** 만나**길래** 그렇게 차려 입었어요? 刘丽, 去见谁穿得这么正式?
> 날씨가 **얼마나** 춥**길래** 옷을 그렇게 많이 입고 왔어요?
> 天气到底有多冷, 穿了这么多衣服来?
> 요즘 도대체 **뭘** 하**길래** 그렇게 바빠요? 最近到底在做什么, 那么忙?

3. 인용 '는다고/ㄴ다고/다고 하다, 자고 하다, (으)라고 하다, 느냐고/(으)냐고 하다'와 함께 쓰여 '는다길래/ㄴ다길래/다길래, 자길래, (으)라길래, 느냐길래/(으)냐길래'의 형태로 쓴다.

与'는다고/ㄴ다고/다고 하다, 자고 하다, (으)라고 하다, 느냐고/(으)냐고 하다'等一起使用，变为'는다길래/ㄴ다길래/다길래, 자길래, (으)라길래, 느냐길래/(으)냐길래'的形态来表达。

> 예 친구가 시험을 **본다길래** 찹쌀떡을 사 왔어요. 听说朋友有考试所以买来了粘糕。
> 오늘 날씨가 **춥다길래** 두껍게 입고 나왔어요. 听说今天天气冷所以穿了厚衣服来的。
> 친구가 등산 가**자길래** 같이 가겠다고 했어요. 朋友要一起去登山所以答应了一起去。
> 부모님이 고향으로 돌아오**라길래** 표를 끊었어요. 父母让我回家乡所以买了票。
> 영호 씨가 어디에 가**느냐길래** 도서관에 간다고 했어요. 荣浩问我去哪里告诉了他去图书馆。

4. 비슷한 표현으로는 '기에'가 있다. '길래'는 구어적으로, '기에'는 문어적으로 많이 쓰인다. ('기에' → 342쪽 참고)

类似的语法有'기에'。'길래'用于口语当中，'기에'多用于书面语当中。('기에' → 参考342页)

> 예 도서관에 사람이 **많길래** 그냥 나왔어요. 图书馆里人很多所以就回来了。
> 도서관에 사람이 **많기에** 그냥 나왔어요.

5. 동사의 경우 이미 완료된 과거 사실에 대해 말할 때는 '았/었'과 함께 쓸 수 있다.

动词的情况下对已经结束的事实叙述时，可以与'았/었'一起使用。

> 예 친구가 많이 다**쳤길래** 병원에 데려다 주었다.
> 因为朋友伤得很重，所以送到医院了。

6. 앞에 명사가 오면 '(이)길래'로 쓴다.

前面接名词变为'(이)길래'来使用。

> 📝 얼마나 부자**길래** 돈을 그렇게 펑펑 써요? 究竟是多么有钱的人能这样大手大脚的花钱?
>
> 지나가던 여자가 이상형**이길래** 전화번호를 물어봤어요.
>
> 走过去的女生是(我的)理想型所以问了电话号码。

오늘 차를 안 가져왔어요?

눈이 많이 오길래 놓고 왔어요.

느내요		**으내요/내요**

동사	가다	먹다
	가느내요	먹느내요
형용사	예쁘다	좋다
	예쁘내요	좋으내요

1. 구어적인 표현으로 어떤 사람이 질문한 것을 전달할 때 쓰는 '느냐고 하다, (으)냐고 하다'의 줄임말이다. ('느냐고 하다, (으)냐고 하다' → 초급 참고)
口语的表达方式，在转达某人提问时使用。是'느냐고 하다, (으)냐고 하다' 的缩写形式。('느냐고 하다, (으)냐고 하다' → 参考初级)

> 예 친구가 어디에 **가느내요**. (친구 : "어디에 가요?")
> 朋友问去哪。(朋友 : "去哪里?")
> 유리 씨가 날씨가 **좋으내요**. (유리 : "날씨가 좋아요?")
> 刘丽问天气好吗。(刘丽 : "天气好吗?")

2. 말하는 사람 자신이 한 말을 다시 전달할 때도 쓴다. 이때는 '느냈어요, (으)냈어요'의 형태만 사용한다.
说话人在重新转达自己说过的话时使用。这时只能以'느냈어요, (으)냈어요' 的形态来使用。

> 예 제가 영호 씨한테 어디에 **가느냈는데** 대답을 안 했어요. (나 : "영호 씨, 어디에 가요?")
> 我问荣浩去哪，但是他没有回答。(我 : "荣浩，去哪里?")
> 제가 유리 씨한테 뭘 하고 싶**으냈어요**. (나 : "유리 씨, 뭘 하고 싶어요?")
> 我问刘丽想做些什么。(我 : "刘丽，想做些什么啊?")

3. 동사, 형용사 모두 과거 상황에 대해 말할 때는 '았/었내요'로 쓰고 동사의 경우 미래·추측의 상황에 대해 말할 때는 '겠느내요', '(으)ㄹ 거내요'로 쓴다.
   对过去状况叙述时，动词形容词都用'았/었내요'，动词的情况下对未来·推测叙述时用'겠느내요'，'(으)ㄹ 거내요'来表达。

   예 영호 씨가 누구한테서 문법을 배웠내요. (영호 : "누구한테서 문법을 배웠어요?")
   荣浩问和谁学习的语法。(荣浩："和谁学习的语法啊?")
   친구가 저에게 어렸을 때 키가 컸내요. (친구 : "어렸을 때 키가 컸어요?")
   朋友问我小时候个子高不高。(朋友："小时候个子高吗?")
   영호가 (저에게) 방학 때 뭐 할 거내요. (영호 : "방학 때 뭐 할 거예요?")
   荣浩问(我)放假时做什么。(荣浩："放假的时候做什么?")

4. '있다, 없다'는 '느내요'를 쓴다.
   '있다, 없다'接'느내요'使用。

   예 영호가 유리에게 남자 친구가 있느내요. (영호 : "유리 씨, 남자 친구가 있어요?")
   荣浩问刘丽有没有男朋友。(荣浩："刘丽, 有男朋友吗?")
   친구가 요즘도 시간이 없느내요. (친구 : "요즘도 시간이 없어요?")
   朋友问最近有没有时间。(朋友："最近没有时间吗?")

5. 앞에 명사가 오면 '(이)내요'로 쓴다.
   前面接名词变为'(이)내요'来使用。

   예 유리가 선생님에게 이 단어가 무슨 뜻이내요. (유리 : "선생님, 이 단어가 무슨 뜻이에요?")
   刘丽问老师这个单词是什么意思。(刘丽："老师, 这个单词是什么意思啊?")
   영호가 나에게 저게 뭐내요. (영호 : "저게 뭐예요?")
   荣浩问我那个是什么。(荣浩："那个是什么啊?")

6. 일상생활에서는 동사와 형용사 모두 '내요'로 말하는 경우가 많다.

在日常生活中动词，形容词经常接'내요'来表达。

예 **친구가 어디에 가내요.** (친구 : "어디에 가요?")
朋友问去哪。(朋友 : "去哪里啊?")

친구가 뭘 먹내요. (친구 : "뭘 먹어요?") 朋友问吃什么。(朋友 : "吃什么啊?")

유리 씨가 날씨가 좋내요. (유리 : "날씨가 좋아요?")
刘丽问天气好吗。(刘丽 : "天气好吗?")

민수 씨가 뭐래요?

주말에 뭐 하내요.

느라고

동사	자다	읽다
	자느라고	읽느라고

1. [A 느라고 B] A를 하는 과정에서 B의 결과가 나타난다. 이때 B에는 '못, 안, 지 않다, 힘들다, 바쁘다, 늦다, 정신이 없다' 등 부정적인 상황이 온다.
[A 느라고 B] 在做A的过程当中出现了B的结果。这时的B接'못, 안, 지 않다, 힘들다, 바쁘다, 늦다, 정신이 없다'等否定的状况。

> 예 자느라고 전화를 못 받았어요. 因为在睡觉所以没有接到电话。
> 책을 읽느라고 잠을 못 잤어요. 因为看了书所以没能睡觉。
> 친구하고 이야기하느라고 학교에 늦었어요. 因为和朋友聊天所以上学迟到了。
> 주말에 친구하고 노느라고 정신이 없었어요.
> 因为周末和朋友玩儿所以忙得不可开交。

2. [A 느라고 B] A와 B의 주어가 같아야 한다.
[A 느라고 B] A与B主语要一致。

> 예 나는 시험공부를 하느라고 (나는) 친구를 만나지 못했다. (○)
> 因为我在准备考试所以(我)没能见朋友。
> 친구가 시험공부를 하느라고 나는 친구를 만나지 못했다. (×)

3. 과거 '았/었'과 함께 쓸 수 없다.
不能与过去式'았/었'一起使用。

> 예 어제 공부하느라고 잠을 못 잤어요. (○) 因为昨天学习了所以没能睡觉。
> 어제 공부했느라고 잠을 못 잤어요. (×)

4. [A 느라고 B] A에는 '감기에 걸리다, 기침이 나다, 길이 막히다' 등과 같은 주
　　　어의 의지가 없이 일어나는 일이나 '넘어지다, 일어나다, 알다, 모르다' 등과
　　　같이 순간적으로 일어나는 일을 나타내는 동사는 쓸 수 없다.
　　　[A 느라고 B] A不能与'감기에 걸리다, 기침이 나다, 길이 막히다'等与意志
　　　无关的事或'넘어지다, 일어나다, 알다, 모르다'等瞬间动词一起使用。

> 예　감기에 걸려서 학교에 못 갔어요. (○) 因为感冒了所以不能去学校。
> 　　감기에 걸리느라고 학교에 못 갔어요. (×)
>
> 　　아침에 늦게 일어나서 지각을 했어요. (○) 因为早上起来晚了所以迟到了。
> 　　아침에 늦게 일어나느라고 지각을 했어요. (×)

> 유리 씨, 불러도 왜 대답을 안 해요?

> 미안해요. 음악 듣느라고 못 들었어요.

는 길에

동사	오다	퇴근하다
	오는 길에	퇴근하는 길에

1. [A 는 길에 B] A를 하는 도중에 B를 하거나 B의 상황이 일어남을 나타낸다.
이때 A에는 '가다[오다], 나가다[나오다], 들어가다[들어오다], 돌아가다[돌아
오다], 올라가다[올라오다], 내려가다[내려오다], 출근하다[퇴근하다]' 등과 같
은 이동을 의미하는 동사만 쓸 수 있다.
[A 는 길에 B] 在做A的途中做了B，或发现了B的状况。这时的A只能与
'가다[오다], 나가다[나오다], 들어가다[들어오다], 돌아가다[돌아오다],
올라가다[올라오다], 내려가다[내려오다], 출근하다[퇴근하다]'等表示移
动的动词一起使用。

> 예 학교에 **오는 길에** 길 잃은 강아지를 만났어요. 在去学校的路上遇到了迷路的小狗。
> 미국으로 출장 가**는 길에** 일본에 잠깐 들렀어요.
> 在去美国出差的路上顺便去了躺日本。
> 밖에 나가**는 길에** 과일 좀 사다 주세요. 去外边的路上请顺便买些水果。

2. '는 길이다'의 형태로 문장을 끝낼 수 있다.
可以用'는 길이다'的形态结束文章。

> 예 가 : 어디예요? 在哪里?
> 나 : 지금 학교 가**는 길이에요.** 现在在去学校的路上。
>
> 가 : 어제 어디를 그렇게 급하게 갔어요? 昨天去哪里走的那么急啊?
> 나 : 친구 만나러 급하게 가**는 길이었어요.** 是急着去见朋友的路上。

3. 비슷한 표현으로 '는 도중에'가 있다. 이때 '는 길에'는 이동을 의미하는 동사들하고만 쓸 수 있지만, '는 도중에'는 상관없이 자유롭게 쓸 수 있다.
类似的语法有'는 도중에'。这时的'는 길에'只能与表示移动的动词一起使用，但'는 도중에'不受局限都可以使用。

예 집에 가는 길에 백화점에 들렀어요. 回家的路上顺便去了百货店。
집에 가는 도중에 백화점에 들렀어요.

어디 가요?

친구를 만나러 가는 길인데요.

는 김에

동사	마시다	찾다
	마시는 김에	찾는 김에

1. [A 는 김에 B] A를 하는 기회가 생겼을 때 예상하지 않았던 B를 같이 함을 나타낸다.

[A 는 김에 B] 在出现做A的机会时，同时做了没有预想过的B时使用。

> 예 집에서 쉬**는 김에** 운동을 했어요. 在家里休息顺便做了运动。
>
> 머리를 감**는 김에** 샤워도 하세요. 洗头时顺便洗澡吧。
>
> 빨래를 하**는 김에** 청소도 할까요? 洗衣服顺便打少卫生怎么样?
>
> 출장을 가**는 김에** 관광도 좀 하고 올까 해요. 出差时顺便想旅游。

2. 이미 완료된 과거 사실에 대해 말할 때는 '(으)ㄴ 김에'의 형태로 쓴다.

对过去状况表达时用'(으)ㄴ 김에'的形态来表达。

> 예 가족들이 모두 모**인 김에** 사진이나 찍어요. 家人都聚在一起时顺便照相吧。
>
> 병원에 입원**한 김에** 푹 쉬고 나가려고요. 住院时顺便充分的休息好再出院。
>
> 떡 **본 김에** 제사 지낸다고 말 나**온 김에** 오늘 볼까요?
>
> (借着有糕的来祭司)'就汤下面'既然说了那么今天看怎么样?

제 생일도 아닌데 무슨 선물이에요?

부모님 선물 사는 김에 생각이 나서
민수 씨 것도 하나 샀어요.

■ 는 대로1　　　　■ 은 대로/ㄴ 대로1

동사	마시다	찾다
	마시는 대로	찾는 대로
형용사	크다	좋다
	큰 대로	좋은 대로

1. [A 는 대로 B] 동사, 형용사 모두 A와 같이 그대로 B를 함을 나타낸다.
[A 는 대로 B] 动词，形容词都像A一样做B时使用。

> 例 내가 하는 **대로** 한번 따라해 보세요. 像我做的一样请跟我做一下。
> 그 사람이 어떤 사람인지 아는 **대로** 말해 보세요. 那个人是个怎么样的人把知道的说出来。
> 지금부터는 하고 싶은 **대로** 하세요. 从现在开始想怎么做就怎么做。

2. [A 은 대로 B] 형용사의 경우 A만큼 B의 상태가 됨을 나타낸다. 이때 '(으)면 (으)ㄴ 대로' 형태로 자주 쓴다.
[A 은 대로 B] 形容词的情况下表示要多么A就有多么B。这时常用'(으)면 (으)ㄴ 대로'的形态使用。

> 例 인기가 많으면 많은 **대로** 걱정이 많다. 人气越旺烦恼就越多。
> 비싸면 비싼 **대로** 제값을 한다. 越贵就越有价值。

3. 인용 '자고 하다, (으)라고 하다'와 함께 쓰여 '자는 대로, (으)라는 대로'의 형태로 쓴다.
与'자고 하다, (으)라고 하다'一起使用，变为'자는 대로, (으)라는 대로'的形态来使用。

> 例 부모님이 하라는 **대로** 하면 손해 볼 일은 없을 것이다.
> 听父母的话来做就不会吃亏。
> 아이에게 사탕을 달라는 **대로** 줬더니 이가 다 썩었다.
> 孩子要多少糖就给多少糖所以孩子的牙都烂了。
> 친구 생일이라서 친구가 놀자는 **대로** 놀았더니 숙제를 못했다.
> 因为是朋友的生日朋友要玩儿多久就玩儿了多久，所以没有写作业。

4. '있다, 없다'는 '는 대로'를 쓴다.

'있다, 없다'接'는 대로'来使用。

> 예 요리책에 쓰여 있는 **대로** 요리하면 어렵지 않아요. 按照料理书上写的来做就不难。
> 사람들은 자기가 알고 있는 **대로** 행동하는 법이다.
> 人们都是按照自己知道的来行动。
> 돈이 없으면 없는 **대로** 다 살기 마련이다. 没有钱就按照没有钱的方法来生活。

5. 동사의 경우 과거 상황에 대해 말할 때는 '(으)ㄴ 대로'로 쓴다.

对过去状况叙述时动词用'(으)ㄴ 대로'的形态来表达。

> 예 계획한 **대로** 실행하는 일은 아주 어렵다. 按照计划来实行是非常难的事。
> 어제 들은 **대로** 솔직하게 이야기해 줘야 해요.
> 按照昨天听说的一定要坦率的说出来。

6. 명사와 함께 쓸 때에는 '대로'로 쓴다. ('대로' → 134쪽 참고)

与名词一起使用时, 变为'대로'。 ('대로' → 参考134页)

> 예 약속**대로** 6시에 정문에서 만나요. 按照约定6点在正门见面。
> 설명서**대로** 따라해 보면 금방 익숙해질 거예요. 按照说明书来做很快就熟悉了。

내일이 시험인데 어떻게 공부해야 돼요?

배운 대로 하면 되지요.

ㄱ
ㄴ

ㄷ
ㄹ
ㅁ
ㅂ

ㅇ

ㅈ
ㅊ

는 대로2

동사	마시다	찾다
	마시는 대로	찾는 대로

1. [A 는 대로 B] A가 끝난 후에 바로 B를 함을 나타낸다.

[A 는 대로 B] 表示结束A之后马上做B。

> 예 아침에 일어나는 대로 회사로 나오세요. 早上起床后请马上来公司。
> 그 사람을 찾는 대로 연락해 줄게요. 找到人之后马上联系(你)。

2. [A 는 대로 B] B에는 현재나 미래에 대한 의지나 계획, 약속, 명령, 청유 등의 문장이 온다.

[A 는 대로 B] B接对现在或未来的意志或计划, 约定, 命令, 劝诱等句型。

> 예 돈을 모으는 대로 여행을 떠날 거예요. 攒完钱打算马上去旅行。
> 집에 도착하는 대로 전화할게요. 到家后就马上打电话。
> 전화를 끊는 대로 과장님께 가 보세요. 挂掉电话请马上去科长那里。
> 유리 씨 시험이 끝나는 대로 같이 놀러 갑시다. 刘丽, 考完试就一起去玩儿吧。

3. [A 는 대로 B] A를 완료한 후에 B를 한다는 의미이므로, '다, 모두, 전부, 완전히' 등과 함께 자주 쓴다.

[A 는 대로 B] 表示做完A之后做B, 常与'다, 모두, 전부, 완전히'等一起使用。

> 예 책을 다 읽는 대로 반납해 주세요. 看完书请马上返还。
> 일이 완전히 끝나는 대로 연락해 주시겠어요? 事情完全结束的话能联系(我)吗?

유리 씨, 기다리고 있을게요.

네, 이따가 수업 끝나는 대로 전화할게요.

더 생각해보기

'는 대로2'와 '자마자'의 차이 ('자마자' → 293쪽 참고)
'는 대로2'与'자마자'的区別 ('자마자' → 参考293页)

1) '자마자'는 과거 상황에 쓸 수 있지만 '는 대로'는 과거 상황에 쓸 수 없다.
   '자마자'可以用在过去状况上，但'는 대로'不可以用在过去状况。

   예 도착하자마자 부모님께 전화를 드렸다. (○) 刚到达就马上给父母打了电话。
   도착하는 대로 부모님께 전화를 드렸다. (×)

2) '자마자'는 우연한 상황에 쓰일 수 있지만 '는 대로'는 쓸 수 없다.
   '자마자'可以用在偶然的状况上，但'는 대로'不可以。

   예 밖을 나가자마자 비가 오기 시작했다. (○) 刚出去就开始下了雨。
   밖을 나가는 대로 비가 오기 시작했다. (×)

는 대신에 1

동사	가다	먹다
	가는 대신에	먹는 대신에

1. [A 는 대신에 B] A를 하지 않고 B로 바꿔서 함을 나타낸다.

[A 는 대신에 B] 表示代替A来做B。

> 예 요즘엔 편지를 쓰는 **대신에** 이메일을 보낸다. 最近用发邮件来代替写信。
> 아침에는 밥을 먹는 **대신에** 우유를 마신다. 早上以喝牛奶来代替吃早饭。

2. '는 대신에'의 '에'를 생략할 수 있다.

可以省略'는 대신에'的'에'来使用。

> 예 영화를 보는 **대신에** 연극을 보는 게 어때요? 代替电影看话剧怎么样?
> 영화를 보는 **대신** 연극을 보는 게 어때요?
>
> 한꺼번에 많은 편지를 보낼 때에는 우표를 붙이는 **대신에** 도장을 찍기도 한다.
> 一次邮很多信的时候用盖章来代替邮票。
> 한꺼번에 많은 편지를 보낼 때에는 우표를 붙이는 **대신** 도장을 찍기도 한다.

3. 명사와 함께 쓸 때에는 '대신에'로 쓴다.

与名词一起使用时，变为'대신에'来使用。

> 예 적당한 것이 없을 때 비슷한 것으로 대신한다는 의미의 '꿩 **대신** 닭'이라는 속담이 있다.
> 没有合适的时候用类似的来代替时，可以用'以鸡代雉'的俗语。
> 택시 **대신에** 지하철을 타는 게 좋겠어요. (我认为)代替的士坐地铁更好。

우리 영화 볼래요?

영화를 보는 대신 연극을 보면 어때요?

는 대신에2

동사	가다	먹다
	가는 대신에	먹는 대신에

1. [A 는 대신에 B] A에 대한 보상으로 B를 해 줌을 나타낸다.

[A 는 대신에 B] 表示作为A的补偿来做B时使用。

> 📷 내 숙제를 도와주는 **대신에** 밥을 살게요. 帮我做作业(的补偿是)我请你吃饭。
> 야근을 하는 **대신에** 주말에는 쉴 수 있다. 上夜班(的补偿是)周末可以休息。

2. '는 대신에'의 '에'를 생략할 수 있다.

可以省略'는 대신에'的'에'。

> 📷 주말에 노는 **대신에** 평일에는 열심히 공부해라.
> 周末可以玩，但是平时得认真学习。
> 주말에 노는 **대신** 평일에는 열심히 공부해라.
>
> 청소를 도와주는 **대신에** 맛있는 요리를 만들어 줄게요.
> 帮我打扫(的补偿是)我给你做好吃的。
> 청소를 도와주는 **대신** 맛있는 요리를 만들어 줄게요.

3. 과거 상황을 때에는 '(으)ㄴ 대신에'로 쓴다.

对过去状况表达时用'(으)ㄴ 대신에'来表达。

> 📷 네 가방을 들어 준 **대신** 내 숙제 좀 도와줄 수 있어?
> 以帮你拎包为代价，可不可以帮我做作业？
> 어제 일찍 들어온 **대신에** 오늘은 좀 늦게 오면 안 돼요?
> 昨天早来(的补偿是)今天能不能晚点儿来？

ㄱ
ㄴ

ㄷ
ㅁ
ㅂ

ㅇ

ㅈ
ㅊ

4. 자주 쓰는 표현으로 '그 대신에'가 있다.
常用的表达方式有'그 대신에'。

> 예 가 : 영호야, 그만 놀고 어서 들어가자. 荣浩, 就玩儿到这儿早点回去吧。
> 나 : 엄마, 그럼 **그 대신에** 장난감 사 주세요. 妈妈, 那样的话给我买玩具。
>
> 가 : 내가 네가 남긴 밥까지 다 먹었잖아. 我把你剩下的饭都吃掉了。
> 나 : 고마워. **그 대신에** 내가 설거지할게. 谢谢, 那么我洗碗吧。

아직까지 일하고 있어요?

네, 오늘 늦게까지 일하는 대신에
내일은 일찍 퇴근하려고요.

는 대신에3

은 대신에/ㄴ 대신에3

동사	가다	먹다
	가는 대신에	먹는 대신에

형용사	예쁘다	좋다
	예쁜 대신에	좋은 대신에

1. [A 는 대신에 B] A와 B는 다르거나 대조되는 내용으로 A의 특성이나 상황을 가지고 있지만 동시에 B의 특성이나 상황도 가지고 있음을 나타낸다.

[A 는 대신에 B] 表示A与B不同或是对照的内容，具有A的特性或情况的同时也具有B的特性或情况时使用。

> **예** 택시는 **빠른 대신에** 요금이 비싸요. 的士虽然快但是价格贵。
> 민수 씨는 공부를 잘하**는 대신에** 운동을 못해요.
> 民秀虽然学习好但是运动(体育)不好。

2. [A 는 대신에 B] A와 B의 주어가 같아야 한다.

[A 는 대신에 B] A与B的主语要一致。

> **예** 나는 종교 때문에 돼지고기를 못 **먹는 대신에** (나는) 소고기는 먹어요.
> 我因为宗教的关系不吃猪肉但是(我)能吃牛肉。
> 산은 겨울에 **추운 대신에** (산은) 여름에는 덥지 않아요.
> 虽然冬天的山冷但是夏天的(山)不热。

3. '있다, 없다'는 '는 대신에'를 쓴다.

'있다, 없다'接'는 대신에'来使用。

> **예** 그 친구는 재미있**는 대신에** 거짓말을 잘 해요. 虽然朋友很有意思但是喜欢说谎。
> 이 식당의 음식은 맛있**는 대신에** 값이 비싸요. 这个饭店的菜虽然很好吃但是很贵。

4. '는 대신에'의 '에'를 생략할 수 있다.

可以省略'는 대신에'的'에'。

예 아파트는 편하고 깨끗**한 대신에** 답답해요. 楼房虽然方便又干净但是很压抑。
아파트는 편하고 깨끗**한 대신** 답답해요.
나는 요리를 잘 만드**는 대신에** 청소를 못해요. 虽然我会做饭但是不会打扫。
나는 요리를 잘 만드**는 대신** 청소를 못해요.

한국어 배우기가 어때요?

한국어는 문법이 어려운 대신에
어휘는 쉬워요.

는 데에

동사	보다	먹다
	보는 데에	먹는 데에

1. [A 는 데에 B] A를 하려고 하는 경우나 상황에 쓴다. 이때 B에는 '좋다[나쁘다],
효과가 있다[없다], 도움이 되다[안 되다], 필요하다[필요없다], 최고이다' 등이
온다.
[A 는 데에 B] 表示要做A的情况或状况时使用。这时的B接'좋다[나쁘다],
효과가 있다[없다], 도움이 되다[안 되다], 필요하다[필요없다], 최고이다'等。

> 예 건강을 지키**는 데에** 담배는 좋지 않아요. 想保持健康吸烟没有益处。
> 휴식은 피로를 푸**는 데에** 효과가 있어요. 休息对缓解疲劳有效果。

2. '는 데에'의 '에'는 생략할 수 있다.
可以省略'는 데에'的'에'。

> 예 살을 빼**는 데에** 등산이 도움이 된다. 登山对减肥有帮助。
> 살을 빼**는 데** 등산이 도움이 된다.
> 기분 전환을 하**는 데에** 쇼핑이 최고예요. 转换心情时购物是最好的办法。
> 기분 전환을 하**는 데** 쇼핑이 최고예요.

3. 'A는 데에는'으로 쓰여 A를 강조해서 말하는 경우가 많다.
'A는 데에는'有强调A的作用。

> 예 재미있게 생활하**는 데에는** 친구가 필요하다. 想过有意思的生活就需要朋友。
> 외국어를 배우**는 데에는** 노래가 도움이 된다. 听歌有助于学习外国语。

4. 명사와 함께 쓸 때에는 '에, 에게'로 쓴다. 이때, 명사가 사람일 때에는 '에게', 사물일 때에는 '에'를 쓴다.

与名词一起使用时接'에，에게'。这时的名词为人物时接'에게'，为事物时接'에'来使用。

> 예 흡연이나 음주는 건강**에** 좋지 않다. 吸烟喝酒有害身体。
>
> 비타민이나 과일은 감기**에** 좋다. 维生素或水果对感冒有好处。
>
> 상처를 받은 사람**에게**는 위로가 제일이다. 对于受伤的人安慰是最好的。

요즘 너무 스트레스가 쌓여요.

스트레스 푸는 데에는 노래방이 최고예요.

는 데다가

은 데다가/ㄴ 데다가

동사	마시다	먹다
	마시는 데다가	먹는 데다가

형용사	예쁘다	좋다
	예쁜 데다가	좋은 데다가

1. [A 는 데다가 B] A에 B까지 더해짐을 나타낸다. 이때 A와 B는 같은 성질이
   어야 한다.
   [A 는 데다가 B] 表示在A上附加B。这时的A与B的性质要相同。

   예 방이 넓은 데다가 깨끗해요. 房间又宽敞又干净。
   바람이 부는 데다가 비까지 오고 있어요. 不仅刮风还下着雨。
   그 배우는 연기를 잘하는 데다가 노래도 잘해요.
   那个演员不仅演技出色歌儿唱得也很好。

2. [A 는 데다가 B] A와 B의 주어는 같아야 한다.
   [A 는 데다가 B] A与B的主语要相同。

   예 민수는 노래도 잘 부르는 데다가 춤도 잘 춰요. (○)
   民秀不仅歌儿唱得好舞跳得也很好。
   민수는 노래도 잘 부르는 데다가 영호는 춤도 잘 춰요. (×)

3. '있다, 없다'는 '는 데다가'를 쓴다.
   '있다, 없다'接 '는 데다가'。

   예 그 식당은 음식이 맛있는 데다가 종업원도 친절해요.
   那家饭店不仅味道好服务员也很亲切。
   영화가 재미있는 데다가 감동적이에요. 电影不仅有意思还很感人。

4. '는 데다가, (으)ㄴ 데다가'의 '가'를 생략할 수 있다.

可以省略'는 데다가, (으)ㄴ 데다가'的'가'来使用。

> **예** 내 친구는 공부를 잘하**는 데다가** 운동도 잘해요.
> 我的朋友不仅学习好体育也很好。
> 내 친구는 공부를 잘하**는 데다** 운동도 잘해요.
>
> 민수 씨는 친절**한 데다가** 성격도 좋아요.
> 民秀不仅亲切性格也很好。
> 민수 씨는 친절**한 데다** 성격도 좋아요.

5. 동사의 경우 과거 상황에 대해 말할 때는 '(으)ㄴ 데다가'로 쓴다.

对过去状况叙述时动词变为'(으)ㄴ 데다가'来使用。

> **예** 어제 많이 걸**은 데다가** 잠도 못 자서 피곤해요.
> 昨天不仅走了很多路连睡觉都没睡所以很累。
> 오늘 늦게 일어**난 데다가** 버스까지 놓쳤어요. 今天不仅起来晚了还错过了公交车。

6. 앞에 명사가 오면 '인 데다가'로 쓴다.

前面接名词变为'인 데다가'来使用。

> **예** 주말**인 데다가** 할 일도 없어서 심심해요. 既是周末还没有事情做所以很无聊。
> 그 사람은 부자**인 데다가** 얼굴도 멋있어요. 那个人不仅有钱长得也很帅气。

민수 씨는 정말 인기가 많은 것 같아요.

친절한 데다가 성격도 좋으니까요.

는 듯하다

은 듯하다/ㄴ 듯하다

동사	가다	먹다
	가는 듯하다	먹는 듯하다

형용사	예쁘다	좋다
	예쁜 듯하다	좋은 듯하다

1. 현재의 상황을 막연히 추측함을 나타낸다. 이때 추측은 말하는 사람의 주관적
인 생각이다.
表示对现在的状况茫然的推测时使用。这时的推测为说话人的主观想法。

> **예** 안색을 보니 어디가 아픈 **듯하네요.** 脸色看起来好像哪里不舒服的样子。
> 아이의 키가 큰 걸 보니 잘 먹는 **듯해요.** 孩子的个子看起来很高, 好像能吃啊。
> 수업을 하는 **듯하니** 조용히 합시다. 好像要上课了安静点儿吧。

2. 말하는 사람이 자기의 생각을 부드럽게 표현할 때 사용한다.
说话人委婉地表达自己的想法时使用。

> **예** 음식이 좀 **짠 듯합니다.** 菜好像有点儿咸。
> 영호 씨는 뭐든지 잘 먹는 **듯해요.** 荣浩好像什么都能吃。

3. '있다, 없다'는 '는 듯하다'를 쓴다.
'있다, 없다'接'는 듯하다'来使用。

> **예** 한국어 수업이 재미있는 **듯해요.** 韩国语课很有意思。
> 혼자 다니는 걸 보니 친구가 없는 **듯해요.**
> 自己(行走)走来走去的样子好像是没有朋友。

4. 동사의 경우 과거 상황에 대해 말할 때는 '(으)ㄴ 듯하다'로 쓰고 동사, 형용사 모두 미래 상황에 대해 말할 때는 '(으)ㄹ 듯하다'로 쓴다.

对过去状况叙述时动词用'(으)ㄴ 듯하다', 对未来状况叙述时动词, 形容词都用'(으)ㄹ 듯하다'的形态来表达。

> **예** 젖은 땅을 보니 어제 밤에 비가 **온 듯하네요**. 地面看上去湿了好像是昨晚下雨了。
> 몸이 좀 안 좋아서 내일 회사에 못 **갈 듯합니다**.
> 身体不太舒服明天好像不能上班了。

5. 앞에 명사가 오면 '인 듯하다'로 쓴다.

前面接名词变为'인 듯하다'来使用。

> **예** 저분이 우리 학교 교수님**인 듯해요**. 那位好像是我们学校的教授。

> 저 두 사람이 사귀는 듯하네요.

> 저는 그냥 동료라고 들었는데요.

는 모양이다

은 모양이다/ㄴ 모양이다

동사	가다	먹다
	가는 모양이다	먹는 모양이다

형용사	예쁘다	좋다
	예쁜 모양이다	좋은 모양이다

1. 말하는 사람이 직접 경험한 사실을 가지고 다른 사람이나 사물의 상황을 추측
함을 나타낸다.
表示说话人以自身经验的事实对他人和事物进行推测。

> 예 이 선생님이 학교에 안 오신걸 보니 아프**신 모양이에요.**
> 看老师没来学校的样子可能是生病了。
> 불이 꺼진 걸 보니 일찍 자**는 모양입니다.** 看灯灭的样子可能早就睡了。
> 아이들이 책을 좋아하**는 모양입니다.** 밥을 먹자마자 모두 책상에 앉아 책을 읽
> 고 있네요.
> 看起来孩子们很喜欢看书。吃完饭马上都坐在书桌前看书。

2. '있다, 없다'는 '는 모양이다'를 쓴다.
'있다, 없다'接'는 모양이다'来使用。

> 예 요즘 계속 약속이 있는 걸 보니 만나는 사람이 있**는 모양이에요.**
> 看最近经常有约会的样子, 好像是有相处的人。
> 표가 매진된 걸 보니 영화가 재미있**는 모양이네요.**
> 看票都买完的样子可能这部电影很有意思。

3. 동사의 경우 과거 상황에 대해 말할 때는 '(으)ㄴ 모양이다'로 쓰고 미래 상황
에 대해 말할 때는 '(으)ㄹ 모양이다'로 쓴다.
对过去状况叙述时动词变为'(으)ㄴ 모양이다', 对未来状况叙述时变为
'(으)ㄹ 모양이다'来使用。

> 예 차가 막히는 걸 보니 사고가 **난 모양이네요.** 看堵车的样子好像是出了车祸。
> 짐을 정리하는 걸 보니 이사를 **갈 모양이에요.** 看整理行李的样子好像要搬家。

4. 앞에 명사가 오면 '인 모양이다'로 쓴다.

前面接名词变为'인 모양이다'来使用。

> 예 태극기가 걸려 있는 걸 보니 오늘이 국경일**인 모양이다.**
> 看挂着太极旗的样子今天是国庆日。
> 한국어를 못 알아듣는 걸 보니 외국인**인 모양이다.**
> 看听不懂韩国语的样子好像是外国人。

유리 씨 옷이 다 젖은 걸 보니
밖에 비가 오는 모양이네요.

네, 갑자기 비가 쏟아지더라고요.

는 바람에

동사	가다	찾다
	가는 바람에	찾는 바람에

1. [A 는 바람에 B] 예상하지 못한 A로 인해 B의 결과가 나옴을 나타낸다. B에
는 부정적인 상황이 오며 보통 과거형 문장을 쓴다.

[A 는 바람에 B] 表示因为没有预想到的A引起了B的结果。B为否定句时
大概都以过去式表达。

> 예 갑자기 감기에 걸리**는 바람에** 약속을 취소했다. 因为突然感冒的原因取消了约会。
> 뛰어오다가 넘어지**는 바람에** 다리를 다쳤어요.
> 因为跑来时跌倒了所以腿受了伤。
> 친구가 와서 노**는 바람에** 숙제를 못 했어요. 因为朋友来玩儿所以没能写作业。
> 남아 있던 음식을 다 먹**는 바람에** 배탈이 났어요.
> 因为把剩下的食物都吃光了所以吃坏了肚子。

어제 왜 연락을 안 했어요?

휴대 전화가 고장 나는 바람에
연락을 할 수 없었어요.

더 생각해보기

'는 바람에'와 '는 통에'의 차이 ('는 통에' → 80쪽 참고)
'는 바람에'与'는 통에'的区别 ('는 통에' → 参考80页)

'는 바람에'와 '는 통에'는 모두 어떤 상황으로 인해 부정적인 결과가 나옴을 의미한다. 그러나 '는 바람에'는 자연재해와 같이 의도하지 않은 갑작스런 상황으로 인해 생긴 결과를 강조할 때 주로 쓰며, '는 통에'는 혼란스럽고 정신이 없는 상황으로 인해 생긴 결과를 말할 때 많이 쓴다.

'는 바람에'与'는 통에'都表示因为某种情况而出现不好的结果，但'는 바람에'主要在强调以类似自然灾害或意想不到的状况发生时使用，'는 통에'则表示在混乱，恍惚的情况下发生时使用。

예 태풍이 부는 바람에 집이 날아갔어요. 因为刮台风所以房子被刮走了。
산사태가 나는 바람에 많은 사람들이 다쳤어요.
因为山体滑坡所以很多人受伤了。
버스가 갑자기 정차하는 바람에 사람들이 넘어졌어요.
因为公交车急刹车的原因人们都跌倒了。

옆방에서 떠드는 통에 공부에 집중을 할 수 없어요.
因为旁边房间吵闹所以学习不能集中。
아침에 집에서 정신없이 나오는 통에 지갑을 놓고 나왔어요.
因为早上起来晚着急的原因所以把钱包落下出来了。

는 사이에

동사	자다	찾다
	자는 사이에	찾는 사이에

1. [A 는 사이에 B] A가 진행되고 있을 때 B의 일이 생기는 것을 나타낸다. 이
때 A의 상황이 짧은 시간임을 나타낼 때 쓴다.
[A 는 사이에 B] 表示在做A的期间发生了B。这时的A为短时间发生的状况。

> 예 내가 **자는 사이에** 무슨 일이 일어난 거예요? 在我睡觉的时候发生了什么事情?
> 친구하고 이야기하는 **사이에** 누가 휴대 전화를 가지고 갔다.
> 在和朋友说话的时候有人把手机拿走了。
> 밥을 먹는 **사이에** 친구한테 전화가 왔다. 在吃饭的时候朋友打来了电话。

2. '있다, 없다'와 같이 쓸 수 있다.
可以与'있다, 없다'一起使用。

> 예 내가 **없는 사이에** 많이 예뻐졌네요. 我不在的期间变漂亮了很多。
> 학생들이 교실에 있는 **사이에** 싸움이 일어났다. 学生们在教室的时候发生了争执。

3. 과거 상황에 대해 말할 때는 '(으)ㄴ 사이에'로 쓴다.
对过去状况表达时用'(으)ㄴ 사이에'来使用。

> 예 엄마가 시장에 **간 사이에** 아이가 집을 나갔다.
> 在妈妈去市场期间孩子离开了家。
> 잠깐 신발을 벗어 놓은 **사이에** 강아지가 내 신발을 물고 갔다.
> 刚拖了鞋小狗就把鞋叨走了。

ㄱ
ㄴ

ㄷ
ㅁ
ㅂ

ㅇ

ㅈ
ㅊ

4. 일상생활에서 다음과 같은 표현이 많이 쓰인다.

日常生活中经常使用以下的表达方式。

> **예** 얼마나 배가 고팠는지 **눈 깜짝할 사이에** 밥을 다 먹어 버렸다.
> 不知有多饿一眨眼的功夫就把饭吃光了。
>
> **나도 모르는 사이에** 나는 이미 그녀의 집으로 향하고 있었다.
> 不知不觉中我已经走向去她家的方向了。
>
> 고향을 떠난 지 3년 만에 다시 돌아왔는데 **그 사이에** 많이 변해 있었다.
> 离开家乡3年期间家乡发生了很大的变化。

그거 내 책이잖아. 언제 가져갔어?

아까 민수랑 얘기하는 사이에 가져왔어.

더 생각해보기

'는 사이에'와 '는 동안에'의 차이 ('는 동안에' → 초급 참고)

'는 사이에'与'는 동안에'的区别 ('는 동안에' → 参考初级)

'는 사이에'와 '는 동안에' 모두 어떤 상황이 일어나는 그때를 의미한다. 그러나 '는 사이에' 는 '는 동안에'에 비해서 어떤 행위를 하는 시간이 비교적 짧은 것을 의미한다.

'는 사이에'与'는 동안에'都表示事件发生的时间。但'는 사이에'比起'는 동안에' 行为发生的时间更为短暂。

> **예** 내가 숙제하는 사이에 엄마가 요리를 했다. (숙제하는 그 시간이 비교적 짧음)
> 在我写作业的期间妈妈做了饭。(写作业的时间比较短。)
>
> 내가 숙제하는 동안에 엄마가 요리를 했다. (숙제하는 그 시간이 비교적 김)
> 在我写作业的期间妈妈做了饭。(写作业的时间比较长。)

는 셈이다

은 셈이다/ㄴ 셈이다

동사	마시다	찾다
	마시는 셈이다	찾는 셈이다

형용사	예쁘다	좋다
	예쁜 셈이다	좋은 셈이다

1. 실제로 그런 것은 아니지만 결과적으로 그렇다고 말할 수 있음을 나타낸다.

表示说话人对某种情况的评价，或者说话人认为是那样的，'算是，等于'等。

> **예** 지금은 잘 못 마시지만 옛날에 비하면 지금은 술을 잘 마시는 **셈이에요**.
> 现在虽然喝得不多但比起以前算是喝得很多了。
> 친구가 많지는 않지만 다른 사람들에 비해서 친구가 많은 **셈이에요**.
> 虽然朋友不是很多但是比起其他人算是朋友多的了。
> 일주일에 이틀 정도만 집에 들어가니 밖에서 사는 **셈이지요**.
> 一周只回家两天就等于在外边生活一样。

2. '있다, 없다'는 '는 셈이다'와 같이 쓴다.

'있다, 없다'与'는 셈이다'一起使用。

> **예** 친구가 한 명 있었는데 그나마 미국으로 이민을 갔으니 이제는 친구가 없는 **셈이다**.
> 有一个朋友因为移民去美国的关系现在就等于没有朋友了。
> 10명 중에 9명이 재미있다고 말하니 그 영화는 재미있는 **셈이다**.
> 10名当中9名说那部电影有意思就说明那部电影很有意思。

3. 동사의 경우 과거 상황을 말할 때는 '(으)ㄴ 셈이다'로 쓴다.

对过去状况叙述时动词变为'(으)ㄴ 셈이다'的形态来使用。

> **예** 12월도 중순이 지났으니 올해도 다 지난 **셈이다**.
> 已经过了12月中旬就算今年都过去了。
> 국물만 조금 남았으니 다 먹은 **셈이지요**. 就剩了点儿汤就算都吃完了。
> 오늘은 평소에 비하면 일찍 온 **셈이에요**. 比起平时今天算是来得早了。

4. 앞에 명사가 오면 '인 셈이다'로 쓴다.

前面接名词变为'인 셈이다'来使用。

> 예 저 아이들에게는 내가 부모**인 셈이다**. 对于那个孩子我就等于他的父母一样。
> 학비를 낸 후 다시 장학금으로 받았으니 결국 학비가 공짜**인 셈이다**.
> 交了学费后又得了奖学金就等于免了学费一样。

5. 비슷한 표현으로 '는 거나 마찬가지다, 는 거나 다름없다'가 있다.

类似的语法有'는 거나 마찬가지다, 는 거나 다름없다'。

> 예 다른 사람들에 비하면 나는 매운 음식을 잘 먹는 **셈이다**.
> 跟其他人比我算是能吃辣的。
> 다른 사람들에 비하면 나는 매운 음식을 잘 먹**는 거나 마찬가지다**.
> 다른 사람들에 비하면 나는 매운 음식을 잘 먹**는 거나 다름없다**.

벌써 12월이네요.

네, 올해도 다 간 셈이지요.

는 수가 있다

동사	마시다	찾다
	마시는 수가 있다	찾는 수가 있다

1. 가끔이지만 어떤 특별한 경우가 일어날 가능성이 있음을 나타낸다.

表示不是经常但是在特殊的情况下有可能发生时使用。

> 예 시험 볼 때 늦게 가면 못 들어가**는 수가 있어요**.
> 考试迟到的话有可能不允许进入考场。
> 그렇게 놀다가는 후회하**는 수가 있으니** 적당히 놀아라.
> 那么玩儿的话有可能会后悔所以适当地玩吧。
> 아무 생각 없이 길을 가다가 돈을 줍**는 수가 있기는** 있더군요.
> 走路时什么都不想有可能会捡到钱啊。

2. 주로 어떤 행위를 계속 하면 안 좋은 결과가 생길 수 있음을 나타낼 때 사용한다.

主要用于持续做某行为的话就会有不好的结果时使用。

> 예 그렇게 먹다가 체하**는 수가 있어요**. 천천히 드세요.
> 那么吃的话会容易噎到。请慢点儿吃。
> 너처럼 그렇게 돈을 펑펑 쓰다가는 거지가 되**는 수가 있어**.
> 像你那样乱花钱的话有可能会变成乞丐。

새로 산 휴대 전화인데 어때요? 멋지지요?

그렇게 자랑하고 다니다가 잃어버리는
수가 있으니 조심하세요.

는 줄 알다[모르다]1

은 줄 알다[모르다]/ㄴ 줄 알다[모르다]1

동사	가다	먹다
	가는 줄 알다[모르다]	먹는 줄 알다[모르다]
형용사	아프다	좋다
	아픈 줄 알다[모르다]	좋은 줄 알다[모르다]

1. 말하는 사람이 현재의 상황에 대해서 예상했던 것과 그 결과가 다름을 나타낸다. 이때 '알다[모르다]'는 주로 '알았다[몰랐다]'로 쓴다.
表示说话人对现在的状况预想的与结果不同时使用。这时'알다[모르다]'通常变为'알았다[몰랐다]'来使用。

> 예 네가 나를 싫어하**는 줄 알았어**. (나를 싫어한다고 예상했지만 결과는 그렇지 않음)
> 我以为你讨厌我。(预想你会讨厌我但是结果不是那样)
> 저는 영호 씨 키가 작**은 줄 알았어요**. (키가 작다고 예상했지만 그렇지 않음)
> 我以为荣浩的个子小。(预想荣浩的个子小但是不是那样)
> 한국어가 이렇게 어려**운 줄 몰랐어요**. (한국어가 어렵다고 예상하지 못했음)
> 没想到韩国语这么难。(没有预想到韩国语难)
> 민수 씨가 이렇게 술을 잘 마시**는 줄 몰랐어요**. (술을 잘 마신다고 예상하지 못했음)
> 没想到民秀这么能喝酒。(没有预想到这么能喝酒)

2. '는 줄 알다, (으)ㄴ 줄 알다'의 경우 상황에 따라 그 결과를 말하는 사람이 이미 알고 있음을 나타낸다.
'는 줄 알다, (으)ㄴ 줄 알다'的情况下表示说话人已经知道结果。

> 예 가 : 저 오늘 고향으로 돌아가요. 我今天回家乡。
> 나 : 네, 가**는 줄 알고 있었어요**. (가는 것을 이미 알고 있음)
> 是啊, 已经知道要走了。(已经知道要走的事实)
>
> 가 : 미안하지만, 생선은 못 먹어요. 很抱歉, 不能吃鱼。
> 나 : 생선을 못 먹**는 줄 알고** 다른 고기로 준비해 달라고 했어요. (생선을 못 먹는 것을 이미 알고 있음)
> 知道不能吃鱼所以另外准备了别的肉。(已经知道不能吃鱼的事实)

3. '있다, 없다'는 '는 줄 알다[모르다]'와 같이 쓴다.

'있다, 없다'与'는 줄 알다[모르다]'一起使用。

> 예 가 : 오늘 수업이 **없는 줄 몰랐어요**. (수업이 있다고 예상했음)
>   没想到今天没有课。(认为今天有课)
>
>   나 : 어제 교수님이 오늘 수업 휴강한다고 했는데 못 들었군요.
>   昨天教授说了今天休讲可能没有听到吧。

4. 앞에 명사가 오면 '인 줄 알다[모르다]'로 쓴다.

前面接名词变为'인 줄 알다[모르다]'来使用。

> 예 가 : 오늘 시험 보기로 했지요? 공부는 했어요? 今天说好考试吧? 学习了吗?
>
>   나 : 네? 선생님, 오늘이 시험**인 줄 몰랐어요**. (시험이 있다고 예상하지 못했음)
>   是吗? 老师, 不知道今天有考试。(没想到今天有考试)
>
>   가 : 지난번에 도서관에서 같이 있던 사람은 그냥 친구야.
>   上次一起在图书馆的人只是朋友。
>
>   나 : 나는 그 사람이 네 남자 친구**인 줄 알았어**. (남자 친구라고 예상했지만 결과는 그렇지 않음)
>   我以为那个人是你的男朋友呢。(预想那个人是你的男朋友但是结果不是那样)

어제 왜 연락을 안 했어요?

시간이 너무 늦어서 자는 줄 알았어요.

은 줄 알다[모르다]/ㄴ 줄 알다[모르다]2

동사	쓰다	읽다
	쓴 줄 알다[모르다]	읽은 줄 알다[모르다]

1. 말하는 사람이 이미 일어난 상황에 대해 예상했던 것이 결과와 다름을 나타낸다.
'알다[모르다]'는 '알았다[몰랐다]'로 주로 쓴다.
表示说话人对已经发生的状况预想的与结果不同时使用。这时'알다[모르다]'通常变为'알았다[몰랐다]'来使用。

> **예** 가 : 왜 내 커피는 없어요? 为什么没有我的咖啡?
>
> 나 : 커피 마신 줄 알았어요. (커피를 이미 마셨다고 예상했는데 결과는 그렇지 않음)
> 以为已经喝过咖啡了。(预想已经喝过咖啡但是结果不是那样)
>
> 가 : 시험 잘 봤다고 했잖아요. 성적이 왜 이래요?
> 不是说考试考得很好吗, 成绩为什么这样?
> 나 : 시험을 잘 본 줄 알았어요. (시험을 잘 봤다고 예상했는데 결과는 그렇지 않음)
> 以为考试考得很好。(预想考试考得好但是结果不是那样)
>
> 가 : 왜 결혼한 사람을 좋아해요? 为什么喜欢已经结婚的人?
> 나 : 그 사람이 결혼한 줄 몰랐어요. (결혼을 했다고 예상하지 못했음)
> 没想到那个人已经结婚了。(认为没有结婚)

2. '(으)ㄴ 줄 알다'의 경우 상황에 따라 그 결과를 말하는 사람이 이미 알고 있음을 나타낸다.
'(으)ㄴ 줄 알다'的情况下表示说话人已经知道结果。

> **예** 가 : 지난주에 여행 간다고 했잖아요. 못 갔어요. 上周说要去旅行。没有去。
> 나 : 여행 못 간 줄 알고 있었지요. 영호가 말해 주더라고요. (여행을 못 갔음을 이미 알고 있음)
> 知道没有去旅行。听荣浩说了。(已经知道没有去旅行)

가 : 언니, 새로 산 원피스 내가 입었어. 거짓말해서 미안해.
　　姐姐，新买的连衣裙是我穿的。对不起，说了谎。

나 : 괜찮아. 나도 네가 **입은 줄 알았는데** 너한테 잘해 준 것도 없어서 그냥 모
　　른 척했어. (동생이 입었음을 이미 알고 있음)
　　没关系。我知道是你穿的，平时也没有太关心你所以就当做不知道。(已经
　　知道是妹妹穿的)

수업 중인데 왜 전화했어요?

미안해요, 수업이 끝난 줄 알았어요.

는 척하다

은 척하다/ㄴ 척하다

동사	마시다	찾다
	마시는 척하다	찾는 척하다

형용사	예쁘다	좋다
	예쁜 척하다	좋은 척하다

1. 어떤 행동이나 상태가 실제로 그렇지 않지만 그런 것처럼 꾸밈을 나타낸다.

表示某状态实际上不是那样但装饰成那样时使用。

> 例 저 남자는 너무 아는 **척해서** 마음에 안 들어요.
> 那个男的总是装懂所以很不满意。
> 속으로는 많이 당황했지만 아무렇지 않은 **척했다**.
> 心里很慌张但是装成坦然的样子。
> 내 동생은 엄마가 방에 들어오면 공부하는 **척해요**.
> 我弟弟只要妈妈一进房间就装成学习的样子。

2. '있다, 없다'는 '는 척하다'를 쓴다.

'있다, 없다'接'는 척하다'来使用。

> 例 나는 있는 **척하는** 사람은 별로예요. 我不喜欢装相的人。
> 음식이 너무 짰지만 맛있는 **척하고** 먹었다.
> 菜虽然很咸但是装成很好吃的样子吃了。

3. 동사의 경우 과거 상황에 대해 말할 때는 '(으)ㄴ 척하다'로 쓴다.

对过去状况叙述时动词变为'(으)ㄴ 척하다'来使用。

> 例 명동에서 친구를 봤는데 못 본 **척했어요**. 在明洞看见了朋友但是装成没看见。
> 나는 선생님 설명을 듣고 알아들은 **척했다**. 听老师的讲解装成听懂的样子。
> 곰을 만나면 죽은 **척해야** 해요. 遇见熊的话要装死。

4. 앞에 명사가 오면 '인 척하다'로 쓴다.

前面接名词变为'인 척하다'来使用。

> 예 당신은 학생도 아니면서 왜 학생**인 척합니까?**
> 你又不是学生为什么装成学生的样子?
> 두 사람은 친한 친구**인 척했어요.** 两个人装成好朋友的样子。

아까 왜 나를 모르는 척했어요?

모르는 척하기는요.

는 통에

동사	나오다	찾다
	나오**는 통에**	찾**는 통에**

1. [A 는 통에 B] A와 같은 혼란스럽고 정신이 없는 상황 때문에 B와 같은 결과
가 나옴을 의미한다. 이때 B에는 부정적인 상황이 온다.
[A 는 통에 B] 表示与A一样混乱，恍惚的情况下出现了B的结果。这时
的B为否定的状况。

> 📖 친구가 갑자기 소리를 지르**는 통에** 깜짝 놀랐어요.
> 因为朋友突然大叫的原因所以下了一跳。
> 옆 반 학생들이 떠드**는 통에** 수업 시간에 집중할 수 없었어요.
> 因为旁边班的学生喧哗的原因课堂上不能集中。
> 아침에 늦게 일어나서 서두르**는 통에** 지갑을 놓고 나왔어요.
> 因为早上起来晚着急的原因所以把钱包落下出来了。

2. 명사와 함께 쓸 때에는 '통에'로 쓴다.
与名词一起使用时变为'통에'来使用。

> 📖 나는 난리 **통에** 가족을 모두 잃어버렸다. 因为兵荒马乱我失去了所有的亲人。
> 그 사람은 전쟁 **통에** 다리를 다쳤다. 那个人因为战争伤了腿。

3. 비슷한 표현으로 '는 바람에'가 있다.
类似的语法有'는 바람에'。

> 📖 아이가 떼를 쓰**는 통에** 장을 제대로 볼 수가 없었다.
> 因为孩子哭闹，所以没能买好东西。
> 아이가 떼를 쓰**는 바람에** 장을 제대로 볼 수가 없었다.

피곤해 보여요.

옆집에서 밤새 싸우는 통에
하나도 못 잤거든요.

더 생각해보기

'는 통에'와 '는 바람에'의 차이 ('는 바람에' → 67쪽 참고)
'는 통에'与'는 바람에'的区别 ('는 바람에' → 参考67页)

'는 통에'와 '는 바람에'는 모두 어떤 상황으로 인해 부정적인 결과가 나옴을 의미한다. 그러나 '는 바람에'는 자연재해와 같이 의도하지 않은 갑작스런 상황으로 인해 생긴 결과를 강조할 때 주로 쓰며, '는 통에'는 혼란스럽고 정신이 없는 상황으로 인해 생긴 결과를 말할 때 많이 쓴다.

'는 통에'与'는 바람에'都表示因为某种情况而出现不好的结果, 但'는 바람에'主要在强调以类似自然灾害或意想不到的状况发生时使用, '는 통에'则表示在混乱, 恍惚的情况下发生时使用。

예 태풍이 부는 바람에 집이 날아갔어요. 因为刮台风所以房子被刮走了。

　　산사태가 나는 바람에 많은 사람들이 다쳤어요.
　　因为山体滑坡所以很多人受伤了。

　　버스가 갑자기 정차하는 바람에 사람들이 넘어졌어요.
　　因为公交车急刹车的原因人们都跌倒了。

　　옆방에서 떠드는 통에 공부에 집중을 할 수 없어요.
　　因为旁边房间吵闹所以学习不能集中。

　　아침에 집에서 정신없이 나오는 통에 지갑을 놓고 나왔어요.
　　因为早上起来晚着急的原因所以把钱包落下出来了。

ㄱ
ㄴ

ㄷ
ㄹ
ㅂ

ㅇ

ㅈ
ㅊ

는다고 보다/ㄴ다고 보다

다고 보다

동사	가다	먹다
	간다고 보다	먹는다고 보다

형용사	나쁘다	좋다
	나쁘다고 보다	좋다고 보다

1. 현재 상황, 또는 아주 가까운 미래 상황에 대해 말하는 사람의 의견이나 생각, 평가 등을 말할 때 쓴다.
表示说话人叙述关于现在，或较近的未来状况的意见、想法、评价等情况下使用。

> 예 음식을 이 정도 준비하면 충분하**다고 봐요.**
> (我)认为准备这些食物已经足够了。
> 유리 씨가 영호 씨에 대해 잘 **안다고 봐요.**
> 刘丽对荣浩算是很了解。

2. 동사, 형용사 모두 과거 상황에 대해 말할 때는 '았/었다고 보다'로 쓰고 미래·추측 상황에 대해 말할 때는 '겠다고 보다', '(으)ㄹ 거라고 보다'로 쓴다.
对过去状况叙述时动词，形容词都用'았/었다고 보다'，对未来·推测状况叙述时用'겠다고 보다'，'(으)ㄹ 거라고 보다'来表达。

> 예 시험을 처음 봤는데 이 정도 성적이면 잘**했다고 봐요.**
> 初次考试能有这样的成绩已经很好了。
> 저는 그 사람 말이 **틀렸다고 봐요.** 我认为那个人说的话是错的。
> 처음 만든 음식치고는 이 정도면 아주 잘 만들**었다고 봐요.**
> 初次做料理能做到这个程度已经算做得很好了。
> 이 정도 성적이면 입학하기에 충분하**겠다고 봐요.**
> 这样的成绩充分可以入学了。
> 유리 씨가 내일 안 **올 거라고 봅니다.** (我)认为刘丽明天不能来。

3. '있다, 없다'는 '다고 보다'를 쓴다.

'있다, 없다'接'다고 보다'来使用。

> 예 그 사람 말이 틀릴 이유가 **없다고 봐요**. (我)认为那个人说的话不可能错。

4. 앞에 명사가 오면 '(이)라고 보다'로 쓴다.

前面接名词变为'(이)라고 보다'来使用。

> 예 영호 씨 정도면 **모범생이라고 봐요**. 荣浩那样就算是模范学生了。
>
> 이 정도 영화라면 잘 만든 **영화라고 봐요**. 这样的电影就算是拍得好的电影了。

우리가 이 일을 잘 끝낼 수 있을까?

그럼, 난 우리가 할 수 있다고 봐.

는다고요/ㄴ다고요　　다고요

동사	가다	먹다
	간다고요	먹는다고요
형용사	나쁘다	좋다
	나쁘다고요	좋다고요

1. 'ㄴ/는다고 하다+고요'의 형태로, 말하는 사람이 자기가 한 말을 반복하거나 강조해서 말할 때 쓴다. 구어적인 표현이다.
('ㄴ/는다고 하다' → 초급 참고) ('고요' → 372쪽 참고)
以'ㄴ/는다고 하다+고요'的形态表示说话人重复或强调自己说过的话时使用。是口语上的表达方式。
('ㄴ/는다고 하다' → 参考初级) ('고요' → 参考372页)

예 가 : 저는 비빔밥 먹을래요. 유리 씨는요? 我要吃拌饭。刘丽呢?
　　나 : 전 아까 말했는데요. 저도 비빔밥 먹**는다고요**. 我刚刚说过了, 我也吃拌饭。

　　가 : 영호 씨, 이 옷 어때요? 荣浩, 这件衣服怎么样?
　　나 : 색이 너무 화려한 것 같아요. 颜色太鲜艳了。
　　가 : 네? 뭐라고요? 啊? 什么?
　　나 : 색이 너무 화려한 것 같**다고요**. (我说)颜色鲜艳丽了。

2. 다른 사람에게 들은 말을 다시 한번 확인하면서 물어볼 때 쓴다.
表示对他人说过的话从新确认或提问时使用。

예 가 : 몸이 좀 아파요. 身体有点儿不舒服。
　　나 : 뭐라고요? 아프**다고요**? 什么? (你说)不舒服?
　　가 : 네, 좀 피곤하기도 하고요. 是的, 有点不舒服。

　　가 : 오늘 시간이 없어서 못 만나겠어요. 今天没有时间所以不能见面了。
　　나 : 네? 오늘 시간이 없**다고요**? 是吗? (你说)今天没有时间?
　　가 : 네, 미안해요. 갑자기 회의가 생겼어요. 是的, 很抱歉, 突然有了会议。

3. '얼마나 (동사)ㄴ/는다고요', '얼마나 (형용사)다고요'로 쓰여 강조해서 말할 때 쓴다.
与'얼마나 (동사)ㄴ/는다고요', '얼마나 (형용사)다고요'一起使用起到强调
的作用。

> 예 가 : 사람들이 민수 씨를 정말 좋아하는 것 같아요. 大家好像都很喜欢民秀。
> 나 : 맞아요. 민수 씨가 **얼마나** 인기가 **많다고요**. 对啊。民秀人气很旺。

4. 동사, 형용사 모두 과거 상황에 대해 말할 때는 '았/었다고요'로 쓰고 미래・
추측 상황에 대해 말할 때는 '겠다고요', '(으)ㄹ 거라고요'로 쓴다.
对过去状况叙述时动词，形容词都用'았/었다고요'，对未来・推测状况叙
述时用'겠다고요', '을 거라고요'来表达。

> 예 가 : 유리 씨가 휴대 전화를 잃어버렸대요. 刘丽说她把手机弄丢了。
> 나 : 네? 휴대 전화를 잃어버**렸다고요**? 그래서 제 전화를 못 받았군요.
> 是吗? 把手机弄丢了? 所以才没接到我的电话啊。
>
> 가 : 유리 씨가 내일 학교에 안 올 거래요. 刘丽说打算明天不来学校。
> 나 : 학교에 안 **올 거라고요**? 무슨 일이 있대요? 不来学校? (她说)有什么事吗?

5. '있다, 없다'는 '다고요'를 쓴다.
'있다, 없다'接'다고요'来使用。

> 예 가 : 유리 씨가 이 영화를 좋아할까요? 刘丽能喜欢这部电影吗?
> 나 : 그럼요. 이 영화가 얼마나 재미있**다고요**. 사람들이 다 좋아해요.
> 当然了，不知道这部电影多么有意思呢。大家都喜欢。

6. 앞에 명사가 오면 '(이)라고요'로 쓴다.

前面接名词变为'(이)라고요'来使用。

> 예 가 : 영호 씨 괜찮은 사람이에요? 제 친구가 소개해 달라고 해서요.
>   荣浩是个不错的人吗? 因为我的朋友让我介绍一下。
>   나 : 소개시켜 주세요. 영호 씨가 얼마나 좋은 사람**이라고요**.
>   介绍吧。不知道荣浩是多么好的人呢。

아까 뭐라고 했어요?

민수 씨가 결혼한다고요.

더 생각해보기

인용+'고요'의 쓰임 ('고요' → 372쪽 참고)
引用+'고요'的用法 ('고요' → 参考372页)

1. 'ㄴ/는다고요', '다고요'는 말하는 사람이 자기가 한 말이 서술문일 때, 이것을 반복하거나 강조해서 말하는 경우에 쓴다. 이때 자기가 한 말이 의문문, 청유문, 명령문일 경우는 다음과 같다.
'ㄴ/는다고요', '다고요'在表示说话人表达的为陈述句, 并且反复或强调此陈述句时使用。这时叙述的疑问句, 劝诱(共动)句, 命令句如下。

1) 의문문의 경우 : 동사+'느냐고요', 형용사+'(으)냐고요'
   疑问句时 : 动词+'느냐고요', 形容词+'(으)냐고요'

> 예 가 : 아까 뭐라고 했어요? 못 들었어요. 刚才说什么了? 没听到。
>   나 : 오늘 수업 끝나고 집에 가느냐고요. (我说)今天下课后回不回家。

2) 청유문의 경우 : 동사+'자고요'
   劝诱(共动)句时 : 动词+'자고요'

> 예 가 : 아까 뭐라고 했어요? 못 들었어요. 刚才说什么了? 没听到。
>   나 : 주말에 같이 영화 보자고요. (我说)周末一起看电影。

3) 명령문의 경우 : 동사+'(으)라고요'

命令句时 : 动词+'(으)라고요'

> **예** 가 : 아까 뭐라고 했어요? 못 들었어요. 刚才说什么了? 没听到。
>
> 나 : 내일 좀 일찍 오라고요. (我说)请明天早点来。

2. 다른 사람에게 들은 말을 다시 한번 확인하면서 물을 때 앞의 인용문이 의문문,
   청유문, 명령문일 경우는 다음과 같다.

   重新确认他人说过的话时，前面接的引用句，疑问句，劝诱(共动)句，命令
   句如下。

1) 의문문의 경우 : 동사+'느냐고요', 형용사+'(으)냐고요'

   疑问句时 : 动词+'느냐고요', 形容词+'(으)냐고요'

> **예** 가 : 다음 주에 고향에 가요? 下周回家乡吗?
>
> 나 : 다음 주에 고향에 가느냐고요? 아니요, 바빠서 못 가요.
>
> (你问)下周回家乡吗? 不回, 太忙了不能回去。

2) 청유문의 경우 : 동사+'자고요'

   劝诱(共动)句时 : 动词+'자고요'

> **예** 가 : 내일 시간 있으면 같이 영화 봅시다.
>
> 明天如果有时间一起看电影吧。
>
> 나 : 같이 영화 보자고요? 좋아요. 어디에서 만날까요?
>
> (你说)一起看电影? 好啊。在哪里见面?

3) 명령문의 경우 : 동사+'(으)라고요'

   命令句时 : 动词+'(으)라고요'

> **예** 가 : 숙제 내일 꼭 가져 오세요. 明天一定要把作业带来。
>
> 나 : 내일 가져오라고요? 다음 주까지 아니었어요?
>
> (你说)明天带来吗? 不是到下周为止吗?

는다기보다는/ㄴ다기보다는

다기보다는

동사	가다	먹다
	간다기보다는	먹는다기보다는

형용사	나쁘다	좋다
	나쁘다기보다는	좋다기보다는

1. [A 는다기보다는 B] A보다는 B에 가까움을 의미한다.

[A 는다기보다는 B] 表示比起先行句A来后行句B更近。

> 예 그 사람이 나쁘**다기보다는** 눈치가 좀 없는 것 같아요.
> 那个人比起长相(长得漂亮)来, 有些不懂得察言观色(眼力见儿)。
> 이 옷이 꼭 좋**다기보다는** 가격에 비해 괜찮다는 뜻이에요.
> 不是说这件衣服很好, 只是比起价格来讲还不错的意思。
> 공부를 한**다기보다는** 그냥 책을 좀 보고 있어요.
> 不算是学习, 只是看看书而已。

2. 동사, 형용사 모두 과거 상황에 대해 말할 때는 '았/었다기보다는'으로 쓰고, 미래·추측 상황에 대해 말할 때는 '겠다기보다는', '(으)ㄹ 거라기보다는'으로 쓴다.

对过去状况叙述时动词, 形容词都用'았/었다기보다는', 对未来·推测状况叙述时用'겠다기보다는', '(으)ㄹ 거라기보다는'来表达。

> 예 싸웠**다기보다는** 의견이 달라서 다툰 것뿐이에요.
> 不算是吵架, 只是意见不一致发生了争执而已。
> 화가 났**다기보다는** 좀 짜증이 났어요. 不算是生气, 只是不耐烦而已。
> 꼭 대청소를 하겠**다기보다는** 간단히 집 정리를 좀 하려고 해요.
> 不是一定要打扫卫生, 而是想简单地整理一下房间。

3. '있다, 없다'는 '다기보다는'을 쓴다.

'있다, 없다'接'다기보다는'来表达。

예 가 : 이 영화 어때요? 재미있어요? 这部电影怎么样? 有意思吗?

나 : 글쎄요, 재미있**다기보다는** 좀 유익한 이야기인 것 같아요.
很难说, 比起有意思可能更接近有益的主题。

4. 앞에 명사가 오면 '(이)라기보다는'을 쓴다.

前面接名词变为'(이)라기보다는'来使用。

예 저와 제 동생은 형제**라기보다는** 친구에 가까워요.
我和我弟弟(的关系), 比起兄弟(关系)更接近朋友(关系)。

이 일은 직업**이라기보다는** 그냥 아르바이트로 시작한 일이에요.
这个工作比起职业只是从打工开始做起的。

회사 일이 많이 힘들어요?

일이 힘들다기보다는 제 적성에
안 맞는 것 같아요.

는다기에/ㄴ다기에		**다기에**

동사	가다	먹다
	간다기에	먹는다기에
형용사	나쁘다	좋다
	나쁘다기에	좋다기에

1. [A 는다기에 B] 'ㄴ/는다고 하다+기에'의 형태로, 다른 사람에게 들은 내용인 A 때문에 B를 하게 되거나 B의 반응을 보임을 나타낸다. 구어적인 표현이다. ('ㄴ/는다고 하다' → 초급 참고) ('기에' → 342쪽 참고)

[A 는다기에 B] 以'ㄴ/는다고 하다+기에'的形态表示从他人那里听到的事实A为后面文章行为B的理由, 或判断的依据时使用。 ('ㄴ/는다고 하다' → 参考初级) ('기에' → 参考342页)

> **예** 그 남자가 성격이 **좋다기에** 한번 만나 보려고 해요.
> 听说那个男人的性格很好, 所以想见一面看看。
> 오늘 비가 **온다기에** 우산을 가지고 왔어요. 听说今天下雨, 所以带了雨伞。
> 유리 씨가 4시에 고향으로 **떠난다기에** 작별 인사를 하러 공항에 나갔다.
> 听说刘丽4点钟回家乡, 为了告别去了机场。

2. [A 는다기에 B] A와 B의 주어는 항상 다르다.

[A 는다기에 B] A与B的主语不能一致。

> **예** 부모님이 집에 **오신다기에** 나는 집 청소를 했다.
> 听说父母要回家, 所以我打扫了房间。

3. 동사, 형용사 모두 과거 상황에 대해 말할 때는 '았/었다기에'로 쓰고, 미래·추측 상황에 대해 말할 때는 '겠다기에', '(으)ㄹ 거라기에'로 쓴다.

对过去状况叙述时动词, 形容词都用'았/었다기에', 对未来·推测状况叙述时'겠다기에', '(으)ㄹ 거라기에'来表达。

> **예** 영호 씨가 회사에 안 **왔다기에** 걱정이 되어서 집에 전화를 해 보았다.
> 听说荣浩没有来上班, 因为担心所以给(荣浩)家打了电话。
> 친구들이 내일 집에 **오겠다기에** 미리 집 청소를 해 두었다.
> 朋友们说明天要来(我)家里, 所以提前打扫了房间。

4. '있다, 없다'는 '다기에'를 쓴다.

'있다, 없다'接'다기에'来使用。

> 📖 가 : 이 영화 어때요? 재미있어요? 这部电影怎么样? 有意思吗?
>
> 나 : 글쎄요, 재미있**다기에** 봤는데 저는 별로였어요.
>
> 是啊, 听说有意思才看, 但是我不太喜欢。

5. 앞에 명사가 오면 '(이)라기에'를 쓴다.

前面接名词变为'(이)라기에'来使用。

> 📖 그 사람이 외국인**이라기에** 한국말을 모를 거라고 생각했다.
>
> 听说那个人是外国人, 所以认为他不会说韩国语。
>
> 오늘이 유리 씨 생일**이라기에** 선물을 준비했다.
>
> 听说今天是刘丽的生日, 所以准备了礼物。

유리 씨, 오늘 민호 씨 만나지요?

아니요, 민호 씨가 바쁘다기에 다음에 보기로 했어요.

ㄱ
ㄴ

ㄷ
ㄹ
ㅂ

ㅇ

ㅈ
ㅊ

더 생각해보기

인용+'기에'의 쓰임 ('기에' → 342쪽 참고)
引用+'기에'的用法 ('기에' → 参考342页)

'ㄴ/는다기에', '다기에'는 앞의 인용문이 서술문일 경우에 쓴다. 앞의 인용문이 의문문, 청유문, 명령문일 경우는 다음과 같다.
'ㄴ/는다기에', '다기에'用于前面的引用文为叙述句时使用。前面的引用文为疑问句, 劝诱(共动)句, 命令句时如下。

1) 의문문의 경우 : 동사+'느냐기에', 형용사+'(으)냐기에'
   疑问句时 : 动词+'느냐기에', 形容词+'(으)냐기에'

   예 유리 씨가 나에게 시간이 있느냐기에 없다고 했어.
   刘丽问我有没有时间, 我说没有时间。

2) 청유문의 경우 : 동사+'자기에'
   劝诱(共动)句时 : 动词+'자기에'

   예 민수 씨가 내일 같이 영화 보자기에 알겠다고 했어요.
   民秀说明天一起看电影, 我说知道了。

3) 명령문의 경우 : 동사+'(으)라기에'
   命令句时 : 动词+'(으)라기에'

   예 영호 씨가 책을 좀 빌려 달라기에 알겠다고 했어요.
   荣浩说请借给他书, 我说好的。

는다니까/ㄴ다니까   다니까

동사	가다	먹다
	간다니까	먹는다니까
형용사	나쁘다	좋다
	나쁘다니까	좋다니까

1. [A 는다니까 B] 'ㄴ/는다고 하다+(으)니까'의 형태로, 다른 사람에게 들은 내용이거나 자신이 한 말인 A 때문에 B의 상황이나 반응이 일어남을 의미한다.
('ㄴ/는다고 하다' → 초급 참고) ('(으)니까' → 초급 참고)
[A 는다니까 B] 以'ㄴ/는다고 하다+(으)니까'的形态表示从他人那里听到的内容，或因为自己说过的A发生了B的状况或反映时使用。
('ㄴ/는다고 하다' → 参考初级) ('(으)니까' → 参考初级)

> 예 내일 비가 **온다니까** 외부 모임을 취소합시다.
> 据说明天下雨，所以取消了外部的聚会。
> 유리 씨가 기분이 **나쁘다니까** 일단 그 이유를 물어보기로 했다.
> 据说刘丽的心情不好，首先打算问一下原因。
> 내가 집에 **간다니까** 유리 씨도 나를 따라 나왔다.
> 我说我要回家，所以刘丽也随后出来了。

2. 동사, 형용사 모두 과거 상황에 대해 말할 때는 '았/었다니까'로 쓰고, 미래·추측 상황에 대해 말할 때는 '겠다니까', '(으)ㄹ 거라니까'로 쓴다.
对过去状况叙述时动词，形容词都用'았/었다니까'，对未来·推测状况叙述时用'겠다니까'，'(으)ㄹ 거라니까'。

> 예 내가 시험을 잘 **봤다니까** 부모님이 아주 기뻐하셨다.
> 我说考试考得很好，所以父母很高兴。
> 제가 이따가 은행에 **갈 거라니까** 영호 씨가 같이 가자고 했어요.
> 我说一会儿我要去银行，荣浩说要一起去。

3. '있다, 없다'는 '다니까'를 쓴다.

'있다, 없다'接'다니까'来使用。

> 예 가 : 이번 휴가에 어디에 갈 거예요? 这次休假打算去哪里?
> 나 : 제주도요. 하도 경치가 멋있**다니까** 한번 가 보려고요.
> 济州岛。据说景色很美，想去看一下。

4. 앞에 명사가 오면 '(이)라니까'를 쓴다.

前面接名词变为'(이)라니까'来使用。

> 예 그 남자가 가수**라니까** 사람들이 그에게 노래를 불러 달라고 했다.
> 据说那个男的是歌手，所以大家请他唱歌。
> 오늘 수업이 마지막**이라니까** 기쁘기도 하고 슬프기도 하다.
> 据说今天是最后一节课，所以又开心又舍不得。

내일 날씨가 좋다니까 산책이라도 할까요?

네, 좋아요.

더 생각해보기

인용+'(으)니까'의 쓰임 ('(으)니까' → 초급 참고)
引用+'(으)니까'的用法 ('(으)니까' → 参考初级)

'ㄴ/는다니까', '다니까'는 앞의 인용문이 서술문일 경우에 쓴다. 앞의 인용문이 의문문, 청유문, 명령문일 경우는 다음과 같다.
'ㄴ/는다니까', '다니까'用于前面的引用文为叙述句时。前面的引用文为疑问句，劝诱(共动)，命令时如下。

1) 의문문의 경우 : 동사+'느냐니까', 형용사+'(으)냐니까'
   疑问句时 : 动词+'느냐니까', 形容词+'(으)냐니까'

   예 유리 씨가 민수 씨에게 내일 뭐 하느냐니까 민수 씨가 집에 간다고 했어요.
   刘丽问民秀明天做什么，民秀说明天回家。

2) 청유문의 경우 : 동사+'자니까'
   劝诱(共动)句时 : 动词+'자니까'

   예 민수 씨가 내일 같이 등산하자니까 유리 씨가 싫다고 했어요.
   民秀说明天一起去登山，刘丽说不想去。

3) 명령문의 경우 : 동사+'(으)라니까'
   命令句时 : 动词+'(으)라니까'

   예 영호 씨가 유리 씨에게 책을 좀 빌려 달라니까 유리 씨가 알겠다고 했어요.
   荣浩向刘丽借书，刘丽说好的。

ㄱ
ㄴ

ㄷ
ㄹ
ㅂ

ㅇ

ㅈ
ㅊ

는다니까요/ㄴ다니까요

다니까요

동사	가다	먹다
	간다니까요	먹는다니까요

형용사	나쁘다	좋다
	나쁘다니까요	좋다니까요

1. '니/는다고 하다+(으)니까+요'의 형태로, 말하는 사람이 자신이 했던 말을 반복해서
강조할 때 사용한다. 상대방을 다소 질책하는 듯한 느낌을 준다. 구어적인 표현으로
문장을 끝낼 때 쓴다.
('ㄴ/는다고 하다' → 초급 참고) ('(으)니까' → 초급 참고)
以'ㄴ/는다고 하다+(으)니까+요'的形态表示说话人在反复强调自己说过的
话时使用。带有指责对方的语气。为口语的表达方式用于句尾。
('ㄴ/는다고 하다' → 参考初级) ('(으)니까' → 参考初级)

> 가 : 갑자기 왜 대청소를 해요? 为什么突然大清扫啊?
> 나 : 어제 말했잖아요. 부모님이 내일 집에 오**신다니까요**.
> 　　 昨天不是说过了吗。父母明天要来家里。
>
> 가 : 아까 있었던 일은 정말 미안했어요. 刚才的事情真的很抱歉。
> 나 : 괜찮**다니까요**. 신경 쓰지 마세요. 没关系的。不要放在心上。

2. 동사, 형용사 모두 과거 상황에 대해 말할 때는 '았/었다니까요'로 쓰고, 미래·추측
상황에 대해 말할 때는 '겠다니까요', '(으)ㄹ 거라니까요'로 쓴다.
对过去状况叙述时动词、形容词都用'았/었다니까요', 对未来·推测的状
况叙述时用'겠다니까요', '(으)ㄹ 거라니까요'来表达。

> 가 : 영호 씨, 저 먼저 퇴근할게요. 荣浩, 我先下班了。
> 나 : 잠깐만 기다려요. 회의 다 끝**났다니까요**. 같이 가요.
> 　　 稍等一下。会议都结束了。一起走吧。

가 : 왜 어제 학교에 안 왔어? 昨天为什么没来学校?
나 : 감기에 **걸렸다니까**. (不是说过了)感冒了。

가 : 지금 일하고 있는데 왜 자꾸 전화해? 일 끝나고 내가 **전화할 거라니까**.
　　现在正在工作为什么总打电话? (不是说过了)工作结束后我给你打电话。
나 : 미안해, 깜박했어. 对不起。忘了。

3. '있다, 없다'는 '다니까요'를 쓴다.

'있다, 없다'接'다니까요'来使用。

> 📋 가 : 제가 만든 음식 어때요? 괜찮아요? 我做的料理怎么样? 还可以吗?
> 　　나 : 네, 맛있어요. 好吃。
> 　　가 : 정말이에요? 真的吗?
> 　　나 : 네, 정말 맛있**다니까요**. 是的, 真的很好吃。

4. 앞에 명사가 오면 '(이)라니까요'를 쓴다.

前面接名词变为'(이)라니까요'来使用。

> 📋 가 : 저 두 사람은 분명히 사랑하는 사이인 것 같아.
> 　　那两个人分明就像是情侣。
> 　　나 : 아니야. 두 사람은 그냥 오래된 친구 사이**라니까**.
> 　　不是的。那两个人只是老朋友而已。

요즘 남자 친구하고 잘 지내요?

헤어졌다니까요. 지난주에 이야기했잖아요.

더 생각해보기

인용+'(으)니까요'의 쓰임

引用+'(으)니까요'的用法

'ㄴ/는다니까요', '다니까요'는 앞의 인용문이 서술문일 경우에 쓴다. 앞의 인용문이 의문문, 청유문, 명령문일 경우는 다음과 같다.

'ㄴ/는다니까요', '다니까요'用于前面的引用文为叙述句时。前面的引用文为疑问句、劝诱(共动)、命令时如下。

1) 의문문의 경우 : 동사+'느냐니까요', 형용사+'(으)냐니까요'

疑问句时 : 动词+'느냐니까요', 形容词+'(으)냐니까요'

> **예** 가 : 아까 저한테 뭐라고 했지요? 刚才跟我说什么了?
>
> 나 : 회의가 몇 시에 시작하느냐니까요. 我说会议几点开始。

2) 청유문의 경우 : 동사+'자니까요'

劝诱(共动)句时 : 动词+'자니까요'

> **예** 가 : 아까 저한테 뭐라고 했지요? 刚才跟我说什么了?
>
> 나 : 커피 한잔하자니까요. 我说一起喝咖啡。

3) 명령문의 경우 : 동사+'(으)라니까요'

命令句时 : 动词+'(으)라니까요'

> **예** 가 : 아까 저한테 뭐라고 했지요? 刚才跟我说什么了?
>
> 나 : 그 책 좀 빌려 달라니까요. 我说把那本书借给我。

는다니요/ㄴ다니요?　　다니요?

동사	가다	먹다
	간다니요?	먹는다니요?
형용사	나쁘다	좋다
	나쁘다니요?	좋다니요?

1. 다른 사람에게 들은 것에 대해 다시 물어볼 때 쓴다. 들은 내용에 대해 놀라거나 믿을 수 없어서 다시 물어본다는 느낌을 준다.
表示再次提问从他人那里听到的事实时使用。带有对听到的内容吃惊，或不可思议的意思。

> 예　가 : 유리 씨가 고향에 돌아간대요. 刘丽说要回家乡。
> 　　나 : 유리 씨가 고향에 **간다니요?** 정말이에요? 刘丽要回家乡? 真的吗?
>
> 　　가 : 기숙사에서 나오려고 해요. 打算从宿舍出来。
> 　　나 : 기숙사에서 **나온다니요?** 어디로 이사 가려고요?
> 　　　　从宿舍出来? 打算搬到哪儿去啊?
>
> 　　가 : 영호 씨가 다음 달에 결혼한대. 荣浩说下个月结婚。
> 　　나 : 영호 씨가 결혼**한다니?** 여자 친구가 있었어?
> 　　　　荣浩说下个月结婚? 有女朋友吗?

2. 동사, 형용사 모두 과거 상황에 대해 말할 때는 '았/었다니요?'로 쓰고, 미래·추측 상황에 대해 말할 때는 '겠다니요?', '(으)ㄹ 거라니요?'로 쓴다.
对过去状况叙述时动词，形容词都用'았/었다니요?'对未来·推测状况叙述时变为'겠다니요?', '(으)ㄹ 거라니요?'来使用。

> 예　가 : 어제 민수하고 유리가 크게 싸웠대. 听说昨天民秀和刘丽大吵了一架。
> 　　나 : 두 사람이 **싸웠다니?** 그렇게 둘이 친하게 지내더니 무슨 일이야?
> 　　　　两个人吵架了? 那么要好的两个人到底为什么啊?
>
> 　　가 : 유리 씨가 내일도 회사에 못 오겠다고 했어요. 刘丽说明天也不能来参加会议。
> 　　나 : 회사에 못 **오겠다니요?** 무슨 일 있어요? 不能来参加会议? 有什么事情吗?

3. '있다, 없다'는 '다니요?'를 쓴다.

'있다, 없다'接'다니요?'来使用。

> 예 가 : 월급날이 멀었는데 돈이 없어서 큰일이에요.
>
>   要等到开工资还早呢, 没有钱真是个问题。
>
> 나 : 돈이 없**다니요?** 일주일 전에 월급 받았잖아요. 没有钱? 上周不是开工资了吗。

4. 앞에 명사가 오면 '(이)라니요?'를 쓴다.

前面接名词变为'(이)라니요?'来使用。

> 예 가 : 민수 씨 옆에 있는 사람은 민수 씨 부인이지요? 民秀前面的人是民秀的妻子吧?
>
> 나 : 부인**이라니요?** 민수 씨는 결혼도 안 했어요. 아마 여자 친구일 거예요.
>
>   民秀的妻子? 民秀还没结婚。大概是女朋友吧。

민수 씨가 다음 달에 이사 간다는 말 들었어요?

이사 간다니요? 그런 말 처음 듣는데요.

더 생각해보기

인용+'다니요?'의 쓰임

引用+'다니요?'的用法。

'ㄴ/는다니요?', '다니요?'는 앞의 인용문이 서술문일 경우에 쓴다. 앞의 인용문이 의문문, 청유문, 명령문일 경우는 다음과 같다.

'ㄴ/는다니요?', '다니요?'用于前面的引用文为叙述句时。前面的引用文为疑问句, 劝诱(共动), 命令时如下。

1) 의문문의 경우 : 동사+'느냐니요?', 형용사+'(으)냐니요?'

　　疑问句时 : 动词+'느냐니요?', 形容词+'(으)냐니요?'

　　예 가 : 민수 씨가 언제 결혼해요? 民秀什么时结婚?

　　　　나 : 민수 씨가 언제 결혼하느냐니요? 지난 주에 벌써 했잖아요.

　　　　　　民秀什么时候结婚? 上周不是已经结了么。

2) 청유문의 경우 : 동사+'자니요?'

　　劝诱(共动)句时 : 动词+'자니요?'

　　예 가 : 커피 한잔합시다. 一起喝杯咖啡吧。

　　　　나 : 커피 한잔하자니요? 지금 할 일이 얼마나 많은데요. 일단 이 일부터 끝냅시다.

　　　　　　喝杯咖啡? 我们现在要做的事情很多。首先把事情结束了再喝吧。

3) 명령문의 경우 : 동사+'(으)라니요?'

　　命令句时 : 动词+'(으)라니요?'

　　예 가 : 내일까지 숙제 꼭 내세요. 到明天为止一定要交作业。

　　　　나 : 내일까지 내라니요? 다음 주까지 아니었어요?

　　　　　　到明天为止交作业? 不是到下周为止吗?

ㄱ
ㄴ

ㄷ
ㄹ
ㅂ

ㅇ

ㅈ
ㅊ

는다더니/ㄴ다더니   다더니

동사	가다	먹다
	간다더니	먹는다더니
형용사	나쁘다	좋다
	나쁘다더니	좋다더니

1. [A 는다더니 B] 'ㄴ/는다고 하다+더니'의 형태이다. A에는 들은 내용이 오고, 이것을 회상하면서 B에는 그것과 관계가 있는 내용이거나 그와 반대되는 상황이 온다. ('ㄴ/는다고 하다' → 초급 참고) ('더니' → 135쪽 참고)
[A 는다더니 B] 是'ㄴ/는다고 하다+더니'的形态，表示A为听到的内容，在回想该内容时B为与该内容有关系或相反的状况。('ㄴ/는다고 하다' → 参考初级) ('더니' → 参考135页)

> 예 일찍 퇴근**한다더니** 아직도 일해요? 听说提早下班了，怎么还在工作?
> 요즘 공부**한다더니** 잘 돼요? 听说最近在学习，学得怎么样?
> 배고프**다더니** 아무 것도 안 먹고 자고 있어요. 听说饿了，(怎么)什么也不吃在睡觉。

2. 동사, 형용사 모두 과거 상황에 대해 말할 때는 '았/었다더니'로 쓰고, 미래·추측 상황에 대해 말할 때는 '겠다더니', '(으)ㄹ 거라더니'로 쓴다.
对过去状况叙述时动词，形容词都用'았/었다더니'对未来·推测状况叙述时变为'겠다더니', '(으)ㄹ 거라더니'来使用。

> 예 민수가 친구와 싸**웠다더니** 기분이 계속 안 좋은 것 같아요.
> 听说民秀和朋友吵架了，所以心情好像一直都不好。
> 영호 씨가 회의에 일찍 오**겠다더니** 오늘도 역시 늦네요.
> 民秀还说开会要早点儿来，今天也迟到了。
> 공부를 할 **거라더니** 아이가 책상 위에 엎드려 자고 있어요.
> 还说要学习，(竟然)孩子趴在书桌上睡着了。

3. '있다, 없다'는 '다더니'를 쓴다.
'있다, 없다'接'다더니'来使用。

> 예 민수 씨가 돈이 없**다더니** 쇼핑을 잔뜩 했어요.
> 民秀还说没有钱，(竟然)买了好多东西。

4. 앞에 명사가 오면 '(이)라더니'를 쓴다.

前面接名词变为'(이)라더니'来使用。

> 예 의사**라더니** 알고 보니 거짓말이었어요. 听说是医生，原来是撒谎。
>
> 대학생**이라더니** 사실은 고등학교 학생이었어요. 听说是大学生，实际上是高中生。

집에 간다더니 왜 아직 안 갔어?

갑자기 약속이 생겼어.

더 생각해보기

인용+'더니'의 쓰임 ('더니' → 135쪽 참고)
引用+'더니'的用法 ('더니' → 参考135页)

'ㄴ/는다더니', '다더니'는 앞의 인용문이 서술문일 경우에 쓴다. 앞의 인용문이 의문문, 청유문, 명령문일 경우는 다음과 같다.
'ㄴ/는다더니', '다더니'用于前面的引用文为叙述句时。前面的引用文为疑问句，劝诱(共动)，命令时如下。

1) 의문문의 경우 : 동사+'느냐더니', 형용사+'(으)냐더니'
    疑问句时 : 动词+'느냐더니', 形容词+'(으)냐더니'

> 예 민수 씨가 아침부터 오늘 회의가 몇 시에 시작하느냐더니 아직도 사람들에게 묻고 다닌다.
> 民秀从早上开始就问今天的会议几点开始，到现在还在问。

2) 청유문의 경우 : 동사+'자더니'
    劝诱(共动)句时 : 动词+'자더니'

> 예 민수 씨가 아까 같이 밥 먹자더니 혼자 식당에 가 버렸다.
> 民秀刚才说一起吃午饭，(竟然)自己去了食堂。

3) 명령문의 경우 : 동사+'(으)라더니'
    命令句时 : 动词+'(으)라더니'

> 예 유리 씨가 지난주에 나한테 책을 빌려 달라더니 그 사이를 기다리지 못하고 그냥 새 책을 샀다고 한다.
> 刘丽上周向我借书，听说等不急了所以(刘丽)买了新书。

는다더라/ㄴ다더라   # 다더라

동사	가다	먹다
	간다더라	먹는다더라
형용사	나쁘다	좋다
	나쁘다더라	좋다더라

1. 'ㄴ/는다고 하다+더라'의 형태로, 들은 말을 회상하면서 상대방에게 전달할 때
쓴다. 구어적인 표현으로 문장을 끝낼 때 쓰는 반말 표현이다.
('ㄴ/는다고 하다' → 초급 참고) ('더라' → 137쪽 참고)
以'ㄴ/는다고 하다+더라'的形态表示把听来的话一边回想一边转达给对方
时使用。以口语的表达方式用于文章结尾。非敬语表达。
('ㄴ/는다고 하다' → 参考初级) ('더라' → 参考137页)

> 예 다음 달부터 버스 요금이 **오른다더라.** 听说下个月开始公共汽车的票价要涨。
> 내일 비가 **온다더라.** 听说明天要下雨。
> 유리 씨가 결혼**한다더라.** 听说刘丽要结婚。

2. 동사, 형용사 모두 과거 상황에 대해 말할 때는 '았/었다더라'로 쓰고, 미래·
추측 상황에 대해 말할 때는 '겠다더라', '(으)ㄹ 거라더라'로 쓴다.
对过去状况叙述时动词, 形容词都用'았/었다더라', 对未来·推测状况叙
述时变为'겠다더라', '(으)ㄹ 거라더라'来使用。

> 예 가 : 민수 씨 아버님이 돌아가**셨다더라.** 听说民秀的父亲去世了。
> 나 : 그래? 연락해 봐야겠다. 是吗? 应该打个电话。
>
> 가 : 다음 주부터 장마가 시작**될 거라더라.** 听说下周开始要到雨季了。
> 나 : 그래? 이번 여름에는 장마가 일찍 시작되네.
> 是吗? 这个夏天的雨季开始的很早啊。

3. 앞에 명사가 오면 '(이)라더라'를 쓴다.
前面接名词变为'(이)라더라'来使用。

> 예 가 : 민수 씨 아이가 벌써 초등학생**이라더라.** 听说民秀的孩子都已经是小学生了。
> 나 : 그래요? 시간 참 빠르네요. 是吗? 时间过得真快啊。

내년에는 경제가 더 나빠진다더라.

그래? 취업이 잘 될지 걱정이네.

더 생각해보기

인용+'더라'의 쓰임 ('더라' → 137쪽 참고)
引用+'더라'的用法 ('더라' → 参考137页)

'ㄴ/는다더라', '다더라'는 앞의 인용문이 서술문일 경우에 쓴다. 앞의 인용문이 의문문, 청유문, 명령문일 경우는 다음과 같다.
'ㄴ/는다더라', '다더라'用于前面的引用文为叙述句时。前面的引用文为疑问句, 劝诱(共动), 命令时如下。

1) 의문문의 경우 : 동사+'느냐더라', 형용사+'(으)냐더라'
   疑问句时 : 动词+'느냐더라', 形容词+'(으)냐더라'

   예 가 : 민수 씨가 아까 유리 씨가 결혼했느냐더라.
           民秀刚才问刘丽结没结婚。
       나 : 그래? 유리 씨한테 관심이 있나 봐.
           是吗? 可能是对刘丽有好感吧。

2) 청유문의 경우 : 동사+'자더라'
   劝诱(共动)句 : 动词+'자더라'

   예 가 : 민수 씨가 아까 일요일에 등산 가자더라.
           民秀刚才说周日一起去登山。
       나 : 난 등산은 싫은데. 我不喜欢登山。

3) 명령문의 경우 : 동사+'(으)라더라'
   命令句时 : 动词+'(으)라더라'

   예 가 : 민수 씨가 아까 내일 2시까지 회사 앞으로 오라더라.
           民秀刚才说让明天两点到公司前面。
       나 : 알겠어. 知道了。

는다던데/ㄴ다던데 　 다던데

동사	가다	먹다
	간다던데	먹는다던데
형용사	나쁘다	좋다
	나쁘다던데	좋다던데

1. [A 는다던데 B] 'ㄴ/는다고 하다+던데'의 형태이다. A에는 들은 말이 오고 그
것을 회상하면서 B에는 그것을 근거로 한 말하는 사람의 생각이나 의견, 반응
이 온다. ('ㄴ/는다고 하다' → 초급 참고) ('던데' → 146쪽 참고)
[A 는다던데 B] 以'ㄴ/는다고 하다+던데'的形态表示A为回想听来的话,
B为以该话题为根据的意见或想法的反应。
('ㄴ/다고 하다' → 参考初级) ('던데' → 参考146页)

> 예 제주도 경치가 아름답**다던데** 휴가 때 한번 가 보세요.
> 据说济州岛的景色很美丽, 休假的时候去看看吧。
> 인삼이 몸에 **좋다던데** 한번 드셔 보세요. 据说人参对身体好, 吃点儿看看吧。
> 내일 날씨가 **춥다던데** 나가지 말고 집에 있어야겠다.
> 据说明天天气冷, 打算不出门呆在家里。

2. 동사, 형용사 모두 과거 상황에 대해 말할 때는 '았/었다던데'로 쓰고, 미래·
추측 상황에 대해 말할 때는 '겠다던데', '(으)ㄹ 거라던데'로 쓴다.
对过去状况叙述时动词, 形容词都用'았/었다던데', 对未来·推测状况叙
述时变为'겠다던데', '(으)ㄹ 거라던데'来使用。

> 예 가 : 학교 앞에서 교통사고가 **났다던데** 학생들이 다치지 않았는지 걱정이네요.
> 据说学校门前出了交通事故, 担心学生们有没有受伤。
> 나 : 다행히 다친 사람은 별로 없다고 해요. 幸好没有受伤的人。
>
> 가 : 다음 달부터 월급이 오**를 거라던데** 정말인가요?
> 据说下个月开始要涨工资, 是真的吗?
> 나 : 네, 그렇대요. 是的, 据说是那样。

3. 앞에 명사가 오면 '(이)라던데'를 쓴다.

前面接名词变为'(이)라던데'来使用。

> 📝 이 학교가 아주 유명한 학교**라던데** 저는 들어본 적이 없어요.
>
> 据说这所学校是非常有名的学校, 但是我从来没有听说过。
>
> 요즘 짧은 치마가 유행**이라던데** 저는 별로 마음에 들지 않아요.
>
> 据说最近流行短裙子, 但是我不太喜欢。

유리 씨, 이 영화 봤지요? 어땠어요?

다른 사람들은 그 영화가 재미있다던데
저는 별로였어요.

더 생각해보기

인용+'던데'의 쓰임 ('던데' → 146쪽 참고)

引用+'던데'的用法 ('던데' → 参考146页)

'ㄴ/는다던데', '다던데'는 앞의 인용문이 서술문일 경우에 쓴다. 앞의 인용문이 의문
문, 청유문, 명령문일 경우는 다음과 같다.

'ㄴ/는다던데', '다던데'用于前面的引用文为叙述句时。前面的引用文为疑问
句, 劝诱(共动), 命令时如下。

1) 의문문의 경우 : 동사+'느냐던데', 형용사+'(으)냐던데'

　疑问句时 : 动词+'느냐던데', 形容词+'(으)냐던데'

> 📝 민수 씨가 아까 유리 씨가 결혼했느냐던데 유리 씨한테 관심이 있는 것 같아.
>
> 民秀刚才问刘丽结没结婚, 可能是对刘丽有好感吧。

2) 청유문의 경우 : 동사+'자던데'

　劝诱(共动)句时 : 动词+'자던데'

> 📝 민수 씨가 일요일에 등산 가자던데 사실 난 일요일에는 좀 쉬고 싶어.
>
> 民秀说周日一起去登山, 其实周末我想在家里休息。

3) 명령문의 경우 : 동사+'(으)라던데'

　命令句时 : 动词+'(으)라던데'

> 📝 민수 씨가 내일 2시까지 회사 앞으로 오라던데 무슨 일인지 모르겠다.
>
> 民秀说让两点到公司前面, 不知道有什么事情。

는다면/ㄴ다면 　　　　 다면

동사	가다	먹다
	간다면	먹는다면

형용사	나쁘다	좋다
	나쁘다면	좋다면

1. [A 는다면 B] A는 B의 조건이나 가정이 된다. 이때 A는 일어날 가능성이 낮은 것을 가정해서 이러한 상황이 되었을 때 B를 함을 나타낸다.

[A 는다면 B] 表示A为B的条件或假设。这时虽然假设A的发生可能性较小，但在发生的情况下出现了B时使用。

> 예 복권에 당첨**된다면** 전액을 사회에 기부하겠어요.
> 中了奖的话就把全额捐给社会。
> 꾸준히 공부**한다면** 좋은 성적을 받을 수 있을 거예요.
> 坚持学习的话会取得好的成绩。
> 그 사람이 나를 사랑**한다면** 정말 행복할 것 같다.
> 那个人爱我的话真的会很幸福。

2. 동사, 형용사 모두 과거 상황에 대해 말할 때는 '았/었다면'으로 쓴다. 이때 그 과거 상황에 대한 후회를 나타내는 경우가 많다. 미래·추측 상황에 대해 말할 때는 '겠다면', '(으)ㄹ 거라면'으로 쓴다.

对过去状况叙述时动词，形容词都用'았/었다면'。这时一般用于对过去状况后悔时使用。对未来·推测状况叙述时用'겠다면', '(으)ㄹ 거라면'来使用。

> 예 고등학교 때 공부를 열심히 **했다면** 원하는 대학에 갈 수 있었을 것이다.
> 高中时要是努力学习的话就能去想去的大学。
> 비행기표를 **살 거라면** 인터넷으로 사. 그게 싸거든.
> 要想买飞机票的话就在网上买。那样买便宜。

3. 앞에 명사가 오면 '(이)라면'을 쓴다. ('(이)라면' → 287쪽 참고)
前面接名词变为'(이)라면'来使用。('(이)라면' → 参考287页)

> 예 내가 부자**라면** 먼저 좋은 집을 사겠다. 我如果是有钱人的话, 我就先买好的房子。
> 내가 새**라면** 하늘을 날 수 있을 텐데. 如果我是鸟我就能飞上天。

사업을 해 보고 싶은데 자신이 없어요.

잘할 자신이 없다면 아예 시작하지 마세요.

더 생각해보기

'ㄴ/는다면'과 '(으)면'의 차이 ('(으)면' → 초급 참고)
'ㄴ/는다면'与'(으)면'的区别 ('(으)면' → 参考初级)

'ㄴ/는다면'과 '(으)면'은 모두 어떤 일의 조건이나 가정을 나타낸다. 하지만 'ㄴ/는다면'은 '(으)면'에 비해 실현 가능성이 비교적 낮은 경우, 또는 아예 불가능한 경우를 가정할 때도 쓸 수 있다.
'ㄴ/는다면'与'(으)면'都表示对某事的假设或条件。但是'ㄴ/는다면'比起'(으)면'实现的可能性较小或是假设绝对不可能发生的情况。

> 예 복권에 당첨된다면, 좋은 차를 사고 싶어요. (실현 가능성이 낮음)
> 中了彩票的话, 想买好车。(实现性很低。)
> 해가 서쪽에서 뜬다면, 내가 네 소원을 들어줄게. (실현 불가능)
> 太阳从西边升起的话, 我就实现你的愿望。(不可能实现)
> 고등학교 시절로 돌아간다면, 친구들에게 더 잘해 줄 수 있을 것 같다. (실현 불가능)
> 要是能回到高中时节, (我)就会对朋友们做的更好。(不可能实现)
> 시간이 있으면, 여기저기 여행을 하고 싶다. (실현 가능성이 있음)
> 有时间的话, 想到处去旅行。(可能实现)

는다면서요/ㄴ다면서요?

다면서요?

동사	가다	먹다
	간다면서요?	먹는다면서요?

형용사	나쁘다	좋다
	나쁘다면서요?	좋다면서요?

1. 다른 사람에게 들은 것을 확인하려고 물어볼 때 쓴다.

表示确认从他人哪里听来的话时使用。

> 가 : 유리 씨가 중국어를 잘**한다면서요?** 听说刘丽中国语说得很好?
> 나 : 네, 잘하는 편이에요. 是的, 算是说得很好。
>
> 가 : 아기가 이제 걷**는다면서요?** 听说孩子现在会走了?
> 나 : 네, 벌써 걷기 시작했어요. 是的, 已经开始走了。

2. 동사, 형용사 모두 과거 상황에 대해 말할 때는 '았/었다면서요?'로 쓰고, 미래·
추측 상황에 대해 말할 때는 '겠다면서요?', '(으)ㄹ 거라면서요?'로 쓴다.

对过去状况叙述时动词, 形容词都用'았/었다면서요?'对未来·推测状况叙
述时变为'겠다면서요?', '(으)ㄹ 거라면서요?'来使用。

> 가 : 회의가 취소되**었다면서요?** 听说会议取消了?
> 나 : 네, 일단 이번 주에는 회의가 없대요. 是的, 目前这周没有会议了。
>
> 가 : 내일 부모님이 한국에 오실 **거라면서요?** 听说父母明天来韩国?
> 나 : 네, 내일 오세요. 是的, 明天来。

3. 앞에 명사가 오면 '(이)라면서요?'를 쓴다.

前面接名词变为'(이)라면서요?'来使用。

> 예 가 : 저 사람이 유리 씨 남자 친구**라면서요?** 听说那个人是刘丽的男朋友?
>
> 나 : 네, 몰랐어요? 사귄 지 오래되었어요. 不知道吗? 交往了很久了。
>
> 가 : 동생이 대학생**이라면서요?** 听说弟弟是大学生?
>
> 나 : 네, 지금 2학년이에요. 是的, 现在2年级。

김 선생님이 결혼하신다면서요?

네, 이번 봄에 결혼하신대요.

더 생각해보기

'ㄴ/는다면서요?'과 'ㄴ/는다지요?'의 차이 ('ㄴ/는다지요?' → 114쪽 참고)

'ㄴ/는다면서요?'와 'ㄴ/는다지요?'的区别 ('ㄴ/는다지요?' → 参考114页)

'ㄴ/는다면서요?'와 'ㄴ/는다지요?'는 들은 사실에 대해 확인할 때 사용한다. 하지만 'ㄴ/는다지요?'는 그 사실에 대해서 상대방도 들어서 알고 있음을 전제하고 있고 'ㄴ/는다면서요?'는 듣는 사람이 알고 모름과 관계없이 쓸 수 있다.

'ㄴ/는다면서요?'与'ㄴ/는다지요?'表示对事实确认时使用。但是'ㄴ/는다지요?'以对方也知道此事的前提下使用。'ㄴ/는다면서요?'则不受局限。

> 예 가 : 민수 씨가 이번 시험에서 일등을 했다지요? (듣는 사람도 알고 있을 거라고 전제함)
>
> 民秀这次考试考了第一名吧? (对方知道的前提下)
>
> 나 : 네, 맞아요. 是的。
>
> 가 : 유리 씨, 민수 씨가 이번 시험에서 일등을 했다면서요? (듣는 사람이 알고 있을 거라는 전제가 없음)
>
> 刘丽, 民秀这次考试考了第一名吧? (与对方是否知晓无关)
>
> 나 : 네, 맞아요. 是的。

ㄱ
ㄴ

ㄷ ㄹ
ㅂ

ㅇ

ㅈ
ㅊ

는다면야/ㄴ다면야 　 다면야

동사	가다	먹다
	간다면야	먹는다면야
형용사	나쁘다	좋다
	나쁘다면야	좋다면야

1. [A 는다면야 B] A는 B를 하는 데 있어서 반드시 필요한 조건이나 가정임을 강조해서 말할 때 쓴다. A를 하거나 A의 상황이 되었을 때 B가 가능함을 나타낸다.
[A 는다면야 B] 表示假设或强调A为达成B的必然条件。在A的状况下或做A时，才可能出现B时使用。

> 예 몸에 **좋다면야** 아무리 쓴 약도 먹을 수 있지요. 要是对身体好，再苦的药也能吃。
> 한국어를 잘**한다면야** 혼자 한국에서 충분히 살 수 있어요.
> 要是韩国语好的话，自己也能充分地在韩国生活。
> 여기 있는 단어를 다 외**운다면야** 시험을 잘 볼 수 있겠지요.
> 要是能把这些单词都背下的话，就能考好试了。

2. 동사, 형용사 모두 과거 상황에 대해 말할 때는 '았/었다면야'로 쓰고, 미래·추측 상황에 대해 말할 때는 '겠다면야', '(으)ㄹ 거라면야'로 쓴다.
对过去状况叙述时动词，形容词都用'았/었다면야'对未来·推测状况叙述时用'겠다면야', '(으)ㄹ 거라면야'来使用。

> 예 발표 준비를 **했다면야** 걱정이 없겠지만, 준비를 잘 못해서 걱정이 된다.
> 如果准备了发表的话就不担心了，因为没有准备好所以很担心。
> 민수 씨가 저 대신 회의에 가**겠다면야** 고마운 일이지요.
> 如果民秀能代替我去开会的话，是多么值得感谢的事情啊。

3. 앞에 명사가 오면 '(이)라면야'를 쓴다.

前面接名词变为'(이)라면야'来使用。

 저 사람이 한국 사람**이라면야** 당연히 한국말을 잘 하겠지요.

那个人要是韩国人的话当然韩国语说得好了。

이렇게 멋진 남자**라면야** 여자들한테 인기가 많겠지.

这么帅气的男生当然在女生那里有人气了。

 감기가 쉽게 낫지를 않네요.

 푹 쉰다면야 나을 수 있을 거예요.

┃ 는다지요/ㄴ다지요? ┃ 다지요?

동사	가다	먹다
	간다지요?	먹는다지요?

형용사	나쁘다	좋다
	나쁘다지요?	좋다지요?

1. 'ㄴ/는다고 하다+지요?'의 형태로, 다른 사람에게 들은 것을 다시 확인할 때 쓴다. 이때 듣는 사람도 이미 그 내용을 알고 있는 것을 전제로 한다.
('ㄴ/는다고 하다' → 초급 참고) ('지요?' → 초급 참고)
以'ㄴ/는다고 하다+지요?'的形态表示从新确认从他人那里听到的事实时使用。这时是以听话的人对该内容已经知道的前提下使用。
('ㄴ/는다고 하다' → 参考初级) ('지요?' → 参考初级)

> 예 내일부터 아주 추워**진다지요?** 明天开始要变得很冷吧?
> 이번 시험이 좀 어렵**다지요?** 这次考试有点难吧?
> 민수 씨네 아기가 벌써 걷**는다지요?** 民秀的孩子已经开始走步了吧?

2. 동사, 형용사 모두 과거 상황을 말할 때는 '았/었다지요?'로 쓰고, 미래·추측 상황을 말할 때는 '겠다지요?', '(으)ㄹ 거라지요?'로 쓴다.
对过去状况叙述时动词, 形容词都用'았/었다지요?', 对未来·推测状况叙述时用'겠다지요?', '(으)ㄹ 거라지요?'来使用。

> 예 가 : 민수 씨가 승진을 **했다지요?** 民秀升职了吧?
> 나 : 네, 그래서 어제 부서 사람들에게 한턱 냈어요.
> 是的, 所以昨天请了大家吃了一顿。
>
> 가 : 미영 씨가 이번 달 말에 결혼할 **거라지요?**
> 美英这个月末结婚吧?
> 나 : 네, 3년 동안 사귀었던 남자 친구하고 이번에 결혼한대요.
> 是的, 和交往了三年的男朋友结婚。

3. 앞에 명사가 오면 '(이)라지요?'를 쓴다.

前面接名词变为'(이)라지요?'来使用。

> 예 미영 씨 남자 친구가 중국 사람**이라지요?** 美英的男朋友是中国人吧?
> 오늘부터 초등학교 방학**이라지요?** 今天开始小学放假吧?

오늘부터 택시 요금이 오른다지요?

네, 5퍼센트 인상됐어요.

더 생각해보기

'ㄴ/는다지요?'와 'ㄴ/는다면서요?'의 차이 ('ㄴ/는다면서요?' → 110쪽 참고)

'ㄴ/는다지요?'与'ㄴ/는다면서요?'的区别 ('ㄴ/는다면서요?' → 参考110页)

'ㄴ/는다지요?'와 'ㄴ/는다면서요?'는 들은 사실에 대해 확인할 때 사용한다. 하지만 'ㄴ/는다지요?'는 그 사실에 대해서 상대방도 들어서 알고 있음을 전제하고 있고 'ㄴ/는다면서요?'는 듣는 사람이 알고 모름과 관계없이 쓸 수 있다.

'ㄴ/는다지요?'与'ㄴ/는다면서요?'表示对事实确认时使用。但是'ㄴ/는다지요?'以对方也知道此事的前提下使用。'ㄴ/는다면서요?'则不受局限。

> 예 가 : 민수 씨가 이번 시험에서 일등을 했다지요? (듣는 사람도 알고 있을 거라고 전제함)
> 民秀这次考试考了第一名吧? (对方知道的前提下)
> 나 : 네, 맞아요. 是的。
>
> 가 : 유리 씨, 민수 씨가 이번 시험에서 일등을 했다면서요? (듣는 사람이 알고 있을 거라는 전제가 없음)
> 刘丽, 民秀这次考试考了第一名吧? (与对方是否知晓无关)
> 나 : 네, 맞아요. 是的。

는대요/ㄴ대요		**대요**

동사	가다	먹다
	간대요	먹는대요
형용사	나쁘다	좋다
	나쁘대요	좋대요

1. 다른 사람에게 들은 것을 전달할 때 쓰는 'ㄴ/는다고 하다', '다고 하다'의 줄임말로, 구어적인 표현이다. ('ㄴ/는다고 하다' → 초급 참고)
表示对他人传达听到的事实时使用。是 'ㄴ/는다고 하다', '다고 하다'的缩写形式，口语表达方式。('ㄴ/는다고 하다' → 参考初级)

> 이 배우가 요즘 젊은 사람들한테 인기가 많**대요**.
> 据说最近这个演员在年轻人那里很有人气。
> 영수 씨네 아기가 아파서 밥을 잘 못 먹**는대요**.
> 据说英秀的孩子生病了不能吃饭。
> 유럽의 경제 상황이 안 좋**대요**. 据说欧洲的经济状况不好。

2. 말하는 사람 자신이 한 말을 다시 전달할 때도 쓴다. 이때 'ㄴ/는댔어요'의 형태로 쓴다.
表示说话人重复转达自己说过的话时使用。这时用 'ㄴ/는댔어요'的形态来表达。

> 가 : 누가 먼저 발표할 거예요? 谁先发表啊?
> 나 : 제가요. 我(先发表)。
> 가 : 선생님께 말씀드렸어요? 跟老师说了吗?
> 나 : 네, 제가 한**댔어요**. 是的, 我跟老师说过了。

3. 동사, 형용사 모두 과거 상황에 대해 말할 때는 '았/었대요'로 쓰고, 미래·추측 상황에 대해 말할 때는 '겠대요', '(으)ㄹ 거래요'로 쓴다.
对过去状况叙述时动词, 形容词都用'았/었대요', 对未来·推测状况叙述时用'겠대요', '(으)ㄹ 거래요'来使用。

> 어제 민수 씨가 교통사고가 날 뻔 **했대요**. 昨天民秀差点出了交通事故。
> 유리 씨가 내일 학교에 안 **오겠대요**. 刘丽说明天不来学校了。
> 뉴스에서 그러는데 올해는 경제가 좋아**질 거래요**. 新闻说今年的经济会变好。

4. 앞에 명사가 오면 '(이)래요'를 쓴다.

前面接名词变为'(이)래요'来使用。

> 예 저분이 새로 오신 선생님**이래요**. 那位是新来的老师。
> 제주도는 한국의 유명한 관광지**래요**. 济州岛是韩国有名的观光地。

민수 씨가 언제 퇴근한대요?

6시에 퇴근한대요.

는데도/ㄴ데도		**은데도/ㄴ데도**	

동사	가다	먹다
	간데도	먹는데도

형용사	나쁘다	좋다
	나쁜데도	좋은데도

1. [A 는데도 B] 'ㄴ/는데+아/어도'의 형태로, 일반적으로 A의 상황에서 기대할 수 있는 결과가 아닌 다른 결과 B가 옴을 나타낸다. A와 B는 서로 반대되거나 대조되는 상황을 가리키는 경우가 많다.
('ㄴ/는데' → 초급 참고) ('아/어도' → 177쪽 참고)
[A ㄴ/는데도 B] 'ㄴ/는데+아/어도'的形态表示与前面的状况无关发生了后面的状况时使用。A和B是互相相反或对照的情况比较多。
('ㄴ/는데' → 参考初级) ('아/어도' → 参考177页)

> 예 유리 씨는 남보다 많이 **먹는데도** 살이 안 찐다. 刘丽比别人吃得多但是还不胖。
> 비가 **오는데도** 우산을 사지 않고 그냥 집까지 뛰어갔다.
> 下雨了也没买雨伞直接跑回家了。
> 영호 씨는 그 여자를 **좋아하는데도** 고백하지 않고 바라보기만 한다.
> 荣浩虽然喜欢那个女生，但是也没有告白只是看着。

2. 동사, 형용사 모두 과거 상황에 대해 말할 때는 '았/었는데도'로 쓰고, 동사의 경우 미래·추측 상황에 대해 말할 때는 '겠는데도', '(으)ㄹ 건데도'로 쓴다.
对过去状况叙述时动词，形容词都用'았/었는데도'，对未来·推测状况叙述时动词用'겠는데도'，'(으)ㄹ 건데도'来使用。

> 예 선생님이 내일 시험이라고 **말했는데도** 학생들은 공부를 하지 않았다.
> 老师说了明天是考试，但是学生们也不学习。
> 날씨가 꽤 **춥겠는데도** 영호 씨는 반팔 티셔츠만 입고 나가려고 한다.
> 天气将要变得很冷，荣浩还要穿着短袖T恤出去。
> 기차가 곧 **도착할 건데도** 아이는 그 사이를 못 참고 지루해했다.
> 火车马上就要到了，这么一会儿的功夫孩子也等不急，感到很无聊。

3. '있다, 없다'는 '는데도'를 쓴다.

'있다, 없다'接'는데도'来使用。

> 예 저 사람은 돈이 **없는데도** 있는 척 해요. 那个人没有钱, 还装成有钱的样子。

4. 앞에 명사가 오면 '인데도'를 쓴다.

前面接名词变为'인데도'来使用。

> 예 혼자 하기 힘든 일**인데도** 민수는 끝까지 불평하지 않았다.
> 自己做起来很辛苦的事情, 民秀也没有怨言坚持到了最后。
> 밍밍 씨는 외국 사람**인데도** 한국말을 아주 잘 한다.
> 明明是外国人韩国语也说得很好。

공부를 많이 하는데도 성적이 안 올라요.

꾸준히 하는 것이 중요해요.
그러면 좋은 결과가 있을 거예요.

는지		**은지/ㄴ지**

동사	가다	먹다
	가**는지**	먹**는지**
형용사	나쁘다	좋다
	나쁜**지**	좋**은지**

1. [A 는지 B] A 때문에 B의 상황이 일어남을 나타낸다. 이때 A는 확실하고 구체적인 이유가 아니라 막연한 이유이다.

[A 는지 B] 表示因为A发生了B的状况。这时A的理由不确定而是茫然的理由时使用。

> 예 공기가 나**쁜지** 머리가 아파오기 시작했다. 大概是空气不好的原因头很疼。
> 책이 어려**운지** 아이가 잘 모르겠다는 표정을 짓네요.
> 可能是书太难了，孩子做出不会的表情。
> 밖에서 담배를 피우**는지** 담배 냄새가 나요. 可能是外面在吸烟，有烟味儿。

2. 동사, 형용사 모두 과거 상황에 대해 말할 때는 '았/었는지'로 쓰고, 동사의 경우 미래·추측 상황에 대해 말할 때는 '(으)ㄹ 건지'로 쓴다.

对过去状况叙述时动词，形容词都用'았/었는지', 对未来·推测状况叙述时动词用'(으)ㄹ 건지'来使用。

> 예 유리 씨가 울**었는지** 눈이 빨개요. 刘丽好像是哭了眼睛红了。
> 수업에 늦**었는지** 영호 씨가 급하게 집에서 나갔어요.
> 可能是上课迟到了荣浩匆忙的离开了家。
> 라면을 먹**을 건지** 영호 씨가 물을 끓이고 있어요.
> 可能是要吃拉面，荣浩正在烧水。

3. '있다, 없다'는 '는지'를 쓴다.

'있다, 없다'接'는지'来使用。

> 예 음식이 맛있**는지** 아이가 평소보다 많이 먹었어요.
> 可能菜好吃，孩子比平时吃得多。

4. 앞에 명사가 오면 '인지'를 쓴다.

前面接名词变为'인지'来使用。

> 예 저 사람은 선생님**인지** 학생들이 지나가면서 다 인사를 하네요.
> 那个人可能是老师，学生们路过时都向他问好。
> 두 사람이 사랑하는 사이**인지** 계속 서로를 보며 웃고 있어요.
> 两个人可能是情侣，一直看着对方在笑。

밖에 사람이 있는지 말소리가 들리네요.

민수 씨가 밖에서 전화를 받고 있거든요.

는지 모르다/ㄴ지 모르다

은지 모르다/ㄴ지 모르다

동사	가다	먹다
	가는지 모르다	먹는지 모르다

형용사	나쁘다	좋다
	나쁜지 모르다	좋은지 모르다

1. '얼마나, 어찌나'와 함께 쓰여 그 일이 대단함을 강조할 때 쓴다.

与'얼마나, 어찌나'一起使用，表示强调某事了不起时使用。

> 예) 아기가 **얼마나 예쁜지 몰라요.** 不知道孩子有多漂亮。
> 볕이 좋으니까 나무가 **어찌나** 잘 자라**는지 몰라요.**
> 因为阳光充足，所以不知道树长得有多好。
> 오랫동안 비가 안 와서 가뭄이 **어찌나 심한지 몰라요.**
> 因为好久没有下雨，所以不知道有多么干旱。

2. 동사, 형용사 모두 과거 상황에 대해 말할 때는 '았/었는지 모르다'로 쓴다.

对过去状况叙述时动词，形容词都用'았/었는지 모르다'来使用。

> 예) 학생들이 거짓말을 해서 선생님이 **얼마나** 화가 **났는지 몰라요.**
> 因为学生们说谎，所以不知道老师有多么生气。
> 친구 어머님께 말실수를 해서 **얼마나** 당황스러**웠는지 몰라.**
> 对朋友的妈妈失言了，不知道有多么尴尬。

3. '있다, 없다'는 '는지 모르다'를 쓴다.

'있다, 없다'接'는지 모르다'来使用。

> 예) 이 음식이 **얼마나** 맛있**는지 몰라요.** 不知道这道菜有多么好吃。

4. 앞에 명사가 오면 '인지 모르다'를 쓴다.

前面接名词变为'인지 모르다'来使用。

> 예 어렸을 때는 부모님을 속이는 것이 **얼마나** 큰 문제**인지 몰랐어요.**
> 小时候欺骗父母，不知道是多么严重的(错误)。
>
> 이 음식이 **얼마나** 매운 음식**인지 모르고** 시켰어요.
> 点菜的时候不知道这道菜是这么辣的菜。

조카가 태어났는데 얼마나 귀여운지 몰라요.

아직 한 살도 안 됐지요? 정말 귀엽겠어요.

은커녕/는커녕

명사	택시	지하철
	택시**는커녕**	지하철**은커녕**

1. [A 은커녕 B] A는 당연히 안 되고 그것보다 더 쉬운 B도 하기 어렵거나 할
수 없는 상황을 나타낸다.
[A 은커녕 B] 表示前面的内容与后面的内容比较时，前面的内容没有说的
必要。

예 이 시간에는 버스**는커녕** 택시도 안 다닌다.
这个时间不用说公共汽车了，就连的士都没有。
장학금**은커녕** 반에서 중간도 하기 어렵다.
不用说奖学金了，在班级里中间程度都达不到。
그 사람의 전화번호**는커녕** 이름도 몰라요.
别说那个人的电话号码了，就连那个人的名字都不知道。

2. 부정적인 상황에서만 쓴다.
用于否定的状况。

예 유리 씨는 농구**는커녕** 달리기도 잘 못해요. (○)
刘丽不要说篮球了，就连跑步都不行。
영호 씨는 농구는커녕 달리기도 잘해요. (×)

3. '은/는커녕' 앞에 동사나 형용사가 오면 '기는커녕'으로 쓴다.
('기는커녕' → 32쪽 참고)
动词或形容词位于'은/는커녕'前面时，变为'기는커녕'来使用。
('기는커녕' → 参考32页)

예 제주도에 가**기는커녕** 부산에도 못 가 봤어요.
别说去济州岛了，就连釜山都没去过。
농담을 했는데 웃**기는커녕** 내 말을 듣지도 않는 것 같다.
开了玩笑别提笑了，就连我的话都好像没有听。

4. 비슷한 표현으로 '는 고사하고'가 있다. ('는 고사하고' → 491쪽 참고)

类似的语法有'는 고사하고'。('는 고사하고' → 参考491页)

> 예 냉장고에 우유**는커녕** 물도 없어요. 冰箱里别提牛奶了，就连水都没有。
> 냉장고에 우유**는 고사하고** 물도 없어요.

오늘 너무 바빠서 식사는커녕
물 한 잔도 못 마셨어요.

배고프겠어요. 일단 식사하러 가면 어때요?

다 보니까

동사/형용사	보다	먹다	크다	작다
	보다 보니까	먹다 보니까	크다 보니까	작다 보니까

1. [A 다 보니(까) B] 동사와 함께 쓰여, A를 계속하는 도중에 B의 상황이 일어남을 알게 될 때 쓴다. 이때 '니까'는 발견의 의미를 가진 '(으)니까2'이다. ('(으)니까2' → 초급 참고)

[A 다 보니(까) B] 与动词一起使用表示持续A的途中发生了B时使用。这时的'니까'是'(으)니까2'一样含有发现的意思。('(으)니까2' → 参考初级)

> **예** 바쁘게 살다 **보니까** 주변 사람들에게 너무 신경을 못 쓴 것 같다.
> 为生活奔忙, 视乎对周边的人太忽视了。
> 결혼을 준비하다 **보니까** 생각보다 복잡한 일이 많다는 것을 알게 되었다.
> 准备结婚才知道, 比想象中复杂的事情要多。
> 처음에는 공부하는 것이 힘들었는데 하다 **보니까** 재미있기도 하다.
> 开始学习的时候很辛苦, 学着学着现在很有意思。

2. [A 다 보니(까) B] 형용사와 함께 쓰이면, A의 상태가 지속되기 때문에 B의 결과가 옴을 나타낸다. 부정적인 상황에서 자주 쓰인다. 이때 '니까'는 이유의 의미를 가진 '(으)니까'이다. ('(으)니까' → 초급 참고)

[A 다 보니(까) B] 与形容词一起使用时, 表示在A状态持续进行的情况下会出现B的结果。常用在出现否定的结果时。这时的'니까'是'(으)니까1'一样含有理由的意思。('(으)니까1' → 参考初级)

> **예** 날씨가 너무 덥다 **보니까** 어르신들 중에는 더위에 쓰러지는 분들도 계신다.
> 天气太热了, 老年人当中有因为暑气晕倒的。
> 회사에서 바쁘다 **보니까** 부모님께 요즘 연락도 잘 못 드렸다.
> 因为公司很忙, 所以最近没能经常给父母打电话。
> 어제는 피곤하다 **보니까** 씻지도 않고 그냥 잤다.
> 昨天因为很忙, 就连洗都没洗就睡了。

3. 과거 '았/었'과 함께 쓸 수 없다.

不能与过去'았/었'一起使用。

> 例 공부를 하**다 보니까** 벌써 12시가 다 되었다. (○) 学着学习才发现已经12点了。
> 공부를 했**다 보니까** 벌써 12시가 다 되었다. (×)

4. '다 보니까'의 '까'를 생략할 수 있다.

可以省略'다 보니까'的'까'来使用。

> 例 정신없이 일하**다 보니까** 점심 때가 다 지났다.
> 因为只顾(忙)工作，才发现午饭时间已经过了。
> 정신없이 일하**다 보니** 점심 때가 다 지났다.

5. 앞에 명사가 오면 '(이)다 보니까'를 쓴다.

前面接名词变为'(이)다 보니까'来使用。

> 例 회사원**이다 보니** 낮에는 좀 바빠요. 因为是公司职员，所以白天有些忙。

새로 이사한 집은 어때요?

다 좋은데 방이 너무 크다 보니 썰렁한 느낌이 들어요.

더 생각해보기

'다 보니(까)'와 '고 보니'의 차이 ('고 보니' → 15쪽 참고)
'다 보니(까)'与'고 보니'的区别 ('고 보니' → 参考15页)

'다 보니(까)'는 어떤 일을 하다가 알게 된 상황을 나타낼 때 쓰고 '고 보니'는 어떤 일을 다 끝내고 나서 알게 된 상황을 나타낸다.
'다 보니(까)'表示在做某事的途中发现的状况。'고 보니'表示某事结束后发现的某状况。

예 시험을 보다 보니 모르는 단어가 너무 많았다. (시험을 보는 도중에 알게 된 사실)
考试的途中发现不懂的单词很多。(考试的途中发现的事实)
시험을 보고 보니 모르는 단어가 너무 많았다. (시험이 다 끝난 후에 알게 된 사실)
考试完了试才发现不懂的单词很多。(考试结束后发现的事实)

'다 보니(까)'와 '아/어 보니'의 차이 ('아/어 보니' → 173쪽 참고)
'다 보니(까)'与'아/어 보니'的区别 ('아/어 보니' → 参考173页)

'다 보니(까)'는 어떤 일을 반복적으로 또는 계속 하다가 알게 된 상황을 나타낼 때 쓰고 '아/어 보니'는 어떤 일을 한번 시도해 보거나 한번 경험해 본 것을 통해 알게 된 상황을 나타낼 때 쓴다.
'다 보니(까)'使用在某事反复发生或持续发生中发现的事实，'아/어 보니'表示尝试了一次或通过一次的经验发现的某事实时使用。

예 민수 씨를 자주 만나다 보니 나도 모르게 정이 들었다. (반복적, 계속 만남)
经常见民秀，我才发现不知不觉中产生了好感。(反复，持续见面)
부산에 한번 가 보니 생각보다 경치가 아름다웠다. (일회적인 경험)
去了釜山一次，比想象中的景色要美丽。(一次性的经验)

다 보면

동사	보다	먹다
	보다 보면	먹다 보면

1. [A 다 보면 B] '다가+아/어 보다+(으)면'의 형태로, A를 계속한다는 조건이나 가정에 그 결과 B의 상황이 일어날 것임을 예상할 때 쓴다.
[A 다 보면 B] 是'다가+아/어 보다+(으)면'的形态，表示持续做A的条件或假设情况下预想到了B的结果时使用。

> **예** 한국에서 살**다 보면** 한국 문화에 익숙해질 거예요.
> 在韩国生活就会适应的韩国的文化。
> 이 길로 쭉 가**다 보면** 은행이 보일 거예요. 从这条路走下去就会看见银行。

2. B의 결과를 예상하는 것이므로 문장이 과거형으로 끝나지 않는다. 문장의 끝에 미래·추측의 '(으)ㄹ 것이다', '(으)ㄹ 것 같다' 등이 자주 온다.
因为是预想B的结果，所有文章结尾不能用过去式。常以未来·推测的'(으)ㄹ 것이다', '(으)ㄹ 것 같다'来结尾。

> **예** 계속 치료를 받**다 보면** 금방 나을 거예요. 坚持治疗的话会马上好的。
> 한국 친구와 계속 이야기하**다 보면** 한국말을 잘하게 될 것 같다.
> 经常和韩国朋友聊天的话，韩国语会变好的。

3. [A 다 보면 B] 보통 동사와 함께 쓰이지만, 예외적으로 A에 '아프다, 바쁘다, 피곤하다' 등의 형용사가 쓰여, 이러한 상태가 계속되면 그 결과로 B의 상황이 일어날 수도 있음을 나타낸다.

[A 다 보면 B] 通常与动词一起使用，但是在A的位置偶尔使用'아프다, 바쁘다, 피곤하다'等形容词，表示因这种状态的持续，而有可能发生B的状态。

> 예 피곤하**다 보면** 씻는 것도 깜박하고 잘 때가 있다.
> 太疲劳的时候就会忘记洗漱直接睡觉。
> 자주 아프**다 보면** 다른 무엇보다 건강이 제일 중요함을 깨닫게 된다.
> 经常生病的话就会认识到，比起任何事情健康最重要。

> 열심히 공부하는데도 한국어 실력이 그대로인 것 같아요.

> 계속 공부하다 보면 어느 순간 잘하게 될 거예요.

다가는

동사	마시다	읽다
	마시다가는	읽다가는

1. [A 다가는 B] A를 계속해서 하면 B의 상황이 생길 것임을 강조할 때 쓴다.
이때 B는 부정적인 상황인 경우가 많다.
[A 다가는 B] 强调表示持续做A的情况下发生B时使用。这时的B常为否定的状况。

예 담배를 그렇게 피우**다가는** 건강이 안 좋아질 거예요.
那样抽烟的话会有害身体健康的。
그렇게 서두르**다가는** 오히려 실수가 많아질 수 있어요.
那样匆忙的话反而会出现更多的失误。
학교 다닐 때 공부를 안 하**다가는** 나중에 후회할 거예요.
上学时不认真学习的话以后会后悔的。

어제도 인터넷을 3시간이나 했어요.

그렇게 인터넷을 오래 하다가는
눈이 금방 나빠질 거예요. 조심하세요.

다가도

동사/형용사	보다	먹다	나쁘다	맑다
	보다가도	먹다가도	나쁘다가도	맑다가도

1. [A 다가도 B] A의 상황에서 B의 상황으로 금방 쉽게 바뀜을 나타낸다. 이때 A와 B는 대조적인 상황인 경우가 많다.

[A 다가도 B] 表示从A的状况瞬间变为B的状况时使用。这时的A与B常 为对照的状况。

> **예** 아기들은 울**다가도** 엄마가 오면 금방 웃는다.
> 孩子们在哭的时候一见到妈妈就马上笑了。
> 이 지역은 날씨가 맑**다가도** 비가 갑자기 쏟아지기도 한다.
> 这个地区的天气虽然晴朗，但是也会突然下雨。
> 출근 시간에는 길이 복잡하**다가도** 열 시만 지나면 금방 정체가 풀린다.
> 上班时间道路虽然复杂，但是过了十点钟马上变得畅通。
> 비가 오**다가도** 금방 그친다。下着雨，很快雨就停了。

배우 이민준 씨 좋아해요?

그럼요, 그 배우가 나오는 드라마는
자다가도 벌떡 일어나서 볼 정도예요.

대로1

명사	회사	학생
	회사대로	학생대로

1. 각각 따로따로 구분됨을 나타낸다. 보통 '(명사)은/는 (명사)대로'의 형태로 같은
명사를 반복해서 쓴다.
表示各自区分时使用。一般以'(名词)은/는 (名词)대로'的形式，反复同样的
名词时使用。

> 예 병은 병**대로** 종이는 종이**대로** 나누어서 버리세요.
> 请把瓶类和瓶类，纸类和纸类分类来扔。
> 여자는 여자**대로** 남자는 남자**대로** 따로 앉으세요.
> 请男生和男生女生和女生分开来坐。
> 선생님은 선생님**대로** 회의가 있으니까 학생들끼리 다니세요.
> *老师们有会议请学生们自己活动。
> 그 문제에 대해서 나는 나**대로** 열심히 연구하고 있어요.
> 关于那个问题我自己在认真的研究。

재활용 쓰레기는 어떻게 버려야 돼요?

유리는 유리대로 종이는 종이대로
따로 버리면 돼요.

대로2

명사	이야기	말
	이야기대로	말대로

1. 명사와 함께 써서 그 명사와 같음을 나타낸다.

与名词一起使用，表示与此名词相同时使用。

> 내 **말대로** 하면 그 문제를 풀 수 있을 거야. 像我说的做就能解开那道题。
> 부모님 의견**대로** 유학을 가기로 결심했어요. 随着父母的意见决定了去留学。
> 거짓말하지 말고 사실**대로** 무슨 일이 있었는지 말해 줘.
> 不要说谎如实的告诉我发生了什么事情。

와, 이거 유리 씨가 만든 음식이에요?
만들기 어렵지 않았어요?

요리책대로 하니까 아주 쉬웠어요.

더니

동사/형용사	보다	먹다	나쁘다	맑다
	보더니	먹더니	나쁘더니	맑더니

1. [A 더니 B] 전에 알고 있거나 경험했던 것(A)과 대조되는 다른 상황(B)이 올 때 쓴다.

[A 더니 B] 表示对过去知道的或经验过的A与形成对照的B比较时使用。

> **예** 작년 겨울에는 눈이 많이 **오더니** 올해는 눈이 거의 안 오네요.
> 去年下了很多雪而今年却基本没有下雪。
> 영호 씨가 전에는 술을 자주 마시**더니** 요즘은 전혀 안 마신다.
> 荣浩之前经常喝酒但是最近一点儿都没有喝。
> 유리 씨가 어제는 피곤하**더니** 오늘은 괜찮은 것 같네요.
> 刘丽昨天很疲劳而今天看起来很好的样子。
> 밍밍 씨가 처음에는 한국어를 어려워하**더니** 이제는 쉽대요.
> 明明开始的时候认为韩国语难，但现在他说简单。

2. [A 더니 B] 전에 알고 있거나 경험했던 것(A)에 이어서 다음 상황(B)이 올 때 쓴다. 이때 A와 B는 시간 순서대로 일어나는 상황인 경우가 많다.

[A 더니 B] 表示对过去知道的或经验过的A接B的状况时使用。这时的A与B常以以时间顺序发生。

> **예** 어머니께서 시장을 봐 오시**더니** 바로 음식을 만들기 시작하셨다.
> 妈妈去市场买了菜马上就开始做饭了。
> 그 두 사람은 사귀기 시작하**더니** 6개월 만에 결혼했다.
> 两个人开始交往6个月后就结婚了。

3. [A 더니 B] 전에 알고 있거나 경험했던 것(A)이 이유가 되어 그 결과(B)가 올 때 쓴다.

[A 더니 B] 表示对过去知道的或经验过的A为理由，其结果为B时使用。

> **예** 영호 씨가 열심히 공부하**더니** 장학금을 탔어요.
> 荣浩努力学习结果得到了奖学金。
> 민수 씨가 음식을 그렇게 많이 먹**더니** 결국 배탈이 났어요.
> 民秀吃了很多东西结果坏了肚子。

4. [A 더니 B] A와 B의 주어는 같아야 하며 이때 주어는 '나(저), 우리'를 쓸 수 없다.

[A 더니 B] A与B的主语要相同，这时的主语不能为'나(저)，우리'。

> 예 유리 씨가 집에 **오더니** (유리 씨는) 바로 잠들었어요.
> 刘丽回到家，(刘丽)直接就睡觉了。
> 민수 씨가 열심히 일하**더니** (민수 씨는) 다른 사람보다 빨리 승진했다.
> 民秀努力工作结果民秀比别人先升职了。

5. [A˙ 더니 B] 자신의 건강 상태나 기분, 느낌 등을 객관적으로 말할 때는 의미상 주어가 '나(저), 우리'가 될 수 있다.

[A˙ 더니 B] 表示客观的对自己的健康状态、心情、或感受叙述时主语可以用'나(저)，우리'。

> 예 어제는 (내가) 피곤하**더니** 오늘은 (내가) 괜찮네요.
> 昨天(我)很疲劳，今天(我)好多了。
> 아침에는 콧물만 나**더니** 지금은 머리도 아파요.
> 早上还只流鼻涕，但是现在头也疼。
> 아침에는 기분이 우울하**더니** 오후가 되니까 좀 나아졌어요.
> 早上心情很不好到了下午好些了。

어제는 비가 오더니 오늘은 아주 맑네요.

날씨가 좋은데 산책이라도 할까요?

더라

동사/형용사	보다	먹다	나쁘다	맑다
	보더라	먹더라	나쁘더라	맑더라

1. 전에 알고 있거나 경험해서 알게 된 사실을 다른 사람에게 감탄하듯이 말할 때 쓴다. 반말 표현으로 문장을 끝낼 때 사용한다. 이때 주어는 '나(저), 우리'를 쓸 수 없다.

表示对他人以感叹的语气，表达之前就知道或通过经验所知的事实时使用。以非敬语形式用于文章结尾。这时的主语不能用'나(저)，우리'。

예 아까 보니까 유리 씨가 집에 급하게 가**더라**. 刚才看到刘丽匆忙地回家。
아기가 과일을 잘 먹**더라**. 孩子很喜欢吃水果。
제주도에 갔다 왔는데 날씨가 참 좋**더라**. 去过了济州岛，天气很好。

2. 이미 완료된 과거 사실에 대해 말할 때는 '았/었더라'로 쓴다.

对已经结束的过去事实叙述时用'았/었더라'。

예 유리 씨가 남자 친구하고 헤어**졌더라**. 刘丽和男朋友分手了。
영호 씨가 장학금을 **탔더라**. 荣浩得了奖学金。

3. 앞에 명사가 오면 '(이)더라'를 쓴다.

前面接名词变为'(이)더라'来使用。

예 유리 씨가 학생인 줄 알았는데 회사원**이더라**.
以为刘丽是学生，原来是公司职员。
저 사람이 한국에서 유명한 가수**더라**. 那个人是韩国的著名歌手。

민수가 어제 학교에 안 왔더라. 무슨 일인지 알아?

글쎄, 나도 잘 모르겠는데.

이더라/더라?

명사	누구	무엇
	누구더라?	무엇이더라?

1. '누구', '언제', '무엇', '어디', '얼마' 등과 함께 써서 예전에 알고 있던 사실이
   잘 기억나지 않을 때 기억을 떠올리려고 할 때 쓴다. 반말 표현으로 질문할
   때 사용한다.
   与'누구', '언제', '무엇', '어디', '얼마'等一起使用，表示对忘记了的事实
   从新回想时使用。非敬语形式，用于疑问句。

   예 아까 우리가 먹었던 그 음식이 뭐**더라?** 刚才刘丽吃的东西是什么来着?
   저기 서 있는 사람이 누구**더라?** 예전에 본 사람인데.
   那里站着的人是谁来着? 是从前见过的人。
   영호 씨 생일이 언제**더라?** 荣浩的生日是什么时候来着?

우리가 어제 간 식당이 어디더라?

회사 앞에 있는 한식집이잖아.

더라고요

동사/형용사	보다	먹다	나쁘다	맑다
	보더라고요	먹더라고요	나쁘더라고요	맑더라고요

1. 전부터 알고 있거나 경험해서 알게 된 사실을 다른 사람에게 알려줄 때 쓴다.
문장을 끝낼 때 사용한다. 이때 주어는 '나(저), 우리'를 쓸 수 없다.
表示告诉他人之前就知道或通过经验所知的事实时使用。用于文章结尾。
这时的主语不能用'나(저), 우리'。

> **예** 부산은 요즘 날씨가 아주 **좋더라고요.** 釜山最近的天气非常好。
> 유리 씨가 요리를 **잘하더라고요.** 刘丽料理做得很好。
> 유리 씨가 그 사람 말을 안 **믿더라고요.** 刘丽不相信那个人的话。

2. 이미 완료된 과거 사실에 대해 말할 때는 '았/었더라고요'로 쓴다.
对已经结束的过去事实叙述时用'았/었더라고요'。

> **예** 유리 씨가 남자 친구하고 **싸웠더라고요.** 刘丽和男朋友吵架了。
> 영호 씨가 고향으로 **떠났더라고요.** 荣浩向家乡出发了。

3. 앞에 명사가 오면 '(이)더라고요'를 쓴다.
前面接名词变为'(이)더라고요'来使用。

> **예** 저 회사가 외국에서 유명한 **회사더라고요.** 那个公司在外国是有名的公司。
> 유리 씨 남자 친구가 바로 저 **사람이더라고요.** 刘丽的男朋友就是那个人。

어제 저 식당에서 밥을 먹었는데 아주 맛있더라고요.

그래요? 저도 한번 가봐야겠어요.

더라도

동사/형용사	보다	먹다	나쁘다	맑다
	보더라도	먹더라도	나쁘더라도	맑더라도

1. [A 더라도 B] A를 가정했을 때 A와는 상관없이 B를 함을 나타낸다. 이때 A는 B에 영향을 주지 못함을 나타낸다.

[A 더라도 B] 表示假设A时，做与A无关的B时使用。这时的A对B没有影响。

> 예 영호 씨는 아무리 슬픈 영화를 **보더라도** 울지 않는다.
> 荣浩即使看多么伤感的电影都不哭。
> 피곤**하더라도** 하던 일은 끝내고 가자. 即使再疲劳也把手上的事情做完在睡吧。
> 배가 고프**더라도** 교실에서는 음식을 먹으면 안 된다.
> 即使饿了也不可以在教室里吃东西。
> 내가 떠나**더라도** 너무 슬퍼하지 마. 即使我走了也不要太伤心。
> 삶이 좀 힘들**더라도** 포기하지 마세요. 即使生活再苦也不要放弃。

2. 과거 '았/었'과 함께 쓸 수 있다.

可以与过去式'았/었'一起使用。

> 예 아무리 좋은 약을 **먹었더라도** 그 사람은 낫지 않았을 거야.
> 不管吃再好的药，那个人也不会好的。
> 영호 씨가 **떠났더라도** 우리는 모두 영호 씨를 잊지 못할 것 같다.
> 即使荣浩离开了，我们好像也不会忘记他的。

3. '아무리', '비록' 등과 같이 써서 의미를 강조할 수 있다.

与'아무리'，'비록'等一起使用，起到强调的意思。

> 예 **아무리** 마음이 아프**더라도** 겉으로 티내지 마세요.
> 无论有多伤心也不要表现出来。
> **비록** 일등을 못했**더라도** 최선을 다했으니 그것으로 만족합니다.
> 虽然没有得到第一名，付出了全力已经满足了。

4. 앞에 명사가 오면 '(이)더라도'를 쓴다.

前面接名词变为'(이)더라도'来使用。

> 예 회사의 사장님**이더라도** 마음대로 직원을 채용할 수는 없어요.
> 即使是公司的社长也不可以随意录用职员。

요즘 하도 바빠서 부모님께 안부 전화도 못 드렸어요.

아무리 바쁘더라도 연락은 꼭 드리세요.

더러

명사	친구	학생
	친구더러	학생더러

1. 구어적인 표현으로 어떤 행동이나 상황이 누구에게 직접적으로 향한 것인지를
나타낼 때 쓴다. 주로 어떤 것을 제안하거나 명령할 때 쓴다.
口语的表达方式，表示直接向某人发出行为或状况时使用。多用于提案或
命令时使用。

> 예 영호가 나더러 같이 등산 가자고 했어. 荣浩对我说一起去登山。
> 누가 너더러 여기를 다 청소하라고 했어? 谁让你把这里都打扫了？

2. 보통 다른 사람의 말을 인용하는 문장에서 자주 쓴다.
常用于引用他人的话时使用。

> 예 선생님께서 유리더러 일찍 오라고 하셨어. 老师对刘丽说早点来。
> 엄마가 아이더러 텔레비전을 보지 말라고 했다. 妈妈对孩子说不许看电视。

3. 아랫사람이나 가까운 사이의 사람에게 주로 쓴다.
对属下或亲近的人使用。

> 예 내가 민수 씨더러 내일 만나자고 했어요. 我对民秀说明天见面。
> 누가 너더러 그걸 하래? 谁让你做那个？

4. 비슷한 표현으로 '에게', '한테'가 있다. ('에게', '한테' → 초급 참고)
类似的语法有'에게'，'한테'。('에게'，'한테' → 参考初级)

> 예 영호가 유리더러 같이 식당에 가재요. 荣浩对刘丽说一起去食堂。
> 영호가 유리에게 같이 식당에 가재요.
> 영호가 유리한테 같이 식당에 가재요.

유리 씨, 내일 회의가 없다면서요?

네, 부장님이 우리더러 회의가
취소되었다고 했어요.

더 생각해보기

'더러'와 '한테'의 차이 ('한테' → 초급 참고)
'더러'与'한테'的区别 ('한테' → 参考初级)

1) '한테'는 행동의 영향을 받는 대상이나 사람에게 모두 쓸 수 있지만 '더러'는 사람에게만 쓸 수 있다.
'한테'对接受行为影响的对象或人都可以使用。但'더러'只能用于人。

> **예** 원숭이한테 바나나를 주었다. (○) 给了猴子香蕉。
> 원숭이더러 바나나를 주었다. (×)

2) '한테'는 어떤 행동의 영향을 받는 모든 상황에 쓸 수 있지만 '더러'는 그 사람에게 어떤 것을 직접 명령하거나 제안할 때 쓴다.
'한테'对接受某行为影响的对象或所有的情况都可以使用，但'더러'在直接命令或建议某事时使用。

> **예** 그 일을 민수 씨한테 하라고 해. (O)
> 那件事情让民秀来做。
> 그 일을 민수 씨더러 하라고 해. (O)
> (그 일을 하는 사람은 민수 씨이다. 그러므로 '한테'와 '더러' 모두 사용할 수 있다.)
> (做那件事情的人是民秀。因此，'한테'和'더러'都可以使用。)
>
> 유리 씨, 이 책을 민수 씨한테 좀 전해 주세요. (O)
> 刘丽，请把这本书转达给民秀。
> 유리 씨, 이 책을 민수 씨더러 좀 전해 주세요. (X)
> (이 책을 권하는 사람은 민수 씨가 아니고 유리 씨이다. 민수 씨에게 직접 명령한 것이 아니므로 '더러'를 사용할 수 없다.
> (转达这本书的人不是民秀，而是刘丽。不是直接对民秀命令的，所以这时不能用'더러'。)

ㄱ
ㄴ

ㄷ
ㅁ
ㅂ

ㅇ

ㅈ
ㅊ

던

동사/형용사	보다	먹다	크다	맑다
	보던	먹던	크던	맑던

1. 과거의 일이나 상태를 회상해서 말할 때 쓴다. 뒤에 오는 명사를 꾸며 준다. 주로 동사와 함께 쓴다.

以'더+(으)ㄴ'的形态表示对过去发生的事情回想并叙述时使用。修饰后接的名词。主要是跟动词一起使用。

> 例 여기가 내가 어렸을 때 **살던** 동네야. 这里是我小时候住过的地方。
>
> 동생은 내가 **입던** 옷을 물려 입곤 했다. 弟弟常穿我穿过的衣服。
>
> 여행을 떠나던 날, 아침부터 눈이 많이 내렸다. 旅行出发的当天下了很多雪。

2. 과거의 일이나 상태가 완료되지 않은 상태임을 나타낸다. 뒤에 오는 명사를 꾸며 준다.

对过去放生的事实未结束时使用。修饰后接的动词。

> 例 내가 **보던** 신문이 어디 있지? 我看的报纸在哪儿?
>
> **먹던** 빵을 식탁 위에 두었는데 없어졌다.
> 我吃的面包放在饭桌上了, 怎么不见了。
>
> 영화가 재미없었는지 영화를 **보던** 사람들이 하나 둘씩 밖으로 나갔다.
> 电影好像没有意思, 看着的人都三三两两地出去了。

3. 과거의 일이나 상태가 지속되거나 반복적이었음을 나타낸다. 뒤에 오는 명사를 꾸며 준다.

表示过去的事情或状态持续或反复。修饰后接的动词。

> 例 내가 **쓰던** 차를 이제는 아들이 써요.
> 我用的车现在我儿子用。
>
> 그렇게 **맑던** 하늘이 오염으로 뿌옇게 변했다.
> 那么晴朗的天空因为污染变的阴霾。

4. 뒤에 오는 명사가 물건일 경우 '것', 장소일 경우에는 '곳'으로 바꿔 쓸 수 있다.
后接的名词为东西时用'것', 场所时用'곳'来替换使用。

> 예 아까 내가 먹**던 것** 어디에 갖다 놨어? 刚才我吃的东西放在那里了?
> 여기는 내가 심심할 때마다 오**던 곳**이야. 这里是我无聊的时候来的地方。

아까 제가 보던 책을 여기에 두었는데
혹시 못 봤어요?

못 봤는데요.

더 생각해보기

'던'과 '았던/었던'의 차이 ('았던/었던' → 190쪽 참고)
'던'与'았던/었던'的区别 ('았던/었던' → 参考190页)

'던'과 '았던/었던'은 모두 과거에 대한 회상의 뜻을 가지고 있다. 하지만 '았던/었던'은 과거에 완료된 일이거나 일회적인 일의 경우에 쓰지만 '던'은 과거 일이 완료되지 않았거나 과거에 반복적으로 한 일을 말할 때 쓴다.
'았던/었던'与'던'都具有对过去回想的意思。但'았던/었던'用于过去完了, 或一次性的事情上。'던'表示过去未完了, 或反复做的事情上。

> 예 제가 전에 봤던 책이에요. (전에 다 읽었음)
> 这是我曾经看过的书。(曾经读完的书)
> 제가 보던 책이 어디 갔어요? (아직 다 읽지 않음)
> 我看的书在哪儿? (还没读完的书)

던데

동사/형용사	보다	먹다	크다	좋다
	보던데	먹던데	크던데	좋던데

1. [A 던데 B] '더+(으)ㄴ데/는데'의 형태로, 말하는 사람이 과거에 경험해서 알
게 된 A의 상황(배경, 이유, 대조 등)을 회상해서 A와 관련된 B를 말할 때 쓴
다. ('(으)ㄴ데/는데' → 초급 참고)
[A 던데 B] 是'더+(으)ㄴ데/는데'的形态, 表示说话人对回想过去自身经验
所知的A的状况(背景, 理由, 对照等)回想叙述与A有关联的B时使用。('(으)
ㄴ데/는데' → 参考初级)

예 음식이 맛있**던데** 사람들이 별로 안 먹었어요.
料理很好吃但是大家几乎都没吃。
전에는 아이들이 야채를 안 먹**던데** 지금은 잘 먹는군요.
之前孩子们不吃蔬菜, 但是现在很喜欢吃啊。
어제는 눈이 오**던데** 오늘은 아주 맑네요. 昨天下雪, 但是今天天气晴了。
아까 회의를 하**던데** 벌써 끝났어요? 刚才还在开会, 这么快就结束了?
영호 씨하고 민수 씨가 싸우**던데** 두 사람 사이에 무슨 일이 있었나요?
荣浩和民秀吵架了, 两个人之间有什么事情吗?
회사 앞 식당 음식이 맛있**던데** 한번 가 보세요.
公司前面的食堂料理很好吃, 去尝尝看吧。

2. 주어는 '나(저), 우리'를 쓸 수 없다. 주어는 제삼자 또는 사물이어야 한다.
不可以与主语'나(저), 우리'使用。主语要为第三者或事物。

예 오전에 유리 씨가 아파 보이**던데** 지금은 괜찮은 것 같네요. (○)
刘丽上午看起来很难受, 但是现在看起来好像好多了。
오전에 내가 아파 보이던데 지금은 괜찮은 것 같네요. (×)

3. 이미 완료된 과거 사실을 회상하면서 말할 때는 '았/었던데'로 쓴다.

回想已经结束的过去事实时，用'았/었던데'。

> 예 유리 씨는 회사에 벌써 도착**했던데** 민수 씨는 왜 이렇게 늦어?
> 刘丽早就到公司了，民秀怎么这么晚还没来？
>
> 회의가 한참 전에 시작**했던데** 아직도 안 끝났어요?
> 会议开始好一会儿了，还没结束吗？

4. 앞에 명사가 오면 '(이)던데'를 쓴다.

前面接名词变为'(이)던데'来使用。

> 예 그분 딸이 벌써 고등학생**이던데** 그럼 그분은 나이가 어떻게 되는 거예요?
> 那个人的女儿已经是高中生了，那么那个人的年龄多大了？

5. '던데요'로 문장을 끝낼 수 있다. 이때 듣는 사람의 반응을 기대하면서 과거에 경험해서 알게 된 사실에 대해 감탄하듯 말할 때 사용한다.

'던데요'可以用在句尾。表示期待着听话人的反应，并对过去自身经验所知的事实感叹时使用。

> 예 그 사람 정말 똑똑하**던데요**. 那个人真的很聪明。
>
> 도착해보니 벌써 기차가 출발**했던데요**. 到了才知道火车已经出发了。

오늘 길이 많이 막히던데 무슨 일 있었대요?

아침에 교통사고가 났대요.

도 이지만/도 지만

명사	친구	돈
	친구도 친구지만	돈도 돈이지만

1. '(명사)도 (명사)(이)지만'으로 같은 명사를 반복해서 써서, 그것이 아무리 필요하다고 해도 뒤에 오는 내용이 그보다 더 중요함을 나타낸다.
以'(名词)도 (名词)(이)지만'的形式反复名词，表示再重要也没有后面文章的内容重要时使用。

> 예 **돈도 돈이지만** 건강이 제일 중요해요. 과로하지 마세요.
> 钱归钱，健康最重要。请不要过劳。
> **친구도 친구지만** 가족을 돌보는 것이 먼저 할 일이다.
> 朋友归朋友，最该照顾的还是家人。
> **여행도 여행이지만** 지금 같은 날씨에는 여행을 포기하는 게 낫다.
> 旅行归旅行，像现在这样的天气放弃旅行是正确的。

친구들하고 두 달 동안 배낭여행 가려고
하는데 유리 씨도 같이 갈래요?

전 못 가요.
돈도 돈이지만 시간 내기도 어려워요.

도록

동사	마시다	읽다
	마시**도록**	읽**도록**

1. [A 도록 B] A는 B의 목적임을 나타낸다.

[A 도록 B] 表示A是B的目的。

예 환자들이 쉬**도록** 병원에서는 조용히 해야 한다.
为了使病人能休息，在医院里请安静。
사람들이 들을 수 있**도록** 큰 소리로 말해 주세요.
为了使大家能听清楚请大声说。
기계를 다룰 때는 다치지 않**도록** 조심하세요.
操作机器时为了不受伤请小心。

2. [A 도록 B] A의 상태가 될 때까지 B를 할 때 쓴다.

[A 도록 B] 表示为了达到A的状态为止而一直做B时使用。

예 12시가 넘**도록** 민호 씨가 집에 오지 않아서 걱정이 된다.
已经过了十二点民浩还没回家，所以很担心。
수업이 끝나**도록** 유리 씨가 수업에 안 왔다. 课已经要结束了刘丽还没来上课。
일주일이 넘**도록** 그 사람과 연락이 되지 않는다.
已经过了一个星期，和那个人也没有联系上。
밤새**도록** 시험 준비를 했다. 通宵准备了考试。

ㄱ
ㄴ

ㄷ
ㄹ
ㅁ
ㅂ

ㅇ

ㅈ
ㅊ

3. 다음과 같은 관용 표현이 있다.

体现程度，范围等惯用语法如下。

> 예 축구 경기장에서 **목이 쉬도록** 응원을 했어요.
> 在球场上助威呐喊把嗓子都喊哑了。
> 유리 씨는 영화를 보면서 **눈이 빨개지도록** 울었다.
> 刘丽看电影哭到眼睛都红了。
> **목이 빠지도록** 소식을 기다렸지만 그 사람에게서 아무런 소식도 오지 않았다.
> 虽然期待着那个人的消息，但是从那个人那里没有一点消息。
> 그 선생님은 유리 씨를 **침이 마르도록** 칭찬을 했다. 老师对刘丽赞不绝口。
> **입이 닳도록** 잔소리를 해도 아이들이 말을 듣지 않을 때가 있다.
> 和孩子们磨破嘴皮，孩子们也有不听话的时候。
> 마음이 괴로워서 **코가 비뚤어지도록** 술을 마셨다. 心烦所以喝得烂醉如泥。

4. 비슷한 표현으로 '게2'가 있다. ('게2' → 9쪽 참고)

类似的语法有'게2'。('게2' → 参考9页)

> 예 실수하지 **않도록** 신중하게 판단하세요. 为了不出现失误，请慎重的判断。
> 실수하지 **않게** 신중하게 판단하세요.

시험에 합격할 수 있도록 열심히 공부하세요.

도록 하다

동사	마시다	읽다
	마시**도록** 하다	읽**도록** 하다

1. 다른 사람에게 어떤 일을 시키거나 허락할 때 쓴다. 주로 공식적인 자리에서
쓴다.
表示使他人做某事或允许做某事时使用。主要在正式的场所使用。

예 빨리 숙제를 내**도록** **하세요.** 请快点交作业。
김민수 씨가 회의 준비를 하**도록** **하세요.** 请让金民秀准备会议。

2. 말하는 사람이 자신이 그 일을 꼭 하겠다는 뜻으로 말할 때는 '도록 하겠다'를
쓴다.
表示说话人自身的决心时使用。这时用'도록 하겠다'来表达。

예 다음부터 늦지 않**도록** **하겠습니다.** 下次开始尽量不会晚。
제가 그 일을 하**도록** **하겠습니다.** 我来做那件事。

유리 씨, 내일 중요한 회의가 있으니까
늦지 않도록 하세요.

알겠어요. 걱정 마세요.

든지1

동사	보다	먹다
	보든지	먹든지

1. [A 든지 B] A나 B 중 하나로 결정할 때 쓴다.

　　[A 든지 B] 表示A与B之间决定一件事时使用。

> 예　주말에 영화를 **보든지** 친구를 만날 거예요. 周末打算看电影或者见朋友。
> 　　고향에 도착하면 저에게 이메일을 **쓰든지** 전화를 하세요.
> 　　到了家乡请给我发电子邮件或者打电话。

이번 휴가에 부산에 가든지 경주에 갈 거예요.

와, 좋겠어요.

더 생각해보기

'든지1'와 '거나'의 차이 ('거나' → 초급 참고)
'든지1'与'거나'的区别 ('거나' → 参考初级)

'든지'와 '거나'는 모두 두 가지 중에서 하나를 선택할 때 쓴다. 하지만 '든지'는 여러 가지 중에서 두 가지를 보여주는 것으로, 제시된 것 외에도 다른 것을 선택할 수 있는 가능성이 있다. 그러나 '거나'는 반드시 제시된 두 가지 중 하나를 선택할 때 쓴다.
'든지'与'거나'都表示两者间选择了一项。但是'든지'表示众多中选项里的两种。即，不是一定要选择那一项而是有可能选择其他。'거나'则表示两者间必须选择一项时使用。

> 예　가 : 주말에 뭐 해요? 周末做什么啊?
> 　　나 : 친구를 만나든지 집에서 쉴 거예요. (친구를 만나는 것, 집에서 쉬는 것 외에도 다른 것을 선택할 여지가 있음)
> 　　　　见朋友或者在家里休息。(见朋友或在家里休息之外还有其他的选择余地)
>
> 　　가 : 주말에 뭐 해요? 周末做什么啊?
> 　　나 : 친구를 만나거나 집에서 쉴 거예요. (친구를 만나는 것, 집에서 쉬는 것 중 하나를 선택할 것임)
> 　　　　见朋友或者在家里休息。(选择见朋友或者在家里休息的两项中的一项)

든(지)2

동사/형용사	쓰다	읽다	크다	많다
	쓰든지 안 쓰든지	읽든지 말든지	크든지 작든지	많든지 적든지

1. 구어적인 표현으로, 무엇을 해도 상관없음을 나타낸다. 이때 앞에는 '무엇, 어디, 누구, 언제, 어떻게'와 함께 쓴다.
以口语的表达方式，表示做什么都不要紧时使用。这时与'무엇，어디，누구，언제，어떻게'等一起使用。

> 예 내가 **어디**에 가**든지** 상관하지 마세요.
> 不管我去哪，请不要干涉。
> 그 사람이 **누구**를 만나**든지** 너하고는 관계가 없잖아.
> 不管那个人与谁见面，不是都与你无关吗。
> 내 친구는 **뭘** 먹**든지** 정말 맛있게 먹어요.
> 我的朋友不管吃什么，都吃得很香。
> 내가 **어떻게** 입**든지** 신경 쓰지 않았으면 좋겠네요.
> 不管我穿什么，请最好不要干涉。

2. '든지 든지'의 형태로 쓰여 어떤 경우를 선택해도 상관없음을 나타낸다. 이때 반대되는 의미의 동사나 형용사가 온다.
以'든지 든지'的形态表示选择哪一项都没有关系时使用。这时接意思相反的动词或形容词。

> 예 방이 크**든지** 작**든지** 아무 거나 구해 주세요.
> 请找一个房子，大或者小都没有关系。
> 비가 오**든지** 안 오**든지** 상관없이 나갈 거예요.
> 不管下不下雨都要出去。
> 그 사람이 오**든지** 안 오**든지** 신경 쓰지 않아요.
> 不管那个人来不来都不在乎。
> 사람들이 음식을 먹**든지** 말**든지** 상관없이 일단 많이 준비해 놓을게요.
> 不管大家吃不吃，首先打算多准备一些。

3. '든지'의 '지'는 생략할 수 있다.

可以省略'든지'的'지'。

> 예 친구가 가**든지** 안 가**든지** 상관없이 나는 갈 것이다.
> 不管朋友去或者不去，我都要去。
> 친구가 가**든** 안 가**든** 상관없이 나는 갈 것이다.

4. 비슷한 표현으로 '건'이 있다. ('건' → 312쪽 참고)

类似的语法有'건'。('건' → 参考312页)

> 예 날씨가 좋**든지** 나쁘**든지** 행사는 진행될 겁니다.
> 不管天气好不好，活动照常进行。
> 날씨가 좋**건** 나쁘**건** 행사는 진행될 겁니다.

5. 과거 '았/었'과 함께 쓸 수 있다.

可以与过去式'았/었'等一起使用。

> 예 그 사람이 과거에 무슨 일을 했**든지** 중요하지 않다.
> 那个人过去不管做了什么事情都不重要。
> 그 사람이 왔**든지** 안 왔**든지** 내가 신경 쓸 일이 아니다.
> 那个人来与不来和我没关系。

6. 앞에 명사가 오면 '(이)든(지)'로 쓴다.

前面接名词变为'(이)든(지)'来使用。

> 예 이 일은 남자**든지** 여자**든지** 성별과 관계없이 다 할 수 있어요.
> 这件事与性别无关不分男女都可以做。

넌 뭘 하든지 항상 열심히 하는 것 같아.

열심히 하기는. 그냥 해야 하니까 하는 거야.

듯이

동사/형용사	쓰다	읽다	크다	많다
	쓰듯이	읽듯이	크듯이	많듯이

1. [A 듯이 B] B가 A의 상황과 비슷함을 나타낸다.

[A 듯이 B] 表示B和A的状况类似时使用。

> 예 몸이 안 좋아서 쓰러지**듯이** 자리에 누웠다. 身体不舒服，像晕倒似的躺下了。
> 엄마가 예쁘**듯이** 그 딸도 예쁘다. 像妈妈一样女儿也漂亮。
> 아이는 매우 기분이 좋아서 날아가**듯이** 뛰어갔다. 孩子的心情很好像飞一样跑。

2. 과거 '았/었'과 함께 쓸 수 있다.

与过去式'았/었'一起使用。

> 예 내가 이미 말**했듯이** 이 시간에는 길이 많이 막힌다고 했잖아.
> 就像我说过的一样这个时间路很堵。
> 엄마가 요리**했듯이** 나도 그렇게 요리를 잘하고 싶어요.
> 我也想像妈妈一样料理做得好。
> 네가 그 일에 화가 **났듯이** 나도 화가 났어.
> 我也像你一样对那件事发了脾气。

3. 다음과 같은 관용 표현이 있다.

惯用语法如下。

> 예 더운 날씨 때문에 **땀이 비 오듯이** 난다. 因为天气很热汗如雨下。
> 민수 씨는 **돈을 물 쓰듯이** 한다. 民秀花钱像流水。
> **시간이 물 흐르듯이** 빠르게 지나간다. 时间像流水般地过去。
> 그 식당은 인기가 없어서 손님이 **가뭄에 콩 나듯** 온다.
> 那个餐厅里的客人像旱地里张豆子一样。(形容客人非常少)

유리 씨하고 유리 씨 동생은 성격이 정말 다른 것 같아요.

그럼요. 외모가 다르듯이 성격도 다르지요.

더 생각해보기

'듯이'와 '는 듯이'의 차이 ('는 듯이' → 499쪽 참고)
'듯이'与'는 듯이'的区别 ('는 듯이' → 参考499页)

'는 듯이'는 단순히 앞 내용을 추측하는 것이고 '듯이'는 앞 내용과 뒤 내용의 모양이나 모습이 거의 같음을 나타낸다. 그러므로 '듯이'는 비유적인 표현으로 많이 쓴다.
'는 듯이'只单纯表示推测前面的内容，'듯이'表示前后的内容相似时使用。所以'듯이'经常用于比喻的表达方式。

예 누가 물을 쓰는 듯이 계속 물소리가 난다. (누군가 물을 쓰는 것 같음)
有人在用水似的，一直有水声。(好像有人在用水。)
유리 씨는 물 쓰듯이 돈을 쓴다. (물을 쓰는 모습과 돈을 쓰는 모습이 같음)
刘丽花钱像流水。(用水的样子和花钱的样子相同)

영호 씨가 다른 생각을 하면서 공부를 하는 듯이 앉아 있네요. (영호 씨가 공부를 하는 것 같음)
荣浩在想别的事情，但是像学习似的坐着。(荣浩像学习一样)
영호 씨가 공부를 하듯이 메모를 해 가면서 소설책을 읽네요. (영호 씨가 공부를 하는 모습과 소설책을 읽는 모습이 같음)
荣浩像学习似的一边记录一边看小说。(荣浩学习的样子和看小说的样子相同)

마저

명사	너	부모님
	너마저	부모님마저

1. 어떤 상황에서 생각할 수 있는 가장 마지막의 것, 최후의 것을 나타낸다. 부
정적인 상황에서만 쓴다.
表示在某狀況中想到的最後一个。使用在否定的狀況上。

예 내 생일을 부모님**마저** 잊어버리고 계셨다. 就連我的父母也忘記了我的生日。
사업 실패로 빚을 져서 집**마저** 팔아버렸다. 事業失敗了，就連房子都卖掉了。
비가 쏟아지는데 바람**마저** 심하게 불어서 도저히 걸어갈 수가 없었다.
下着雨连风刮得也很厉害，所以不能去了。

집에 먹을 것 좀 있어?

미안, 하나 남은 라면마저 다 먹어서
아무 것도 없는데.

더 생각해보기

'마저'와 '조차', '까지'의 차이 ('조차' → 551쪽 참고)
'마저'与'조차', '까지'的区别 ('조차' → 参考551页)

1) '마저'와 '까지'는 비슷한 표현으로 쓸 수 있다. 하지만 '마저', '조차'는 부정적인
   상황에서만 쓰고 '까지'는 부정적인 상황과 긍정적인 상황 모두에 쓸 수 있다.
   '마저'与'까지'为类似的语法。但是'마저'与'조차'用于否定的状况, '까지'肯定、
   否定都可以使用。

   예 시간이 오래 지나서 그 사람의 이름마저 잊어버렸어요. (○)
   时间过去的太久了就连那个人的名字都忘记了。
   시간이 오래 지나서 그 사람의 이름까지 잊어버렸어요. (○)
   시간이 오래 지나서 그 사람의 이름조차 잊어버렸어요. (○)

   그 사람은 중국어와 한국어 뿐만 아니라 일본어까지 잘해요. (○)
   那个人不仅中国语和韩国语说得好, 就连日本语也很好。
   그 사람은 중국어와 한국어 뿐만 아니라 일본어마저 잘해요. (×)
   그 사람은 중국어와 한국어 뿐만 아니라 일본어조차 잘해요. (×)

2) '까지'는 생각할 수 있는 범위 안에서의 하나를 의미한다. '마저'는 생각할 수 있
   는 범위 안에서 가장 마지막의 것을 의미한다. '조차'는 생각할 수 있는 범위 밖
   의 것을 의미한다.
   '까지'表示能想到的范围内的一个。'마저'表示能想到的范围内的最后一
   个。'조차'表示能想到的范围之外。

   예 친구까지 내 생일을 잊어버렸다.
   连朋友都忘了我的生日。
   남자 친구마저 내 생일을 잊어버렸다.
   连男朋友都忘了我的生日。
   우리 엄마조차 내 생일을 잊어버렸다.
   连我妈都忘了我的生日。

만 못하다

	친구	예전
명사	친구만 못하다	예전만 못하다

1. 앞에 쓰는 명사가 기준이 되어, 그것보다도 좋지 않거나 덜함을 나타낸다.

表示以前面的名词为基准，比起来不好或者不够怎样时使用。

> 예 멀리 사는 친척은 가깝게 사는 이웃**만 못해요**. (이웃이 친척보다 낫다.)
> 远亲不如近邻。(邻居比亲戚好。)
> 아무리 친한 친구라도 가족**만 못하지요**. (가족이 친구보다 낫다.)
> 再亲近的朋友也不如家人。(家人比朋友好。)
> 이 식당 음식이 꽤 맛있었는데 주인이 바뀌더니 예전**만 못하네요**. (예전이 지금 보다 낫다.)
> 这家餐厅的料理很好吃，但是换了主人之后没有以前好吃了。(从前比现在好。)

여자 친구하고 헤어진 후에 이제는 서로 아는 척도 안 해요.

사귀다 헤어지면 모르는 사람만 못해요.

만 하다

명사	나	주먹
	나만 하다	주먹만 하다

1. 앞에 쓰는 명사가 기준이 되어, 그것과 비슷하거나 같음을 나타낸다.

表示以前面的名词为基准，与其类似或相同时使用。

> 예 민호 씨 키가 **나만 하다**. 敏浩的个子和我差不多。
> 만두를 주먹**만 하게** 만들었다. 把饺子做成拳头那么大。
> 아무리 동생이 똑똑하다 해도 형**만 한** 동생이 없다.
> 不管有多聪明的弟弟，也没有胜过哥哥聪明的弟弟。(表示没有胜过兄的弟)

2. 다음과 같은 관용 표현이 있다.

惯用语法如下。

> 예 **쥐꼬리만 한** 월급으로 도시에서 살기가 좀 힘들다. (월급이 적다)
> 少得可怜(少得像老鼠尾巴一样)的月薪在城市生活很难。(月薪少)
> 배를 탔는데 **집채만 한 파도**가 몰려와서 깜짝 놀랐다. (파도가 높다)
> 坐上船遇到滔天巨浪吓了一跳。(浪很高)
> 저 배우는 **얼굴이 주먹만 하다**. (얼굴이 작다)
> 那个演员脸像拳头般大。(脸小)
> 저 사람은 아주 부자라서 **집이 운동장만 하다**. (집이 크다)
> 那个人非常有钱，房子像运动场般大。(房子大)
> 나는 대학생 때 **손바닥만 한 방**에서 자취를 했다. (방이 작다)
> 我在上大学时住的房子像手掌般大。(房子小)

경제 상황이 예전만 해요?

아니요, 전보다 안 좋아졌어요.

만에

명사	하루	한 달
	하루만에	한 달만에

1. 시간과 함께 써서 그 시간이 지남을 나타낸다. 이때 그 시간이 매우 짧거나 매우 길다는 느낌을 준다.

与时间名词一起使用，表示时间过去了。这时表示过去的时间非常短暂，或非常长时使用。

> 예 한 시간**만에** 그 많던 일을 다 했다.
> 一个小时的时间就把那么多事情都做完了。
> 저 육상 선수는 100미터를 겨우 10초**만에** 뛸 수 있다고 한다.
> 那个田径选手说100米只需要10秒钟就能到达。
> 오랫동안 헤어져 살던 가족들이 십 년**만에** 다시 만났다.
> 离别了很久的亲人10年后重新见面了。
> 고향에 이십 년**만에** 돌아오니 많은 것이 변해 있었다.
> 20年后回到了家乡，家乡变化很大。

한 시간만에 공항까지 갈 수 있을까요?

택시를 타면 갈 수 있을 거예요.

만큼

명사	나	가족
	나만큼	가족만큼

1. 앞에 있는 명사가 기준이 되어 그 정도임을 나타낸다.

表示前面的名词为基准时使用。

> **예** 내 동생은 어느새 나**만큼** 키가 컸다. 我的弟弟已经和我一般高了。
> 국이 끓으면 소금을 반 수저**만큼** 넣으세요. 汤开锅的话请放半勺的盐。
> 유리 씨**만큼** 한국어를 잘 했으면 좋겠어요. 想像刘丽一样韩国语说得好。

2. '(명사1)만큼 (명사2)도 없다'로 쓰여 (명사1)은 다른 것과 비교할 수 없이 가장 그렇다는 뜻으로 쓸 수 있다.

以'(名词1)만큼 (名词2)도 없다'的形式，表示(名词1)不能与其他比较，最为怎样时使用。

> **예** 우리 부모님**만큼** 나를 잘 아는 사람**도** 없을 거예요.
> 没有比父母再了解我的人了。
> 그 남자**만큼** 유리 씨를 사랑하는 사람**도** 없어요. 没有比那个男的再爱刘丽的人了。
> 이것**만큼** 맛있는 음식**도** 없을 것 같아요. 没有比这个再好吃的东西了。

3. 비슷한 표현으로 '만치'가 있다.

类似的语法有'만치'。

> **예** 오늘도 어제**만큼** 날씨가 좋네요. 今天的天气和昨天一样好。
> 오늘도 어제**만치** 날씨가 좋네요.

외국에 혼자 있을 때는 가족이 정말 그리워요.

그럼요, 그럴 때 가족만큼 보고 싶은 사람도 없지요.

뿐만 아니라

명사	경치	운동
	경치**뿐만 아니라**	운동**뿐만 아니라**

1. 앞의 것 외에 뒤의 것도 있음을 나타낸다.

表示除了前面的内容还有后面的内容时使用。

> 예 민수 씨는 야구**뿐만 아니라** 축구도 아주 잘해요.
> 民秀不只棒球，就连足球踢得也很好。
> 우리 고향은 경치**뿐만 아니라** 맛있는 음식으로도 유명하지요.
> 我的家乡不仅景色美，食物也很有名。
> **바람뿐만 아니라** 눈까지 내리니 오늘 여행을 취소하는 게 낫겠다.
> 不只刮风还下雪，今天的旅行取消了就对了。

2. '뿐만 아니라'의 '만'은 생략할 수 있다.

可以省略'뿐만 아니라'的'만'来使用。

> 예 동생의 합격 소식에 동생**뿐만 아니라** 온 가족이 다 기뻐했다.
> 弟弟的合格消息不仅弟弟高兴，全家人都很高兴。
> 동생의 합격 소식에 동생**뿐 아니라** 온 가족이 다 기뻐했다.

민수 씨는 외국어를 정말 잘하는 것 같아.

응, 중국어뿐만 아니라 영어도 잘한대.

아/어

동사/ 형용사	오다	먹다	공부하다	작다	넓다	피곤하다
	와	먹어	공부해	작아	넓어	피곤해

1. [A 아/어 B] A가 B의 이유임을 나타낸다. 비슷한 표현으로 '아/어서1'가 있다.
('아/어서1' → 초급 참고)
[A 아/어 B] 表示A是B的理由时使用。类似的语法有'아/어서1'。
('아/어서1' → 参考初级)

> 예 시끄러운 소리가 **나** 밖으로 나가 보았다. 因为有吵闹的声音，所以出去看了。
> 아이가 음식이 매**워** 먹지 못하고 있다. 孩子因为菜太辣，所以不能吃。
> 약속 시간에 늦**어** 미안합니다. 很抱歉，比约定的时间来晚了。

2. [A 아/어 B] A 다음에 B가 일어남을 나타낸다. 비슷한 표현으로 '아/어서2'가
있다. ('아/어서2' → 초급 참고)
[A 아/어 B] 表示A之后发生了B时使用。类似的语法有'아/어서2'。
('아/어서2' → 参考初级)

> 예 수업 후에 친구를 만**나** 커피를 마셨다. 下课后见朋友喝了咖啡。
> 도서관에 **가** 책을 빌렸다. 去图书馆借书。
> 의자에 앉**아** 졸았다. 坐在椅子上睡着了。
> 친구네 집들이에 선물을 **사** 갔어요. 去朋友家做客买了礼物。
> 그 이론을 예를 들**어** 설명해 줄 수 있어요? 那个理论能举例说明吗？

시청 앞에서 화재가 발생해
소방차가 출동했습니다.

아 가다[오다]/어 가다[오다]

동사	살다	먹다	공부하다
	살아 가다[오다]	먹어 가다[오다]	공부해 가다[오다]

1. 어떤 일이 계속 진행되고 있음을 나타낸다.

表示持续进行某事时使用。

> 예 한국어를 공부해 **가면서** 어려운 점이 있어요? 学习韩国语难吗?
> 아이들이 밥을 거의 다 먹어 **가니까** 나갈 준비를 합시다.
> 孩子们饭快吃完了, 做好出门的准备吧。
> 지금까지 1년 동안 여행해 **오면서** 제일 좋았던 곳이 어디예요?
> 到现在为止1年当中的旅行中, 那里最好啊?

2. '아/어 가다'의 경우, 그 일이 끝나는 때로 향해 감을 나타낸다.

'아/어 가다'的情况下, 表示事情将接近结束时使用。

> 예 세상을 살아 **가면서** 삶의 지혜를 조금씩 알아가는 것 같다.
> 活在世上, 一点点地积累人生的智慧。
> 나갈 준비를 거의 다 **해 갈** 때쯤 친구가 집에 왔다.
> 快要做好出门的准备时, 朋友来到了家里。
> 밥이 다 되어 **가서** 상을 차리기 시작했다. 饭要做好时开始摆的桌。
> 세월이 흘러 **가면서** 나도 성격이 많이 변했다. 时间流逝, 我的性格也变了好多。

3. '아/어 오다'의 경우, 그 일이 과거의 어느 때부터 현재까지 진행되었음을 나
타낸다.
'아/어 오다'的情況下, 表示某事从过去某刻开始进行到现在时使用。

예 세상을 살**아 오면서** 깨달은 점이 있다면, 실패는 성공의 어머니라는 것이다.
活在世上感悟到的就是, 失败是成功之母。
그 과학자는 10년 동안 유전 공학에 대해 연구**해 왔다.**
那位科学家10年期间对遗传工程进行了研究。

아직 퇴근하려면 멀었어요?

거의 다 끝나 가요. 잠깐만 기다리세요.

아 가지고/어 가지고

동사/ 형용사	오다	먹다	공부하다	작다	넓다	피곤하다
	와 가지고	먹어 가지고	공부해 가지고	작아 가지고	넓어 가지고	피곤해 가지고

1. [A 아 가지고 B] 구어적인 표현으로 A를 한 후에 B를 함을 나타낸다.

[A 아 가지고 B] 以口语的表达方式，表示做完先行句A之后做后行句B时使用。

> 예 과일을 씻**어 가지고** 먹었다. 洗了水果吃了。
> 졸업**해 가지고** 회사에 얼른 취직하고 싶어요. 毕业后想马上到公司就职。
> 집에서 빵을 만들**어 가지고** 친구에게 줬어요. 在家里做了面包给了朋友。
> 돈을 모**아 가지고** 집을 살 거예요. 打算攒钱买房子。

2. [A 아 가지고 B] 구어적인 표현으로 A가 B의 이유임을 나타낸다.

[A 아 가지고 B] 以口语的表达方式，表示先行句A是后行句B的理由。

> 예 어젯밤에 커피를 마**셔 가지고** 통 잠을 못 잤어요.
> 昨天晚上喝了咖啡，所以一宿都没睡觉。
> 계속 머리가 아**파 가지고** 조퇴했어요. 头一直疼，所以早退了。
> 밥을 많이 먹**어 가지고** 아직도 배가 부르다. 吃了很多饭，所以还不饿。

3. 비슷한 표현으로 '아/어', '아/어서'가 있다.

('아/어' → 164쪽 참고) ('아/어서' → 초급 참고)

类似的语法有'아/어', '아/어서'。

('아/어' → 参考164页) ('아/어서' → 参考初级)

> **예** 제가 친구에게 사무실 전화번호를 **써** 가지고 줬어요.
> 我把办公室的电话号写上给他了。
> 제가 친구에게 사무실 전화번호를 **써** 줬어요.
> 제가 친구에게 사무실 전화번호를 **써서** 줬어요.

그렇게 열심히 돈을 모아 가지고 뭐 하려고 해?

내년에 집을 살 생각이야.

아 놓다/어 놓다

동사	알다	벗다	정리하다
	알아 놓다	벗어 놓다	정리해 놓다

1. 어떤 일을 하고 난 후에도 그 상태가 계속됨을 나타낸다.

표示做完某事后状态的持续。

> 예 책을 책상 위에 올려 **놓았어요**. 把书放在了书桌上。
> 음식을 다 만들**어 놓았어요**. 料理都做好了。
> 공기가 잘 통하도록 창문을 열**어 놓았어요**. 为了使空气畅通把窗户都打开了。
> 집 청소를 다 **해 놓아서** 기분이 좋다. 把房间都打扫完了心情很好。

2. 비슷한 표현으로 '아/어 두다'가 있다. ('아/어 두다' → 170쪽 참고)

类似的语法有'아/어 두다'。('아/어 두다' → 参考170页)

> 예 사람이 없을 때는 방에 불을 **꺼 놓으세요**. 房间里没有人的时候请把灯关掉。
> 사람이 없을 때는 방에 불을 **꺼 두세요**.

오늘도 숙제 가져오는 걸 깜박했네.

어제 미리 챙겨 놓지 그랬어.

아 두다/어 두다

동사	닫다	열다	정리하다
	닫아 두다	열어 두다	정리해 두다

1. 어떤 일을 하고 난 후에도 그 상태가 계속됨을 나타낸다. 이때 다른 일을 하기 위해서 미리 준비, 보관한다는 의미가 다소 있다.
表示做完某事后状态的持续。这时略带有为了做其他事提前做准备，或保管的意思。

> 예 겨울이 오기 전에 김장을 담가 **두었어요**. 冬天来到之前腌好了泡菜。
> 다 본 책은 책장에 넣어 **두세요**. 看完的书请放在书架上。
> 차를 어디에 주차해 **두었어요**? 车停在那里了?
> 시험에 대비해서 미리 공부해 **두었어요**. 为了考试提前学习。
> 여행을 가려고 비행기표를 미리 **사 두었어요**. 为了去旅行提前买好了票。

2. 비슷한 표현으로 '아/어 놓다'가 있다. ('아/어 놓다' → 169쪽 참고)
类似的语法有'아/어 놓다'。('아/어 놓다' → 参考169页)

> 예 사람이 없을 때는 방에 불을 **꺼 두세요**. 房间里没有人的时候请把灯关掉。
> 사람이 없을 때는 방에 불을 **꺼 놓으세요**.

어디에 차를 세워 두었어요?

지하 주차장에 세워 두었어요.

아 버리다/어 버리다

동사	가다	먹다	하다
	가 버리다	먹어 버리다	해 버리다

1. 어떤 일이나 상황이 완전히 끝나서 남아있지 않아 아쉽고 안타까움을 나타낸다.
   表示因某事或某状况完全结束没有剩下的，而感到遗憾时使用。

   > 예 그 사람이 떠나 **버렸어요**. 那个人离开了。
   > 기차를 놓쳐 **버렸어요**. 误了火车。
   > 쇼핑하느라 남은 돈을 다 **써 버렸어요**. 因为购物把剩下的钱都花光了。

2. 어떤 일이나 상황이 완전히 끝나서 남아있지 않아 마음이 시원하고 부담이 없음을 나타낸다.
   表示某事或某状况完全结束，因而没有心理负担时使用。

   > 예 더워서 머리를 짧게 잘라 **버렸어요**. 天气太热把头发剪短了。
   > 그 많던 숙제를 다 **해 버려서** 속이 시원하네요.
   > 很多的作业都做完了，心里很痛快。
   > 얼마 남지 않았으니까 빨리 이 일을 끝내 **버립시다**.
   > 因为没剩多少了，所以把这件事情做完算了。

3. '잊다', '잃다'와 함께 써서 한 단어인 '잊어버리다', '잃어버리다'로 쓴다.
   与'잊다'，'잃다'一起使用，变为惯用句'잊어버리다'，'잃어버리다'来使用。

   > 예 민수 씨 전화번호를 **잊어버렸어요**. 把民秀的电话号码给忘掉了。
   > 지갑을 **잃어버려서** 속상해요. 把钱包弄丢了所以很伤心。

여기 있던 피자 못 봤어요?

배고파서 제가 다 먹어 버렸는데요.

더 생각해보기

'아/어 버리다'와 '고 말다'의 차이 ('고 말다1' → 13쪽 참고)
'아/어 버리다'与'고 말다'的区别 ('고 말다1' → 参考13页)

'고 말다'는 원하지 않는 일이 발생해서 안타까운 마음을 나타내며, '아/어 버리다'는 안타까운 마음을 나타내기도 하고 시원한 마음을 나타내기도 한다. 따라서 안타까운 마음을 나타낼 때에는 '고 말다'와 '아/어 버리다'를 모두 쓸 수 있고, 시원한 마음을 나타낼 때에는 '아/어 버리다'만 쓸 수 있다.
'고 말다'表示发生了不希望发生的事实而感到遗憾, '아/어 버리다'也表示遗憾, 还表示希望的事实达成时使用。在表示遗憾时都可以使用'고 말다'与'아/어 버리다'。表示希望的事实达成时只能使用'아/어 버리다'。

1) 안타까운 마음을 나타내는 경우
   表示遗憾时

   예 급하게 길을 건너다가 넘어지고 말았어요. (○)
   冲忙地穿过马路结果跌倒了。
   급하게 길을 건너다가 넘어져 버렸어요. (○)

2) 시원한 마음을 나타내는 경우
   希望的事实达成时

   예 날씨가 너무 더워서 머리를 짧게 잘라 버렸어요. (○)
   天气太热了所以把头发剪短了。
   날씨가 너무 더워서 머리를 짧게 자르고 말았어요. (×)

아 보니/어 보니

동사	가다	먹다	하다
	가 보니	먹어 보니	해 보니

1. '아/어 보다+(으)니까2'의 형태로, 어떤 일을 한번 시도하거나 경험한 후에 새롭게 알게 된 사실에 대해 말할 때 쓴다.
('아/어 보다' → 초급 참고) ('(으)니까2' → 초급 참고)
以'아/어 보다+(으)니까2'的形态，表示通过一次的尝试或经验某事后，发现的新的事实时使用。
('아/어 보다' → 参考初级) ('(으)니까2' → 参考初级)

> 예 민수 씨와 일을 한번 **해 보니** 아주 편하더라고요. 和民秀一起工作非常轻松。
> 그 배우를 만나 **보니** 왜 사람들이 그 배우를 그렇게 좋아하는지 알겠어요.
> 见到那位演员才知道，为什么大家那么喜欢那位演员。
> 신발을 신**어 보니** 내 발에 좀 작았다. 穿上了鞋才知道有些小。
> 김치를 직접 만들**어 보니** 생각했던 것보다 쉬워요.
> 亲手做了辛奇才知道比想象的要容易。

유리 씨, 제주도 다녀왔지요? 어땠어요?

가 보니 정말 좋더라고요.

더 생각해보기

'아/어 보니'와 '다 보니'의 차이 ('다 보니' → 126쪽 참고)

'아/어 보니'与'다 보니'的区别 ('아/어 보니' → 参考126页)

'다 보니'는 어떤 일을 반복적으로 또는 계속 하다가 알게 된 상황을 나타낼 때 쓰고 '아/어 보니'는 어떤 일을 한번 시도해 보거나 한번 경험해 본 것을 통해 알게 된 상황을 나타낼 때 쓴다.

'다 보니'表示反复或持续做某事后发现的状况时使用, '아/어 보니'表示通过一次的尝试或经验某事后, 发现的新的事实时使用。

예 민수 씨를 자주 만나다 보니 나도 모르게 정이 들었다. (반복적, 계속 만남)
　　经常与民秀见面, 在不知不觉中对他产生了好感。(反复, 持续见面)
　　부산에 한번 가 보니 생각보다 경치가 아름다웠다. (일회적인 경험)
　　去了釜山一次比想象中的景色美丽。(一次性的经验)

아다가/어다가

동사	받다	만들다	하다
	받아다가	만들어다가	해다가

1. [A 아다가 B] A를 끝내고 난 다음 그것과 관계된 것 또는 그 일의 결과물을 가지고 B를 함을 나타낸다. 이때 A를 한 장소와 B를 한 장소가 다르다.
[A 아다가 B] 表示结束A之后，用与A的结果来做B时使用。这时做A的场所和做B的场所不同。

> 예 빵을 만들**어다가** 친구에게 갖다 줬어요. 做好面包给了朋友。
> 숙제를 **해다가** 선생님께 냈어요. 写好了作业交了老师。
> 도서관에서 책을 빌**려다가** 읽었어요. 在图书馆借了书看。
> 유리 씨한테 책을 받**아다가** 민수 씨한테 줬어요.
> 在刘丽那里拿到了书然后交给了民秀。

2. '아/어다가'의 '가'는 생략할 수 있다.
可以省略'아/어다가'的'가'来使用。

> 예 돈을 빌**려다가** 학비를 냈어요. 借了钱交了学费。
> 돈을 빌**려다** 학비를 냈어요.

유리 씨, 뭐 마실 것 좀 있나요?

냉장고에 우유가 있는데 가져다가 드세요.

더 생각해보기

'아/어다가'와 '아/어서2'의 차이 ('아/어서2' → 초급 참고)
'아/어다가'与'아/어서2'的区别 ('아/어서2' → 参考初级)

'아/어서2'와 '아/어다가'는 모두 앞의 일을 끝내고 난 후 뒤의 일을 할 때 쓴다. 하지만 '아/어다가'는 앞의 일이 일어난 장소와 뒤의 일이 일어난 장소가 달라질 때 사용하는 반면 '아/어서2'는 그것과 관계없이 쓸 수 있다.
'아/어서2'与'아/어다가'都表示做完前面的某事后做后面的事时使用, 但'아/어다가'用于前后发生的事实场所不一致时使用。相反'아/어서2'则没有限制。

예 도서관에서 책을 빌려다가 집에서 읽었어요. (○)
　　在图书馆借了书回家看了。
　　도서관에서 책을 빌려서 집에서 읽었어요. (○)

　　도서관에서 책을 빌려다가 도서관에서 읽었어요. (×)
　　도서관에서 책을 빌려서 도서관에서 읽었어요. (○)
　　在图书馆借了书(在图书馆)看了。

아도/어도

동사/ 형용사	알다	먹다	공부하다	작다	넓다	피곤하다
	알아도	먹어도	공부해도	작아도	넓어도	피곤해도

1. [A 아도 B] A와 관계없이 또는 A와 대조적으로 B가 있음을 나타낸다.

[A 아도 B] 表示与A无关，或有与A对照的B时使用。

> 예 아무리 바빠**도** 부모님께 안부 전화드리세요. 再忙也请给父母打电话问好.
>
> 그 농구 선수는 키는 작**아도** 농구를 아주 잘한다.
> 那位篮球选手虽然个子矮，但是篮球打得好.
>
> 아무리 돈이 많**아도** 건강하지 않다면 무슨 소용이 있겠어요?
> 不管钱再多，如果不健康的话有什么用啊?
>
> 먹기 싫**어도** 건강을 생각해서 좀 드세요.
> 即使不想吃的话，为了健康也少吃点儿吧.
>
> 아무리 먹**어도** 계속 배가 고프다. 不管吃的再多也饿.
>
> 아무리 공부**해도** 성적이 오르지 않아요. 不管再怎样学习成绩也不见长.

2. 앞에 명사가 오면 '이어도/여도'로 쓴다.

前面接名词变为'이어도/여도'来使用。

> 예 집에서는 아이들의 어머니**여도** 밖에서는 직장인이다.
> 在家里虽然是孩子们的妈妈，但是在外边是白领.
>
> 민수 씨는 학생**이어도** 공부보다 다른 것에 더 관심이 많은 것 같아요.
> 虽然民秀是学生，但是好像比起学习对其他的事情更加关心.

요즘 바쁘다고 들었는데 내일 모임에 올 수 있어요?

걱정하지 마세요. 아무리 바빠도 꼭 갈게요.

아무

명사	전화	일
	아무 전화	아무 일

1. '아무+(명사)+도'로 써서 '어떤 것이든 상관없이, 모두'의 뜻을 갖는다. 뒤에 '안, 못, 모르다' 등의 부정문이 온다.

以'아무+(名词)+도'的形态来表示, 什么都可以, 有全部的意思。后'안, 못, 모르다'等表示否定。

> 예 면접 때 너무 긴장해서 **아무** 말**도** 안 떠올랐어요.
> 面试的时候因为太紧张了, 什么话也想不起来。
> 전 그 사람과 **아무** 관계**도** 없어요. 모르는 사람이에요.
> 我和那个人什么关系都没有。是不认识的人。
> 주말에 **아무** 일**도** 안 하고 그냥 쉬었어요. 周末什么也没有做只休息了。

2. '아무+(명사)+(이)나'로 써서 '어떤 것이든 상관없이, 모두'의 뜻을 갖는다. 뒤에 긍정문과 부정문이 모두 올 수 있다. ('(이)나' → 초급 참고)

'아무+(名词)+(이)나'的形态来表示, 什么都可以, 有全部的意思。后面 可以接肯定或否定。('(이)나' → 参考初级)

> 예 배고파서 **아무** 음식**이나** 다 먹을 수 있을 것 같다.
> 因为很饿, 所以好像什么东西都能吃。
> 여기는 박물관이니까 **아무** 물건**이나** 만지면 안 돼요.
> 这里是博物馆, 所以不能乱摸东西。
> **아무** 일**이나** 저한테 다 맡기세요.
> 不管什么事情请都交给我吧。
> 오늘 시간이 많으니까 **아무** 때**나** 만나요.
> 今天时间很多随时见都可以。
> 쓰레기를 **아무** 데**나** 버리지 마세요.
> 把垃圾不能随地乱仍。

3. '것', '사람'과 함께 써서 한 단어처럼 '아무거나'(아무 것이나), '아무나'(아무 사람이나)로 쓴다.

与'것', '사람'等一起使用, 变为'아무거나'(아무 것이나), '아무나'(아무 사람이나)来使用。

> **예** 아기들은 **아무거나** 입에 가져가려고 한다.
> 孩子们把什么都放进嘴里。
> 이 일은 좀 어려워서 **아무나** 할 수 있는 일이 아니에요.
> 这件事情很难, 不是谁都能做的。

점심에 뭐 먹을래요?

아무거나 다 좋아요.

아서 그런지/어서 그런지

동사/ 형용사	알다	먹다	공부하다	작다	넓다	피곤하다
	알아서 그런지	먹어서 그런지	공부해서 그런지	작아서 그런지	넓어서 그런지	피곤해서 그런지

1. [A 아서 그런지 B] A 때문에 B의 일이 일어났다고 생각할 때 쓴다. 이때 A는
확실한 원인, 이유가 아니라 막연히 그렇게 생각될 때 쓴다.
[A 아서 그런지 B] 表示认为因为A发生了B时使用。这时A为茫然的想象，
不是确定的原因或理由。

> 예 아까 커피를 **마셔서 그런지** 잠이 잘 안 오네.
> 好像是刚才喝咖啡的原因，所以睡不着觉。
> 날씨가 **따뜻해서 그런지** 꽃이 더 많이 핀 것 같다.
> 好像是天气温暖的原因，花好像开得更多了。
> 아기가 배가 **고파서 그런지** 자꾸 운다.
> 孩子好像是饿了，总是在哭。

2. 비슷한 표현으로 '아/어서인지'가 있다.
类似的语法有'아/어서인지'。

> 예 옷이 좀 **작아서 그런지** 움직이기 불편하다. 衣服好像是小，活动起来不舒服。
> 옷이 좀 **작아서인지** 움직이기 불편하다.

유리 씨, 좀 피곤해 보여요.

네, 어제 잠을 못 자서 그런지 피곤하네요.

아야/어야

동사/	알다	먹다	공부하다	작다	넓다	피곤하다
형용사	알아야	먹어야	공부해야	작아야	넓어야	피곤해야

1. [A 아야 B] B를 하거나 B의 상태가 되기 위해서는 A가 필수적인 조건임을 나타낸다.

[A 아야 B] 表示为了做B或为了达到B的状态，A为必不可少的条件时使用。

> 공부를 **해야** 시험을 잘 보겠지요.
> 学习了才可以考好试。
> 비가 그**쳐야** 산책하러 나갈 수 있을 것 같다.
> 雨停了好像才可以出去散步。
> 일단 건강**해야** 일을 시작할 수 있다.
> 首先要健康才可以开始工作。
> 여권이 있**어야** 해외여행을 갈 수 있다.
> 有护照才可以去海外旅行。
> 100도 이상이 되**어야** 물이 끓는다.
> 100度以上水才能开。

요즘 입맛이 좋아서 뭐든지 다 맛있어요.

잘 먹어야 건강해요. 많이 드세요.

아야 할 텐데/어야 할 텐데

동사/ 형용사	알다	먹다	공부하다	작다	넓다	따뜻하다
	알아야 할 텐데	먹어야 할 텐데	공부해야 할 텐데	작아야 할 텐데	넓어야 할 텐데	따뜻해야 할 텐데

1. '아/어야 하다+(으)ㄹ 텐데'의 형태로, 반드시 해야 하거나 이루어져야 할 일
에 대해 추측하면서 동시에 그것이 잘 될지 걱정하는 느낌으로 말할 때 쓴다.
(아/어야 하다 → 초급 참고) ('(으)ㄹ 텐데' → 265쪽 참고)
以'아/어야 하다+(으)ㄹ 텐데'的形态表示必须要做的事, 或对想实现的事
进行推测的同时又担心能否实现时使用。
(아/어야 하다 → 参考初级) ('(으)ㄹ 텐데' → 参考265页)

> 예 민수 씨가 빨리 **와야 할 텐데** 왜 안 오지요? 民秀应该快点来, 怎么不来啊?
> 할아버지께서 빨리 나으**셔야 할 텐데** 걱정이네요. 爷爷该快点好, 真让人担心。
> 이번 주까지 이 일을 끝내**야 할 텐데** 시간이 될지 모르겠네요.
> 这周该结束这件事, 不知道时间够不够。
> 내일은 날씨가 따뜻**해야 할 텐데** 어떨지 모르겠어요.
> 明天天气得暖和, 不知道会怎么样。

2. '아/어야 할 텐데(요)'로 문장을 끝맺을 수 있다.
可以用'아/어야 할 텐데(요)'来结束文章。

> 예 결승전에 나가려면 이번 경기에서 우리가 이**겨야 할 텐데요**.
> 要想进决赛的话, 这场比赛我们应该胜利。
> 비행기가 연착되지 않으려면 일단 날씨가 좋**아야 할 텐데**.
> 要想飞机不延误的话, 天气得好。

내일까지 이 일을 다 해야 해요?

네, 오늘 다 끝내야 할 텐데
할 수 있을지 모르겠어요.

아야겠다 / 어야겠다

동사/ 형용사	알다	먹다	공부하다	작다	넓다	따뜻하다
	알아야겠다	먹어야겠다	공부해야 겠다	작아야겠다	넓어야겠다	따뜻해야 겠다

1. 반드시 그래야 한다고 생각할 때 쓴다.

表示认为必须那样做才可以时使用。

예 민수 씨가 아직 못 왔다니까 좀 기다**려야겠어요.**

民秀还没有到, 我要再等一会儿。

어머니가 편찮으신 것 같아요. 병원에 모시고 가**야겠어요.**

妈妈好像不舒服, 我要送妈妈到医院。

이번 회의는 아주 중요하니까 책임자가 꼭 참석**해야겠습니다.**

这次的会议很重要, 负责人员一定要参加。

아이들이 가지고 노는 장난감이니까 (장난감 회사가) 안전하게 만들**어야겠어요.**

孩子们玩的玩具(玩具公司)一定要做得安全。

다섯 명이 같이 살려면 서로 좀 친**해야겠어요.**

要是五个人一起生活的话, 一定要和睦。

강의 얼음이 녹으려면 날이 좀 따뜻**해야겠어요.**

河里的冰要融化的话, 天气要再暖和一些。

부모님을 모시고 살 집을 구하고 있어요.

그럼 집이 좀 커야겠네요.

아지다/어지다2

동사	가다	만들다	하다
	가지다	만들어지다	해지다

1. 다른 요인에 의해 어떤 일이 이루어짐을 나타낸다. 동사와 함께 써서 피동의
   의미를 갖는다.
   表示因为其他的事情延迟时使用。与动词一起使用变为被动句。

   > 내리막길에서는 자전거가 저절로 **가진다**. 在下坡路上自行车自动下坡。
   > 바람 때문에 창문이 깨**졌다**. 因为风窗户被打破了。
   > 어머니의 음식을 보면 자식에 대한 사랑이 느**껴진다**.
   > 看到妈妈的料理，感到了(妈妈)对孩子的爱。
   > 비행기 좌석은 보통 비즈니스석과 일반석으로 나누**어진다**.
   > 飞机的座位一般被分为商务舱和经济舱。

휴대 전화 화면이 자꾸 꺼져요.

배터리가 다 된 것 아니에요?

았다 하면/었다 하면

동사/ 형용사	알다	먹다	공부하다	작다	넓다	따뜻하다
	알았다 하면	먹었다 하면	공부했다 하면	작았다 하면	넓었다 하면	따뜻했다 하면

1. [A 았다 하면 B] A만 일단 이루어지거나 A의 상황만 되면 B는 당연히 따라
오는 결과임을 나타낸다.

[A 았다 하면 B] 表示首先达成A或首先变为A时，B为必然的结果时使用。

> 예 그 선수만 경기에 **나왔다 하면** 이길 확률이 높아진다.
> 只要那位选手登场赢的概率就变高。
>
> 마음먹고 공부**했다 하면** 일등은 문제없다.
> 只要下决心好好学习，拿第一名就没有问题。
>
> 날씨가 좀 **추웠다 하면** 강이 바로 얼어 버린다. 只要天气一冷河马上就冻冰。

우유만 마셨다 하면 속이 불편해요.

우유가 몸에 잘 안 맞는 사람도 있대요.

았다가/었다가

동사	가다	만들다	하다
	갔다가	만들었다가	했다가

1. [A 았다가 B] A를 하거나 A의 상황이 끝난 후 B를 하거나 B의 상황으로 넘어감을 나타낸다. 이때 A와 B는 주로 반대되는 상황이 온다.

[A 았다가 B] 表示做A或A的状况结束后做B或变为B的状况时使用。这时A和B主要来相反的情况。

> 例 하늘이 **맑았다가** 다시 어두워졌다. 天气晴后, 又重新变阴了。
> 그 사람은 한 번 **결혼했다가** 이혼했어요. 那个人结了婚, 又离婚了。
> 창문을 **열었다가** 바람이 심하게 불어서 닫았어요.
> 打开窗户后, 风刮得厉害又关上门。
> 학교에 **갔다가** 유리 씨를 만났어요. 去了学校见到了刘丽。

왜 이렇게 늦었어요?

미안해요. 서점에 들렀다가 오느라 좀 늦었어요.

았다면/었다면

동사/ 형용사	알다	먹다	공부하다	작다	넓다	피곤하다
	알았다면	먹었다면	공부했다면	작았다면	넓었다면	피곤했다면

1. [A 았다면 B] '았/었+다면'의 형태로, 과거의 일에 대해 반대로 가정해서 말할 때 쓴다. ('았/었' → 초급 참고) ('다면' → 108쪽 참고)
[A 았다면 B] 是'았/었+다면'的形态, 表示叙述相反地推测过去的事情时使用。('았/었' → 参考初级) ('다면' → 参考108页)

> 예 내가 돈이 많**았다면** 그 당시에 집을 살 수 있었을 텐데.
> 我要是有钱的话, 当时就能买房子了。
> 영화가 좀 짧**았다면** 좋았을 것 같다. 너무 길어서 지루했다.
> 电影要是短点儿的话就好了, 太长了很无聊。
> 내가 어제 피곤**했다면** 그 모임에 못 갔을 거야.
> 昨天我要是累了的话, 就不能去参加那个聚会了。
> 지난주에 날씨만 좀 맑**았다면** 여행을 갔을 텐데. 上周天气晴的话, 就去旅行了。

2. 비슷한 표현으로 '았/었더라면'이 있다. ('았/었더라면' → 189쪽 참고)
类似的语法有'았/었더라면'。 ('았/었더라면' → 参考189页)

> 예 고등학생이었을 때 공부를 열심히 **했다면** 좋은 대학에 갔을 것이다.
> 要是高中时好好学习的话, 就能上好大学了。
> 고등학생이었을 때 공부를 열심히 **했더라면** 좋은 대학에 갔을 것이다.

어제 모임은 재미있었어요?

네, 영호 씨도 왔다면 아주 좋았을 텐데요.

았더니/었더니

동사	가다	만들다	하다
	갔더니	만들었더니	했더니

1. [A 았더니 B] 과거 상황 A가 끝난 후에 보니 B라는 생각하지 못했던 상황이 있음을 나타낼 때 쓴다.

[A 았더니 B] 表示结束了过去状况A之后，出现了没有想到的B的状况时使用。

> 예 학교에 **갔더니** 아무도 없었다. 去了学校，一个人都没有。
>
> 유리 씨에게 전화**했더니** 계속 통화중이었다. 给刘丽打了电话，一直在占线。

2. [A 았더니 B] 과거 상황 A 때문에 B의 결과가 나타날 때 쓴다.

[A 았더니 B] 因为过去状况A，所以发生了B的结果时使用。

> 예 찬 음식을 계속 **먹었더니** 배가 좀 아프다. 吃了凉东西，肚子有点儿疼。
>
> 에어컨을 너무 오래 **틀었더니** 몸이 추울 지경이다. 空调开了太久，到了冷的程度。
>
> 열심히 공부**했더니** 시험을 잘 볼 수 있었다. 努力学了习，才考了好的成绩。

3. 주어는 항상 '나(저), 우리'이다.

主语为'나(저)，우리'。

> 예 (내가) 선풍기를 밤새 틀고 **잤더니** 감기에 걸렸다.
> (我)整晚开着电风扇，感冒了。

아프다더니 병원에 가 봤어요?

네, 가 봤더니 의사 선생님이 약 먹고 푹 쉬래요.

았더라면/었더라면

동사/ 형용사	알다	먹다	공부하다	작다	넓다	따뜻하다
	알았더라면	먹었더라면	공부했더 라면	작았더라면	넓었더라면	따뜻했더 라면

1. 과거의 일을 회상하면서, 그때의 일을 반대로 가정해서 말할 때 쓴다. 이미
지난 일에 대한 후회를 나타내는 경우가 많다.
表示叙述相反地推测过去的事情时使用。常以对过去的事情后悔时
使用。

> 🔲 화가 났어도 좀 **참았더라면** 이렇게 크게 싸울 일은 없었을 텐데.
> 即使生气了要是稍微忍耐一下的话，就不会大吵一架了。
> 그때 내가 철이 좀 **들었더라면** 부모님께 더 잘해 드렸을 텐데 그러지 못했다.
> 那时候我要是成熟一点儿的话，就会多对父母好一些，没能那样很后悔。
> 집이 좀 **컸더라면** 룸메이트와 좀 더 편하게 살았을 것 같다.
> 房子再大一点的话，就能和室友更舒服的住。
> 그 사람의 마음을 그때 알고 **있었더라면** 나는 그렇게 상처 주는 말은 안 했을 거야.
> 要是那时候知道那个人的心思，我就不会说那么伤人的话。
> 어제 공부를 좀 **했더라면** 오늘 이렇게 시험이 어렵지는 않았을 것이다.
> 昨天我要是学习了的话，今天的考试就不会这么难了。

2. 비슷한 표현으로 '았/었다면'이 있다. ('았/었다면' → 187쪽 참고)
类似的语法有'았/었다면'。('았/었다면' → 参考187页)

> 🔲 고등학생이었을 때 공부를 열심히 **했더라면** 좋은 대학에 갔을 것이다.
> 要是高中时好好学习的话，就能上好大学了。
> 고등학생이었을 때 공부를 열심히 **했다면** 좋은 대학에 갔을 것이다.

면접은 잘 봤어?

아니, 준비를 잘 했더라면 그렇게
긴장하지는 않았을 텐데.

았던/었던

동사/	만나다	먹다	하다	작다	넓다	똑똑하다
형용사	만났던	먹었던	했던	작았던	넓었던	똑똑했던

1. 뒤에 오는 명사를 꾸며 주면서 과거에 끝난 일이나 상태, 일회적인 일을 회상할
때 사용한다.
修饰后接的名词, 在回想过去的事情或状态, 一次性的事情时使用。

> 예 여기가 제가 공부**했던** 교실이에요. 这里是我过去学习的教室。
> 저 사람은 어제 회사에서 **만났던** 사람이에요. 那个人是昨天在公司见过的人。
> 고등학교 때 키가 **작았던** 영호 씨가 지금은 아주 크네요.
> 高中时个子很小的荣浩, 现在个子很高啊。

2. 뒤에 오는 명사가 물건일 경우 '것', 장소일 경우에는 '곳'으로 바꿔 쓸 수 있다.
后接的名词为东西时用'것', 场所时用'곳'来替换使用。

> 예 이 펜이 제가 유럽 여행을 할 때 **샀던 것**이에요.
> 这只钢笔是我去欧洲旅行时买的。
> 작년에 부모님과 함께 여행을 **했던 곳**이 아주 좋았어요.
> 去年和父母一起去旅行的地方很美丽。

여기가 어디예요?

제가 다녔던 회사예요.

더 생각해보기

'았/었던'과 '던'의 차이 ('던' → 144쪽 참고)
'았/었던'与'던'的区别 ('던' → 参考144页)

'았/었던'과 '던'은 모두 과거에 대한 회상의 뜻을 가지고 있다. 하지만 '았/었던'은 과거에 완료된 일이거나 일회적인 일의 경우에 쓰지만 '던'은 과거 일이 완료되지 않았거나 과거에 반복적으로 한 일을 말할 때 쓴다.

'았/었던'与'던'都具有对过去回想的意思。但'았/었던'用于过去完了，或一次性的事情上。'던'表示过去未完了，或反复做的事情上。

예 제가 전에 봤던 책이에요. (전에 다 읽었음)
这是我曾经看过的书。(曾经读完的书)

제가 보던 책이 어디 갔어요? (아직 다 읽지 않음)
我看的书在哪儿? (还没读完的书)

'았/었던'과 '(으)ㄴ'의 차이 ('(으)ㄴ' → 초급 참고)
'았/었던'与'(으)ㄴ'的区别 ('(으)ㄴ' → 参考初级)

'았/었던'과 '(으)ㄴ'은 모두 과거의 사실을 나타낸다. 그렇지만 '았/었던'은 과거에 완료된 일을 회상할 때 사용하고 '(으)ㄴ'은 과거의 일을 단순히 서술할 때 쓰기도 하고 과거의 일이 현재까지 지속됨을 나타낼 때 쓰기도 한다.

'았/었던'与'(으)ㄴ'都表示过去的事实。但'았/었던'用于过去完了的事情时的回想，'(으)ㄴ'用于单纯叙述过去事实，或对过去的事实持续到现在时使用。

예 유리 씨가 입은 한복이 예쁘네요. (한복을 입은 과거의 상태가 현재까지 지속됨)
刘丽穿的韩服很漂亮。(穿韩服的过去状态持续到现在)

유리 씨가 작년에 입었던 한복이 예뻤어요. (한복을 입은 과거 상태가 과거에 완료됨)
刘丽去年穿的韩服很漂亮。(穿韩服的过去状态在过去结束)

았어야 하는데/었어야 하는데

동사/ 형용사	만나다	먹다	하다	작다	넓다	똑똑하다
	만났어야 하는데	먹었어야 하는데	했어야 하는데	작았어야 하는데	넓었어야 하는데	똑똑했어야 하는데

1. 반드시 해야 했던 일을 못 했거나 어떤 상태가 되어야 하는데 되지 못했음을
나타낸다. 이때 아쉬움이나 후회를 나타낸다.
表示必须要做的事情没有做，或者没有达到理想的状态时使用。表示遗憾
或后悔。

> 예 어제 숙제를 **했어야 하는데** 시간이 없어서 못 했어요.
> 昨天应该做作业，但是因为没有时间所以没有做成。
> 아침에 약을 먹**었어야 하는데** 깜빡 잊어버렸어요. 早上应该吃药但是忘了吃。
> 음식에 간이 맞**았어야 하는데** 좀 짜게 되었어요.
> 菜的咸淡应该适中，但是有点儿咸了。

2. '았/었어야 하는데'로 문장을 끝낼 수 있다.
'았어야/었어야 하는데'可以使用在文章结尾。

> 예 어제 숙제를 **했어야 하는데**. 昨天应该做作业。
> 아침에 약을 먹**었어야 하는데**. 早上应该吃药。

3. 이미 한 일에 대해 아쉬움이나 후회를 나타낼 때는 '지 말았어야 하는데'로 쓴다.
表示对已经做过的事情遗憾，或后悔时用'지 말았어야 하는데'来表达。

> 예 어제 술을 많이 마시**지 말았어야 하는데**…….
> 昨天本来不应该喝太多酒……。
> 학교에 올 때 버스를 타**지 말았어야 하는데**…….
> 来学校时不应该坐公共汽车……。

4. '았/었어야 하는데'의 '하는데'를 '했는데'로 바꿔 쓸 수 있다.

'았어야/었어야 하는데'的'하는데'可以换成'했는데'来使用。

> 에 어제 부모님께 전화를 **했어야 하는데** 시간이 없어서 못 했어요.
> 昨天应该给父母打电话，但是因为没有时间没打成。
> 어제 부모님께 전화를 **했어야 했는데** 시간이 없어서 못 했어요.

어제는 미안했어요. 제가 참았어야 하는데.

괜찮아요. 너무 화가 나면 그럴 수도 있지요.

ㄱ
ㄴ

ㄷ
ㅂ

ㅇ

ㅈ
ㅊ

았었/었었

동사/ 형용사	만나다	먹다	하다	작다	넓다	똑똑하다
	만났었다	먹었었다	했었다	작았었다	넓었었다	똑똑했었다

1. 과거의 일이나 상태가 완료됨을 나타낸다.

表示过去的事实或状态结束时使用。这时的事实或状态与现在不同。

> 예 십년 전에 이 동네에서 **살았었**어요.
> 十年前，我住过这个地方。
> 어렸을 때부터 키가 **컸었**어요.
> 小时候开始个子就很高。

2. 과거의 그 일이나 상태가 지금과는 다름을 나타내기도 한다.

也可以表示过去的时间或状态与现在不同。

> 예 전에는 매운 음식을 못 **먹었었**어요. 之前不能吃辣的东西。
> 작년에는 이 운동장이 아주 **넓었었**어요. 去年这个运动场很宽。
> 예전에는 여기에 건물이 많이 **없었었**는데 지금은 많아졌네요.
> 从前这里没有很多建筑物，现在变得多了。

작년에는 많이 추웠었는데
올해는 별로 안 춥네요.

네, 올해는 따뜻한 편이에요.

더 생각해보기

'았었/었었'과 '았/었'의 차이 ('았/었' → 초급 참고)

'았었/었었'与'았/었'的区别 ('았/었' → 参考初级)

'았었/었었'은 과거의 일이나 상태가 완료되어 지금과는 다름을 나타내는 경우가 있는 반면, '았/었'은 단순히 과거의 일이나 상태를 나타낸다.

'았었/었었'表示过去的事实或状态的完了与现在不同，但'았/었'单纯只表示过去的事实和状态。

예 어제 학교에 사람이 많았었어요. (어제는 사람이 많았으나 지금은 그렇지 않음)

昨天学校的人很多。(昨天人很多但是现在不多)

어제 학교에 사람이 많았어요. (어제 사람이 많았음)

昨天学校人很多。(昨天人很多)

았을 텐데/었을 텐데

동사/ 형용사	만나다	먹다	하다	작다	넓다	똑똑하다
	만났을 텐데	먹었을 텐데	했을 텐데	작았을 텐데	넓었을 텐데	똑똑했을 텐데

1. [A 았을 텐데 B] 말하는 사람이 A의 상황(배경, 이유, 대조 등)을 추측하고 A
와 관련된 의견 B를 말할 때 쓴다. 이때 A는 이미 끝난 일이나 상태이다.
[A 았을 텐데 B] 表示说话人推测A的状况(背景, 理由, 对照等)把与A有关
联的意见向B叙述时使用。这时A的事实或状态已经结束。

> 예 오늘 많이 바빴을 텐데 좀 쉬세요. 今天很忙吧, 请稍微休息一下吧。
> 유리 씨가 그 영화를 이미 봤을 텐데 다른 영화를 보는 게 어때요?
> 刘丽可能已经看过那部电影了, 看别的电影怎么样?
> 휴가철이라서 비행기표가 없었을 텐데 어떻게 샀어요?
> 度假期应该没有飞机票, 怎么买的?

2. 지금의 일이나 상태와 반대되는 내용과 함께 쓰여 후회나 아쉬움을 나타내기
도 한다.
与现在发生的事实和状态相反的内容一起使用时, 表示后悔或遗憾。

> 예 여행을 같이 갔으면 좋았을 텐데 같이 못 가서 아쉬워요.
> 要是能一起去旅行就好了, 没能一起去很遗憾。
> 미리 공부를 했으면 시험을 잘 봤을 텐데 후회가 돼요.
> 要是提前学习的话考试应该考得很好, 很后悔。

3. '았/었을 텐데'로 문장을 끝낼 수 있다.

'았/었을 텐데'可以用于文章结尾。

> 예 미리 말했으면 영호 씨가 올 때까지 기다**렸을 텐데**.
> 要是提前通知的话，就能等到荣浩来。
> 서둘렀으면 기차를 놓치지 않**았을 텐데**.
> 要是抓紧时间的话，就不会错过火车了。

어제 일이 많았을 텐데 안 피곤해요?

괜찮아요.

어찌나 는지

어찌나 은지/어찌나 ㄴ지

동사	가다	먹다
	어찌나 가는지	어찌나 먹는지

형용사	예쁘다	좋다
	어찌나 예쁜지	어찌나 좋은지

1. 어떤 결과에 대한 이유를 감탄하면서 말할 때 쓴다.

对某结果的理由(原因)感叹时使用。

예 영호 씨가 **어찌나** 빨리 말하**는지** 하나도 알아들을 수가 없었어요.
荣浩说得太快了, 一句也没有听懂。
유리 씨가 **어찌나** 예쁜지 사람들이 다 쳐다봐요.
刘丽太漂亮了, 大家都在看她。

2. 동사와 함께 쓸 때는 동사 앞에 '많이, 조금, 빨리, 열심히' 등이 온다.

与动词一起使用时, 面前接'많이, 조금, 빨리, 열심히'等。

예 영호 씨가 **어찌나** 열심히 공부하**는지** 밥도 안 먹어요.
荣浩学习太努力了, 连饭都没吃。
유리 씨가 **어찌나** 빨리 먹는지 밥 먹는 데 5분밖에 안 걸려요.
刘丽吃饭太快了, 吃饭只花了5分钟。

3. '있다, 없다'는 '는지'로 쓴다.

'있다, 없다'与'는지'使用。

예 이 책이 **어찌나** 재미있는지 사람들이 다 이 책만 봐요.
这本书太有意思了, 大家都在看这本书。
김치가 **어찌나** 맛있는지 외국 사람들도 좋아해요.
辛奇汤太好吃了, 连外国人都喜欢。

4. 과거 '았/었'과 함께 쓸 수 있다.

与过去式'았/었'等一起使用。

> 예 제가 어제 **어찌나** 많이 먹었는지 지금도 배가 불러요.
>
> 昨天吃得太多了，到现在肚子还饱。
>
> 어제 일이 **어찌나** 많았는지 지금도 피곤해요. 昨天事情太多了，到现在还累。

어제 쇼핑 잘 했어요?

물건이 어찌나 비싼지 아무 것도 못 샀어요.

얼마나 는지 모르다

얼마나 은지 모르다/얼마나 ㄴ지 모르다

동사	가다	먹다
	얼마나 가는지 모르다	얼마나 먹는지 모르다

형용사	예쁘다	좋다
	얼마나 예쁜지 모르다	얼마나 좋은지 모르다

1. 어떤 일이나 상태를 강조해서 말할 때 쓴다.

表示强调某事或状态时使用。

> 예 제 친구가 노래를 **얼마나 잘하는지 몰라요**. (제 친구가 노래를 아주 잘해요.)
> 不知道我的朋友唱歌唱得有多好。(我的朋友唱歌唱得非常好。)
> 선생님이 **얼마나 좋은지 몰라요**. (선생님이 아주 좋아요.)
> 不知道老师有多好。(老师非常好。)

2. 동사와 함께 쓸 때는 동사 앞에 '많이, 조금, 빨리, 열심히, 자주' 등이 온다.

与动词一起使用时，前面接'많이, 조금, 빨리, 열심히, 자주'等。

> 예 영호 씨가 축구를 **얼마나 자주 하는지 몰라요**.
> 不知道荣浩多么经常踢足球。(表示强调荣浩经常踢足球)
> 유리 씨가 **얼마나 많이 먹는지 몰라요**.
> 不知道刘丽有多么能吃。(表示强调刘丽吃得多)

3. '있다, 없다'는 '얼마나 는지 모르다'로 쓴다.

'있다, 없다'与'얼마나 는지 모르다'使用。

> 예 이 책이 **얼마나 재미있는지 몰라요**.
> 不知道这本书多有意思。(表示强调书有意思)
> 이 음식이 **얼마나 맛없는지 몰라요**.
> 不知道这道菜有多难吃。(表示强调菜难吃)

4. 과거 상황에 대해 말할 때는 '얼마나 았/었는지 모르다'로 쓴다.

在表达过去的状态时用'얼마나 았/었는지 모르다'来使用。

> 예 제가 어제 **얼마나 아팠는지 몰라요**.
> 不知道昨天我有多疼(难受)。(表示强调身体不舒服)
> 주말에 한국 영화를 **얼마나** 많이 **봤는지 몰라요**.
> 不知道周末看了多少韩国电影。(表示强调韩国电影看得多)

5. 앞에 명사가 오면 '얼마나 인지 모르다'로 쓴다.

前面'얼마나 인지 모르다'来使用。

> 예 영호 씨가 **얼마나 성실한 학생인지 몰라요**.
> 不知道荣浩有多么诚实。(表示强调荣浩是诚实的学生)
> 저 사람이 **얼마나 부자인지 몰라요**.
> 不知道那个人多么有钱。(表示强调那个人有钱)

요즘 많이 바빠요?

네, 얼마나 바쁜지 몰라요.

에 달려 있다

명사	점수	운명
	점수에 달려 있다	운명에 달려 있다

1. 함께 쓰는 명사에 의해 어떤 것이 결정됨을 나타낸다.

表示根据一起使用的名词来决定某事。

> 🔟 성공은 자신의 노력에 **달려 있어요.**
> 能否成功取决于自身的努力。
> 대학교 입학 여부는 이번 시험 결과에 **달려 있어요.**
> 能否进入大学取决于这次考试的结果。

2. 앞에 오는 명사가 사람일 경우에는 '에게, 한테, 께'를 쓴다.

前面接的名词为人的情况下，与'에게, 한테, 께'来使用。

> 🔟 미래는 젊은이들에게 **달려 있어요.**
> 未来取决于年轻人手中。
> 내 인생은 너한테 **달려 있어.**
> 我的人生取决于你。
> 제가 유학을 가고 못 가는 것은 부모님께 **달려 있어요.**
> 我能否去留学取决于父母。

3. '에 달려 있다' 앞에 동사가 오면 '기에 달려 있다'로 쓴다.

名词位于'에 달려 있다'前面时，变为'기에 달려 있다'来使用。

> 🔟 행복은 마음먹기에 **달려 있다.**
> 幸福在于决心(想法)。
> 그 일은 생각하기에 **달려 있어요.**
> 那件事在于怎么想。

4. '무엇, 어디, 언제, 누구, 얼마나, 어떻게' 등의 의문사가 문장 안에 들어가는 서술문에서는 '에 달려 있다'를 '동사+느냐, 형용사+(으)냐, 명사+(이)냐에 달려 있다'로 쓴다.

在有'무엇, 어디, 언제, 누구, 얼마나, 어떻게'等疑问词的叙述文当中, 把'에 달려 있다'变为'动词+느냐, 形容词+(으)냐, 名词+(이)냐에 달려 있다'来使用。

> 예 시험 결과는 **얼마나** 열심히 공부하**느냐에 달려 있다**.
> 考试结果在于是否努力的学习。
> 복권에 당첨되고 안 되고는 운이 **얼마나 좋으냐에 달려 있다**.
> 彩票是否中奖在于运气有多好。
> 이번 경기의 승패는 상대방이 **어떤 팀이냐에 달려 있다**.
> 这次比赛的胜败取决于对方是什么队。

5. '에 달려 있다' 앞에 '무엇, 어디, 언제, 얼마, 누구' 등 의문사가 직접 오는 서술문에서는 '(이)냐에 달려 있다'로 쓴다.

'에 달려 있다'前面直接'무엇, 어디, 언제, 얼마, 누구'等有疑问词的叙述文时, 变为'(이)냐에 달려 있다'来使用。

> 예 여행이 재미있고 없고는 같이 가는 사람이 **누구냐에 달려 있어요**.
> 旅行是否有趣在于一起去旅行的人是谁。
> 그 옷을 사고 못 사고는 값이 **얼마냐에 달려 있지요**.
> 能否买这件衣服在于这件衣服的价格。

이번에 꼭 취직이 되면 좋겠어요.

합격 여부는 면접에 달려 있으니까 잘 준비하세요.

에 대한

명사	공부	운동
	공부에 대한	운동에 대한

1. '(명사1)에 대한+(명사2)'의 형태로 뒤에 오는 명사2의 주제가 명사1임을 나타낸다.

以'(名词1)에 대한+(名词2)'的形态来表示后面名词2的主题是前面名词1时使用。

> 예 요즘 사람들이 모이면 건강에 **대한** 이야기를 많이 해요.
> 最近大家聚在一起，谈论很多关于健康的话题。
> 한국 문화에 **대한** 책을 한 권 사고 싶은데요.
> 想买一本关于韩国文化的书。

2. 비슷한 표현으로 '에 관한'이 있다.

类似的语法有'에 관한'。

> 예 한국 전쟁에 **대한** 책을 쓰고 싶어요. 想写关于韩国战争的书。
> 한국 전쟁에 **관한** 책을 쓰고 싶어요.

한국 문화에 대한 책을 읽은 적이 있어?

아니, 읽은 적이 없어.

에 대해서

명사	공부	운동
	공부에 대해서	운동에 대해서

1. 함께 쓰는 명사가 뒤에 오는 내용의 주제가 됨을 나타낸다.

一起使用的名词为后接内容的主题。

> 예 나는 그 일에 **대해서** 아무것도 모른다. 我对那件事一无所知。
> 대학교 진학에 **대해서** 선생님과 상의하고 싶은데요.
> 想和老师商量关于大学入学的事。

2. '에 대해서'의 '서'는 생략할 수 있다.

可以省略'에 대해서'的'서'。

> 예 세계 역사에 **대해서** 공부하고 싶어요. 想学习世界历史。
> 세계 역사에 **대해** 공부하고 싶어요.

3. 비슷한 표현으로 '에 관해(서), 에 대하여'가 있다.

类似的语法有'에 관해(서), 에 대하여'。

> 예 한국의 식사 예절에 **대해서** 설명해 주세요. 请对韩国饮食礼节介绍一下。
> 한국의 식사 예절에 **관해** 설명해 주세요.

그 사람에 대해서 잘 알고 있니?

아니, 별로 잘 알지 못해.

에 따라서

명사	재료	가격
	재료에 따라서	가격에 따라서

1. 어떤 일이나 상태의 기준을 나타낸다.

表示某事实或状态的基准时使用。

> **예** 좌석에 **따라서** 가격이 달라요. 根据座位的不同价位也不同。
> 지하철은 거리에 **따라서** 요금이 달라져요. 地铁根据距离的不同价位也不同。

2. '다르다, 결정되다, 변하다' 등과 자주 쓴다.

与'다르다, 결정되다, 변하다'等一起使用。

> **예** 관광지에 **따라서** 여행비가 결정된다. 根据观光地来决定旅行费用。
> 재료에 **따라서** 음식의 맛이 달라진다. 根据材料决定料理的味道。

3. 앞에 동사가 오면 '(으)ㅁ에 따라서'로 쓴다.

前面接名词变为'(으)ㅁ에 따라서'来使用。

> **예** 도시가 발전함에 **따라서** 생활도 달라졌습니다.
> 根据城市的发展, 生活也有变化了。
> 시간의 흐름에 **따라서** 우리의 사랑도 변하는 것 같아요.
> 随着时间地流逝, 我们的爱似乎也变了。

4. '무엇, 어디, 언제, 누구, 얼마나, 어떻게' 등의 의문사가 문장 안에 들어가는 서술문에서는 '에 따라서'를 '동사+느냐, 형용사+(으)냐, 명사+(이)냐에 따라서'로 쓴다.

以'무엇, 어디, 언제, 누구, 얼마나, 어떻게'等有疑问词的叙述文中, '에 따라서'
以'动词+느냐, 形容词+(으)냐, 名词+(이)냐에 따라서'来使用。

> **예** **누가** 만드느냐에 **따라서** 음식의 맛이 달라진다. 根据是谁做的菜, 味道就不同。
> 날씨가 **얼마나** 좋으냐에 **따라서** 기분도 달라진다.
> 根据天气有多好, 心情就不一样。
> **어떤** 선생님이냐에 **따라서** 학생들의 반응도 다르다.
> 根据是哪位老师, 学生的反应也不一样。

5. '에 따라서' 앞에 '무엇, 어디, 언제, 얼마, 누구' 등 의문사가 직접 오는 서술문에서는
'(이)냐에 따라서'로 쓴다.
'에 따라서'前面直接'무엇, 어디, 언제, 얼마, 누구'等疑问词的叙述文时,
变为'(이)냐에 따라서'来使用。

> 예 장소가 **어디냐에 따라서** 옷차림이 달라야 해요. 根据场所穿着就应该不同。
> 재료가 **무엇이냐에 따라서** 가격이 달라져요. 根据材料的内容价格不同。

6. '에 따라서'의 '서'는 생략할 수 있다.
'에 따라서'的'서'可以省略。

> 예 성적**에 따라서** 합격 여부가 결정돼요. 根据成绩决定是否合格。
> 성적**에 따라** 합격 여부가 결정돼요.

민수 씨가 왜 그런 결정을 내렸는지
이해가 안 돼요.

사람에 따라서 생각이 다르니까요.

ㄱ
ㄴ

ㄷ
ㄹ
ㅁ
ㅂ

ㅇ

ㅈ
ㅊ

에 따르면

명사	뉴스	소식
	뉴스에 따르면	소식에 따르면

1. 어떤 주장이나 설명의 출처를 나타낸다.

表示对某主张或说明的来源。

> 예 뉴스**에 따르면** 내일부터 아주 추워진대요. 据新闻报导明天开始天气变得很冷。
> 조사 자료**에 따르면** 청소년 흡연율이 매우 높아졌다고 합니다.
> 据调查材料显示青少年吸烟率变得很高。

2. '에 따르면' 뒤에 'ㄴ/는다고/다고/(이)라고 하다' 등의 인용문이 많이 온다.

'에 따르면'后面经常接'ㄴ/는다고/다고/(이)라고 하다'等引用句。

> 예 선생님 말씀**에 따르면** 이번 시험이 아주 어렵**대요**. 据老师说这次考试很难。
> 신문 기사**에 따르면** 이번 교통사고의 원인이 타이어 고장**이래요.**
> 据新闻报道这次交通事故是因轮胎故障引起的。

3. 비슷한 표현으로 '에 의하면'이 있다. ('에 의하면' → 212쪽 참고)

类似的语法有'에 의하면'。('에 의하면' → 参考212页)

> 예 통계청 조사**에 따르면** 최근 취업률이 낮아지고 있다.
> 据统计局调查最近的就业率在变低。
> 통계청 조사**에 의하면** 최근 취업률이 낮아지고 있다.

내일은 날씨가 어떨까요?

일기 예보에 따르면 좀 따뜻해진대요.

에 불과하다

명사	핑계	시작
	핑계에 불과하다	시작에 불과하다

1. 명사와 함께 쓰여 그 명사가 가진 뜻 이상은 아님을 나타낸다.

跟名词一起使用，表示不是名词的意思以上。

> 예 그 사건은 시작에 **불과합니다**.
> 那个事件才开始而已。
> 그것은 농담에 **불과합니다**.
> 那不过只是个玩笑而已。
> 나이는 숫자에 **불과하다**고 생각한다.
> 年龄只不过是数字而已。
> 그렇게 말하는 것은 핑계에 **불과해요**.
> 那么说话只不过是借口而已。

제가 요즘 너무 바빠서 그 일을 할 시간이 없어요.

그건 핑계에 불과해요.

에 비하면

명사	친구	선생님
	친구에 비하면	선생님에 비하면

1. 어떤 일이나 상태를 비교하는 기준을 나타낸다.

表示某事或状态比较的基准。

> 예 가 : 영호 씨는 한국어를 잘 하시네요. 荣浩的韩国语说得很好啊。
> 나 : 유리 씨**에 비하면** 잘 못 하는 편이지요. 跟刘丽比不算说得好。
>
> 가 : 저 아이는 키가 작네요. 那个孩子个子很小啊。
> 나 : 그래도 나이**에 비하면** 큰 편이에요. 但是根据年龄看算大的了。

2. 비슷한 표현으로 '에 비해서'가 있다. ('에 비해서' → 211쪽 참고)

类似的语法有'에 비해서'。('에 비해서' → 参考211页)

> 예 저 사람은 나이**에 비하면** 어려 보여요. 那个人比起年龄看起来很年轻。
> 저 사람은 나이**에 비해서** 어려 보여요.

교실에 학생이 너무 많은데요.

네, 학생 수에 비하면 교실이 너무 작아요.

에 비해서

명사	친구	선생님
	친구에 비해서	선생님에 비해서

1. 어떤 일이나 상태를 비교하는 기준을 나타낸다.

表示某事或状态比较的基准。

> 예 값에 **비해서** 품질이 안 좋아요. 比起价钱质量不太好。
> 몸에 **비해서** 얼굴이 작아요. 比起身体来看脸小。

2. '에 비해서'의 '서'는 생략할 수 있다.

'에 비해서'的'서'可以省略。

> 예 유리 씨에 **비해서** 요리를 잘 못 하는 편이에요. 比起刘丽料理做得不算好。
> 유리 씨에 **비해** 요리를 잘 못 하는 편이에요.

3. 비슷한 표현으로 '에 비하면'이 있다. ('에 비하면' → 210쪽 참고)

类似的语法有'에 비하면'。('에 비하면' → 参考210页)

> 예 저 사람은 나이에 **비해서** 어려 보여요. 那个人比起年龄看起来很年轻。
> 저 사람은 나이에 **비하면** 어려 보여요.

이 옷 어때요?

가격에 비해서 질이 안 좋은 것 같아요.

에 의하면

명사	뉴스	소식
	뉴스에 의하면	소식에 의하면

1. 어떤 주장이나 설명의 출처를 나타낸다.

表示对某主张或说明的来源。

> 예 일기 예보에 **의하면** 내일부터 아주 추워진대요.
> 据新闻报道明天开始天气将要变得很冷。
> 소문에 **의하면** 그 영화배우가 음주 운전을 자주 한대요.
> 根据流言那个电影演员经常酒驾。

2. '에 의하면' 뒤에 'ㄴ/는다고/다고/(이)라고 하다' 등의 인용문이 많이 온다.

'에 의하면'后经常接'ㄴ/는다고/다고/(이)라고 하다'等引用句。

> 예 선생님 말씀에 **의하면** 이번 시험이 아주 어렵**대요**. 据老师说这次考试很难。
> 신문 기사에 **의하면** 이번 교통사고의 원인이 타이어 고장이**래요**.
> 据新闻报道这次交通事故是因轮胎故障引起的。

3. 비슷한 표현으로 '에 따르면'이 있다. ('에 따르면' → 208쪽 참고)

类似的语法有'에 따르면'。('에 따르면' → 参考208页)

> 예 통계청 조사에 **의하면** 최근 취업률이 낮아지고 있다.
> 据统计局调查最近就业率在变低。
> 통계청 조사에 **따르면** 최근 취업률이 낮아지고 있다.

최근 뉴스에 의하면 환경 오염이 점점 심해진대요.

그러게요. 걱정이네요.

에 의해서

명사	투표	노력
	투표에 의해서	노력에 의해서

1. 뒤에 오는 상황의 근거, 또는 그 상황에 영향을 주는 것이 무엇인지를 나타낸다.

表示后接状况的根据，或影响到后接状况的原因是什么时使用。

> 예 김 선생님**에 의해서** 모든 학생들이 그 사실을 알게 되었어요.
> 因为金老师，所有的学生都知道了那个事实。
> 모든 성공은 노력**에 의해서** 이루어지는 것입니다.
> 所有的成功都是根据努力来实现的。
> 어떤 일이든지 힘**에 의해서** 결정되면 안 됩니다.
> 无论什么事都不能用权力来决定。

2. '의해서'의 '서'를 생략할 수 있다.

'의해서'的'서'可以省略。

> 예 한국의 대통령은 투표**에 의해서** 선출됩니다.
> 韩国的总统是根据投票选出的。
> 한국의 대통령은 투표**에 의해** 선출됩니다.

한국의 대통령은 어떻게 뽑혀요?

국민 투표에 의해서 뽑혀요.

에다가2

명사	공부	실력
	공부에다가	실력에다가

1. 무엇에 하나를 더함을 나타낸다. 이때 '(명사1)에다가 (명사2)까지', '(명사1)에다가 (명사2)도'로 자주 쓴다.
表示在某状态上附加时使用。经常以'(名词1)에다가 (名词2)까지', '(名词1)에다가 (名词2)도'的形式来表达。

> 📝 유리 씨는 뛰어난 컴퓨터 실력**에다가** 성품**까지** 겸비한 사람이에요.
> 刘丽是个不仅电脑实力出众，也是一个连人品也兼具的人。
> 폭우**에다가** 바람**도** 심해서 나무가 다 부러졌어요.
> 不仅下暴雨，连风也刮得很大树都断了。
> 선생님들**에다가** 학생들**까지** 반대를 해서 그 일을 추진하기 힘들어요.
> 不仅老师们，就连学生们也反对，所以那件事进展很困难。

2. '에다가'의 '가'는 생략할 수 있다.
'에다가'的'가'可以省略。

> 📝 너무 배가 고파서 라면**에다가** 밥까지 먹었어요.
> 太饿了，不仅吃了拉面还吃了饭。
> 너무 배가 고파서 라면**에다** 밥까지 먹었어요.
>
> 회사 일**에다가** 집안일까지 겹쳐서 정신이 없네요.
> 不仅是公司的事，加上家里的事忙得昏头转向。
> 회사 일**에다** 집안일까지 겹쳐서 정신이 없네요.

요즘 대기오염에다가 수질오염까지 심해서
문제가 많대요.

맞아요. 이제는 환경에
신경을 써야 할 때지요.

여간 지 않다

동사/형용사	보다	먹다	크다	좋다
	여간 보지 않다	여간 먹지 않다	여간 크지 않다	여간 좋지 않다

1. '매우 그렇다'의 뜻을 강조함을 나타낸다.
   表示强调'非常，很'。

   예 그 일이 **여간 힘들지 않아요**. (그 일이 매우 힘들다)
   那件事非常难。(那件事非常难)
   이번 시험이 **여간 어렵지 않아요**. (이번 시험이 매우 어렵다)
   这次考试非常难。(这次考试非常难)

2. 동사와 함께 쓸 때는 동사 앞에 '많이, 조금, 일찍, 늦게' 등이 온다.
   与动词一起使用时，前面接'많이, 조금, 일찍, 늦게'等。

   예 영호 씨가 요즘 **여간 열심히 공부하지 않아요**. 最近荣浩非常努力学习。
   저 사람이 **여간 많이 먹지 않네요**. 那个人吃得很多。

3. '여간 지 않다'를 '여간 는 게/(으)ㄴ 게 아니다'로 바꿔 쓸 수 있다.
   '여간 지 않다'可以变为'여간 는 게/(으)ㄴ 게 아니다'来使用。

   예 이번 시험이 **여간 어렵지 않아요**. 这次考试非常难。
   이번 시험이 **여간 어려운 게 아니에요**.

   학생들이 춤을 **여간 잘 추지 않아요**. 学生们的舞跳得非常好。
   학생들이 춤을 **여간 잘 추는 게 아니네요**.

> 공부하면서 일하는 게 여간 힘들지 않네요.

> 그러니까 좀 쉬어 가면서 하세요.

으나/나

동사/형용사	보다	먹다	크다	좋다
	보나	먹으나	크나	좋으나

1. [A 으나 B] 문어적인 표현으로 A와 B가 상반됨을 나타낸다.

[A 으나 B] 以书面的表达方式表示A与B的相反关系。

> 예 그 사람은 실력은 있**으나** 성격이 좋지 않아서 동료들이 싫어한다.
> 那个人虽然有实力但是性格不好，所以同事们都讨厌他。
> 사람들이 그 영화를 많이 보**나** 평은 별로 좋지 않다.
> 看那部电影的人很多，但是评分不是很好。

2. 과거 '았/었', 미래·추측 '겠' 등과 함께 쓸 수 있다.

与过去'았/었'，未来·推测'겠'等一起使用。

> 예 영호 씨는 대학교에 합격했**으나** 돈이 없어서 갈 수 없다.
> 荣浩虽然考上了大学，但是因为没有钱不能上。
> 내일은 춥**겠으나** 모레부터는 날씨가 풀리겠습니다.
> 虽然明天天气冷，但是后天开始天气会变好。

3. 비슷한 표현으로 '지만'이 있다. 이때 '(으)나'는 문어체에 많이 사용된다.

类似的语法有'지만'。这时的'(으)나'多用于书面语。

> 예 경제는 발전했**으나** 시민들의 의식 수준은 낮은 편이다.
> 虽然经济发展了，但是市民的意识水准还算低。
> 경제는 발전했**지만** 시민들의 의식 수준은 낮은 편이다.

4. 앞에 명사가 오면 '(이)나'로 쓴다.

前面接名词变为'(이)나'来使用。

예 친구는 부지런한 사람**이나** 나는 게으른 사람이다. 朋友是勤快人但是我是懒人。

도시 인구는 증가하고 있으나
농촌 인구는 감소하고 있다.

으나 마나/나 마나

동사	보다	읽다
	보나 마나	읽으나 마나

1. 어떤 일을 해도 안 해도 그 결과가 같음을 나타낸다. 이때 뒤에 추측의 표현이 주로 온다.
表示与其它事情无关结果相同，这时后面经常接推测的表示方式。

> **예** 가 : 이거 한번 먹어 보세요. 尝尝这个吧。
> 나 : 먹어 **보나 마나** 맛있겠지요. 不用尝就知道好吃。
>
> 가 : 제 말을 들어 보세요. 请听我讲话。
> 나 : **들으나 마나** 거짓말일 거예요. 不用听就知道是谎话。

2. '(으)나 마나이다'로 문장을 끝낼 수 있다. 이때 어떤 일을 해도 소용이 없음을 나타낸다.
可以用'(으)나 마나이다'结束文章。这时表示做什么都没有用。

> **예** 비가 너무 많이 와서 우산을 쓰**나 마나예요.** 雨下得太大了，打不打雨伞都一样。
> 너무 더워서 에어컨을 켜**나 마나예요.** 太热了，开不开空调都一样。

이 옷이 저한테 잘 어울릴까요?

입어 보나 마나 잘 어울릴 거예요.

으래요/래요

동사	사다	읽다
	사래요	읽으래요

1. 어떤 사람이 명령하거나 부탁한 것을 전달할 때 쓰는 '(으)라고 하다'의 줄임
말로 말할 때 많이 쓴다. ('(으)라고 하다' → 초급 참고)
表示传达某人的命令或请求时使用。是'(으)라고 하다'的略写形式。
('(으)라고 하다' → 参考初级)

> **예** 우리 어머니가 저한테 열심히 공부하**래요**. (어머니 : "열심히 공부해.")
> 我妈妈让我努力学习。(妈妈 : "努力学习。")
> 선생님이 영호 씨한테 책을 많이 읽**으래요**. (선생님 : "책을 많이 읽으세요.")
> 老师让荣浩多看书。(老师 : "请多看书。")

2. 말하는 사람 자신이 한 일을 다시 전달할 때도 쓴다. 이때는 '(으)랬어요'의
형태만 사용한다.
表示说话人重复转达自己做过的事时使用。这时只能用'(으)랬어요'的形
态使用。

> **예** 제가 영호 씨한테 전화하**랬어요**. (나 : "영호 씨, 전화하세요.")
> 我让荣浩打电话。(我 : "荣浩, 请打电话。")
> 제가 유리 씨한테 여기 앉**으랬어요**. (나 : "유리 씨, 여기 앉으세요.")
> 我让刘丽坐在这里。(我 : "刘丽, 请坐在这里。")

3. 과거 상황에 대해 말할 때는 '(으)랬어요'로 쓴다.
对过去状况叙述时用'(으)랬어요'来使用。

> **예** 어제 선생님께서 단어를 모두 외우**랬어요**. 昨天老师让把单词都背下来。
> 엄마가 옷을 따뜻하게 입**으랬어요**. 妈妈让把衣服穿暖和一些。

4. 부정 또는 금지의 경우 '지 말다'와 함께 쓰여서 '지 말래요'로 쓴다.

与否定或禁止的'지 말다'一起使用时，变为'지 말래요'来表达。

> 예 경찰이 여기에 주차하**지 말래요**. (경찰 : "여기에 주차하지 마세요.")
> 警察不允许在这里停车。(警察 : "不要在这里停车。")
> 직원이 사진을 찍**지 말래요**. (직원 : "사진을 찍지 마세요.")
> 职员不允许照相。(职员 : "请不要照相。")

5. '주다'의 경우, 명령 또는 부탁한 사람에게 그 명령이나 부탁을 해 주어야 하는
경우 '달래요'를 쓴다. 하지만 제삼자에게 그 명령이나 부탁을 해 주어야 하는 경우
'주래요'를 쓴다.

'주다'的情况下，被命令或请求的人需要接受命令或请求时用'달래요'，被
命令或请求的人需要为第三者接受命令或请求时用'주래요'来表达。

> 예 선생님께서 도와**달래요**. (선생님 : "**저를** 도와주세요.")
> 老师说需要帮助。(老师 : "请帮帮我。")
> 선생님께서 유리 씨를 도와**주래요**. (선생님 : "**유리 씨를** 도와주세요.")
> 老师让帮助刘丽。(老师 : "请帮帮刘丽。")

> 가 : 유리 씨, 선생님께서 아까 뭐라고 하셨어요?
> 刘丽，老师刚才说了什么？
> 나 : 선생님께서 이 책을 **달랬어요**. (선생님 : "이 책을 **저에게** 주세요.")
> 老师要这本书。(老师 : "请把这本书给我。")

> 가 : 유리 씨, 선생님께서 아까 뭐라고 하셨어요?
> 刘丽，老师刚才说了什么？
> 나 : 선생님께서 이 책을 민수 씨에게 **주랬어요**. (선생님 : "이 책을 **민수 씨에게**
> 주세요.")
> 老师说把这本书给民秀。(老师 : "请把这本书给民秀。")

유리 씨, 선생님이 빨리 학교에 오래요.

알겠어요. 빨리 갈게요.

으려나 보다/려나 보다

동사/형용사	보다	먹다	크다	맑다
	보려나 보다	먹으려나 보다	크려나 보다	맑으려나 보다

1. 현재의 상황에 대한 정보를 가지고 앞으로 일어날 일이나 상태를 추측할 때 쓴다.

表示用现在的状况和情报来推测将来即将发生的状态时使用。

> 예 비가 그쳤네요. 내일은 날씨가 맑**으려나 봐요.** 雨停了，明天的天气可能要晴吧。
> 아이가 저렇게 많이 먹는 걸 보니 키가 크**려나 보네요.**
> 看孩子吃得那么多，好像要张个子吧。
> 영호 씨가 도서관에 가네요. 공부를 하**려나 봐요.** 荣浩去图书馆了，可能要学习吧。

하늘이 갑자기 어두워졌네요.

비가 오려나 봐요.

으려다가/려다가

동사	보다	먹다
	보려다가	먹으려다가

1. '(으)려고 하다'+'다가'의 형태로, 어떤 의도한 일이나 계획한 일이 이루어지지 않고 중단되거나 다른 일로 바뀜을 나타낸다.
('(으)려고 하다' → 초급 참고) ('다가' → 초급 참고)
以'(으)려고 하다'+'다가'的形态，表示因计划的事情没有达成或中断时换成其它事情时使用。
('(으)려고 하다' → 参考初级) ('다가' → 参考初级)

> **예** 오후에 등산을 **가려다가** 비가 와서 집에 있기로 했다.
> 本来下午打算去登山，因为下雨了，决定呆在家里。
> 책을 **읽으려다가** 너무 피곤해서 그냥 잤다.
> 本来想看书因为太累了就睡了。

2. 계획은 했지만 그 일을 하지 않았을 때는 '(으)려다가 말았다'로 쓴다.
表示虽然计划了做某事但是没有做时用'(으)려다가 말았다'来表达。

> **예** 너무 피곤해서 공부를 **하려다가 말았다.** 本来打算学习，但是因为太累所以没有学。
> 돈이 없어서 새 컴퓨터를 **사려다가 말았다.**
> 本来打算买新电脑，但是因为没有钱所以没买。

3. '(으)려다가'의 '가'는 생략할 수 있다.

'(으)려다가'的'가'可以省略。

> 예 부모님 선물로 옷을 사**려다가** 휴대 전화를 샀다.
> 本来想给父母买衣服当礼物，但是买了手机。
> 부모님 선물로 옷을 사**려다** 휴대 전화를 샀다.
>
> 영화를 보**려다가** 표가 없어서 못 봤어요.
> 本来想看电影，但是没有票所以没有看成。
> 영화를 보**려다** 표가 없어서 못 봤어요.

여행 잘 다녀왔어요?

아뇨, 갑자기 일이 생겨서 가려다가 말았어요.

으려던 참이다/려던 참이다

동사	마시다	읽다
	마시려던 참이다	읽으려던 참이다

1. 지금 어떤 일을 하려고 생각하고 있었음을 나타낸다.

表示现在正打算做某事时使用。

> 예 가 : 문 좀 열어 주시겠어요? 可以开一下门吗?
> 나 : 네, 저도 문을 **열려던 참이에요.** 好的, 我也刚好想开门。
>
> 가 : 날씨도 더운데 냉면이나 먹으러 가는 게 어때요?
> 　　天气又热, 去吃冷面怎么样?
> 나 : 저도 너무 더워서 냉면을 **먹으려던 참이었는데** 잘됐네요.
> 　　我也很热正想着去吃冷面呢, 太好了。
>
> 가 : 피곤한데 같이 커피 한잔할까요? 很累, 一起喝杯咖啡怎么样?
> 나 : 좋아요. 저도 지금 막 커피를 **마시려던 참이었어요.**
> 　　好的, 我也刚好想喝咖啡。

2. '(으)려던 참이다'의 '참이다'는 '참이었다'로 바꿔 쓸 수 있다.

'(으)려던 참이다'的'참이다'可以变为'참이었다'来使用。

> 예 가 : 우리 잠깐 좀 쉴까요? 我们稍微休息一下怎么样?
> 나 : 네, 좋아요. 저도 **쉬려던 참이에요.** 好的, 我也刚好想休息一下。
> 　　네, 좋아요. 저도 **쉬려던 참이었어요.**

3. '그렇지 않아도, 막, 안 그래도' 등과 자주 쓴다.

常与'그렇지 않아도, 막, 안 그래도'等一起使用。

> 예 가 : 이건 중요하니까 써 놓으세요. 这个很重要请记一下。
> 나 : **안 그래도 쓰려던 참이었어요.** 正想记一下呢。

> 가 : 이번 주말에 만날 때 운동화 신고 나오세요.
> 　　这个周末见面时请穿运动鞋。
> 나 : 알았어요. **그렇지 않아도** 나도 편한 신발을 **신으려던 참이었어요.**
> 　　知道了，你不说我也正想着穿舒服的鞋呢。

선생님께 전화드렸어요?

그렇지 않아도 지금 전화드리려던
참이었어요.

으려면/려면

동사/형용사	보다	먹다	크다	맑다
	보려면	먹으려면	크려면	맑으려면

1. [A 으려면 B] '(으)려고 하다'+'(으)면'의 형태로 A에는 미래의 계획이나 의도에 대한 가정이 오고 B에는 그것을 만족시킬 수 있는 방법이나 조건이 온다. ('(으)려고 하다' → 초급 참고) ('(으)면' → 초급 참고)

[A 으려면 B] 以'(으)려고 하다'+'(으)면'的形态，A表示对未来的计划或意图，B表示可以满足A的方法或条件。('(으)려고 하다' → 参考初级) ('(으)면' → 参考初级)

> 예 물건을 싸게 사**려면** 할인기간까지 기다리세요.
> 要想买到优惠的东西，请等到打折期间。
> 운전을 하**려면** 면허증이 있어야 해요. 要想开车，就需要有驾照。
> 김 선생님을 만나**려면** 교실로 가 보세요. 要想见金老师，请到教室看看。
> 옷을 잘 입**으려면** 먼저 패션에 관심을 가져야 해요.
> 要想会(穿衣服穿得好)穿衣服，首先要关心时尚。

운동을 잘 하고 싶은데 어떻게 해야 될까요?

운동을 잘 하려면 열심히 연습하면 되지요.

더 생각해보기

'(으)려면'과 '(으)면'의 차이 ('(으)면' → 초급 참고)
'(으)려면'与'(으)면'的区别 ('(으)면' → 参考初级)

[A 으려면 B]의 경우에는 B가 조건이 되고 [A 으면 B]의 경우에는 A가 조건이 된다.
[A 으려면 B]的情况下B为条件，[A 으면 B]的情况下A为条件。

> 예 해외여행을 가려면 여권이 있어야 해요. 要想去海外旅行，需要有护照。
> 여권이 있으면 해외여행을 갈 수 있어요. 有护照就可以去海外旅行。

으려면 멀었다/려면 멀었다

동사	쓰다	찾다
	쓰려면 멀었다	찾으려면 멀었다

1. 어떤 상황이 되기까지 시간이 많이 남았음을 나타낸다.

   表示要达成某状况还需要很多时间。

   예 시험이 끝나**려면** 아직 **멀었어요**.
   离考试结束还早。
   편지를 다 쓰려면 멀었어요.
   到写完信还早。
   이 책을 다 읽**으려면** 아직 **멀었어요**.
   要等读完这本书还早。
   방학하려면 멀었는데 벌써 비행기표를 샀어요?
   要到放假还早, 已经买飞机票了?

유리 씨, 퇴근 안 하세요?

일이 많아서 퇴근하려면 아직 멀었어요.

으로 인해/로 인해

명사	사고	눈	폭설
	사고로 인해	눈으로 인해	폭설로 인해

1. 어떤 일이나 상태의 원인을 나타낸다. 주로 뉴스나 신문 등에 쓰는 문어체 표현이다.
表示体现某事的状态或原因。主要用于新闻或报纸上的书面语。

> 📖 지진**으로 인해** 그 피해가 매우 크다고 합니다. 因地震的原因，损失非常大。
> 폭설**로 인해** 시내 교통이 마비가 되었다고 합니다.
> 因暴雪的原因，市内的交通麻痹了。
> 지나친 개발**로 인해** 환경 오염이 심해지고 있습니다.
> 因过度的开发，环境受到很大的污染。

2. 뒤에 오는 명사를 꾸며 줄 때는 '(으)로 인한+(명사)'로 쓴다.
修饰后面的名词时，变为'(으)로 인한+(名词)'的形式来表达。

> 📖 최근 청소년 흡연**으로 인한** 문제가 많이 생기고 있습니다.
> 最近因青少年吸烟引起了很多问题。
> 요즘 여기저기에서 음주**로 인한** 교통사고가 발생하고 있습니다.
> 最近因酒驾发生了很多交通事故。

3. '(으)로 인해'의 '인해'를 '인하여', '인해서'로 바꿔 쓸 수 있다.
'(으)로 인해'的'인해'可以变为'인하여', '인해서'来使用。

> 📖 홍수**로 인해** 많은 피해를 입었다. 因洪水受到了很多损失。
> 홍수**로 인하여** 많은 피해를 입었다.
> 홍수**로 인해서** 많은 피해를 입었다.

> 그 사건으로 인해 회사가 입은
> 피해가 크다고 합니다.

으로/로6

명사	친구	회장	딸
	친구로	회장으로	딸로

1. 신분이나 지위, 자격을 갖추고 있음을 나타낸다.

表示具备身份，地位，资格。

> 예 헤어진 남자 친구와 평범한 친구 사이로 지낼 거예요.
> 与分手的男朋友决定做平凡的朋友关系。
> 제가 초등학교 선생님으로 일한 지 벌써 30년이 되었네요.
> 我做小学老师的工作已经30年了。

누가 우리 반 대표로 나갈 거예요?

민수 씨가 나갈 거예요.

으로는/로는

명사	현재	상황	말
	현재로는	상황으로는	말로는

1. 어떤 일이나 상황의 근거를 나타낸다.

表示为某状况的根据。

예 다른 친구들 말**로는** 민수 씨가 영호 씨를 먼저 때렸대요.
根据其他朋友说，是民秀先打了荣浩。
지금 상황**으로는** 아무것도 알 수가 없습니다.
根据现在的情况，什么也了解不了。
제 생각**으로는** 그 사람이 범인인 것 같습니다.
根据我的想法那个人是犯人。

이 드라마에서 누가 주인공의 남편인 것 같아?

내 생각으로는 저 사람일 것 같아.

으로부터/로부터

명사	친구	선생님	말
	친구로부터	선생님으로부터	말로부터

1. 어떤 일이나 상태의 시작점을 나타낸다.

表示某事或状态的始点。

> 예 부모님**으로부터** 연락이 왔어요. 从父母那里打来电话了。
>
> 그 영화는 감독의 경험**으로부터** 나왔대요. 据说那部电影是从导演的经验开始的。

2. 비슷한 표현으로 '에게(서)/한테(서)/께', '에서'가 있다. 이때 앞에 오는 명사가 사람일 경우 '에게(서)/한테(서)/께'로 바꿔 쓸 수 있고 앞에 오는 명사가 사물 또는 장소일 경우 '에서'로 바꿔 쓸 수 있다. ('에게서' → 초급 참고) ('한테서' → 초급 참고) ('께' → 초급 참고) ('에서' → 초급 참고)

类似的语法有'에게(서)/한테(서)/께', '에서'。这时前面接的名词为人物时, 变为'에게(서)/한테(서)/께', 为事物时, 变为'에서'来使用。('에게서' → 参考初级) ('한테서' → 参考初级) ('께' → 参考初级) ('에서' → 参考初级)

> 예 친구**로부터** 그 소식을 들었어요. 从朋友那里听到的那个消息。
>
> 친구**에게서** 그 소식을 들었어요.
>
> 남쪽**으로부터** 따뜻한 바람이 불어와요. 从南方刮来暖风。
>
> 남쪽**에서** 따뜻한 바람이 불어와요.

너 그 소식을 누구한테서 들었어?

오빠로부터 들었는데.

으며/며1

동사/형용사	보다	먹다	크다	맑다
	보며	먹으며	크며	맑으며

1. [A 으며 B] 문어적인 표현으로 A와 B를 연결할 때 사용한다. 이때 A와 B는
비슷한 상태나 행위이다.
[A 으며 B] 为书面语，表示连接A与B。这时的A与B的状态或行为相似。

> 예 부산은 바다로 유명하**며** 강원도는 산으로 유명합니다.
> 釜山以大海著名，江原道以山著名。
> 기숙사가 학교에서 가까**우며** 쌉니다. 寝室离学校又近又便宜。
> 오늘 한국은 축구 경기를 하**며** 중국은 농구 경기를 한다.
> 今天韩国有足球比赛，中国有篮球比赛。

2. 비슷한 표현으로 '고'가 있다. ('고1' → 초급 참고)
类似的语法有'고'。('고1' → 参考初级)

> 예 내 친구는 공부도 잘하**며** 성격도 좋다.
> 我的朋友不仅学习好，性格也好。
> 내 친구는 공부도 잘하**고** 성격도 좋다.

3. 과거 '았/었', 미래·추측 '겠' 등과 함께 쓸 수 있다.
与过去'았/었'，未来·推测'겠'等一起使用。

> 예 제가 어제 만난 남자는 멋있**었으며** 친절했습니다.
> 昨天我见的男士不仅帅气，还很亲切。
> 내일은 날씨가 춥**겠으며** 바람도 다소 불겠습니다.
> 明天天气将会冷，还将刮风。

4. 앞에 명사가 오면 '(이)며'로 쓴다.
前面接名词变为'(이)며'来使用。

> 예 한국은 IT 강대국**이며** 중국은 스포츠 강대국이다.
> 韩国是IT强国，中国是运动强国。

오늘은 바람이 불며 매우 춥습니다.

으며/며2

동사	보다	먹다
	보며	먹으며

1. [A 으며 B] 문어적인 표현으로 A와 B가 동사일 때, A와 B가 동시에 이루어
지고 있음을 나타낸다.
[A 으며 B] 为书面语，A与B为动词时，表示A与B同时进行时使用。

> 예 친구가 책을 읽으며 커피를 마신다. 朋友一边看书一边喝咖啡。
> 저는 텔레비전을 보며 식사를 합니다. 我一边看电视一边吃饭。

2. [A 으며 B] A와 B는 주어가 같아야 한다.
[A 으며 B] A与B的主语要相同。

> 예 (나는) 영화를 보며 (나는) 음료수를 마신다. (我)一边看电影，(我)一边喝饮料。
> (친구가) 전화를 하며 (친구가) 게임을 한다.
> (朋友)一边打电话，(朋友)一边玩儿游戏。

3. 비슷한 표현으로 '(으)면서'가 있다. ('(으)면서' → 초급 참고)
类似的语法有'(으)면서'。('(으)면서' → 参考初级)

> 예 나는 책을 읽으며 커피를 마신다. 我一边看书一边喝咖啡。
> 나는 책을 읽으면서 커피를 마신다.

4. 앞에 명사가 오면 '(이)며'로 쓴다.

前面接名词变为'(이)며'来使用。

예 저 사람은 회사원**이며** 학생이에요. 那个人即是公司职员又是学生。

누가 민수 씨입니까?

통화를 하며 웃고 있는 사람이에요.

으면서도/면서도

동사/형용사	보다	먹다	크다	좋다
	보면서도	먹으면서도	크면서도	좋으면서도

1. [A 으면서도 B] '(으)면서'+'아/어도'의 형태로 서로 어울리지 않는 A와 B가
함께함을 나타낸다. ('(으)면서' → 초급 참고) ('아/어도' → 177쪽 참고)
[A 으면서도 B] 以'(으)면서'+'아/어도'的形态表示相互不一致的A与B在
一起时使用。('(으)면서' → 参考初级) ('아/어도' → 参考177页)

> 📖 저 사람은 항상 모르면서도 아는 척해요. 那个人经常不懂装懂。
> 영호 씨는 키가 작으면서도 농구를 잘해요. 荣浩个子虽小但是篮球打得很好。
> 유리 씨는 돈이 많으면서도 항상 절약해요. 刘丽钱很多但是还很节省。

2. [A 으면서도 B] 과거 '았/었'과 함께 쓸 수 있다. 이때 B에는 보통 A와 상반
된 결과가 온다.
[A 으면서도 B] 与过去'았/었'一起使用。这时的B一般相伴着A的结果。

> 📖 어제 생일 파티에 갔으면서도 안 갔다고 해요. 昨天去了生日派对但是还说没去。
> 그 책을 다 읽었으면서도 기억을 못 해요. 这本书都读完了, 但是没有印象。

3. 앞에 명사가 오면 '(이)면서도'로 쓴다.
前面接名词变为'(이)면서도'来使用。

> 📖 저 사람은 부자면서도 가난한 사람을 도와주지 않아요.
> 那个人虽然是有钱人, 但是不帮助贫穷的人。
> 저 사람은 선생님이면서도 학생들을 챙기지 않아요.
> 那个人虽然是老师, 但是不照看学生。

민수 씨가 공부를 잘해요?

네, 학교에서 잠만 자면서도 공부를 잘해요.

으므로/므로

동사/형용사	쓰다	읽다	크다	좋다
	쓰므로	읽으므로	크므로	좋으므로

1. 문어적인 표현으로 발표나 글에서 자주 쓰여 어떤 일이나 상태의 원인이나 근거를 나타낸다.

为书面语，经常使用在发表或文章当中表示事情发生的原因，或根据。

> 예 열심히 준비하고 있**으므로** 좋은 결과가 기대됩니다.
> 因为努力了，所以期待好的结果。
> 이 학생은 매우 노력하**므로** 앞으로 향상될 가능성이 있다.
> 这位学生很努力，今后有进步的可能性。

2. 과거 '았/었', 미래 '겠' 등과 함께 쓸 수 있다.

与过去'았/었'，未来'겠'等一起使用。

> 예 이미 출발했**으므로** 기차를 탈 수 없습니다.
> 因为已经出发了，所以不能坐火车了。
> 앞으로도 최선을 다 하**겠으므로** 좋은 평가를 해 주시기 바랍니다.
> 今后将全力以赴做事，希望给予好的评价。

3. 앞에 명사가 오면 '이므로'로 쓴다.

前面接名词变为'이므로'来使用。

> 예 저 사람은 박사**이므로** 아는 것이 많다. 那个人是博士，所以懂的很多。
> 이 사람은 훌륭한 선수**이므로** 상장을 줘야 한다.
> 这个人是优秀的选手，所以应该给予奖章。

결석이 한 번도 없었으므로 이 상장을 수여합니다.

ㄱ
ㄴ

ㄷ
ㅁ
ㅂ

ㅇ

ㅈ
ㅊ

은 물론/는 물론

명사	노래	운동
	노래는 물론	운동은 물론

1. '(명사1)+은/는 물론+(명사2)'의 형태로 명사1과 명사2가 모두 그러함을 나타낸다.

以'(名词1)+은/는 물론+(名词2)'的形式，表示名词1和名词2都如此。

> 예 유리 씨는 불고기**는 물론** 김치도 잘 먹어요. 刘丽不仅能吃烤牛肉还能吃辛奇。
> 이 휴대 전화는 영상 통화**는 물론** 인터넷까지 할 수 있어요.
> 这部手机不仅能影像通话还能上网。
> 젊은 사람들**은 물론** 나이가 많은 분들도 이번 행사에 참석하셨어요.
> 不仅是年轻人，就连年龄大的人也参加了这次活动。

2. 비슷한 표현으로 '뿐만 아니라'가 있다. ('뿐만 아니라' → 163쪽 참고)

类似的语法有'뿐만 아니라'。 ('뿐만 아니라' → 参考163页)

> 예 젊은 사람들**은 물론** 나이가 많은 분들도 이번 행사에 참석하셨어요.
> 不仅是年轻人，就连年龄大的人也参加了这次活动。
> 젊은 사람들**뿐만 아니라** 나이가 많은 분들도 이번 행사에 참석하셨어요.

3. '은/는 물론'에서 '물론'을 '물론이고'로 바꿔 쓸 수 있다.

'은/는 물론'中的'물론'可以变为'물론이고'来使用。

> 예 영호 씨는 농구**는 물론** 야구도 잘해요. 荣浩不仅篮球打得好，棒球打得也好。
> 영호 씨는 농구**는 물론이고** 야구도 잘해요.

토요일인데 그렇게 바빠요?

토요일은 물론 일요일도 바빠요.

은 채로/ㄴ 채로

동사	쓰다	입다
	쓴 채로	입은 채로

1. 어떤 행동을 한 후에 그 상태가 유지되면서 다른 행동을 더함을 나타낸다.

表示做完某行为后, 此行为的状态还在持续的情况下做另外的行为时
使用。

> 예 지하철에서 **선 채로** 잠이 들었어요. 在地铁里站着睡着了。
> 옷을 **입은 채로** 바다에 들어갔어요. 穿着衣服进了大海。

2. '(으)ㄴ 채로'의 '로'를 생략할 수 있다.

'(으)ㄴ 채로'的'로'可以省略。

> 예 신발을 **신은 채로** 방에 들어가면 안 돼요. 不可以穿着鞋进房间。
> 신발을 **신은 채** 방에 들어가면 안 돼요.
> 가방을 교실에 **둔 채로** 집에 갔어요. 把书包放在教室里就回家了。
> 가방을 교실에 **둔 채** 집에 갔어요.

감기에 심하게 걸렸군요.

어제 에어컨을 켠 채로 잤거든요.

나 보다		**은가 보다/ㄴ가 보다**

동사	가다	먹다
	가나 보다	먹나 보다
형용사	예쁘다	좋다
	예쁜가 보다	좋은가 보다

1. 어떤 근거를 가지고 추측함을 나타낸다.

表示以某根据推测某事时使用。

예 가 : 유리 씨가 전화를 안 받아요. 刘丽不接电话。
나 : 자**나 봐요**. 可能是睡着了吧。

가 : 영호 씨가 좀 힘들어 보이네요. 荣浩看起来很累。
나 : 아**픈가 봐요**. 可能是生病了吧。

2. '있다/없다'는 '나 보다'를 쓴다.

'있다/없다'接'나 보다'来使用。

예 사람들이 웃으면서 극장에서 나오네요. 영화가 재미있**나 봐요**.
人们笑着从剧场出来，可能电影很有意思。
오늘 진짜 많이 먹네요. 맛있**나 봐요**.
今天真的吃得很多。可能很好吃。

3. 동사, 형용사 모두 과거의 상황을 나타낼 때 '았/었나 보다'로 쓴다.

体现过去状况时动词，形容词都用'았/었나 보다'来表达。

예 배가 많이 나온 걸 보니까 오늘 많이 먹**었나 봐요**.
肚子看起来这么大，今天可能吃了很多。
유리 씨가 계속 기침을 하는 걸 보니까 감기에 걸**렸나 봐요**.
看刘丽一直在咳嗽，可能是感冒了。
늦잠 자는 걸 보니까 어제 많이 피곤**했나 봐요**.
看白天睡觉的样子，可能昨天很累。

4. 동사의 경우 미래 상황에 대해 말할 때는 '(으)ㄹ 건가 보다'의 형태로 쓴다.

动词的情况下，对未来状况叙述时用，'(으)ㄹ 건가 보다'来使用。

> 예 영호 씨가 짐을 싸는 걸 보니까 이사를 **할 건가 봐요**.
> 看荣浩装装行李的样子，可能将要搬家吧。
> 날씨가 흐리네요. 비가 **올 건가 봐요**. 看天气阴的样子，可能将要下雨吧。

5. 앞에 명사가 오면 '인가 보다'로 쓴다.

前面接名词变为'인가 보다'来使用。

> 예 말하는 걸 보니까 외국 사람**인가 봐요**. 看说话的样子，可能是外国人吧。
> 저 사람이 영호 씨의 제일 친한 친구**인가 봐요**. 那个人可能是荣浩最要好的朋友吧。

민수 씨 옷이 다 젖었네요.

네, 밖에 비가 오나 봐요.

을 것/ㄹ 것

동사	보다	읽다
	볼 것	읽을 것

1. 문장의 끝에 쓰여 해야 할 일을 알리거나 메모할 때 쓴다.

用于文章结尾表示记录要做的事时使用。

> 예 오늘 3시까지 학교 모임에 참석**할 것**. 今天3点参加会议。
>
> 매일 30분씩 운동**할 것**. 每天运动30分钟。
>
> 다음 주에 시험 보기 전에 책을 3번 읽**을 것**. 下周考试前看3遍书。

2. 명령의 의미가 있기 때문에 부정의 경우 '지 말 것'으로 쓴다.

因为有命令的意思，否定时用'지 말 것'来表达。

> 예 여기에 쓰레기를 버리**지 말 것**. 不要在这里扔垃圾。
>
> 차가운 음식을 먹**지 말 것**. 不要吃凉的食物。

아파트 입구에 쓰여 있는 거 봤어?

응. '에너지를 절약할 것'이라는
문구 말이야?

을 게 뻔하다/ㄹ 게 뻔하다

동사/형용사	쓰다	읽다	크다	많다
	쓸 게 뻔하다	읽을 게 뻔하다	클 게 뻔하다	많을 게 뻔하다

1. 어떤 상황이 당연히 일어날 것이라고 추측할 때 쓴다.

表示推测认为一定会发生的事时使用。

> 예 오늘 영호 씨가 학교에 안 **올 게 뻔해**. 今天荣浩肯定不会来学校。
> 내일 날씨가 추울 **게 뻔해요**. 明天天气肯定会冷。
> 금요일 밤이니까 놀고 있**을 게 뻔해요**. 因为是星期五晚上，所以肯定在玩儿。

2. 말하는 사람이 부정적인 느낌을 담아서 말할 때 주로 쓴다.

主要用于说话人在表达否定情绪时使用。

> 예 이번 시험을 못 **볼 게 뻔해**. 这次考试肯定考不好。
> 우리가 아무리 응원해도 상대팀이 이길 **게 뻔해**.
> 不管我们怎么助威肯定是对方赢。

3. 과거의 상황을 나타낼 때 '았/었을 게 뻔하다'로 쓴다.

在表示过去状况时，用'았/었을 게 뻔하다'来表达。

> 예 그 사람이 벌써 도착했**을 게 뻔해요**. 那个人现在肯定到了。
> 선생님이 그 영화를 봤**을 게 뻔해요**. 老师肯定看过那部电影。

민수 씨가 주말에도 바쁠 게 뻔해요.

그래도 모르니까 전화 한번 해 보세요.

을 겸/ㄹ 겸

동사	보다	먹다
	볼 겸	먹을 겸

1. 어떤 상황에 대한 목적이 두 가지 이상임을 나타낸다.

표示某状况的目的为两个以上时使用。

> 예 우리 사진도 찍을 **겸** 산에 갈래? 我们照相顺便上山怎么样?
>
> 스트레스도 풀 **겸** 운동하러 가자. 缓解压力顺便去运动吧。

2. '(으)ㄹ 겸 (으)ㄹ 겸'의 형태로 자주 쓴다.

常以'(으)ㄹ 겸 (으)ㄹ 겸'的形式来使用。

> 예 요즘 경험도 쌓을 **겸** 돈도 벌 **겸** 아르바이트를 하고 있어요.
>
> 最近为了积累经验顺便还挣钱, 所以打工。
>
> 친구도 만날 **겸** 쇼핑도 할 **겸** 백화점에 가려고 해요.
>
> 又能见朋友顺便还能购物, 所以准备去百货店。

3. '(으)ㄹ 겸해서'로 바꿔 쓸 수 있다.

可以变为'(으)ㄹ 겸해서'来使用。

> 예 책도 볼 **겸해서** 도서관에 갔어요. 为了看书顺便去了图书馆。
>
> 영화도 볼 **겸** 바람도 쐴 **겸해서** 시내에 나갔어요.
>
> 为了看电影顺便兜风, 所以去了市内。

4. 앞에 명사가 오면 '겸'으로 쓴다.

前面接名词变为'겸'来使用。

> 예 이 사람은 가수 **겸** 영화배우예요. 那个人即是歌手又是电影演员。
>
> 이건 책상 **겸** 식탁으로 써요. 这个即是书桌又是饭桌。

어디 가세요?

구경도 할 겸해서 백화점에 가요.

ㄱ
ㄴ
ㄷ
ㅂ
ㅇ
ㅈ
ㅊ

을 따름이다/ㄹ 따름이다

동사/형용사	가다	먹다	기쁘다	좋다
	갈 따름이다	먹을 따름이다	기쁠 따름이다	좋을 따름이다

1. 현재의 일이나 상태 외에 다른 것은 선택하거나 생각할 수 없음을 강조할 때
쓴다.
强调除了现在的事情或状态以外没有其他的选择或想不出时使用。

> 📖 저는 제 일을 열심히 **할 따름입니다**. 我只有努力做好我的事。
> 그런 일이 일어나서 마음이 안 **좋을 따름입니다**. 发生了那样的事只能感到遗憾。
> 이렇게 만나서 기쁠 **따름입니다**.
> 能这样见面很高兴。(这样见面除了高兴之外没有别的)

2. 비슷한 표현으로 '(으)ㄹ 뿐이다'가 있다. ('(으)ㄹ 뿐' → 253쪽 참고)
类似的语法有'(으)ㄹ 뿐이다'。('(으)ㄹ 뿐' → 参考253页)

> 📖 바쁜데도 도와줘서 고마울 **따름입니다**.
> 在百忙中来帮助(我)只能表示感谢。(除了感谢之外没别的)
> 바쁜데도 도와줘서 고마울 **뿐입니다**.

3. 과거 '았/었'과 함께 쓸 수 있다.
可以与过去式'았/었'一起使用。

> 📖 (내가) 일이 있어서 온 게 아니라 오직 그 사람을 만나러 **왔을 따름이에요**.
> (我)不是有事过来的, 只是为了见那个人而过来的。
> (내가) 화가 난 게 아니라 갑자기 선생님이 어려운 질문을 하셔서 당황**했을 따름이야**.
> (我)不是生气的, 只是老师突然提问, 所以只能不知所措。

4. 앞에 명사가 오면 '일 따름이다'로 쓴다.

前面接名词变为'일 따름이다'来使用。

예 저는 공부하는 학생**일 따름이에요**. 我只是个学习的学生。

이렇게 만나서 기쁠 **따름입니다.**

저도요.

을 리가 없다/ㄹ 리가 없다

동사/형용사	가다	먹다	나쁘다	좋다
	갈 리가 없다	먹을 리가 없다	나쁠 리가 없다	좋을 리가 없다

1. 믿을 수 없는 일이나 그럴 가능성이 없는 일을 강조해서 말할 때 사용한다.

强调叙述不可思议或不可能发生的事情时使用。

> **예** 밤에 해가 **뜰 리가 없어요**. 晚上不可能升起太阳。
> 여름에 눈이 **올 리가 없어요**. 夏天不可能下雪。
> 그 친구가 이렇게 늦**을 리가 없는데요**. 那个朋友不可能来得那么晚。
> 열심히 노력하면 안 **될 리가 없어요**. 只要努力不可能不行。

2. '(으)ㄹ 리가 없다'는 '(으)ㄹ 리가 있나요?'로 바꿔 쓸 수 있다.

'(으)ㄹ 리가 없다'可以变为'(으)ㄹ 리가 있나요?'来使用。

> **예** 한 번 만났을 뿐인데 아직까지 기억할 **리가 없어요**.
> 仅仅见了一面不可能到现在还记着。
> 한 번 만났을 뿐인데 아직까지 기억할 **리가 있나요?**

3. 과거 '았/었'과 함께 쓸 수 있다.

可以与过去式'았/었'一起使用。

> **예** 친구들이 나만 두고 떠났**을 리가 없어요**.
> 朋友们不可能留下我自己出发了。
> 영호가 혼자 먹었**을 리가 없다**.
> 荣浩不可能自己都吃光了。

4. 앞에 명사가 오면 '일 리가 없다'로 쓴다.

前面接名词变为'일 리가 없다'来使用。

> 예 비행기 표가 천 원**일 리가 없다**. 飞机票不可能是一千韩币。

민수 씨가 시험을 잘 볼 수 있을까요?

그렇게 공부를 안 했는데
시험을 잘 볼 리가 없지요.

을 만하다/ㄹ 만하다

동사	보다	먹다
	볼 만하다	먹을 만하다

1. 그러한 것을 할 정도의 가치가 있다는 것을 나타낸다.

表示有价值去做某行为时使用。

예 어제 축구 경기는 정말 **볼 만했습니다.** 昨天的足球比赛真的值得一看。

지금 듣고 있는 음악이 **들을 만해요?** 现在听的音乐怎么样? (值得一听吗?)

요즘 **읽을 만한** 책이 뭐예요? 最近有值得一看的书吗?

2. 그런 일이 일어날 수 있는 충분한 상황이 됨을 나타낸다.

表示充分有可能发生某状况时使用。

예 데이트에 입고 **갈 만한** 옷이 없네. 约会时没有适当穿的衣服可穿。

연락도 하지 않았으니 화를 **낼 만하지요.** 既然没有联系发火也是应当的。

3. 시도 '아/어 보다'와 함께 써서 '아/어 볼 만하다'로 자주 쓴다.

('아/어 보다' → 초급 참고)

经常与表示试图的'아/어 보다'一起使用变为'아/어 볼 만하다'来使用。

('아/어 보다' → 参考初级)

예 혼자 하는 여행도 **해 볼 만해요.**

体验一下独自旅行也很不错。

어제 먹은 음식 중에서 특히 갈비가 **먹어 볼 만했어요.**

昨天吃的料理中特别是排骨还值得一尝。

쇼핑할 만한 곳 좀 소개해 주세요.

남대문이나 동대문에 가 보세요.

을 무렵/ㄹ 무렵

동사	가다	읽다
	갈 무렵	읽을 무렵

1. 어떤 때가 가까워질 즈음을 나타낸다.

表示临近到某时间时使用。

> 예 그 사람이 나를 찾아 온 시간은 해가 **질 무렵**이었다.
> 那个人来找我的时间大概在日落时。
> 집이 가까워**질 무렵** 집에서 전화가 왔다. 走到家附近时从家里来了电话。
> 수업이 끝**날 무렵** 비가 오기 시작했다. 快下课时下起了雨。
> 아이들이 잠**들 무렵** 남편이 들어왔다. 在孩子们要睡着时丈夫进来了。

2. 앞에 명사가 오면 '무렵'으로 쓴다.

前面接名词变为'무렵'来使用。

> 예 저녁 **무렵**부터 날씨가 쌀쌀해졌어요. 昨天晚上开始天气变得凉了。

그분이 언제 전화하셨어요?

일이 끝날 무렵이었어요.

을 뻔하다/ㄹ 뻔하다

동사	놓치다	잊다
	놓칠 뻔하다	잊을 뻔하다

1. 어떤 일이 거의 일어날 것 같았는데 실제로 일어나지는 않았음을 나타낸다.
이때 '뻔하다'는 항상 '뻔했다'로 쓴다.
表示某事视乎要发生但实际上没有发生时使用。这时的'뻔하다'只能用过
去式'뻔했다'。

> 예 차가 갑자기 멈춰서 사고가 **날 뻔했어요**. 车突然停下来差点儿出了事故。
> 서두르다가 가방을 잃어버릴 **뻔했어요**. 急急忙忙的差点儿丢了包。
> 늦게 도착해서 기차를 못 **탈 뻔했어요**. 因为到达晚了差点儿没赶上火车。

2. 과거에 있었던 상황을 과장해서 말할 때 '아/어서 죽을 뻔하다'로 쓴다.
过去的状况在过去叙述时用'아/어서 죽을 뻔하다'来表达。

> 예 배가 고파서 **죽을 뻔했어요**. 差点儿饿死了。
> 너무 무서워서 **죽을 뻔했어요**. 差点儿吓死了。
> 지루해서 **죽을 뻔했어요**. 差点儿无聊死了。

오늘 아침에 지하철이 만원이라서
못 내릴 뻔했어요.

출근 시간에는 지하철이
항상 복잡한 것 같아요.

을 뿐/ㄹ 뿐

동사/형용사	배우다	먹다	싸다	작다
	배울 뿐	먹을 뿐	쌀 뿐	작을 뿐

1. 오직 그 일이나 상태만 있음을 나타낸다.

表示只有某事或某状态时使用。

> 예 한숨만 나올 **뿐** 아무 말도 생각나지 않네요. 只有叹气其他什么话也想不起来.
> 그분의 얼굴만 **알 뿐** 성함은 몰라요. 只认识那个人但不知道他的姓名.
> 그는 키만 작을 **뿐** 성격도 좋고 능력도 있는 편이다.
> 那个人只是个子矮但算是性格好又有能力的人.
> 이곳은 생선만 **쌀 뿐** 다른 식품들은 비싸다.
> 这个地方只有鱼类便宜但其他的食品都贵.

2. '(으)ㄹ 뿐이다'의 형태로 문장을 끝낼 수 있다.

可以用'(으)ㄹ 뿐이다'结束文章.

> 예 너무 피곤해서 지금은 자고 싶을 **뿐이에요**. 因为太累了现在只想睡觉.
> 시험에 합격하기만 바랄 **뿐이에요**. 只希望能够考试合格.

3. 비슷한 표현으로 '(으)ㄹ 따름이다'가 있다. ('(으)ㄹ 따름이다' → 246쪽 참고)

类似的语法有'(으)ㄹ 따름이다'. ('(으)ㄹ 따름이다' → 参考246页)

> 예 최선을 다 할 **뿐입니다**. 只有做出最大努力.
> 최선을 다 할 **따름입니다**.

4. 과거 '았/었'과 함께 쓸 수 있다.

可以与过去式'았/었'一起使用.

> 예 그 사람을 잠깐 파티에서 **봤을 뿐** 이야기해 본 적은 없어요.
> 只在派对见过那个人但是没有说过话.
> 제 일을 열심히 **했을 뿐이에요**. 我只是努力做了我的事.

5. 앞에 명사가 오면 '일 뿐'으로 쓴다.

前面接名词变为'일 뿐'来使用。

> 例 저는 평범한 대학생**일 뿐이에요**. 我只是个平凡的大学生。
>
> 우리는 그냥 친구 사이**일 뿐이니까** 다들 오해하지 마세요.
>
> 我们只是普通朋友请大家不要误会。

어려운 부탁을 들어 주셔서 감사할 뿐입니다.

별말씀을요.

을 뿐만 아니라/ㄹ 뿐만 아니라

동사/형용사	오다	읽다	크다	많다
	올 뿐만 아니라	읽을 뿐만 아니라	클 뿐만 아니라	많을 뿐만 아니라

1. [A 을 뿐만 아니라 B] A 외에 B도 있음을 나타낸다.

[A 을 뿐만 아니라 B] 表示除了A之外还有B时使用。

> **예** 영호 씨는 공부를 잘**할 뿐만 아니라** 운동도 잘해요.
> 荣浩不仅学习好体育也很好。
> 겨울에는 추**울 뿐만 아니라** 눈도 많이 내려요.
> 冬天不仅冷并且还下很多雪。
> 이 휴대 전화는 가격이 **쌀 뿐만 아니라** 사용하기도 편해요.
> 这个手机不仅价格便宜使用起来也很方便。

2. 비슷한 표현으로 '(으)ㄹ뿐더러'가 있다.

类似的语法有'(으)ㄹ 뿐더러'。

> **예** 지하철은 편리**할 뿐만 아니라** 시간도 절약할 수 있어요.
> 地铁不仅方便并且还能节省时间。
> 지하철은 편리**할 뿐더러** 시간도 절약할 수 있어요.

3. 과거 '았/었'과 함께 쓸 수 있다.

可以与过去式'았/었'一起使用。

> **예** 지난 여름에는 비가 많이 **왔을 뿐만 아니라** 몹시 더웠어요.
> 去年夏天不仅下了很多雨并且还非常热。
> 시험이 어려**웠을 뿐만 아니라** 시간도 모자랐어요.
> 考试不仅很难并且时间也不够。

ㄱ
ㄴ

ㄷ
ㅁ
ㅂ

ㅇ

ㅈ
ㅊ

4. [A 을 뿐만 아니라 B] A가 문장 안에서 '이다'의 뜻이 있을 경우에는 '일 뿐만 아니라'로 쓰고 그렇지 않을 경우에는 '뿐만 아니라'로 쓴다.

[A 을 뿐만 아니라 B] A在文章当中以'是'结尾时用'일 뿐만 아니라'来表达, 此外用'뿐만 아니라'来表达。

예 편지**뿐만 아니라** 소포도 받았어요. 不仅来了信还来了包裹。

발음**뿐만 아니라** 억양도 이상해. 不仅发音语调也很怪。

저분은 의사**일 뿐만 아니라** 성악가이기도 해요. 那位不仅是医生还是声乐家。

이 가게 손님이 진짜 많네요.

네, 옷이 예쁠 뿐만 아니라 값도 싸니까요.

을 생각이다/ㄹ 생각이다

동사	가다	먹다
	갈 생각이다	먹을 생각이다

1. 어떤 일을 할 마음이 있음을 나타낸다.

表示想做某事或有想法去做某事时使用。

> 예 나는 유리 씨에게 데이트를 신청**할 생각이다.** 我打算和刘丽约会。
> 우리는 이번 방학에 유럽 배낭여행을 **갈 생각이다.**
> 我们打算这次放假去欧洲旅行。
> 오늘 점심에 삼계탕을 먹**을 생각인데** 같이 갈래요?
> 今天中午打算吃参鸡汤一起去怎么样?

2. '(으)ㄹ 생각이었다'는 과거에 마음먹었던 일이 있었는데 그 일이 잘 되지 않았음을 나타낸다.

'(으)ㄹ 생각이었다'表示过去决心做的某事没有达成时使用。

> 예 어제 친구들과 축구를 **할 생각이었는데** 비가 와서 못 했어요.
> 昨天打算和朋友们一起踢足球因为下雨所以没有踢成。
> 생일에 영호 씨한테 선물을 **줄 생각이었는데** 깜빡 잊어버렸어요.
> 生日时想送给荣浩生日礼物但是忘掉了。

대학을 졸업한 후에 뭐 할 거예요?

대학원에 진학할 생각이에요.

을 수밖에 없다/ㄹ 수밖에 없다

동사/형용사	사다	앉다	비싸다	많다
	살 수밖에 없다	앉을 수밖에 없다	비쌀 수밖에 없다	많을 수밖에 없다

1. 그것 외에 다른 일이나 상태가 일어날 수 없음을 나타낸다.

表示除此之外不可能发生别的事实或状态时使用。

> 예 막차를 놓쳐서 택시를 **탈 수밖에 없었어요.**
> 因为错过了末班车只能打的士了。
> 아이스크림을 그렇게 많이 먹었는데 배가 아**플 수밖에 없지요.**
> 吃了那么多的冰淇淋肚子一定会疼。
> 이렇게 마음이 착하고 예쁘니 사랑**할 수밖에 없네요.**
> 那么心地善良又美丽不可能不(爱)喜欢。
> 이 식당의 음식을 먹어 보니 사람이 많**을 수밖에 없겠네요.**
> 吃了这家餐厅的菜(才知道)不可能客人少。(表示餐厅的菜好吃。)

2. 앞에 명사가 오면 '일 수밖에 없다'로 쓴다.

前面接名词变为'일 수밖에 없다'来使用。

> 예 기술진이 좋으니 업계 1등**일 수밖에 없어요.**
> 因为技术专家优秀，所以无疑能成为行业第一。
> 국민들이 저렇게 높은 시민 의식을 가졌으니 그 나라가 선진국**일 수밖에 없지요.**
> 因为国民意识那么高，所以那个国家无疑能成为先进国。

오늘 축구 안 해요?

네, 비가 와서 취소할 수밖에 없었어요.

을 정도로/ㄹ 정도로

동사	쓰다	먹다
	쓸 정도로	먹을 정도로

1. [A 을 정도로 B] A와 비슷한 수준으로 B를 하다. 이때 '로'를 생략할 수 있다.
[A 을 정도로 B] 表示把A做到与B类似的程度。这时可以省略'로'来使用。

> 예 앞이 잘 보이지 않**을 정도로** 비가 많이 와요.
> 雨下到了看不清前面的程度。
> 정신을 못 차릴 **정도로** 술을 마시면 어떻게 합니까?
> 把酒喝到不省人事的程度怎么办啊?
> 아프지만 결석**할 정도**는 아니에요.
> 虽然难受但是没到缺席的程度。

2. 비슷한 표현으로 '(으)ㄹ 만큼'이 있다.
类似的语法有'(으)ㄹ 만큼'。

> 예 눈물이 날 **정도로** 영화가 감동적이었어요. 电影感动到了流眼泪的程度。
> 눈물이 날 **만큼** 영화가 감동적이었어요.

민수 씨가 아프다면서요?

네, 입원할 정도로 감기가 심하대요.

을 줄 알다[모르다]/ㄹ 줄 알다[모르다]

동사/형용사	오다	찾다	예쁘다	많다
	올 줄 알다[모르다]	찾을 줄 알다[모르다]	예쁠 줄 알다[모르다]	많을 줄 알다[모르다]

1. 말하는 사람이 예상했던 것과 결과가 다름을 나타낸다. 이때 '알다[모르다]'는
   '알았다[몰랐다]'로 주로 쓴다.
   表示与说话人预想的结果不同时使用。这时的'알다[모르다]'常用'알았다
   [몰랐다]'来使用。

   예 하숙집에서 지하철역까지 이렇게 **멀 줄 몰랐어요.** (지하철역이 멀 것이라고 생
   각하지 못했음)
   没想到寄宿离地铁站这么远。(没有预想到地铁站远)
   날씨가 **추울 줄 모르고** 옷을 얇게 입었네요. (날씨가 추울 것이라고 생각하지
   못했음)
   没想到天气冷所以衣服穿得很薄。(没有预想到天气冷)
   영화가 재미없을 **줄 알았는데** 재미있네요. (영화가 재미없을 것이라고 생각했는
   데 그렇지 않음)
   以为电影会无聊但是很有意思。(预想电影会无聊但是不是那样)
   바쁘다고 해서 늦게 **올 줄 알았어요.** (늦게 올 것이라고 생각했는데 그렇지 않음)
   听说很忙所以以为会来晚。(预想会来晚但是不是那样)

2. '(으)ㄹ 줄 알다'의 경우 상황에 따라 그 결과가 말하는 사람이 예상했던 대로
   이루어졌음을 나타낸다.
   '(으)ㄹ 줄 알다'表示根据情况其结果与说话人预想的会一致。

   예 가 : 한국팀이 오늘 경기에서 이겼대요. 听说韩国队今天比赛赢了。
   나 : 저는 **이길 줄 알았어요.** (예상 : 이길 것이라고 생각했음. 결과 : 이겼음)
   我就知道会赢。(预想 : 认为会赢。结果 : 赢了)

   가 : 한국 팀이 오늘 경기에서 졌대요. 听说韩国队今天比赛输了。
   나 : 그래요? 저는 **이길 줄 알았어요.** (예상 : 이길 것이라고 생각했음. 결과 : 졌음)
   是吗? 我以为会赢呢。(预想 : 认为会赢。结果 : 输了)

3. 앞에 명사가 오면 '일 줄 알다[모르다]'로 쓴다.

前面接名词变为'일 줄 알다[모르다]'来使用。

> 예 젊어 보이셔서 어머니**일 줄 몰랐어요.** (어머니일 것이라고 생각하지 못함)
> 因为看上去很年轻没想到是母亲。 (没有想到是母亲)

민수 씨가 지난주에 고향으로 돌아갔다면서요?

네, 저도 그렇게 빨리 떠날 줄 몰랐어요.

을 지경이다/ㄹ 지경이다

동사	쓰러지다	죽다
	쓰러질 지경이다	죽을 지경이다

1. 어떤 상황의 정도를 과장해서 나타낼 때 사용한다. 이때 그 정도는 '쓰러지다,
죽다, 미치다' 등 부정적인 표현과 자주 쓴다.
表示某狀況的程度到某種地步時使用。這時的程度为'쓰러지다，죽다,
미치다'等否定的表达方式。

> 예 너무 피곤해서 **쓰러질 지경이다.** 累到要晕倒的地步。
> 가슴이 답답해서 **숨이 막힐 지경이다.** 胸闷到喘不上气来的地步。
> 어제는 배가 고파서 **죽을 지경이었어요.** 昨天饿到要死的地步。
> 그 사람 때문에 화가 나서 **미칠 지경이에요.** 他气得人要发疯。

그렇게 바빠요?

네, 손이 열 개라도 모자랄 지경이에요.

을 테니까/ㄹ 테니까

동사/형용사	마시다	읽다	바쁘다	많다
	마실 테니까	읽을 테니까	바쁠 테니까	많을 테니까

1. [A 을 테니까 B] A는 말하는 사람의 의지로 하려고 하는 행동을 나타내고, B
는 말하는 사람이 듣는 사람에게 원하는 행동을 나타낸다. 그렇기 때문에 B는
명령문이나 청유문으로 끝나는 경우가 많다. 이때 A의 주어는 '나(저), 우리'
이다.
[A 을 테니까 B] A为表示说话人要意志做的行动，B为说话人对听话人希望
的行动。所以B是用命令句或劝诱句来结束文章。这时A的主语为'나
(저)，우리'。

> 예 우리가 청소를 **할 테니까** 유리 씨는 쉬세요. 我们来打扫，刘丽就休息吧。
> 제가 다 준비**할 테니까** 걱정하지 마세요. 我来准备，请不要担心。
> 제가 커피를 **살 테니까** 같이 갈까요? 我来买咖啡，一起去吗?
> 제가 요리를 **할 테니까** 같이 먹읍시다. 我来做饭，一起吃吧。

2. [A 을 테니까 B] A는 말하는 사람의 추측을 나타내고 B는 듣는 사람에게 그
상황에 맞게 무엇을 하라는 명령이나 청유를 나타낸다. 이때 A의 주어로 '나
(저), 우리'를 쓸 수 없다.
[A 을 테니까 B] A表示说话人的推测，B表示使听话人做出对应此状况
的命令或劝诱，这时A的主语不能使用'나(저)，우리'。

> 예 영호 씨가 곧 **올 테니까** 너무 걱정하지 마세요. 荣浩马上就来了请不要担心。
> 내일 날씨가 좋**을 테니까** 같이 산에 갑시다. 明天天气很好一起上山吧。
> 피곤**할 테니까** 좀 쉬세요. 累(的话)请休息。

3. 과거 '았/었'과 함께 쓸 수 있다.
可以与过去式'았/었'一起使用。

> 예 친구들이 모두 **갔을 테니까** 유리 씨도 빨리 가세요.
> 朋友们可能都去了刘丽也快点去吧。
> 오늘 많이 바**빴을 테니까** 내일은 좀 쉬세요.
> 今天一定很忙吧，明天请休息。

4. 앞에 명사가 오면 '일 테니까'로 쓴다.

前面接名词变为 '일 테니까' 来使用。

> 예 이 사람은 좋은 사람**일 테니까** 한번 만나 보세요.
> 那个人可能是个好人见一面看看吧。

내가 뭘 도와줄까?

그럼, 나는 음식을 만들 테니까 너는 청소를 해.

을 텐데/ㄹ 텐데

동사/형용사	오다	찾다	바쁘다	좋다
	올 텐데	찾을 텐데	바쁠 텐데	좋을 텐데

1. [A 을 텐데 B] 말하는 사람이 A의 상황(배경, 이유, 대조 등)을 추측하고 A와 관련된 의견 B를 말할 때 쓴다. 이때 걱정하거나 후회하는 상황에서 많이 사용한다. ('는데/(으)ㄴ데' → 초급 참고)
[A 을 텐데 B] 表示说话人对A的状况(背景、理由、对照等)推测并且叙述与 A有关联的建议B时使用。这时常接担心或后悔的状况。('는데/(으)ㄴ데' → 参考初级)

> 🔖 아기가 깨면 엄마를 **찾을 텐데** 큰일이에요.
> 孩子醒来的话就会找妈妈, 真是个问题。(表示担心)
> 길이 많이 미끄러**울 텐데** 조심하세요.
> 路很滑请小心。

2. '(으)ㄹ 텐데요'의 형태로 문장을 끝낼 수 있다.
可以用'(으)ㄹ 텐데요'来结束文章。

> 🔖 오후 9시가 되면 문을 닫**을 텐데요.**
> 到了9点就关门了。
> 내일 말하기 시험에서 실수하지 말아야 **할 텐데요.**
> 在明天的口语考试中不能出现失误啊。

3. 과거 '았/었'과 함께 쓸 수 있다. ('았/었을 텐데' → 196쪽 참고)
与过去式'았/었'一起使用。('았/었을 텐데' → 参考196页)

> 🔖 아이들이 저녁을 안 먹었**을 텐데** 전화를 해 봅시다.
> 孩子们可能没有吃晚饭, 打电话问问吧。
> 오늘 많이 바빴**을 텐데** 좀 쉬세요.
> 今天一定很忙, 休息一下吧。

4. 앞에 명사가 오면 '일 텐데'로 쓴다.

前面接名词变为'일 텐데'来使用。

> 예 그분도 부모일 **텐데** 아이를 키우는 부모 마음을 왜 모르겠어요?
> 那位也是养育孩子的父母怎么会不理解父母的心情?

선생님께서 도와주실 수 있을 텐데
부탁하지 그래요?

괜찮아요. 저 혼자 할 수 있어요.

을 위해서/를 위해서

명사	나라	사랑
	나라를 위해서	사랑을 위해서

1. 어떤 일을 할 때 그 일이 '을/를 위해서' 앞의 명사와 깊은 관련이 있거나 그것을 목적으로 함을 나타낸다.

表示做某事时，与'을/를 위해서'前面的名词有紧密关系，或前面的名词为目的时使用。

> **예** 너를 **위해서** 특별한 선물을 샀어. 为了你买了特别的礼物。
> 나라를 **위해서** 싸운 분들을 기억하십시오. 要记得为了祖国而战斗的人们。
> 성공을 **위해서** 최선을 다하자. 为了成功全力以赴吧。

2. '을/를 위해서'의 '위해서'를 '위해, 위하여'로 바꿔 쓸 수 있다.

可以把'을/를 위해서'的'위해서'变为'위해, 위하여'来使用。

> **예** 건강을 **위해서** 열심히 운동을 합시다. 为了健康努力运动吧。
> 건강을 **위해** 열심히 운동을 합시다.
> 건강을 **위하여** 열심히 운동을 합시다.

3. 동사와 함께 쓸 때는 '기 위해서'로 쓴다.

与动词一起使用时变为'기 위해서'。

> **예** 사람은 살**기 위해서** 먹는다. 人们为了生存而吃东西。
> 집을 사**기 위해서** 돈을 모으고 있어요. 为了买房子而攒钱。

너를 위해서 특별한 선물을 샀어.

정말? 고마워.

을 걸 그랬다/ㄹ 걸 그랬다

동사	사다	읽다
	살 걸 그랬다	읽을 걸 그랬다

1. 과거의 일에 대한 후회를 나타낸다.

表示过去做过的事情后悔时使用。

> **예** 도시락이 이렇게 작은 줄 알았으면 아침에 많이 먹**을 걸 그랬네요**. (많이 먹지 않았음)
> 要是知道盒饭那么小的话，就多吃点早饭了。(早饭没有吃多)
> 이렇게 사람이 많은 줄 알았으면 예매를 **할 걸 그랬다**. (예매하지 않았음)
> 要是知道人这么多的话，提前预约就好了。(没有预约)
> 이렇게 길이 막힐 줄 몰랐어. 좀 일찍 나**올 걸 그랬네**.
> 要是知道道路梗塞，提前出来就好了。

2. 과거의 일에 대한 후회 중에서 이미 해 버린 일에 대한 후회를 말할 때는 '지 말 걸 그랬다'로 쓴다.

过去做过的后悔事情中，表示已经完成的后悔时使用'지 말 걸 그랬다'。

> **예** 그 사람이 나오는 줄 알았으면 나오**지 말 걸 그랬어요**. (나왔음)
> 要是知道那个人也来的话，就不来了。(实际上来了)
> 비가 오는 줄 알았으면 등산하**지 말 걸 그랬어**. (등산했음)
> 要是知道下雨，不登山就好了。(登了山)

3. '있다'가 '머무르다'의 의미일 경우 함께 쓸 수 있다.

'있다'在表示'滞留'的意思时可以一起使用。

> **예** 추운데 집에 있**을 걸 그랬어**. (○) 这么冷呆在家里就好了。
> 제가 돈이 있을 걸 그랬어요. (×)

4. 말할 때 '그랬다'는 생략할 수 있다.

口语当中可以省略'그랬다'来使用。

> 예 배가 고픈데 아침을 먹을 **걸** (그랬어).
> 很饿, 早上吃饭就好了。
> 길이 막힐 줄 알았더라면 서두를 **걸** (그랬어요).
> 要是知道堵车早点儿(出来)就好了。

영화가 재미있던데요.

그럴 줄 알았으면 저도 같이 볼 걸 그랬네요.

ㄱ
ㄴ

ㄷ
ㅁ
ㅂ

ㅇ

ㅈ
ㅊ

을까 말까/ㄹ까 말까

동사	가다	받다
	갈까 말까	받을까 말까

1. 어떤 일을 할 것인지 안 할 것인지 생각만 하고 결정하지 못할 때 쓴다. 이때
뒤에 '생각 중, 고민 중' 등을 주로 쓴다.
表示考虑或不能决定要做或不要做某事时使用。这时前面'생각 중, 고민
중'等一起使用。

> 예 다른 일을 시작해 **볼까 말까** 생각 중이에요.
> 在考虑是否开始做别的事情。
> 좋아하는 사람은 있는데 결혼**할까 말까** 고민 중이에요.
> 有喜欢的人但是在考虑是否结婚。

2. '(으)ㄹ까 말까?'로 쓸 수 있다.
可以'(으)ㄹ까 말까?'的表达方式来使用。

> 예 배가 부르기는 한데 더 먹**을까 말까**?
> 虽然已经饱了再吃点儿, 还是不吃了呢?
> 비행기표도 비싼데 해외여행을 **갈까 말까**?
> 飞机票也贵, 去国外旅行, 还是不去呢?

하숙집이 큰길에 있어서 좀 시끄럽지 않아요?

그렇지 않아도 너무 시끄러워서
이사를 갈까 말까 생각 중이에요.

을까 보다/ㄹ까 보다

동사	쉬다	먹다
	쉴까 보다	먹을까 보다

1. 완전히 결정된 것은 아니지만 말하는 사람이 무엇을 할 생각인지를 나타낸다.
이때 주어는 '나(저), 우리'이다.
表示虽然没有完全决定，但是已经体现了说话人的想法时使用。这时的主
语为'나(저)，우리'。

> 예 이번 주말에는 오래간만에 집에서 푹 **쉴까 봐요**.
> 这周周末想在家里充分地休息。
> 대학을 졸업하고 유학을 **갈까 봐**. 大学毕业后想去留学。
> 운동도 할 겸 교통비도 아낄 겸 자전거로 출퇴근**할까 봐요**.
> 既可以运动又可以省钱，所以想骑自行车上班。

졸업 후에 뭐 할 거예요?

유학을 갈까 봐요.

더 생각해보기

'(으)ㄹ까 보다'와 '(으)ㄹ까 하다'의 차이 ('(으)ㄹ까 하다' → 초급 참고)
'(으)ㄹ까 보다'与'(으)ㄹ까 하다'的区别 ('(으)ㄹ까 하다' → 参考初级)

'(으)ㄹ까 보다'와 '(으)ㄹ까 하다'는 막연히 말하는 사람이 어떤 행동을 할 생각이
있음을 나타내는데 '(으)ㄹ까 하다'는 '(으)ㄹ까 보다'에 비해 어느 정도 확실한 경우
에 사용한다.
'(으)ㄹ까 보다'与'(으)ㄹ까 하다'都表示说话人有做某行为的打算，'(으)ㄹ까
하다'比起'(으)ㄹ까 보다'用于更加确定的情况下。

> 예 내일은 영화나 볼까 봐요. 明天想看看电影。
> 내일은 영화나 볼까 해요. 明天打算看电影。

을까 봐/ㄹ까 봐

동사/형용사	오다	남다	아프다	늦다
	올까 봐	남을까 봐	아플까 봐	늦을까 봐

1. [A 을까 봐 B] A 상황이 생길 것을 걱정하여 B를 함을 나타낸다.

[A 을까 봐 B] 表示担心A的状况做了B。

> 예 음식이 남**을까 봐** 조금만 준비했어요.
> 担心食物剩了所以准备了一点儿。
> 비가 **올까 봐** 우산을 가져왔어요.
> 担心下雨所以带了雨伞。
> 버스를 타면 늦**을까 봐** 택시를 탔어요.
> 担心坐公交车迟到所以打了的士。
> 시험에 떨어**질까 봐** 잠을 못 자요.
> 担心考试落榜所以不能睡觉。
> 날씨가 추울**까 봐** 옷을 따뜻하게 입었어요.
> 担心天气会冷所以穿了很多衣服(衣服穿得暖)。

2. [A 을까 봐 B] B에 '걱정이다, 고민이다' 등을 쓰는 경우가 많다.

[A 을까 봐 B] 在B后与'걱정이다, 고민이다'等一起使用的情况比较多。

> 예 부모님의 건강이 나빠**질까 봐** 걱정이에요.
> 担心父母的健康变坏。
> 이번 일에서 실수**할까 봐** 걱정이에요.
> 担心在这次事情上出现失误。

3. 명령 '(으)세요', 청유 '(으)ㅂ시다, (으)ㄹ까요?' 등과 함께 쓸 수 없다.

不能与表示命令'(으)세요', 劝诱'(으)ㅂ시다, (으)ㄹ까요?'等一起使用。

> 예 감기에 걸릴까 봐 옷을 많이 입으세요. (×)
> 감기에 걸릴까 봐 옷을 많이 입읍시다. (×)
> 감기에 걸릴까 봐 옷을 많이 입을까요? (×)

4. 동사의 경우 과거 '았/었'과 함께 쓸 수 있다.

动词的情况下可以与过去式'았/었'一起使用。

> 예 수업이 시작**됐을까 봐** 뛰어갔어요.
> 担心已经开始上课所以跑来的。
>
> 그 영화를 벌써 **봤을까 봐** 다른 영화로 예매했어.
> 担心已经看过那部电影所以预定了别的电影。

5. 앞에 명사가 오면 '일까 봐'로 쓴다.

前面接名词变为'일까 봐'来使用。

> 예 심각한 **병일까 봐** 걱정되어서 병원에 못 가겠어요.
> 担心是严重的病所以不敢去医院。

조금 더 먹지 그래요?

배탈이 날까 봐 더 못 먹겠어요.

을수록/ㄹ수록

동사/형용사	자다	읽다	싸다	많다
	잘수록	읽을수록	쌀수록	많을수록

1. [A 을수록 B] A가 반복되거나 더해짐에 따라 B의 상황이나 결과가 있음을 나타낸다.

[A 을수록 B] 按照A的反复或加深，有B的状况或结果时使用。

> 예 그 노래는 들**을수록** 자꾸 따라 부르게 되는 것 같아요.
> 越听那首歌儿就好像越想跟着唱。
> **갈수록** 길이 복잡해지는 것 같아요. 越走好像路越复杂。
> 돈은 많**을수록** 좋은 것 아닌가요? 钱越多不是越好吗?
> **급할수록** 실수가 더 많아지기 마련입니다. 越着急失误就越多。

2. '(으)면'과 함께 쓰면 상태가 더해지는 것을 강조할 수 있다.

与'(으)면'一起使用表示强调程度越深。

> 예 그 드라마는 보**면** 볼**수록** 재미있네요. 那部电视剧越看越有意思。
> 잠은 자**면** 잘**수록** 느는 것 같아요. 好像觉越睡就越困。
> 문제가 어려우**면** 어려울**수록** 잘 생각해서 풀어야 합니다.
> 问题越严重越要认真地考虑来解决。

3. 앞에 명사가 오면 '일수록'으로 쓴다.

前面接名词变为'일수록'来使用。

> 예 친한 사이**일수록** 예의를 지켜야 한다. 越亲近越要遵守礼仪。

들으면 들을수록 좋은 말은 뭐예요?

'사랑해'인 것 같아요.

을지도 모르다/ㄹ지도 모르다

동사/형용사	가다	먹다	비싸다	작다
	갈지도 모르다	먹을지도 모르다	비쌀지도 모르다	작을지도 모르다

1. 어떤 일이 일어날 가능성은 적지만 그럴 수도 있음을 추측할 때 쓴다.

表示虽然某事发生的可能性较小，但是在推测此事有可能发生时使用。

> 예 비가 **올지도 몰라서** 하루 종일 우산을 들고 다녔다.
> 担心有可能会下雨，一天到晚都带着雨伞。
> 부탁을 거절하면 그 사람이 화를 **낼지도 몰라요**.
> 拒绝请求的话，那个人可能会发火。
> 옷이 좀 작**을지도 몰라서** 큰 사이즈로 샀어요. 担心衣服会小所以买了大的。

2. 과거 '았/었'과 함께 쓸 수 있다.

可以与过去式'았/었'一起使用。

> 예 수업이 **끝났을지도 모르니까** 연락해 보자. 可能已经下课了打电话看看吧。
> 영호가 벌써 **왔을지도 몰라**. 可能荣浩已经到了。

3. 명사가 오면 '일지도 모르다'로 쓴다.

与名词一起使用，变为'일지도 모르다'。

> 예 외국 사람**일지도 몰라서** 영어로 물어봤다. 以为是外国人所以用英语提问了。

민수 씨한테 도와 달라고 할까요?

민수 씨가 바쁠지도 모르니까 그냥 우리가 합시다.

음/ㅁ

동사/형용사	오다	읽다	예쁘다	좋다
	옴	읽음	예쁨	좋음

1. 동사나 형용사와 함께 쓰여 명사처럼 쓴다.

把动词或形容词变为名词一样来使用。

> 예 유리가 여행을 떠났**음**이 확실하다. 确定刘丽已经旅行出发了。
>
> 영호는 그 일에 대해 잘못이 없**음**을 주장했다. 荣浩声明了对那件事情没有过错。
>
> 소문도 시간이 지**남**에 따라 사라질 거예요. 随着时间的流逝传言也会跟着消失的。

2. 다른 사람에게 어떤 사실을 간단하게 알릴 때 사용한다. 주로 메모, 광고, 안 내문, 뉴스 기사 등 문어체에 사용된다.

表示对他人简单地通知某事实时使用。主要用于记录，广告，介绍，新闻，短文等书面语上。

> 예 새로 가입하신 여러분을 환영**함**. 欢迎新加入的会员们。
>
> 앞에서 밝힌 내용과 틀림없**음**. 与上述内容一致。
>
> 김영호 올**림**. 金荣浩拜上。

3. 과거 '았/었', 미래·추측 '겠' 등과 함께 쓸 수 있다.

与过去的'았/었'未来·推测的'겠'等一起使用。

> 예 나는 내 자신이 실수**했음**을 깨달았다. 我感悟到了是我自身的失误。
>
> 어머니께서 왔다 가**셨음**. 妈妈来过后走了。
>
> 내일은 눈이 많이 오**겠음**. 明天要下很多雪。

4. 앞에 명사가 오면 '임'으로 쓴다.

前面接名词变为'임'来使用。

> 예 오늘 회의가 있을 것**임**. 今天将有会议。
>
> 그 소문이 사실**임**을 알았다. 知道了那个传言是事实。

5. 다음은 관용적으로 사용되는 명사이다.

下面是该用法的常用名词例句。

> 예 **걸음**이 너무 빨라요. (걷다)
> 步伐太快。
> **기쁨**은 함께 나누면 두 배가 되고 **슬픔**은 함께 나누면 반이 됩니다. (기쁘다, 슬프다)
> 喜悦一起分享变为两倍, 悲哀一起分担变为一半。
> **웃음**을 짓는 모습이 아름답네요. (웃다)
> 笑起来的样子很美丽。
> **죽음**을 두려워 하지 않는 사람은 없다. (죽다)
> 没有对死亡不恐惧的人。
> 아이가 엄마를 보자마자 **울음**을 그쳤다. (울다)
> 孩子一看见妈妈就不哭了。
> **즐거움**이 가득한 가정이 행복한 가정이지요. (즐겁다)
> 充满快乐的家庭才是幸福的家庭。
> 다른 사람의 **아픔**을 나눌 줄 알아야 합니다. (아프다)
> 应该懂得分担他人的痛苦。
> 고민이 해결되지 않아서 **잠**을 잘 못 자고 있어요. (자다)
> 因为没有解决烦心事, 所以睡不着觉。
> 어제 기분 나쁜 **꿈**을 꿨어요. (꾸다)
> 昨天做了奇怪的梦。

잠시 후에 공연이 시작됨을 알립니다.

더 생각해보기

'음'과 '기'의 차이 ('기' → 21쪽 참고)
'음'与'기'的区别 ('기' → 参考21页)

1) '기'는 일이나 규칙을 간단하게 기록하거나 알릴 때 쓰고, '음'은 어떤 사실을 알
릴 때 쓴다.
'기'用于简单的记录或通知事情时使用, '음'用于通知某种事情时使用。

> **예** 이번 주 할 일 : 청소하기, 친구 도와주기
> 这周要做的事 : 打扫卫生, 帮助朋友
> 한국어 수업을 매주 목요일 오후 4시부터 410호에서 함.
> 韩国语课每周四下午4点开始在401号上课。

2) '음'은 이미 알거나 일어난 일에 대해 더 많이 사용되고, '기'는 의미상으로 아직
결정되지 않은 일이나 동작의 과정이나 방법을 나타내는 일에 많이 사용되기 때
문에 각각 호응하는 형용사, 동사가 다르다.
'음'多用于已经知道或已经发生的事情上, '기'多用于还未决定的事情或动
作的过程或方法上。两者相应的形容词和动词不同。

① '음'과 어울리는 형용사, 동사는 '옳다, 나쁘다, 이롭다, 분명하다, 확실하다,
틀림없다, 드러나다, 알려지다, 밝혀지다', '발견하다, 깨닫다, 알다, 주장하다,
보고하다, 알리다' 등이 있다.
与'음'相搭配的形容词, 动词有'옳다, 나쁘다, 이롭다, 분명하다, 확실하다,
틀림없다, 드러나다, 알려지다, 밝혀지다', '발견하다, 깨닫다, 알다, 주장하
다, 보고하다, 알리다'等。

> **예** 영호가 옳았음이 밝혀졌다. (○) 表明了荣浩是正确的。
> 영호가 옳았기가 밝혀졌다. (×)

② '기'와 어울리는 형용사, 동사로는 '쉽다, 어렵다, 힘들다, 좋다, 싫다, 즐겁다',
'좋아하다, 싫어하다, 두려워하다, 바라다, 희망하다, 기원하다, 시작하다, 계
속하다, 그치다, 멈추다, 명령하다, 약속하다' 등이 있다.
与'기'相搭配的形容词, 动词有'쉽다, 어렵다, 힘들다, 좋다, 싫다, 즐겁
다', '좋아하다, 싫어하다, 두려워하다, 바라다, 희망하다, 기원하다, 시작하
다, 계속하다, 그치다, 멈추다, 명령하다, 약속하다'等。

> **예** 한국어를 공부하기가 어렵다. (○) 韩国语学习难。
> 한국어를 공부함이 어렵다. (×)

이나 다름없다/나 다름없다

명사	형제	집
	형제나 다름없다	집이나 다름없다

1. 실제로 같은 것은 아니지만 거의 비슷함을 나타낸다.

表示事实不是完全相同，但是基本相似或类似时使用。

> 예 선생님이 친절하셔서 부모님**이나 다름없어요**.
> 老师很亲切如同父母。
> 민수 씨는 제 친형은 아니지만 형**이나 다름없어요**.
> 虽然民秀不是我的亲哥哥，但是和亲哥哥一样。
> 이 구두는 몇 번 안 신어서 새 구두**나 다름없어요**.
> 因为这双鞋没穿过几次，所以和新鞋一样。

2. '다름없다'는 '같다, 마찬가지다, 똑같다' 등과 바꿔 쓸 수 있다.

'다름없다'可以与'같다, 마찬가지다, 똑같다'等替换使用。

> 예 영호가 그렇게 말한 건 거절한 것**이나 다름없어**. 荣浩那样说就等于拒绝一样。
> 영호가 그렇게 말한 건 거절한 것**이나 마찬가지야**.
> 영호가 그렇게 말한 건 거절한 것**이나 똑같아**.

민수 씨와 아주 친한 것 같아요.

어렸을 적부터 가까이 지내서
친형제나 다름없어요.

이나 이나 할 것 없이/나 나 할 것 없이

명사	아이/어른	어른/아이
	아이나 어른이나 할 것 없이	어른이나 아이나 할 것 없이

1. [(명사1)+이나 (명사2)+이나 할 것 없이] 명사1과 명사2를 따로 구별하지 않고 모두를 나타낼 때 쓴다.
[(名词1)+이나 (名词2)+이나 할 것 없이] 表示名词1与名词2没有区别 同时体现时使用。

> 예 영호는 요리**나** 청소**나 할 것 없이** 집안일을 다 잘 한다.
> 荣浩类似料理或打扫家务活儿干得都很拿手。
> 남자**나** 여자**나 할 것 없이** 모두 와서 즐기세요.
> 不分男或女都来享受吧。
> 도시**나** 농촌**이나 할 것 없이** 환경 오염이 문제예요.
> 环境污染的问题不分城市和农村。

2. [(명사1)+이나 (명사2)+이나 할 것 없이] 비교되는 명사1과 명사2는 동등한 성질을 가진 명사여야 한다.
[(名词1)+이나 (名词2)+이나 할 것 없이] 相互比较的名词1和名词2必须 是同等或同样性质的名词。

> 예 영호는 정장**이나** 캐주얼**이나 할 것 없이** 모두 잘 어울린다.
> 荣浩不管穿西服还是休闲服都很搭配。
> 평일**이나** 주말**이나 할 것 없이** 일이 많아서 바빠요.
> 不管平日还是周末因为事情多很忙。

3. '명사1+(이)나 명사2+(이)나 할 것 없이'에서 '(이)나 (이)나'를 생략해서 말하기도 한다.

在口语中'名词1(이)나 名词2(이)나 할 것 없이'中, 可以省略'(이)나 (이)나'来使用。

> 예 어른**이나** 아이**나 할 것이 없이** 모두 그 텔레비전 프로그램을 좋아한다.
> 不管大人还是小孩儿都喜欢电视节目。
> 어른, 아이 **할 것이 없이** 모두 그 텔레비전 프로그램을 좋아한다.

요즘 바쁘세요?

네, 평일이나 주말이나 할 것 없이 바쁘네요.

ㄱ
ㄴ

ㄷ
ㄹ
ㅁ
ㅂ

ㅇ

ㅈ
ㅊ

이나마/나마

명사	성의	시간
	성의**나마**	시간**이나마**

1. 어떤 상황이 만족스럽지 않지만 어쩔 수 없이 받아들임을 나타낸다.

   表示虽然对现在的状况不满足，但是没有其他的选择只有接受现在的状况时使用。

   > **예** 밥이 없으니 빵**이나마** 먹어야지요. 没有饭，面包也要吃啊。
   > 작은 성의**나마** 준비한 선물이니까 받아 주세요. 小小诚意准备的礼物请收下。

2. '(이)나마' 앞에 '(으)로, 에, 에서, 에게' 등을 함께 쓸 수 있다.

   '(이)나마'可以与'(으)로, 에, 에서, 에게'等，一起使用。

   > **예** 전화**로나마** 인사를 드릴 수 있어서 다행입니다. 庆幸哪怕是能用电话来问候。
   > 멀리**에서나마** 볼 수 있어서 맘이 편하다. 哪怕是在远处相望心里也舒服。

3. '(이)나마' 앞에 '조금, 잠시, 늦게' 등이나, '이렇게, 저렇게, 그렇게' 등의 부사와 함께 쓸 수 있다.

   '(이)나마'前面可以与'조금, 잠시, 늦게'或'이렇게, 저렇게, 그렇게'等副词一起使用。

   > **예** 잠시**나마** 쉴 수 있어서 좋네요. 能休息片刻(感到)很好。
   > 늦게**나마** 인사를 드리게 되어서 다행입니다. 能够问候即使很迟也觉得很庆幸。
   > 이렇게**나마** 해결이 되어서 기쁩니다. 即使能这样解决也很高兴。

시험이 얼마 안 남았는데
공부를 안 해서 걱정이에요.

그럼, 남은 시간이나마
열심히 공부하세요.

이라도/라도 1

명사	오후	물
	오후라도	물이라도

1. 여러 가지 중에서 그것이 최상의 선택은 아닌 어쩔 수 없는 차선책임을 나타낸다.

表示在多种选择中不是最佳的选择，但为其次的选择时使用。

> **예** 전화를 못하면 문자**라도** 하세요. 不能打电话的话就发个短信吧。
>
> 커피가 없는데 물**이라도** 마실래요? 没有咖啡喝点儿水可以吧?
>
> 해외여행이 어려우면 제주도**라도** 다녀오세요.
>
> 要是去外国旅行有难度的话就请去济州岛把。

2. '(이)라도' 앞에 '에, 에서, (으)로, 부터, 까지' 등의 조사를 함께 쓸 수 있다.

'(이)라도'前面可以与'에，에서，(으)로，부터，까지'等助词一起使用。

> **예** 오후**에라도** 시간 좀 내 주세요. 即使是下午也请腾出点儿时间来。
>
> 이번 주말**까지라도** 일을 끝내야 합니다. 即使到这周周末也要把事情结束。

3. 의문사 '누구, 언제, 무엇, 어디, 어느 (것), 아무 (것)' 등과 함께 쓰여 '모두 괜찮다, 좋다, 상관없다'는 뜻으로 쓰인다.

与疑问词'누구，언제，무엇，어디，어느 (것)，아무 (것)'等一起使用，表示'모두 괜찮다，좋다，상관없다'的意思。

> **예** 직접 오지 못하면 가족 중에 **누구라도** 보내세요.
>
> 即使(本人)不能来的话(也)请家人中某个人来吧。
>
> 오고 싶으면 **언제라도** 괜찮으니까 오세요.
>
> 想来的话什么时间都可以来。
>
> 취미로 **무엇이라도** 배우면 좋겠어요.
>
> 当成爱好学点什么就好了。
>
> 저는 **어느 것이라도** 상관없으니까 먼저 고르세요.
>
> 我什么都可以请先挑吧。
>
> 심심하면 **어디라도** 갈까요?
>
> 无聊的话去哪里走走怎么样?
>
> 답답하니까 **아무 말이라도** 해 봐.
>
> 因为很急人，所以不管什么话都好说说看吧。

4. '혹시'와 함께 쓰여 어떠한 일이 생겼는지에 대한 가능성을 물어볼 때 사용한다.

与'혹시'一起使用表示对提问发生某事时使用。

> 예 기분이 좋아 보이는데 **혹시** 복권**이라도** 당첨된 거 아니에요?
> 看起来心情不错是不是中彩票了?
> 요즘 더 예뻐진 것 같은데 **혹시** 남자 친구**라도** 생긴 거예요?
> 最近看起来变漂亮了是不是有男朋友了?
> 얼굴이 안 좋아 보여요. **혹시** 무슨 실수**라도** 한 거예요?
> 脸色看起来不好。是不是出了什么失误了?

배고픈데 밥이 하나도 없네.

라면이라도 먹을래?

이라도/라도2

명사	영화	옷
	영화라도	옷이라도

1. [A 이라도 B] A와 같다고 가정해도 B와는 상관없음을 나타낸다. 이때 B는 A의
상황에서 일반적으로 예상하거나 기대할 수 없는 상황이다. 또는 A를 인정하더라도
B가 더 중요함을 나타내기도 한다.
[A 이라도 B] 这时B在A的一般状况下不能预想或期待的状况。 或者认定
A也是B更重要。

> 🗨 싼 옷**이라도** 입으니까 따뜻하다.
> 即使是便宜的衣服, 穿上去也很暖和。
> 할 일이 태산**이라도** 먹고 하세요.
> 即使要做的事情很多, 也请吃饭后在做。
> 아무리 부자**라도** 돈을 함부로 쓰면 안돼요.
> 即使再是有钱人, 也不能乱花钱。

그 착한 민수가 화를 냈다던데요?

아무리 착한 사람이라도 화를 낼 때는 내야지요.

이라든가/라든가

명사	커피	과일
	커피**라든가**	과일**이라든가**

1. 어느 것을 특별히 선택하지 않고 대상들을 예로 들어 나열할 때 쓴다.

表示没有特意选择哪项，举例罗列时使用。

> 예 여자들은 선물로 반지**라든가** 액세서리를 좋아하는 것 같아요.
> 做为礼物女人们喜欢戒指类的装饰品。
> 독서**라든가** 운동**이라든가** 취미 생활 좀 해 보면 어떨까?
> 做一些比如读书或运动之类的业余爱好怎么样？
> 술**이라든가** 커피**라든가** 위에 나쁜 음식을 먹지 마세요.
> 不要喝酒或咖啡之类的对胃不好的东西。

2. 비슷한 표현으로 '(이)라든지'가 있다.

类似的语法有'(이)라든지'。

> 예 배가 좀 고픈데 라면**이라든가** 빵**이라든가** 먹을 것 좀 줘.
> 肚子很饿请给我一些拉面或面包之类的吃的。
> 배가 좀 고픈데 라면**이라든지** 빵**이라든지** 먹을 것 좀 줘.

3. 동사의 경우 'ㄴ/는다든가'로 쓴다.

在接动词的情况下变为'ㄴ/는다든가'来使用。

> 예 주말에는 집에서 음악을 듣**는다든가** 청소를 **한다든가** 해요.
> 周末在家里听音乐或打扫卫生。
> 시간을 내서 수영을 **한다든가** 테니스를 **친다든가** 운동 좀 해 봐요.
> 请腾出时间来做运动，游泳或打网球什么的。

외국인 친구들을 초대했는데 어떤 음식이 좋을까요?

비빔밥이라든가 냉면이라든가
한국 음식이 좋을 것 같아요.

이라면/라면

명사	의사	학생
	의사**라면**	학생**이라면**

1. [A 이라면 B] A를 조건으로 할 때 B를 함을 나타낸다. 이때 A는 일어날 가능성이 낮은 상황을 가정하는 경우가 많다.

[A 이라면 B] 表示A为条件，做B时使用。这时表示假设的A发生的可能性较小。

> 예 하루가 48시간**이라면** 얼마나 좋을까?
> 一天要是48个小时的话该有多好？
> 내가 너**라면** 그 사람과 결혼할 거야.
> 我要是你我就和那个人结婚。
> 내가 새**라면** 너에게 날아갈 텐데.
> 我要是鸟的话我就飞到你那里。

2. [A 이라면 B] A에 대한 주제를 말할 때 B는 가장 먼저 떠올릴 수 있는 대상이나 상황이다.

[A 이라면 B] 表示对A的主题叙述时，B为首先想起的对象或状态。

> 예 축구**라면** 우리 반에서 영호가 제일 잘하지.
> 要说足球我们班荣浩踢得最好。
> 영어**라면** 제일 자신이 없는 과목이다.
> 要说英语是最没用自信的科目。
> 학생**이라면** 열심히 공부를 해야지.
> 是学生就应该好好学习。

3. '명사+(이)라면 명사+이다'의 형태로 같은 명사가 반복적으로 쓰여 그러한 상황을 인정하여 받아들일 때 쓴다.
以'名词+(이)라면 名词+이다'的形态反复相同的名词来表示接受, 或认定某状况时使用。

예 사고로 크게 다치지 않은 것도 그나마 다행**이라면** 다행**이다.**
　在事故当中没有受重伤也算是万幸了。
　10,000원짜리 복권에 당첨된 것도 행운**이라면** 행운**이야.**
　中了一万韩元的奖也算是幸运的了。

올해는 꼭 담배를 끊겠어.

지키지 못할 약속이라면 하지도 마.

이라야/라야

명사	기술자	사람
	기술자**라야**	사람**이라야**

1. [A 이라야 B] A의 조건을 만족시킬 때 B의 결과가 나타날 수 있음을 강조할 때 쓴다.

[A 이라야 B] 表示强调满足A的条件时出现会B的结果时使用。

> 예 기술자**라야** 그 기계를 고칠 수 있을 거예요. 是技术员才能修理那部机器。
> 싸고 좋은 물건**이라야** 잘 팔리지요. 又便宜又好的东西才好卖。
> 부자**라야** 그런 집을 살 수 있을 거예요. 是有钱人才能买得起那样的房子。

2. 비슷한 표현으로 '이어야/여야'가 있다.

类似的语法有'이어야/여야'。

> 예 원피스가 길어서 키가 큰 사람**이라야** 어울릴 것 같아요.
> 连衣裙很长，适合个子高的人来穿。
> 원피스가 길어서 키가 큰 사람**이어야** 어울릴 것 같아요.

고등학생 동생과 그 영화를 볼 수 있나요?

19세 이상이라야 볼 수 있다니까 안 될 것 같아요.

이며 이며/며 며

명사	야채/과일	과일/야채
	야채**며** 과일**이며**	과일**이며** 야채**며**

1. 여러 가지 것들을 열거하여 제시하면서 '모두, 전부 다'의 뜻을 나타낸다.

列举各种各样的状况, 体现'모두, 전부 다'的意思。

> **예** 그 호텔에는 스포츠 센터**며** 레스토랑**이며** 없는 것이 없다.
> 那个酒店里既有运动中心又有餐厅等之类的, 设施齐全。
> 어머니가 가게에서 과자**며** 과일**이며** 간식을 잔뜩 사 오셨다.
> 妈妈在商店里买来许多饼干, 水果等之类的零食。

2. 제시된 여러 가지 것들은 동등한 성질의 명사들이어야 한다.

列举的名词的性质要相同。

> **예** 고기**며** 야채**며** 가리지 않고 잘 먹어요.
> 肉类, 蔬菜类不挑食都能吃。
> 제 친구는 농구**며** 수영**이며** 못하는 운동이 없어요.
> 我的朋友什么篮球, 游泳, 没有不会的运动。

민수 씨는 운동을 잘 하지요?

네, 축구며 수영이며 못하는 운동이 없어요.

자

동사	보다	받다
	보자	받자

1. [A 자 B] A가 끝나고 그 다음에 B의 행위나 상황이 나타날 때 쓴다. 보통 과거로 문장이 끝난다.

[A 자 B] 表示A结束后出现B的行为和状况时使用。一般用在过去式的文章中。

> 예 집에 오**자** 손을 씻었어요. 回到家就洗了手。
> 영호 씨는 나를 보**자** 반가워했어요. 荣浩见到了我就高兴。
> 정이 들**자** 이별이군요. 刚产生感情就要离别了。
> 봄이 오**자** 꽃이 피었어요. 春天来了花儿开了。

2. 비슷한 표현으로 '자마자'가 있다. 이때 '자마자'는 '자'보다 앞뒤의 행위에 시간적인 차이가 더 적다. ('자마자' → 293쪽 참고)

类似的语法有'자마자'。这时的'자마자'比起'자'行为发生的前后时间要短。('자마자' → 参考293页)

> 예 수업이 끝나**자** 학생들이 교실 밖으로 나갔어요. 下课后学生们走出了教室。
> 수업이 끝나**자마자** 학생들이 교실 밖으로 나갔어요. 一下课学生们就走出了教室。

3. 과거 '았/었'과 함께 쓸 수 없다.

不能与过去式'았/었'一起使用。

> 예 집을 나서**자** 비가 오기 시작했다. (○) 刚从家里出来就开始下雨。
> 집을 나섰자 비가 오기 시작했다. (×)

민수 씨가 선물이 마음에 든대요?

그럼요, 선물을 받자 아주 좋아하던데요.

더 생각해보기

'자'와 '자마자'의 차이 ('자마자' → 293쪽 참고)
'자'与'자마자'的区别 ('자마자' → 参考293页)

1) '자'는 과거 상황에만 쓸 수 있지만 '자마자'는 시제에 상관없이 쓴다.
   '자'只能用在过去状况，但'자마자'不受时态的影响。

   예 그 사람은 나를 보자 반가워했다. (○) 那个人看到了我很高兴。
   그 사람은 나를 보자마자 반가워했다. (○) 那个人一看到我了就很高兴。

   졸업하자마자 취직할 거예요. (○) 打算一毕业就马上找工作。
   졸업하자 취직할 거예요. (×)

   저는 매일 집에 오자마자 숙제를 합니다. (○) 我每天一到家就马上写作业。
   저는 매일 집에 오자 숙제를 합니다. (×)

2) '자'는 명령이나 청유를 쓸 수 없지만 '자마자'는 명령, 청유를 쓸 수 있다.
   '자'不可以用在命令或劝诱但'자마자'可以。

   예 도착하자마자 전화하세요. (○) 到达后请马上打电话。
   도착하자 전화하세요. (×)

3) 일반적인 일에는 '자'를 사용하지 않는다.
   一般性的事情上不使用'자'。

   예 아침에 일어나자 물을 마셨어요. (×)
   아침에 일어나자마자 물을 마셨어요. (○) 早上起来后马上就喝了水。

자마자

동사	가다	읽다
	가**자마자**	읽**자마자**

1. 어떤 행동이 일어난 다음에 뒤의 행동이 곧바로 일어남을 나타낸다.

表示某种行为发生后，马上发生后接的行为时使用。

> 예 일어나**자마자** 신문을 읽어요. 起床后马上看报纸。
> 언니가 나가**자마자** 오빠가 왔어요. 姐姐出去后马上哥哥就回来了。
> 수업이 끝나**자마자** 점심을 먹을 거예요. 下课后马上就吃午饭。
> 옷을 입**자마자** 서둘러서 집을 나갔어요. 刚穿上衣服就冲忙地走出了家。

2. 우연히 어떤 일이 바로 일어날 때도 쓸 수 있다.

偶然发生某事时也可以使用。

> 예 집에서 나가**자마자** 비가 오기 시작했어요. 在家里刚出来就开始下了雨。
> 전화를 받**자마자** 끊어졌어요. 刚接电话就挂断了。
> 불을 켜**자마자** 전기가 나갔어요. 刚打开灯，电源就出故障了。

3. 과거 '았/었'과 함께 쓸 수 없다.

不能与过去式'았/었'一起使用。

> 예 집에 도착하**자마자** 전화를 했어요. (○) 刚到家就马上打了电话。
> 집에 도착했자마자 전화를 했어요. (×)

도착하자마자 전화해 주세요.

알았어요.

더 생각해보기

'자마자'와 '는 대로2'의 차이 ('는 대로2' → 52쪽 참고)
'자마자'与'는 대로2'的区别 ('는 대로2' → 参考52页)

1) '자마자'는 과거 상황에 쓸 수 있지만 '는 대로'는 과거 상황에 쓸 수 없다.
   '자마자'可以用在过去状况上，但'는 대로'不可以用在过去状况。

   예 도착하자마자 부모님께 전화를 드렸다. (○) 刚到达就马上给父母打了电话。
   도착하는 대로 부모님께 전화를 드렸다. (×)

2) '자마자'는 우연한 상황에 쓰일 수 있지만 '는 대로'는 쓸 수 없다.
   '자마자'可以用在偶然的状况上，但'는 대로'不可以。

   예 밖을 나가자마자 비가 오기 시작했다. (○) 刚出去就开始下了雨。
   밖을 나가는 대로 비가 오기 시작했다. (×)

'자마자'와 '자'의 차이 ('자' → 291쪽 참고)
'자마자'与'자'的区别 ('자' → 参考291页)

1) '자'는 과거 상황에만 쓸 수 있지만 '자마자'는 시제에 상관없이 쓴다.
   '자'只能用在过去状况，但'자마자'不受时态的影响。

   예 그 사람은 나를 보자 반가워했다. (○) 那个人看到了我很高兴。
   그 사람은 나를 보자마자 반가워했다. (○) 那个人一看到我了就很高兴。

   졸업하자마자 취직할 거예요. (○) 打算一毕业就马上找工作。
   졸업하자 취직할 거예요. (×)

   저는 매일 집에 오자마자 숙제를 합니다. (○) 我每天一到家就马上写作业。
   저는 매일 집에 오자 숙제를 합니다. (×)

2) '자'는 명령이나 청유를 쓸 수 없지만 '자마자'는 명령, 청유를 쓸 수 있다.
   '자'不可以用在命令或劝诱但'자마자'可以。

   예 도착하자마자 전화하세요. (○) 到达后请马上打电话。
   도착하자 전화하세요. (×)

3) 일반적인 일에는 '자'를 사용하지 않는다.
   一般性的事情上不使用'자'。

   예 아침에 일어나자 물을 마셨어요. (×)
   아침에 일어나자마자 물을 마셨어요. (○) 早上起来后马上就喝了水。

잖아요

동사/형용사	오다	읽다	비싸다	많다
	오잖아요	읽잖아요	비싸잖아요	많잖아요

1. 말하는 사람이 듣는 사람도 알고 있는 상황을 다시 확인시켜 주거나 듣는 사람이 어떤 사실을 기억하지 못할 때 자신의 말이 맞지 않느냐고 상기시키면서 질책하듯이 말할 때 쓴다.
表示说话人向听话人确认或以更正的意思表达时使用，这时话语中带有斥责对方忘记说话人说过的事实时使用。

> 예 가 : 영호가 왜 이렇게 안 오는 거야? 荣浩怎么还没来?
> 나 : 원래 매일 늦**잖아**. 本来就每天都迟到。
>
> 가 : 왜 밖에 안 나가요? 为什么不出去啊?
> 나 : 비가 오**잖아요**. 因为在下雨呀。

2. 과거 '았/었'과 함께 쓸 수 있다.
可以与过去式'았/었'一起使用。

> 예 가 : 오늘은 왜 이렇게 피곤하지요? 今天为什么这么累?
> 나 : 어제 일이 많**았잖아요**. 因为昨天事情很多呀。
>
> 가 : 왜 술을 안 마셔요? 为什么不喝酒?
> 나 : 술을 끊**었잖아요**. 戒酒了呀。

3. 앞에 명사가 오면 '(이)잖아요'로 쓴다.

接名词变为'(이)잖아요'来使用。

> 예 가 : 하숙비가 왜 이렇게 비싸요? 寄宿为什么这么贵?
> 나 : 독방**이잖아요**. 因为是单间。
>
> 가 : 두 사람이 많이 닮았네요. 两个人长得很像。
> 나 : 형제**잖아요**. 因为是兄弟。

식당에 왜 이렇게 사람이 많아요?

음식도 맛있고 친절하잖아요.

더 생각해보기

'잖아요'와 '거든요'의 차이 ('거든요' → 5쪽 참고)
'잖아요'与'거든요'的区别 ('거든요' → 参考5页)

'잖아요'는 듣는 사람이 알고 있는 이유를 확인하거나 강조할 때 사용하지만 '거든요'는 듣는 사람이 모르는 이유를 나타낸다.
'잖아요'用在确认或强调对方知道的理由时使用, 但'거든요'用在对方不知道的理由时。

> 예 가 : 밍밍 씨가 한국말을 잘하네요. 明明的韩国语说得很好啊。
> 나 : 공부를 열심히 하거든요. (공부를 열심히 하는 것을 듣는 사람이 모름)
> 　　 因为很努力学习。(对方不知道努力学习的事实)
> 　　 공부를 열심히 하잖아요. (공부를 열심히 하는 것을 듣는 사람이 알고 있음)
> 　　 因为很努力学习。(对方知道努力学习的事实)

재요

동사	보다	읽다
	보재요	읽재요

1. 구어적인 표현으로 어떤 사람이 함께 하려고 제안한 것을 전달할 때 쓴다. '자고 하다'의 줄임말이다. ('자고 하다' → 초급 참고)

为口语的表达方式, 表示向他人传达提案一起做某事时使用。是'자고 하다'的缩写形式。('자고 하다' → 参考初级)

> 예 친구가 날씨가 좋으니까 주말에 놀러 가**재요**.
> (친구 : "날씨가 좋으니까 주말에 놀러 가자.")
> 朋友说天气很好所以周末一起去玩儿。(朋友 : "天气很好周末一起去玩儿吧。")
> 영호가 축구나 농구를 하**재**. (영호 : "축구나 농구를 할까?")
> 荣浩说一起打篮球或踢足球。(荣浩 : "打篮球或踢足球吧?")
> 유리가 다음 주에 파티를 하**재**. (유리 : "우리 다음 주에 파티를 하자.")
> 刘丽说下周一起开派对。(刘丽 : "我们下周一起开派对吧。")

2. 말하는 사람 자신이 한 일을 다시 전달할 때도 쓴다. 이때는 '쟀어요'의 형태만 사용한다.

表示说话人从新传达自己说过的话时使用。这时多用于'쟀어요'的形态来表达。

> 예 내가 영호에게 점심을 먹**쟀어요**. (나 : "영호야, 우리 같이 점심 먹을까?")
> 我和荣浩说过中午一起吃饭。(我 : "荣浩, 我们中午一起吃饭吧?")
> 내가 영호에게 점심을 먹재요. (×)

3. 과거 상황에 대해 말할 때는 '쟀어요'로 쓴다.

对过去状况叙述时用'쟀어요'来表达。

> 예 어제 친구가 이번 주말에 만나**쟀어요**. 昨天朋友说了这个周末一起见面。
> 유리가 아까 저녁에 치킨을 먹**쟀어요**. 刘丽刚才说了晚上一起吃炸鸡。

4. 부정의 경우 '지 말다'와 함께 써서 '지 말재요'로 쓴다.

与'지 말다'一起使用变为否定式'지 말재요'来使用。

예 선생님께서 내일 비가 오니까 여행을 가**지 말재요/가지 말쟀어요.**
(선생님 : "내일 비가 오니까 여행을 가지 맙시다.")
老师说因为明天下雨不要去旅行(了)。(老师："因为明天下雨我们别去旅行了。")

영호 씨가 피곤하니까 술 마시**지 말재요/마시지 말쟀어요.**
(영호 : "피곤하니까 술 마시지 말자.")
荣浩说因为很累不要喝酒了。(荣浩："因为很累我们别喝酒了。")

민수 씨가 뭐라고 말했어요?

수업 후에 운동하러 가재요.

중이다

명사	회의	수업
	회의 **중이다**	수업 **중이다**

1. 무엇을 하고 있음을 나타낸다.

表示正在做某事。

> 예 지금은 회의 **중이니까** 들어가지 마세요.
> 因为现在正在开会请不要进来。
> 공사 **중이라서** 조금 복잡합니다.
> 因为在施工所以有些很乱。
> 근무 **중이니까** 사적인 얘기는 하지 마십시오.
> 因为是工作时间所以不要聊私人的话题。
> 지금은 식사 **중입니다.** 한 시간 후에 전화 주십시오.
> 现在正在用餐。请一个小时后再联系。

2. '중이다' 앞에 동사가 오면 '는 중이다'로 쓴다. ('는 중이다' → 초급 참고)

名词位于'중이다'前面时，变为'는 중이다'。('는 중이다' → 参考初级)

> 예 회의하**는 중이었어요.** (刚才)正在开会。
> 약속이 있어서 나가**는 중이다.** 有约会所以正在出去的路上。
> 라면을 끓이고 있**는 중인데** 같이 먹을래요? 正在煮拉面要不要一起吃啊?

수업 중이니까 떠들지 마세요.

네, 죄송합니다.

지 1

동사/형용사	가다	입다	예쁘다	좋다
	가지	입지	예쁘지	좋지

1. 상대방도 알고 있는 사실에 대해서 확인하려고 할 때 쓴다. 친근한 사이에서 주로 쓰는 표현이다.

表示对对方也知道的事实确认时使用。用于亲近的关系。

> 예 아이를 키우는 일은 힘들**지**. 养孩子是一件辛苦的事吧。
> 김 선생님이 한국어를 가르치시**지**. 金老师教韩国语吧。
> 명절에는 가족이 더 그립**지**. 节日里更思念家人吧。

2. 말하는 사람이 스스로 어떤 사실에 대해 재확인함을 나타내기도 한다.

表示说话人对自己从新确认某事实时使用。

> 예 참, 저녁에 (내가) 친구하고 약속이 있**지**. 对了, 晚上(我)和朋友有约会啊。
> 내 잘못도 아닌데 내가 왜 미안해야 하**지**? 也不是我的错我为什么要抱歉?

3. 과거 '았/었', 추측 '겠'과 함께 쓸 수 있다.

与过去'았/었', 推测'겠'等一起使用。

> 예 작년 겨울에는 눈이 많이 왔**지**. 去年冬天下了很多雪吧。
> 나도 30살이 되면 결혼하**겠지**. 我到了30岁也会结婚吧。

4. 앞에 명사가 오면 '(이)지'로 쓴다.

前面接名词变为'(이)지'来使用。

> 예 지난 일에 대해 후회하기 마련**이지**. 对过去的事情后悔是常事。
> 오늘이 월요일**이지**. 明天是星期一。

너도 민수 생일에 갈 거지?

당연하지.

지2

동사	오다	찾다
	오지	찾지

1. 아랫사람이나 가까운 사람에게 의견을 말하거나 권유할 때 사용한다. 이때 듣는 사람이 그 행동을 꼭 하기 바랄 때 쓴다.
表示对属下或亲近的人提出建议或劝诱时使用。这时希望对方一定要做此行为时使用。

> 예 가까우니까 같이 걸어가**지**. 很近所以一起走吧。
> 조금 더 먹**지**. 再吃一点儿吧。
> 면접을 보는데 정장 좀 입**지**. 要面试, 穿正装吧。
> 선생님께 내 안부도 좀 전해 주**지**. 带我向老师问好吧。

2. 과거 '았/었', 미래·추측 '겠'과 함께 쓸 수 없다.
不能与过去'았/었', 未来·推测'겠'一起使用。

> 예 우리 동네 근처까지 왔으면 우리 집에 들렀다 가**지**. (○)
> 都到了我家附近了, 顺便来我家吧。
> 우리 동네 근처까지 왔으면 우리 집에 들렀다 갔지. (×)
>
> 피곤한데 내일 계속하**지**. (○)
> 很累, 明天再继续吧。
> 피곤한데 내일 계속하겠지. (×)

내가 먼저 시작해도 돼?

그러지 말고 같이 시작하지.

지 그래요?

동사	가다	먹다
	가지 그래요?	먹지 그래요?

1. 상대방에게 어떻게 하라고 권유, 제안할 때 사용한다. 부드러운 명령 표현이다.
表示向对方劝诱，提案时使用。为委婉的命令。

> 예 가 : 머리가 아프네요. 头很疼。
> 나 : 그럼, 약을 먹지 **그래요?** 那样的话怎么不吃点儿药呢?
>
> 가 : 방이 좀 더운데요. 房间里有点儿热。
> 나 : 그럼, 좀 에어컨을 켜지 **그래요?** 那样的话怎么不开空调呢?

2. '(으)면 지 그래요?' 형태로 많이 사용한다.
经常以'(으)면 지 그래요?'的形态来使用。

> 예 모르면 물어보지 **그래요?** 不知道的话怎么不问呢?
> 고장이 났으면 바꾸지 **그래요?** 出故障的话怎么不换呢?
> 피곤하면 좀 쉬지 **그래요?** 累的话怎么不休息呢?

3. 과거 상황을 말할 때는 '지 그랬어요?'로 쓴다.
对过去状况表达时用'지 그랬어요?'

> 예 가 : 그 남자가 하는 이야기가 재미없어서 지루했어요.
> 那个男的说的话没有意思很无聊。
> 나 : 그렇게 맘에 안 들었으면 말하지 **그랬어요?**
> 要是那么不称心的话怎么不说呢?

컴퓨터를 오래 봤더니 눈이 아프네요.

그럼, 컴퓨터를 잠깐 끄고 쉬지 그래요?

지요1

동사	하다	읽다
	하**지요**	읽**지요**

1. 윗사람에게 권유, 요청할 때 쓰는 말로 '(으)시'와 함께 쓰여 '(으)시지요'로 사용하는 경우가 많다.

通常向上司或长辈劝诱，邀请时与'(으)시'一起使用，变为'(으)시지요'来使用。

> 📝 교수님, 바쁘시지 않으면 점심 식사나 같이 하**시지요**.
> 教授，不忙的话中午一起吃饭吧。
> 아버님, 날씨가 꽤 추운데 코트를 입**으시지요**.
> 爸爸，天气很冷穿上大衣吧。
> 어르신, 이리로 들어가**시지요**.
> 老人家，从这里进去吧。

선생님, 여기에 앉으시지요.

고마워요.

지요2

동사	기다리다	먹다
	기다리**지요**	먹**지요**

1. 말하는 사람 자신이 상대방에게 무엇을 하겠다는 의지나 의견을 말할 때 쓴다.

表示说话人向对方表达自己要做某事的意志或意见时使用。

> 예 그럼, (제가) 그날 뵙**지요**. 那么, (我)那天见吧。
> (제가) 수업이 끝날 때까지 학교 앞 서점에서 기다리**지요**.
> (我)在学校前面的书店等到下课。
> 이 일은 제가 하**지요**. 那件事我来做。
> 영호 씨가 음료수를 가져온다고 하니까 저는 케이크를 가져오**지요**.
> 荣浩说他拿饮料来, 那我就拿蛋糕来。

이번 발표는 제가 하지요.

알겠습니다.

치고1

명사	아이	꽃
	아이치고	꽃치고

1. 어떤 것을 대표하는 명사와 함께 쓰여 뒤의 내용이 그 대표 명사에 모두 해당
됨을 나타낸다. 보통 '없다'나 반어 의문 '어디 있겠어요?' 등과 자주 쓴다.
表示以某个名词为代表后面的内容都属于该代表的名词时使用。通常与
'없다'或反问句'어디 있겠어요?'等一起使用。

> 예 아이**치고** 사탕을 싫어하는 아이는 **없을** 거예요.
> 是孩子就没有不喜欢糖的。
> **꽃치고** 안 예쁜 꽃은 **없다.**
> 是花就没有不好看的。
> 한국 사람**치고** 남대문을 모르는 사람이 **어디 있겠어요?**
> 是韩国人就没有不知道南大门的?

영호 씨가 이번에도 일등을 했다면서요?

열심히 공부하는 학생치고 성적이
나쁜 걸 본 적이 없어요.

치고2

명사	날씨	외국인
	날씨**치고**	외국인**치고**

1. 어떤 명사와 함께 쓰여 그 명사가 가진 일반적인 성질과 다름을 나타낸다.

与某名词一起使用表示此名词与原有的性质不同时使用。

> 예 겨울 날씨**치고** 따뜻하네요.
> 冬天难得的暖和天气。
> 외국 사람**치고** 한국어 발음이 좋은 편이에요.
> 就外国人来讲韩国语的发音算很好的。
> 초보자**치고** 꽤 운전을 잘 하시는군요.
> 就初学者来讲车开得很好。

2. '치고' 뒤에 '는'을 붙여 '치고는'으로 사용하는 경우가 많다. 이때 줄임말로 '치곤'을 쓸 수 있다.

'치고'经常后接'는'变为'치고는'。这时可以缩写成'치곤'来使用。

> 예 실제 나이**치고** 외모는 좀 어려 보이는 편이지요.
> 比起实际年龄来讲外貌看上去有点儿年轻。
> 실제 나이**치고는** 외모는 좀 어려 보이는 편이지요.
> 실제 나이**치곤** 외모는 좀 어려 보이는 편이지요.

새로 생긴 그 도서관에 가 봤어요?

네, 작은 도서관치고
꽤 시설이 좋은 편이던데요.

TOPIK
한국어 문법

고급

문법

거니와

동사/형용사	마시다	먹다	예쁘다	춥다
	마시거니와	먹거니와	예쁘거니와	춥거니와

1. [A 거니와 B] A를 인정하고 거기에 B를 덧붙임을 나타낸다. 이때 A와 B는 같은 성질이어야 한다.
[A 거니와 B] 表示认定A以后又在A上附加B时使用。这时的A与B性质要相同。

> 예 이 식당은 음식도 맛있**거니와** 서비스도 좋다.
> 这家餐厅不仅味道好, 服务也很好。
> 오늘은 기분도 우울하**거니와** 날씨까지 흐려서 기분이 더 안 좋다.
> 今天心情很郁闷, 就连天气也不好心情变得更糟。
> 나는 그의 얼굴도 잘 모르**거니와** 친하지도 않다.
> 我不仅不认识他, 更提不到亲近了。
> 그 아이는 밥도 잘 먹**거니와** 말도 잘 들어서 엄마가 좋아한다.
> 那个孩子不仅饭吃得好还很听话, 所以妈妈很喜欢(他)。

2. 과거 '았/었', 미래·추측 '겠' 등과 함께 쓸 수 있다.
可以与过去式'았/었', 未来·推测'겠'等一起使用。

> 예 그는 얼굴도 잘생**겼거니와** 운동도 잘한다.
> 他不仅长得帅气, 而且体育也很好。
> 나는 그와 이미 헤어**졌거니와** 다시 만나고 싶지도 않다.
> 我不仅已经和他分手了, 而且再也不想见到他了。
> 나는 전쟁에서 반드시 다시 돌아오**겠거니와** 삶을 포기하지도 않을 것이다.
> 我不仅会在战争中重新回来, 更不会放弃生活。

이 식당은 분위기도 좋거니와 맛도 훌륭하네요.

그럼 우리 다음에 또 와요.

건

동사/형용사	마시다	먹다	예쁘다	춥다
	마시건	먹건	예쁘건	춥건

1. 구어적인 표현으로, 무엇을 해도 상관없음을 나타낸다. 이때 앞에는 '무엇, 어디, 누구, 언제, 어떻게'와 함께 쓰며, 주로 동사와 쓴다.

以口语的表达方式，表示做什么都不要紧时使用。这时与'무엇, 어디, 누구, 언제, 어떻게'等，常与动词一起使用。

> 예 내가 어디에 가**건** 상관하지 마세요.
> 不管我去哪，请不要干涉。
> 그 사람이 누구를 만나**건** 너하고는 관계가 없잖아.
> 不管那个人与谁见面，不是都与你无关吗。
> 내 친구는 뭘 먹**건** 정말 맛있게 먹어요.
> 我的朋友不管吃什么，都吃得很香。
> 내가 어떻게 입**건** 신경 쓰지 않았으면 좋겠네요.
> 不管我穿什么，请最好不要干涉。

2. '건 건'의 형태로 쓰여 어떤 경우를 선택해도 상관없음을 나타낸다. 이때 반대되는 의미의 동사나 형용사가 온다.

以'건 건'的形态表示选择哪一项都没有关系时使用。这时接意思相反的动词或形容词。

> 예 친구가 가**건** 안 가**건** 상관없이 나는 갈 것이다.
> 不管朋友去或者不去，我都要去。
> 엄마는 아이가 밥을 먹**건** 말**건** 신경을 쓰지 않았다.
> 不管孩子吃不吃饭，妈妈都不担心。
> 얼굴이 예쁘**건** 안 예쁘**건** 이 일을 하는 데는 중요하지 않다.
> 不管长得漂不漂亮，与做事都没有关系。
> 방이 작**건** 크**건** 상관없다.
> 房间大小都没有关系。

3. 비슷한 표현으로 '든지2'가 있다. ('든지2' → 153쪽 참고)

类似的语法有'든지2'。('든지2' → 参考153页)

> 예 날씨가 좋**건** 나쁘**건** 행사는 진행될 겁니다. 不管天气好不好, 活动照常进行。
> 날씨가 좋**든지** 나쁘**든지** 행사는 진행될 겁니다.

4. 과거 '았/었'과 함께 쓸 수 있다.

可以与过去式'았/었'等一起使用。

> 예 그가 과거에 무슨 일을 **했건** 중요하지 않다.
> 那个人过去不管做了什么事情都不重要。
> 그때 날씨가 추**웠건** 더**웠건** 상관없다.
> 那个时候天气是冷是热都没有关系。

5. 앞에 명사가 오면 '(이)건'으로 쓴다.

前面接名词变为'(이)건'来使用。

> 예 나는 그가 어떤 사람**이건** 상관없다. 那个人是什么样的人我都没有关系。
> 여기가 너네 집**이건** 아니**건** 별로 중요하지 않다. 这里是不是你的家都不重要。

난 여기서 먹기 싫어.

네가 먹건 말건 난 여기서 먹을 거야.

건마는

동사/형용사	마시다	먹다	예쁘다	춥다
	마시건마는	먹건마는	예쁘건마는	춥건마는

1. [A 건마는 B] A와 B를 대립적으로 연결하거나 A와 반대되는 B가 옴을 나타낸다.

[A 건마는 B] 表示A与B对立性的连接，或接与A相反的B时使用。

> 예 운동을 열심히 하**건마는** 살은 빠지지 않는다.
> 努力地运动, 却没有变瘦。
> 이곳에서 많은 물건을 팔**건마는** 내가 사고 싶은 물건은 없다.
> 这里卖好多东西, 却没有我想买的东西。
> 오늘 해야 할 일이 많**건마는** 시간이 없다.
> 今天要做的事情很多, 却没有时间。
> 이 물건은 모양이 예쁘**건마는** 실용적이지 않은 것 같다.
> 这个东西样子很好看, (但是)却不实用。

2. 줄임 표현으로 '건만'을 쓴다.

缩略的表达方式为'건만'。

> 예 음식의 맛은 좋**건마는** 값이 비싸다. 菜的味道很好, 但是价格太贵了。
> 음식의 맛은 좋**건만** 값이 비싸다.

3. 과거 '았/었', 미래·추측 '겠' 등과 함께 쓸 수 있다.

可以与过去式'았/었', 未来·推测'겠'等一起使用。

> 예 열심히 준비했**건마는** 결과가 좋지 않았다.
> 虽然努力去做了, 但是结果却不是很好。
> 내일 날씨가 좋으면 좋겠**건마는** 비가 올 것 같다.
> 明天的天气要是好的话就好了, 但是好像要下雨。

4. 앞에 명사가 오면 '(이)건마는'으로 쓴다.

前面接名词变为'(이)건마는'来使用。

> 예 그들은 어른**이건만** 너무 철없이 행동한다.
>
> 那些人虽然是成年人，却做了很不成熟的行动。
>
> 여기는 공공장소**건만** 너무 시끄럽게 떠들고 있다.
>
> 这里虽然是公共场所，但是现在太吵了。

이곳에서 오래 살았건마는 아직도
이곳 생활이 익숙하지 않다.

ㄱ
ㄴ

ㄷ
ㅁ

ㅇ

ㅈ
ㅌ

게끔

동사	쉬다	먹다
	쉬게끔	**먹게끔**

1. [A 게끔 B] '게2'를 강조하는 표현으로 A가 B의 목적이 된다. ('게2' → 9쪽 참고)

  [A 게끔 B] 强调'게2', 表示A为B的目的时使用。 ('게2' → 参考9页)

  예 부모님께서 편히 쉬시**게끔** 방에서 나왔다.
  为了使父母能够安静地休息, 所以(我)从房间里出来了。
  아이들이 잘 먹**게끔** 치즈를 넣어서 만들었다.
  为了使孩子们吃好, 所以放了芝士做的。
  다음부터는 늦지 않**게끔** 따끔하게 야단을 쳤다.
  为了使下次不迟到, 所以严厉地批评了。

2. 주로 동사와 함께 쓰지만 형용사와 쓰는 경우에는 '지 않다' 등의 부정 표현과
  함께 쓴다.
  常与动词一起使用, 但与形容词一起使用时与'지 않다'等否定的表达方式
  来一起使用。

  예 몸이 춥**지 않게끔** 두터운 담요를 덮었다.
  为了使身体不冷, 所以盖了很厚的毯子。
  더 아프**지 않게끔** 빨리 병원에 가는 게 좋겠다.
  为了不再疼, 应该马上去医院。

3. 비슷한 표현으로 '게'와 '도록'이 있다. ('도록' → 149쪽 참고)

类似的语法有'게'和'도록'。('도록' → 参考149页)

> 예 멀리서도 잘 보이**게끔** 크게 썼다. (字)写得大到在远处也可以看清楚。
> 멀리서도 잘 보이**게** 크게 썼다.
> 멀리서도 잘 보이**도록** 크게 썼다.

인터넷에서는 많은 소비자가 물건을 사게끔
과대광고를 하는 경우가 많다.

겠거니 하다

동사/형용사	마시다	먹다	예쁘다	춥다
	마시겠거니 하다	먹겠거니 하다	예쁘겠거니 하다	춥겠거니 하다

1. 어떤 상황이 당연히 이루어질 거라고 예상함을 나타낸다.

表示预想某状态当然会实现时使用。

> 📖 나는 그 친구가 음악을 좋아해서 노래를 잘 부르**겠거니 했다.**
> 我认为那个朋友喜欢音乐，所以当然歌也会唱得好。
> 내 친구가 아직도 그곳에 살**겠거니 하고** 무작정 찾아갔다.
> 我以为我的朋友当然还住在那里，所以连想都没想就去找去了。
> 친구가 심심하**겠거니 해서** 만화책을 빌려 친구 집에 갔다.
> 以为朋友很无聊，所以借了漫画书就去了朋友家。
> 개강 첫날이라서 으레 수업이 없**겠거니 했는데** 수업을 했다고 한다.
> 开学第一天以为当然不会上课，但是听说上课了。
> 커피 세 잔이면 괜찮**겠거니 하고** 마셨는데 새벽까지 잠이 안 와서 힘들었다.
> 以为喝三杯咖啡不会有什么事，但是到了半夜也没有睡着觉所以很累。
> 평일이라서 표가 있**겠거니 하고** 갔는데 매진이 돼서 공연을 보지 못했다.
> 因为是平日以为会有票所以才去，但是票都售完了所以没有看到公演。

2. 과거 '았/었'과 함께 쓸 수 있다.

可以与过去式'았/었'等一起使用。

> 📖 네가 당연히 밥을 먹었**겠거니 하고** 혼자 먹었는데 아직도 안 먹은 거야?
> 以为你当然吃了饭，所以(我)自己吃了，但是(你)还没吃吗?
> 학생들이 모두 왔**겠거니 하고** 교실에 갔는데 아무도 없었다.
> 以为学生们当然都来了学校，但是到了教室一个人都没有。

3. 앞에 명사가 오면 '(이)겠거니 하다'로 쓴다.

前面接名词变为'(이)겠거니 하다'来使用。

예 민수 씨 누나**겠거니 하고** 인사를 드렸는데 어머니셨다.
以为是民秀的姐姐所以打了招呼, 但是(没想到)是(民秀的)妈妈。
선생님이 계시길래 우리 교실**이겠거니 하고** 들어갔다.
老师在(教室), 所以(我)以为是我们的教室就进去了。

오늘 수업에 왜 안 왔어요?

첫날이라서 수업을 안 하겠거니
하고 안 갔지요.

고 말다2

동사	가다	먹다
	가고 말다	먹고 말다

1. 어떤 일을 반드시 이루겠다는 발화자의 강한 의지를 나타낸다. 이때 주어는
'나(저), 우리'이며, '고 말겠다, 고 말 것이다'의 형태로 쓴다.
表示说话人一定要达成某事的坚定意志。这时的主语为'나(저), 우리', 以
'고 말겠다, 고 말 것이다'的形态表达。

> 예 (나는) 올해에는 그 시험에 꼭 합격하**고 말겠어요.**
> (我)今年一定要通过那个考试。
> 이번 올림픽 경기에서 금메달을 따**고 말겠어요.**
> 在本次奥运会上一定要拿金牌。
> 올 여름에는 꼭 살을 빼서 그 원피스를 입**고 말겠어요.**
> 今年夏天一定要减肥, 穿上连衣裙。
> 나는 의사가 되겠다는 내 꿈을 반드시 이루**고 말 거예요.**
> 我一定要实现成为医生的梦想。

2. '고 말다' 앞에 '반드시, 꼭, 기필코' 등이 자주 온다.
'고 말다'前面经常接'반드시, 꼭, 기필코'等。

> 예 이번에는 졌지만 다음에는 **반드시** 이기**고 말겠다.**
> 这次虽然输了, 但是下次一定要赢。
> 나는 **기필코** 이번 계약을 성사시키**고 말겠다.**
> 我一定要把这次合同谈成。
> 올해에는 **꼭** 담배를 끊**고 말 것이다.**
> 今年一定要戒烟。

3. 강조 표현으로 '고야 말다'를 쓸 수 있다.

强调的表达方式有'고야 말다'。

> 예 나는 그 일을 반드시 해내**고야 말겠어**. 我一定要做成那件事。
> 올해에는 꼭 취직을 하**고야 말겠어요**. 今年一要找到工作。

나는 그 일을 반드시 해내고 말겠어.

고도

동사/형용사	마시다	먹다	슬프다	아름답다
	마시고도	먹고도	슬프고도	아름답고도

1. [A 고도 B] '고1+아/어도'의 형태로, A의 상태와 달리 B의 상태도 있음을 나타낸다. ('고1' → 초급 참고) ('아/어도' → 177쪽 참고)
[A 고도 B] 以 '고1+아/어도'的形态表示与A的状态不同, 还有B的状态时使用。('고1' → 参考初级) ('아/어도' → 参考177页)

> 예 이 이야기는 아름답**고도** 슬픈 이야기입니다.
> 这个故事是又美丽, 又伤感的故事。
> 그는 냉철하**고도** 인간적인 사람이다.
> 他是又冷静, 又知人情的人。

2. [A 고도 B] '고2+아/어도'의 형태로, A의 행위가 끝나고 일반적이지 않은 결과 B가 옴을 나타낸다. ('고2' → 초급 참고)
[A 고도 B] 以'고2+아/어도'的形态表示A的行为结束后, 接不寻常的B的结果时使用。('고2' → 参考初级)

> 예 친구는 술을 많이 마시**고도** 얼굴색 하나 변하지 않는다.
> 朋友喝了很多酒, 但是脸色一点儿都没变。
> 옷을 많이 입**고도** 춥다고 야단이다.
> 穿了那么多衣服还吵着冷。
> 밥을 많이 먹**고도** 배가 부르지 않다고 했다.
> 吃了很多饭还说肚子饿。

3. 과거 '았/었', 미래·추측 '겠' 등과 함께 쓸 수 없다.

可以与过去式'았/었', 未来·推测'겠'等一起使用。

> 예 친구는 잘못을 하**고도** 사과하지 않는다. (○) 朋友即使做错了也不道歉。
> 친구는 잘못을 했고도 사과하지 않는다. (×)
> 그는 도착하**고도** 전화하지 않을 것이다. (○) 他即使到了也不会打来电话。
> 그는 도착하겠고도 전화하지 않을 것이다. (×)

그렇게 많이 자고도 또 자려고 해?

응. 하루 종일 자고도 피로가 풀리지 않아.

고서는 1

동사	마시다	찾다
	마시**고서는**	찾**고서는**

1. [A 고서는 B] '고서+는'의 형태로 A를 한 후, 그와 상반된 결과나 변화 B가 옴을 나타낸다. 이때 A와 B의 주어는 같다. ('고서' → 18쪽 참고)
[A 고서는 B] 以'고서+는'的形态表示做A之后，B为与其相伴，或有变化的结果时使用。('고서' → 参考18页)

> 예 (나는) 선생님의 설명을 듣**고서는** 그제야 이해를 했다.
> (我)听了老师的说明之后才理解。
> 민수 씨는 여자 친구가 생기**고서는** 나한테 연락도 안 한다.
> 民秀有了女朋友之后就不和我联系了。
> 유리 씨는 선물을 받**고서는** 뜯어보지도 않는다.
> 刘丽收到礼物之后，连拆都没拆。
> 그 사람은 차를 사**고서는** 운전을 한 번도 하지 않았어요.
> 那个人买了车之后一次都没有开过。

2. 과거 '았/었'과 함께 쓸 수 없다.
可以与过去式'았/었'一起使用。

> 예 병원에 다녀오**고서는** 감기가 금방 나았다. (○)
> 去了医院之后感冒马上就好了。
> 병원에 다녀왔고서는 감기가 금방 나았다. (✕)

민수 씨한테 여자 친구가 생겼다면서요?

네, 여자 친구가 생기고서는 연락도 안 하네요.

고서는2

동사/형용사	마시다	찾다	예쁘다	춥다
	마시고서는	찾고서는	예쁘고서는	춥고서는

1. [A 고서는 B] A의 조건을 강조함을 나타낸다. 이때 B에는 부정적인 내용이 온다.

[A 고서는 B] 表示强调A的条件。这时B后接否定的内容。

> 예 인터넷 게임만 하**고서는** 시험을 잘 **볼 수 없다.**
> 只玩儿网络游戏不可能考好试。
>
> 얼굴만 예쁘**고서는** 좋은 직장에 취직할 **수 없다.**
> 只靠长得漂亮不可能进入好的公司就职。
>
> 그는 아프**지 않고서는** 학교에 빠질 **리가 없다.**
> 如果他不是生病的话不可能缺席。
>
> 요즘 같은 시대에 변화하**지 않고서는** 발전할 **수 없어요.**
> 如今不改变的话就没有发展。
>
> 노력하**지 않고서는** 좋은 결과를 얻을 **수 없다.**
> 不努力的话就不能得到好的结果。
>
> 운동을 하**지 않고서는** 건강을 지킬 **수 없다.**
> 不运动的话就不能保持健康。
>
> 친구가 **아니고서는** 그런 세세한 부분까지 **알 리가 없다.**
> 不是朋友的话可能连这么细节的部分都知道。
>
> 내가 행복하**지 않고서는** 다른 사람을 행복하게 **할 수 없다.**
> 如果我不幸福的话也就不可能使别人幸福。

시간이 없으니 그냥 나오세요.

조금만 기다리세요. 저는 안경을 쓰지
않고서는 밖에 나갈 수 없다고요.

고서야1

동사	마시다	먹다
	마시**고서야**	먹**고서야**

1. [A 고서야 B] A의 동작이나 상태가 끝난 후에 이로 인해 그제야 B가 이루어
   짐을 나타낸다. 이때 A와 B의 주어는 같다.
   [A 고서야 B] 表示A的动作或状态结束后，因此才能达成B时使用。这时的
   A与B的主语要相同。

> 예 그는 선생님의 설명을 듣**고서야** 비로소 이해를 했다.
> 他听了老师的说明之后才理解。
> 나는 물을 한 모금 마시**고서야** 정신을 차렸다.
> 我喝了口水之后才打起精神。
> 직접 경험해 보**고서야** 그 말이 무슨 말인지 깨달았다.
> 亲身体验之后才明白那句话的意思。
> 그것을 잃어버리**고서야** 그것의 소중함을 느낄 수 있었다.
> 丢了那件东西之后才感觉到它的珍贵。

2. 과거 '았/었'과 함께 쓸 수 없다.
   可以与过去式'았/었'一起使用。

> 예 그는 영화를 보**고서야** 감독의 말을 이해할 수 있었다. (○)
> 看了那部电影之后才理解导演的话。
> 그는 영화를 봤고서야 감독의 말을 이해할 수 있었다. (×)

아까는 몰랐는데 설명을 다시 듣고서야
이해가 되네요.

그러니까 설명을 잘 들어야지요.

고서야2

동사/형용사	마시다	먹다	예쁘다	춥다
	마시고서야	먹고서야	예쁘고서야	춥고서야

1. [A 고서야 B] A의 조건을 강조함을 나타낸다. 이때 주로 '지 않고서야 (으)ㄹ 수 있겠어요?' 등과 같은 반어 의문문의 형태로 쓰여, 뒤에 오는 상황을 이루기 힘들거나 이룰 수 없음을 강조한다.

[A 고서야 B] 表示强调A的条件时使用。这时与'지 않고서야 (으)ㄹ 수 있겠어요?'等一起使用表示反问，强调达成后面的状况不容易，或不能达成时使用。

예 그렇게 놀기만 하**고서야** 원하는 것을 얻**을 수 있겠어요?**
像那样玩儿的话能得到想要的(结果)吗?

노력하**지 않고서야** 어떻게 성공**할 수 있겠어요?**
不努力的话怎么可能成功啊?

그 사람이 미치**지 않고서야** 우리에게 밥을 **살 리가 없다.**
那个人不是疯了的话怎么可能请我们吃饭。

요즘 같은 시대에 변화하**지 않고서야** 발전**할 수 있겠어요?**
如今没有变化的话怎么可能进步啊?

천재처럼 머리가 좋**지 않고서야** 이 많은 단어를 하루만에 외울 **수 있겠어요?**
如果不是像天才一样聪明的话，怎么可能把这么多的单词在一天里背下来啊?

그 모범생이 아프**지 않고서야** 어떻게 학교에 빠질 **수 있겠어요?**
那个模范生如果不是生病了，怎么可能不来学校啊?

바보가 아니**고서야** 어떻게 그걸 모를 **수가 있겠어요?**
不是傻子的话怎么可能不知道那个啊?

민수 씨가 오늘 학교에 안 왔대요.

정말요? 민수 씨 같은 모범생이 아프지 않고서야 학교에 빠질 리가 없는데.

고자

동사	배우다	읽다
	배우고자	읽고자

1. [A 고자 B] 문어적인 표현으로 A를 위해서 B를 함을 나타낸다. 이때 A와 B의
주어는 같다.

[A 고자 B] 以书面语的表达方式，表示为了A做B时使用。这时的A与B的
主语要相同。

> 예 나는 훌륭한 사람이 되**고자** 열심히 노력하고 있다.
> 我为了成为出色的人而努力。
> 선배님에게 좋은 이야기를 듣**고자** 이렇게 찾아왔습니다.
> 为了听前辈们的良言，所以来到了这里。
> 많은 것들을 보고 배우**고자** 이번 여행을 계획하게 되었습니다.
> 为了见识学习更多而计划了本次旅行。
> 친구와의 약속을 지키**고자** 이곳에 오게 되었다.
> 为了遵守和朋友的约定来到了这个地方。

2. '고자 하다'의 형태로 쓰여 어떤 일을 할 의도나 계획이 있음을 나타낸다.

以'고자 하다'的形态表示要做某事的意图或计划。

> 예 나는 이번 일을 끝내고 고향으로 돌아가**고자 합니다**.
> 我打算结束这件事后回家乡。
> 부모님의 은혜에 조금이라도 보답하**고자 한다**.
> 想多少回报一下父母的恩惠。
> 굶어서 살을 빼**고자 하는** 것은 건강에 좋지 않다.
> 为了减肥不吃东西会对身体有害。

3. 비슷한 표현으로 '(으)려고'가 있다. ('-(으)려고' → 초급 참고)

类似的语法有'(으)려고'。('-(으)려고' → 参考初级)

> 예 나는 성공하**고자** 최선을 다하고 있다. 我为了成功付出了全力。
> 나는 성공하**려고** 최선을 다하고 있다.

이번 여행을 통해 견문을 많이 넓히고자 합니다.

기 나름이다

동사	생각하다	만들다
	생각하**기 나름이다**	만들**기 나름이다**

1. '기+나름이다'의 형태로, 어떤 일을 할 때 그것을 하는 정도나 방법에 따라 다름을 나타낸다. ('기' → 21쪽 참고)

以'기+나름이다'的形态表示在做某事时根据程度，或方法其结果不同时使用。('기' → 参考21页)

> 예 시험에 합격하고 못 하고는 각자 노력하**기 나름이다.**
> 考试是否合格在于各自的努力。
> 모든 일은 생각하**기 나름이니까** 긍정적으로 생각하세요.
> 所有的事都在于怎么去想，所以请乐观地去想。
> 아이들이 잘되고 못되는 것은 부모들이 신경을 쓰**기 나름이다.**
> 孩子们(成长)的好与坏，都在于父母们是否对孩子们的关心上。
> 아무리 예쁜 옷도 사람마다 모두 다르게 보이므로 입**기 나름이라고** 생각한다.
> 再漂亮的衣服每个人穿起来看上去都不一样，(我)认为要分谁穿。

2. 명사와 함께 쓰일 때에는 '나름이다'로 쓴다.

与动词一起使用变为'나름이다'。

> 예 아무리 열심히 가르쳐도 학생 **나름이지.** 다 잘하는 건 아니야.
> 无论再怎么努力教也分学生(的努力程度)。不是都学得好。
> 책도 책 **나름이지** 책이라고 모두 좋은 것은 아니야.
> 书也分是什么书，不是所有的书都好。

도저히 자신이 없어서 못 하겠어.

모든 일은 생각하기 나름이야.
할 수 있다고 생각하면 못 할 일이 없지.

기 십상이다

동사	넘어지다	야단맞다
	넘어지**기 십상이다**	야단맞**기 십상이다**

1. '기+십상이다'의 형태로, 예외 없이 그렇게 될 가능성이 큼을 나타낸다. 이때 가능성을 나타내므로 앞으로 일어날 일에만 쓰이며, 주로 부정적인 상황에 쓰인다. ('기' → 21쪽 참고)
以'기+십상이다'的形态表示有极大的可能性变成某种状态时使用。这时的可能性用于前面发生的事，常用于否定的状况。('기' → 参考21页)

> **예** 충동구매를 하면 나중에 후회하**기 십상이다.**
> 冲动购买后一定会后悔的。
> 공부를 그렇게 안 하면 시험에 떨어지**기 십상이다.**
> 那么不学习的话考试一定会落榜的。
> 그렇게 말을 안 듣다가는 부모님께 야단맞**기 십상이야.**
> 那么不听话一定会被父母责骂的。

2. 조건의 의미를 가진 '(으)면, 다가는' 등과 함께 자주 쓴다.
('(으)면' → 초급 참고) ('다가는' → 131쪽 참고)
常与具有条件意思的'(으)면，다가는'一起使用。
('(으)면' → 参考初级) ('다가는' → 参考131页)

> **예** 현금을 많이 가지고 다니**면** 도둑맞**기 십상이다.**
> 带很多现金的话容易被偷。
> 이렇게 높은 구두를 신고 다니**다가는** 넘어지**기 십상이야.**
> 穿那么高的鞋子很容易摔倒。
> 모르는 것을 아는 척했**다가는** 망신당하**기 십상이다.**
> 不懂装懂的话容易丢人。

그렇게 놀기만 하다가는 후회하기 십상이야.

걱정 마. 내 인생은 내가 책임질 거니까.

기 일쑤이다

동사	넘어지다	야단맞다
	넘어지**기 일쑤이다**	야단맞**기 일쑤이다**

1. '기+일쑤이다'의 형태로, 어떤 일이 자주 발생됨을 나타낸다. 부정적인 상황에
서만 쓰인다. ('기' → 21쪽 참고)
以'기+일쑤이다'的形态表示经常发生某事时使用。只用于否定状态。
('기' → 参考21页)

> 예 유리는 요리를 할 때 칼질이 서툴러서 다치**기 일쑤이다**.
> 刘丽在做饭时刀法很不熟练，所以经常受伤。
> 나는 덜렁거리는 성격 때문에 물건을 잃어버리**기 일쑤이다**.
> 我因为不细心的原因，所以经常丢东西。
> 늦게 자는 버릇 때문에 잠이 모자라서 수업 시간에 졸**기 일쑤이다**.
> 因为晚睡的习惯，所以睡眠不足课间经常打瞌睡。

2. 과거 상황에 대해 말할 때에는 '기 일쑤였다'로 쓴다.
对过去状况叙述时用'기 일쑤였다'来表达。

> 예 처음에 한국에 왔을 때에는 부모님이 보고 싶어서 울**기 일쑤였다**.
> 刚来到韩国时因为想念父母，所以经常哭。
> 옛날에는 술만 마시면 친구랑 싸우**기 일쑤였지만** 지금은 그 버릇을 고쳤다.
> 从前只要一喝酒就经常和朋友吵架，现在改掉了那个习惯。

> 저는 버스에서 졸다가 잘못 내리기 일쑤예요.

기 짝이 없다

형용사	창피하다	부끄럽다
	창피하기 **짝이 없다**	부끄럽기 **짝이 없다**

1. 감정이나 판단을 나타내는 형용사와 함께 쓰여 그 정도나 상태가 아주 심함을 나타낸다.

与表示感情或判断的形容词一起使用，表示其程度或状态的严重性。

> 예 사람들이 나를 범인이라고 하니 억울하**기 짝이 없습니다.**
> 人们都说我是犯人，实在是太冤枉了。
> 많은 사람들 앞에서 그런 실수를 하다니 창피하**기 짝이 없네요.**
> 在众人面前出现了那样的失误，实在是太丢脸了。
> 두 사람이 싸우는 것을 보니 유치하**기 짝이 없군요.**
> 看到两个人吵架的样子，实在是太幼稚了。
> 위험에 빠진 사람을 구하기 위해 불 속으로 뛰어들다니 용감하**기 짝이 없다.**
> 为了救身处危险的人而跳进火中，实在是太勇敢了。

2. 과거 상황에 대해 말할 때에는 '기 짝이 없었다'로 쓴다.

对过去状况叙述时用'기 짝이 없었다'来表达。

> 예 그 영화는 정말 지루하**기 짝이 없었다.**
> 那部电影实在是太无聊了。
> 그동안 만나고 싶어했던 친구를 만나니 기쁘**기 짝이 없었다.**
> 见到了那段时间想见的朋友，实在是太高兴了。

> 10년 만에 만난 첫사랑 앞에서 성공하지 못한 내 모습이
> 초라하기 짝이 없었다.

기는 나 보다

기는 은가 보다/기는 ㄴ가 보다

동사	가다	먹다
	가기는 가나 보다	먹기는 먹나 보다

형용사	아프다	좋다
	아프기는 아픈가 보다	좋기는 좋은가 보다

1. 어떤 상황을 가지고 미루어 추측함을 나타낸다. 이때 추측의 내용은 이미 들었 거나 알고 있던 사실에 대한 것이다. 주어는 '나(저), 우리'를 쓰지 않는다.
表示用某状态推断时使用。这时推测的内容是已经听说过或已经知道的 事实。主语不能用'나(저), 우리'。

> 例 가 : 민수 씨가 유리 씨한테 또 꽃을 사 줬대요.
> 听说民秀又给刘丽买了花。
> 나 : 좋아한다더니 정말 좋아하**기는 좋아하나 봐요.**
> 听说(民秀)喜欢(刘丽), 看样子是真的喜欢啊。
>
> 가 : 민수 씨, 상장을 보니 공부를 잘하**기는 잘하나 보네요.**
> 民秀, 看奖状, 真的学习很好啊。
> 나 : 잘하기는요.
> 好什么啊。(谦虚)
>
> 가 : 유리 씨가 많이 아픈가 봐요.
> 刘丽刘丽可能病得很严重啊。
> 나 : 맞아요. 유리 씨 같은 모범생이 학교에 안 온 걸 보면 정말 아프**기는 아픈가 봐요.**
> 是啊, 像刘丽那样的模范生不来学校, 看样子是真的生病了。

2. [A 기는 B 나 보다] A와 B는 같은 동사나 형용사를 반복해서 써서 강조를 나타낸다.

[A 기는 B 나 보다] A与B反复同样的动词或形容词来起到强调的作用。

> 예 하루에 세 시간밖에 안 잔다니 공부를 열심히 하**기는 하나 보네요**.
> 一天只睡3个小时，看样子真的是努力学习啊。

3. '기는 나 보다'의 '기는'은 말할 때 '긴'으로 줄여서 쓸 수 있다.

'기는 나 보다'的'기는'在口语中可以省略'긴'来使用。

> 예 콧노래를 흥얼거리는 걸 보니 기분이 좋**기는 좋은가 봅니다**.
> (看到)哼着小曲儿的样子，看样子心情真的很不错啊。
> 콧노래를 흥얼거리는 걸 보니 기분이 좋**긴 좋은가 봅니다**.

4. '있다, 없다'는 '기는 나 보다'를 쓴다.

'있다, 없다'接'기는 나 보다'来使用。

> 예 저렇게 줄을 서서 기다리는 걸 보니 음식이 맛있**긴 맛있나 보다**.
> 站那么长的队来等，看样子(这家店的)料理真的很好吃啊。
> 제대로 씻지도 못한 걸 보니 시간이 없**긴 없나 보네요**.
> (看到)没有好好洗漱，看样子真的是没有时间啊。

5. 동사와 형용사 모두 과거 상황에 대해 말할 때는 '기는 았/었나 보다'로 쓰고, 미래·추측 상황에 대해 말할 때에는 '기는 (으)ㄹ 것인가 보다'로 쓴다.

对过去状况叙述时动词，形容词都用'기는 았/었나 보다'，对未来·推测的状况叙述时用'기는 (으)ㄹ 것인가 보다'来使用。

> 예 먹는 걸 좋아하는 네가 안 먹는 걸 보니 오늘 많이 먹**긴 많이 먹었나 보다**.
> 那么喜欢吃东西的你都不吃了，看样子今天真的是很饱了。
> 체력이 좋은 네가 병이 난 걸 보니 힘들**긴 힘들었나 보다**.
> 体力那么好的你都生病了，看样子真的是很辛苦。
> 짐을 싸는 걸 보니 여행을 가**긴 갈 건가 보네요**.
> 收拾行李，看样子真的是要去旅行了。

6. 앞에 명사가 오면 '(이)기는 인가 보다'로 쓴다.

前面接名词变为'(이)기는 인가 보다'来使用。

예 돈을 펑펑 쓰는 걸 보니 부자긴 부자인가 봐요.
看到乱花钱的样子, 真的是有钱人啊。
지문 인식도 되는 걸 보니 최신 휴대 전화이긴 최신 휴대 전화인가 봐요.
有识别指纹的功能, 看样子真的是最新出的手机啊。

유리 씨, 선생님이 칭찬하는 걸 보니
시험을 잘 보긴 잘 봤나 봐요.

그럼요. 일등을 했는걸요.

기도 하다

동사/형용사	하다	먹다	크다	멀다
	하기도 하다	먹기도 하다	크기도 하다	멀기도 하다

1. 앞의 내용이 정말 그러함을 인정하고 그것을 강조해서 말할 때 사용한다.

表示认同前面的内容并且强调时使用。

> 예 노래를 참 잘하**기도 하네요**.
> 歌儿唱得真的很好。
> 아이가 말을 잘 듣**기도 하지**.
> 孩子很听话啊。
> 9살밖에 안 된 아이가 크**기도 하네요**.
> 才9岁的孩子个子很高啊。
> 학교에서 집까지 2시간이나 걸려요? 아이고, 집이 멀**기도 하네요**.
> 到学校要花2个小时啊? 哎呀, 家实在是很远啊。

사진 속에 있는 아이가
우리 조카예요.

와, 정말 예쁘기도 하네요.
누구를 닮아서 이렇게
예쁜 거예요?

기라도 하면

동사/형용사	오다	먹다	크다	작다
	오기라도 하면	먹기라도 하면	크기라도 하면	작기라도 하면

1. [A 기라도 하면 B] A를 가정했을 때, A가 일어나면 B의 상황이나 상태가 됨을 나타낸다. 이때 A는 비교적 가능성이 낮다.

[A 기라도 하면 B] 表示假设A时，发生A的话就变为B的状态或状况。

> 📋 아기가 마음대로 나가**기라도 하면** 큰일이니까 한시라도 눈을 떼서는 안돼요.
> 孩子要是出去的话就出大事了，所以一刻也不能放心。
> 선물이 마음에 안 들**기라도 하면** 어떻게 하지?
> 要是礼物不称心的话怎么办啊?
> 내가 죽**기라도 하면** 넌 어떻게 할 거야?
> 我要是死了的话，你怎么办啊?
> 부모님이 아프**기라도 하면** 당장 고향으로 가야지요.
> 父母要是生病了的话，马上要回家乡。
> 만약에 시험이 어렵**기라도 하면** 큰일이에요.
> 要是考试难的话，就麻烦了。

내가 복권에 당첨되기라도 하면
차 한 대 사 줄게.

말만 들어도 고맙다.

기란

동사	하다	돕다
	하기란	돕기란

1. [A 기란 B] B에 '어렵다, 쉽지 않다, 힘들다' 등이 쓰여, A를 하는 것이 어려움을 나타낸다.

[A 기란 B] B与'어렵다, 쉽지 않다, 힘들다'等一起使用, 表示做A时有难度。

> 하나의 작품을 완성하**기란** 결코 **쉬운 일이 아니다**.
> 完成一件作品绝非是件容易的事情。
> 다른 사람을 도우며 살**기란** 정말 **힘든 일이다**.
> 帮助别人来生活是很不容易的事。
> 내가 원하는 대학에 합격하**기란 하늘의 별따기이다**.
> 能考上我想去的大学简直就是天上摘星。
> 타국에서 혼자 생활하**기란 쉬운 일이 아니다**.
> 在异国自己生活是件不容易的事。

수지 씨 취직했대요?

아직이요. 마음에 쏙 드는 직장을 구하기란 쉬운 일이 아니잖아요.

ㄱ
ㄴ

ㄷ
ㅁ

ㅇ

ㅈ
ㅌ

기로서니

동사/형용사	마시다	먹다	예쁘다	춥다
	마시**기로서니**	먹**기로서니**	예쁘**기로서니**	춥**기로서니**

1. [A 기로서니 B] A를 인정해도 그것이 B의 조건이나 이유가 되지 못함을 나타 낸다.

[A 기로서니 B] 表示认同A，但不能成为B的条件或理由时使用。

> 📝 아무리 화가 나**기로서니** 부모가 아이들을 때려서야 되겠어요?
> 无论再怎么生气做为父母能打孩子吗?
> 그 가수를 좋아하**기로서니** 하루 종일 가수를 따라다니는 것은 너무 심한 것 같다.
> 因为喜欢那个歌手，所以每天跟着那个歌手实在是太过分了。
> 시험이 아무리 어렵**기로서니** 50점을 넘는 사람이 없다는 게 말이 돼요?
> 无论考试再难，就连超过50分的学生都没有，这像话吗?

2. '기로서니' 뒤에 반문하는 형태의 의문문이 쓰여 그렇지 않음을 강조한다.

'기로서니'后常接反问句，强调不是那样时使用。

> 📝 내가 밥을 많이 먹**기로서니** 하루에 6끼를 **먹을 수 있겠어요**? (먹을 수 없음을 강조함.)
> 虽然我吃的很多，但是一天能吃6顿饭吗? (强调不能吃那么多)
> 아무리 그 남자가 좋**기로서니** 어떻게 부모님을 버리고 **갈 수 있어요**? (갈 수 없음을 강조함.)
> 那个男的再好，怎么可以放下父母走掉呢? (强调不能走)

3. '기로서니'의 '서니'를 생략할 수 있다.

可以省略'기로서니'的'서니'来使用。

> 📝 아무리 비가 많이 오**기로서니** 학교에 안 오면 되겠어요?
> 雨下的再大怎么可以不来学校呢?
> 아무리 비가 많이 오**기로** 학교에 안 오면 되겠어요?

4. 과거 '았/었'과 함께 쓸 수 있다.

可以与过去式'았/었'等一起使用。

> 📖 아무리 시험을 잘 **봤기로서니** 성적도 안 나왔는데 그렇게 자랑을 하고 다녀요?
> 考试考得再好，但是成绩还没出来就那么炫耀啊？

5. 앞에 명사가 오면 '(이)기로서니'로 쓴다.

前面接名词变为'(이)기로서니'来使用。

> 📖 아무리 가수**기로서니** 노래를 저렇게 잘할 수 있을까요?
> 即使是歌手，歌怎么能唱得那么好啊？
> 아무리 동물**이기로서니** 감정이 없겠어요?
> 即使是动物，能没有感情吗？

주말 내내 너무 피곤해서 밥도 안 먹고 계속 잤어요.

아무리 피곤하기로서니 어떻게 밥도
안 먹고 계속 잘 수 있어요?

기에

동사/형용사	마시다	먹다	예쁘다	춥다
	마시기에	먹기에	예쁘기에	춥기에

1. [A 기에 B] 문어적인 표현으로 A는 B를 하게 된 이유나 근거이다. 이때 B는
말하는 사람이 직접 선택하여 하는 행동이 와야 한다. A는 다른 사람이나 제
삼자, 사물이고 B는 '나(저), 우리'이다.
[A 기에 B] 以书面的表达方式, 表示A为做B的理由或根据。这时B必须为
说话人自己选择的行为。A为其他人, 第3者或事物B为'나(저), 우리'。

> 예 제품의 상태가 좋아 보이**기에** 구입하기로 했다.
> 看起来商品的状态不错, 所以决定购买了。
> 사람마다 취향이 다르**기에** 그 사람 마음대로 물건을 고르게 했다.
> 因为每个人的品味都不同, 所以让那个人随心挑了。

2. [A 기에 B] A에 의문사가 함께 쓰여 B와 같은 일이나 상황이 생긴 이유를 질
문할 때 쓴다. 이때 A와 B의 주어는 같아도 되고 같지 않아도 되며 '나(저),
우리'는 쓸 수 없다.
[A 기에 B] 与疑问句一起使用, 表示对发生与B相同的事情或状况的理由提问
时使用。这时A与B的主语可以相同也可以不同, 不能使用'나(저), 우리'。

> 예 **무슨** 일이 있**기에** 사람들이 저 난리예요?
> 到底发生了什么事情, 人们那么慌乱啊?
> 영호 씨가 **뭘** 하**기에** 대답도 안 해요?
> 荣浩到底在做什么, 不回答啊?
> 그 일이 **얼마나** 힘들**기에** 아무도 하려고 하지 않을까요?
> 那件事情 到底有多辛苦, 谁都不想做啊?
> 유리 씨, 요즘 **무슨** 일을 하시**기에** 그렇게 얼굴 보기도 힘들어요?
> 刘丽, 最近在忙什么, 见到你这么不容易啊?

3. 인용 '는다고/ㄴ다고/다고 하다, 자고 하다, (으)라고 하다, 느냐고/(으)냐고 하다'와 함께 쓰여 '는다기에/ㄴ다기에/다기에, 자기에, (으)라기에, 느냐기에/(으)냐기에'의 형태로 쓴다.

与间接语法 '는다고/ㄴ다고/다고 하다, 자고 하다, (으)라고 하다, 느냐고/(으)냐고 하다'等一起使用, 变为'는다기에/ㄴ다기에/다기에, 자기에, (으)라기에, 느냐기에/(으)냐기에'的形态来使用。

> 예 친구가 시험을 **본다기에** 찹쌀떡을 사 왔다. (본다고 하기에)
> 朋友说有考试, 所以(我)买来了粘糕。
> 오늘 날씨가 **춥다기에** 두껍게 입고 나왔다. (춥다고 하기에)
> 听说今天天气冷, 所以穿了厚衣服出门。
> 친구가 등산 **가자기에** 같이 가겠다고 했다. (가자고 하기에)
> 朋友说一起去登山, 所以答应了一起去。
> 부모님이 고향으로 돌아**오라기에** 비행기표를 끊었다. (돌아오라고 하기에)
> 父母说让我回家乡, 所以买了飞机票。
> 영호 씨가 어디에 가**느냐기에** 도서관에 간다고 했다. (가느냐고 하기에)
> 荣浩问(我)去哪, 告诉他(我)去图书馆。

4. 비슷한 표현으로는 '길래'가 있다. '길래'는 구어적으로, '기에'는 문어적으로 많이 쓰인다. ('길래' → 39쪽 참고)

类似的语法有'길래'。'길래'为口语的表达方式, '기에'常用在书面语上。('길래' → 参考39页)

> 예 도서관에 사람이 많**기에** 그냥 나왔어요. 因为图书馆人很多, 所以就回来了。
> 도서관에 사람이 많**길래** 그냥 나왔어요.

5. 동사의 경우 이미 완료된 과거 사실에 대해 말할 때는 '았/었'과 함께 쓸 수 있다.

动词的情况下对已经结束的事实叙述时, 可以与'았/었'一起使用。

> 예 친구가 많이 다**쳤기에** 병원에 데려다 주었다.
> 因为朋友伤得很重, 所以送到医院了。

6. 앞에 명사가 오면 '(이)기에'로 쓴다.

前面接名词变为'(이)기에'来使用。

> 예 얼마나 부자기에 돈을 그렇게 펑펑 씁니까?
> 到底是多么有钱的人，才能那么乱花钱？

이 지역에 지진이 많이 난다기에 지진에 대비해서
건물을 지으려고 한다.

기에 망정이지

동사/형용사	오다	먹다	크다	작다
	오기에 망정이지	먹기에 망정이지	크기에 망정이지	작기에 망정이지

1. [A 기에 망정이지 B] A를 하거나 A와 같은 상황이 되었기 때문에 다행히 B와 같은 일이 발생하지 않았음을 나타낸다.

[A 기에 망정이지 B] 表示做A或因为成为与A相同的状况，所以当然不会发生B时使用。这时A常为过去式。

> **예** 내가 서울에 살**기에 망정이지** 아니었으면 너도 못 만날 뻔했다.
> 幸亏我住在首尔，不然差点儿就不能遇到你了。
> 부모님이 있**기에 망정이지** 혼자였으면 많이 외로웠을 거예요.
> 幸亏有父母在，不然自己的话会很寂寞。
> 그 사람의 키가 크**기에 망정이지** 안 그랬으면 이 옷이 안 맞았겠네요.
> 幸亏那个人的个子高，不然这件衣服就不合身了。

2. '기에 망정이지' 뒤에는 '아니었으면, 그렇지 않았으면, 안 그랬으면, 하마터면' 등이 자주 오고, 문장 끝에는 '(으)ㄹ 뻔했다, (으)ㄹ 거예요, 았/었을 거예요, 았/었을 것 같아요' 등이 자주 온다. ('(으)ㄹ 뻔하다' → 252쪽 참고) ('(으)ㄹ 거예요' → 초급 참고) ('(으)ㄹ 것 같다' → 초급 참고)

'기에 망정이지'后常接'아니었으면, 그렇지 않았으면, 안 그랬으면, 하마터면'等，句子后面常接'(으)ㄹ 뻔했다, (으)ㄹ 거예요, 았/었을 거예요, 았/었을 것 같아요'等。('(으)ㄹ 뻔하다' → 参考252页) ('(으)ㄹ 거예요' → 参考初级) ('(으)ㄹ 것 같다' → 参考初级)

> **예** 옷을 따뜻하게 입었**기에 망정이지 하마터면** 감기에 걸릴 **뻔했다.**
> 幸亏穿了很多衣服，不然差点儿就感冒了。
> 주말에 날씨가 더웠**기에 망정이지 안 그랬으면** 수영장에 못 **갔을 거예요.**
> 幸亏周末天气热，不然就不能去游泳馆了。

3. 과거 '았/었'과 함께 쓸 수 있다.

可以与过去式'았/었'一起使用。

> 💬 일찍 나**왔기에 망정이지** 5분만 늦었어도 비행기를 놓쳤을 것이다.
>
> 幸好出来地早，不然晚来5分钟的话就搭不上飞机了。
>
> 몸이 안 아**팠기에 망정이지** 오늘 정말 쓰러질 뻔했다.
>
> 幸好身体没有不舒服，不然今天真的差点儿晕过去。
>
> 아기가 감기에 걸렸는데 열이 떨어**졌기에 망정이지** 응급실에 갈 뻔했다.
>
> 孩子感冒了，幸好退烧了不然差点儿就去急诊了。

4. 비슷한 표현으로 '으니 망정이지'가 있다. ('으니 망정이지' → 463쪽 참고)

类似的语法有'으니 망정이지'。('으니 망정이지' → 参考463页)

> 💬 비가 왔**기에 망정이지** 하마터면 가뭄이 들 뻔했다.
>
> 幸好下雨了，不然差点儿就干旱了。
>
> 비가 왔**으니 망정이지** 하마터면 가뭄이 들 뻔했다.

5. 앞에 명사가 오면 '(이)기에 망정이지'로 쓴다.

前面接名词变为'(이)기에 망정이지'来使用。

> 💬 여기가 우리 학교**기에 망정이지** 아니었으면 못 들어왔을 거예요.
>
> 幸亏这里是我们学校，不然就进不来了。
>
> 오늘이 평일**이기에 망정이지** 아니었으면 사람이 엄청 많았을 거예요.
>
> 幸亏今天是平日，不然会有很多人。

친구 집에 잘 찾아갔어요?

네, 약도가 있었기에 망정이지 아니었으면 못 찾을 뻔했어요.

노라면

동사	쓰다	걷다
	쓰노라면	**걷노라면**

1. [A 노라면 B] A를 계속 하다가 보면 B와 같은 상황이 일어날 것임을 나타낸다.

[A 노라면 B] 表示持续做A发生了与B相同的状况时使用。

> **예** 사**노라면** 언젠가는 행복한 날이 오겠지.
> 继续活下去，终究幸福的一天会到来的。
> 성실히 취업 준비를 하**노라면** 반드시 취직을 할 수 있을 것이다.
> 诚实地准备就业，就一定会找到工作的。
> 힘들어도 포기하지 않고 계속 노력하**노라면** 반드시 성공할 거예요.
> 即使再辛苦也不放弃努力的话，终究会成功的。
> 공원에 조용히 앉아 있**노라면** 마음이 편안해지고 정신도 맑아진다.
> 在公园里安静地坐着，心情会变得安逸精神也会变好。

2. [A 노라면 B] A에 존재의 '있다, 없다'가 쓰여 그 상태가 계속 유지됨을 의미한다.

[A 노라면 B] A为'있다，없다'时表示其状态的持续。

> **예** 집에 혼자 있**노라면** 부모님 생각에 쓸쓸한 기분이 든다.
> 自己在家，想到父母心情很失落。
> 이렇게 학생이 없**노라면** 학교 문을 닫아야지요.
> 这么没有学生的话，学校要关门啊。

3. 비슷한 표현으로 '다 보면'이 있다. '다 보면'에 비해서 '노라면'은 예스럽게 쓰인다. ('다 보면' → 129쪽 참고)

类似的语法有'다 보면'。比起'다 보면', '노라면'是更加古式的表达方式。('다 보면' → 参考129页)

> 예 덕수궁 돌담길을 걷**노라면** 옛 추억이 떠오르곤 한다.
> 走着德寿宫的石墙道儿，回忆起往事来。
> 덕수궁 돌담길을 걷**다 보면** 옛 추억이 떠오르곤 한다.

요즘 살기가 너무 힘들어.

사노라면 언젠가는 좋은 날이 올 거야.

느니

동사	가다	걷다
	가느니	걷느니

1. [A 느니 B] A와 B가 모두 마음에 들지 않지만, A보다는 차라리 B가 나음을 의미한다.

[A 느니 B] 表示A与B都不满意，但是比起A来不如B时使用。

> **예** 성격이 안 좋은 남자와 결혼하**느니** 혼자 살겠다.
> 与其和性格不好的男人结婚，还不如自己一个人生活。
> 힘들게 아등바등 사**느니** 그냥 죽는 게 나을 것 같다.
> 辛苦地拼命挣扎而活，还不如死了算了。
> 이런 음식을 먹**느니** 안 먹고 굶는 게 낫겠어요.
> 吃这样的东西，还不如不吃饿着更好。

2. '느니' 뒤에 '차라리, 그냥, 아예' 등이 자주 쓰인다.

'느니'后常接'차라리，그냥，아예'等来表达。

> **예** 시험에 늦게 가**느니 차라리** 안 가는 게 나을 것 같다.
> 考试迟到，还不如不去好。
> 차가 이렇게 막히면 버스를 타**느니 그냥** 걷는 게 좋겠어요.
> 这么堵车还做客车的话，还不如走着去好呢。
> 친구 숙제를 베껴 쓰**느니 아예** 안 하는 게 낫다.
> 抄朋友的作业，还不如干脆不写好呢。

3. 비슷한 표현으로 '(으)ㄹ 바에는'이 있다. ('(으)ㄹ 바에는' → 511쪽 참고)
类似的语法有'(으)ㄹ 바에는'。('(으)ㄹ 바에는' → 参考511页)

> 예 그 사람과 같이 가**느니** 차라리 혼자 있는 게 낫겠다.
> 和那个人一起走，还不如自己一个人呆着好呢。
> 그 사람과 같이 **갈 바에는** 차라리 혼자 있는 게 낫겠다.

고향으로 내려간다면서요?

네, 여기에서 혼자 사느니 고향에 내려가는 게
나을 것 같아서요.

는 가운데 　　　　 # 은 가운데/ㄴ 가운데

동사	보다	읽다
	보는 가운데	읽는 가운데

형용사	바쁘다	좋다
	바쁜 가운데	좋은 가운데

1. [A 는 가운데 B] A가 계속 진행되고 있는 동안에 B의 상황이 일어남을 나타
낸다. A는 B의 배경이나 상황이 된다.
[A 는 가운데 B] 表示持续A的期间发生了B的状况时使用。A为B的背景或
状况。

예 즐겁게 이야기를 나누**는 가운데** 어느덧 끝날 시간이 되었어요.
　　在愉快的交谈中，不知道不觉到了结束的时间了。
　　여러 사람이 지켜보**는 가운데** 행사가 시작되었다.
　　在众人观看下，活动开始了。
　　비가 쏟아지**는 가운데** 경기는 계속 진행되었다.
　　在雨中，继续进行了比赛。
　　나는 피곤**한 가운데** 회의에 참석하기 위해 자리에서 일어났다.
　　我很累但是为了参加会议，离开了座位。
　　기분이 좋지 않**은 가운데** 생일 파티가 끝났다.
　　在心情低落的状态下，生日聚会结束了。
　　그는 바쁜 **가운데도** 부모님께 자주 전화를 드린다.
　　他在百忙中还经常给父母打电话。

2. '있다, 없다'는 '는 가운데'로 쓴다.
'있다, 없다'接'는 가운데'来使用。

예 출산율이 점점 줄어들고 있**는 가운데** 정부의 출산 장려 정책이 발표되었다.
　　在出生率低下的状态下，政府发表了奖励出生的政策。
　　시민들의 항의가 계속되고 있**는 가운데** 경찰들이 진압하기 시작했다.
　　在市民们的持续抗议下，警察们开始了镇压。
　　일할 사람은 없**는 가운데** 할 일은 점점 많아지고 있어서 걱정이다.
　　没有人工作的情况下，担心要做的事情越来越多。

3. 동사의 경우 과거 상황에 대해 말할 때에는 '(으)ㄴ 가운데'의 형태로 쓴다.

对过去状况叙述时动词用'(으)ㄴ 가운데'的状态使用。

> 예 사람들이 모두 **모인 가운데** 결혼식이 진행되었다.
> 在众人聚集下，举行了婚礼。
> 앞서 발생한 교통사고가 처리되지 **않은 가운데** 또 다른 사고가 발생했다.
> 在之前的交通事故还没有解决的情况下，又发生了其他的事故。

웃고 즐기는 가운데 벌써 가야 할 시간이네요.

그러게요. 시간이 정말 빨리 갔네요.

는 경우에는

은 경우에는/ㄴ 경우에는

동사	가다	먹다
	가는 경우에는	먹는 경우에는

형용사	나쁘다	좋다
	나쁜 경우에는	좋은 경우에는

1. [A 는 경우에는 B] A와 같은 조건이나 상황이 생겼을 때 B와 같이 하거나 B와
같은 상황이 발생함을 나타낸다.

[A 는 경우에는 B] 表示发生与A相同的条件或状况时做B，或发生与B相
同的状况时使用。

> 예 주말에 쉬**는 경우에는** 주로 친구들을 만나 시간을 보낸다.
> 要是周末休息的时候，和朋友见面来消磨时间。
> 학생들이 말을 안 듣**는 경우에는** 따끔하게 야단을 쳐야 한다.
> 要是学生们不听话的时候，要严格地批评。
> 나는 기분이 안 좋**은 경우에는** 신나는 음악을 듣는다.
> 要是在心情不好的时候，我听欢快的音乐。
> 몸이 아**픈 경우에는** 미리 이야기하고 조퇴를 하면 된다.
> 要是身体不舒服的时候，可以打招呼早退。

2. '있다, 없다'는 '는 경우에는'으로 쓴다.

'있다，없다'接'는 경우에는'来使用。

> 예 새로 산 제품에 이상이 있**는 경우에는** 소비자 센터에 문의해야 한다.
> 新买的产品有问题时可以联系消费者中心询问。
> 아무리 정성스럽게 만들었더라도 맛이 없**는 경우에는** 절대 먹지 않는다.
> 即使再尽心尽意地做，不好吃的话绝对不吃。

3. 동사의 경우 과거 상황에 대해 말할 때는 '(으)ㄴ 경우에는'으로 쓰고, 동사와 형용사 모두 미래·추측 상황에 대해 말할 때는 '(으)ㄹ 경우에는'으로 쓴다.
对过去状况叙述时动词用'(으)ㄴ 경우에는', 对未来·推测的状况叙述时动词, 形容词都用'(으)ㄹ 경우에는'的状态使用。

> 예 휴대 전화를 분실**한 경우에는** 먼저 경찰서에 신고를 해야 한다.
> 要是丢了手机时, 首先要到警察局报案。
> 비가 **올 경우에는** 사무실에 있는 우산을 이용하세요.
> 要是下雨时, 请用办公室的雨伞。
> 내일 날씨가 추**울 경우에는** 실내에서 행사를 진행하도록 하겠습니다.
> 要是明天下雨的话, 活动就在室内进行。

4. 앞에 명사가 오면 '인 경우에는'으로 쓴다.
前面接名词变为'인 경우에는'来表达。

> 예 멀리 가는 사람**인 경우에는** 택시로 이동하십시오.
> 去远处的人请打车去。
> 성적이 좋은 학생들**인 경우에는** 장학금 혜택을 받을 수 있습니다.
> 要是成绩好的学生可以得到奖学金。

지하철에서 가방을 잃어버렸는데 어떻게 해야 돼요?

그런 경우에는 분실물 센터로 먼저 전화를 해 보세요.

은 끝에/ㄴ 끝에

동사	노력하다	찾다
	노력한 끝에	찾은 끝에

1. [A 은 끝에 B] A를 다 한 후에 B를 하게 됨을 나타낸다. 이때 A는 쉽게 이루어지지 않는 길고 힘든 과정임을 나타낸다.

[A 은 끝에 B] 表示做完A之后做B时使用。这时的A为不容易达成，要经过既辛苦又漫长的过程。

> **예** 끊임없이 연구**한 끝에** 신제품 개발에 성공을 했다.
> 在不断努力研究的结果下，新产品终于开发成功了。
> 친구들과 오랫동안 의논**한 끝에** 해결 방법을 찾아냈다.
> 在与朋友们长时间的讨论下，终于找到了解决的方法。
> 몇 번의 실패를 겪**은 끝에** 성공을 거두게 되었다.
> 在几次的失败下，终于获得了成功。

2. '(으)ㄴ 끝에' 뒤에 '마침내, 결국, 끝내, 드디어' 등이 자주 쓰인다.

'(으)ㄴ 끝에'后常接'마침내，결국，끝내，드디어'等一起使用。

> **예** 한참을 망설**인 끝에 마침내** 사랑한다고 고백을 했다.
> 犹豫了很久，最终告白了。
> 끈질기게 설득을 **한 끝에 결국** 부모님의 허락도 받았다.
> 在执着地说服下，终于得到了父母的同意。

3. 과거 회상 '더'와 결합하여 '던 끝에'의 형태로도 쓰인다.

与过去回想'더'一起使用变为'던 끝에'的形态来使用。

> **예** 그는 문제의 원인을 찾**던 끝에** 드디어 해결의 실마리를 찾았다.
> 在找那个问题原因的最后，终于找到了解决的头绪。
> 어떻게 하는 게 좋을지 생각하**던 끝에** 드디어 결정을 내렸다.
> 在考虑怎么做才好的最后，终于下了决定。

4. 명사와 함께 쓰이면 '끝에'로 쓴다.

与名词一起使用变为'끝에'。

> 예 지금은 힘들겠지만, 고생 **끝에** 낙이 오는 법이니 조금만 참고 견뎌 보세요.
> 现在虽然辛苦，请坚持等待终究会有好的结果。
> 기나긴 장마 **끝에** 드디어 햇빛이 나기 시작했다.
> 漫长的雨季终于过去了，开始出太阳了。

두 사람은 어떻게 사귀게 되었대요?

민수 씨가 일 년을 따라다닌 끝에
결국 사귀게 되었대요.

는 데　　　　　　　　　은 데/ㄴ 데1

동사	가다	먹다
	가**는 데**	먹**는 데**

형용사	크다	좋다
	큰 데	좋**은 데**

1. 구어적인 표현으로, 어떤 동작이나 상태가 이루어지는 곳을 대신해서 쓴다.

以口语的表达方式, 表示动作或状态发生的场所。

> 📰 오늘 우리가 만나**는 데**가 어디인지 알아요?
> 知道今天我们要见面的地方在哪里吗?
> 제가 지금 사**는 데**는 교통도 편리하고 편의 시설도 많아요.
> 我现在住的地方交通也方便, 便利设施也很多。
> 제가 이 근처에 분위기 좋**은 데**를 알고 있는데 같이 갈래요?
> 我知道附近环境不错的地方, 一起去吧?
> 아무리 봄이지만 추**운 데**에서 오래 있으면 감기 걸리기 쉬워.
> 即使是春天, 在冷的地方站久了也很容易感冒。

2. '있다, 없다'는 '는 데'로 쓴다.

'있다, 없다'接'는 데'来使用。

> 📰 누구나 좋아할 만한 맛있**는 데**를 소개해 줄게요.
> 介绍一下谁都会喜欢的好吃的地方。
> 거기가 어디야? 내가 지금 너 있**는 데**로 갈게.
> 那里是哪? (我)去你现在在的地方。
> 요즘은 골목마다 편의점이 없**는 데**가 없다.
> 最近各个胡同都有便利店。

3. 동사의 경우 과거 상황에 대해 말할 때는 '(으)ㄴ 데'로 쓴다.

对过去状态叙述时动词用'(으)ㄴ 데'来使用。

> 📰 지난번에 삼겹살 먹**은 데**로 오세요.
> 请来上次吃烤肉的地方。
> 콩 심**은 데** 콩 나고 팥 심**은 데** 팥 난다는 속담이 있다.
> 有句俗话叫'种瓜得瓜, 种豆得豆'。

4. 동사가 일어날 가능성에 대해서 말할 때에는 '는 데'를 '(으)ㄹ 데'로 쓴다.

对动词发生的可能性叙述时'는 데'变为'(으)ㄹ 데'的形态来表达。

> 예 나는 어제 **잘 데**가 없어서 친구 집에 갔다.
> 昨天我没有住的地方，所以去了朋友家。
> 이 주변에는 먹을 데가 없으니 다른 데로 가자.
> 这周边没有吃的地方，(我们)去别的地方吧。

어제 우리가 간 데가 어디야?

어린이대공원이잖아.

은 데/ㄴ 데2

형용사	크다	좋다
	큰 데	좋은 데

1. 구어적인 표현으로 '은 데/ㄴ 데' 뒤에 '있다[없다]'를 써서 그 상태가 있고 없음을 나타낸다.

以口语的表达方式，在'은 데/ㄴ 데'后面写着'있다[없다]'，表示某状态有无。

> **예** 이 책은 전문 용어가 많아서 어려**운 데**가 **있어요**.
> 这本书的专业用语很多，所以有些地方很难。
>
> 평소에 까칠하게 굴어서 잘 몰랐는데 자세히 보니까 귀여**운 데**가 **있는** 것 같아요.
> 因为平时很刻薄所以不太了解，但仔细一看没想到还有可爱的一面。
>
> 그는 좀 무모**한 데**가 **있어요**. 신중하게 생각하지도 않고 무작정 시작부터 하네요.
> 他稍有盲目的一面。没有慎重地考虑就盲目地开始了。
>
> 이 가방은 디자인도 좋고 품질도 좋은데 약간 불편**한 데**가 **있네요**.
> 这个提包样式也好质量也不错，但是有点儿不方便。
>
> 그는 남자다**운 데**가 **없어서** 전혀 남자로 느껴지지 않는다.
> 他没有男人味儿，完全感觉不到是男人。

2. '있다, 없다'는 '는 데'로 쓴다.

'있다, 없다'接'는 데'来使用。

> **예** 힘든 일을 척척 해 내는 걸 보니 저 사람도 멋있**는 데**가 있네요.
> 困难的问题也能轻易解决，看起来那个人也有魅力之处。

요즘 보니까 유리 씨도 어른스러운 데가 있네요.

그럼요. 저도 이제 숙녀가 되었다고요.

┃ 는 데 반해서

┃ 은 데 반해서/ㄴ 데 반해서

동사	가다	먹다
	가는 데 반해서	먹는 데 반해서

형용사	아프다	좋다
	아픈 데 반해서	좋은 데 반해서

1. [A 는 데 반해서 B] A의 상황에 반대 또는 대립이 되는 B의 상황이 동시에 있음을 나타낸다.
　　[A 는 데 반해서 B] 表示在A的情况相反或对立的B的情况同时有时使用。

> 예　물가가 오르**는 데 반해서** 소득은 줄어들었다.
> 　　物价在上涨，但是收入却减少了。
> 　　학생의 수준은 높아지**는 데 반해** 교육의 수준은 제자리걸음이다.
> 　　学生们的素质提高了，相反之下教育水准还在原地。
> 　　취직하기가 어려운 **데 반해** 대학 졸업자 수는 증가하고 있다.
> 　　就业困难，但是大学毕业率在增加。

2. '는 데 반해서'의 '서'는 생략해서 쓸 수 있다.
　　可以省略'는 데 반해서'的'서'来使用。

> 예　나는 주말에 쉬**는 데 반해서** 남편은 주말에도 근무를 한다.
> 　　我周末休息，但是丈夫周末也工作。
> 　　나는 주말에 쉬**는 데 반해** 남편은 주말에도 근무를 한다.

3. '있다, 없다'는 '는 데 반해'를 쓴다.
　　'있다, 없다'接'는 데 반해'来使用。

> 예　그 사람은 나에게 좋은 추억으로 남아 있**는 데 반해** 그 사람에게 나는 그렇지 않은 것 같다.
> 　　他给我留下了好的回忆，但是我对他好像不是那样。

나는 채식 위주의 식생활을 하고 있**는 데 반해** 내 친구는 육식 위주의 식생활을 하고 있다.

我的饮食以蔬菜为主，相反我的朋友的饮食以肉为主。

4. 동사의 경우 과거 상황에 대해 말할 때에는 '(으)ㄴ 데 반해'로 쓴다.

对过去状况叙述时动词用'(으)ㄴ 데 반해'来使用。

예 30대의 지지율이 하락**한 데 반해** 50대의 지지율은 상승했다.
30岁年龄层的支持率下降的反面，50岁年龄层的支持率上升了。

기존 제품이 소비자들의 외면을 받아**온 데 반해** 신제품은 많은 호응을 받고 있다.
现有的产品受到消费者的冷待，相反新产品获得了好的反应。

작년에 비해 올해 한국에 오는 일본 관광객은 증가**한 데 반해** 러시아 관광객은 감소했다.
与去年相比，今年来韩国的日本游客增加，而俄罗斯游客减少。

5. 앞에 명사가 오면 '인 데 반해서'로 쓴다.

前面接名词变为'인 데 반해서'来使用。

예 이 친구는 이상적**인 데 반해서** 다른 친구들은 굉장히 현실적이다.
这个朋友的想法非常理想化，相反其他的朋友都很现实。

농민의 수입은 정체 상태**인 데 반해** 유통업자의 수입은 계속 오르는 중이다.
农民的收入处于停滞状态，相反流通业从事者的收入处于持续上涨中。

도시의 부동산 가격은 계속 상승하는 데 반해 지방의 부동산 가격은 하락하고 있다.

ㄱ
ㄴ

ㄷ
ㄹ

ㅇ

ㅈ
ㅌ

는 데 비해서

은 데 비해서/ㄴ 데 비해서

동사	가다	먹다
	가는 데 비해서	먹는 데 비해서

형용사	아프다	작다
	아픈 데 비해서	작은 데 비해서

1. [A 는 데 비해서 B] A를 기준으로 생각했을 때, 의외의 결과나 상황 B가 옴을 나타낸다.

[A 는 데 비해서 B] 表示以A为基准看来, 出现以外的结果或B的状况时使用。

> 📷 그는 열심히 노력하**는 데 비해** 그다지 결과가 좋지 않다.
> 相对于他的努力程度来说, 结果并不是很好。
> 그가 많이 먹**는 데 비해서** 살이 찌지 않는 이유는 성격 때문인 것 같다.
> 相对于他的食量来说, 不胖的原因可能是因为他的性格。
> 그 나라는 인구는 적**은 데 비해** 경제 활동은 많은 편이다.
> 相对于那个国家较少的人口来说, 经济活动算是比较活跃。

2. '는 데 비해서'의 '서'는 생략해서 쓸 수 있다.

可以省略'는 데 비해서'的'서'来表达。

> 📷 그는 경험이 많**은 데 비해서** 실력은 뛰어나지 않다.
> 相对于他的阅历来说, 实力并不出众。
> 그는 경험이 많**은 데 비해** 실력은 뛰어나지 않다.

3. '있다, 없다'는 '는 데 비해'로 쓴다.

'있다, 없다'接'는 데 비해'来使用。

> 📷 그 사람이 만든 음식은 맛있**는 데 비해서** 영양가는 없는 것 같다.
> 那个人做的料理味道很好, 却好像没有营养。
> 영업 활동이 활발하게 이루어지고 있**는 데 비해** 수출 실적은 감소하고 있다.
> 销售活动正在活跃地进行, 与此相比出口业绩正在减少。

4. 동사의 경우 과거 상황에 대해 말할 때에는 '(으)ㄴ 데 비해'로 쓴다.

对过去状况叙述时动词用'(으)ㄴ 데 비해'来使用。

> 예 책이 많이 팔린 **데 비해** 인세 수입은 적다.
> 相对于书的销量来说，版税收入很少。
> 회사의 순이익은 늘어**난 데 비해** 사원들에 대한 처우는 그다지 좋지 않다.
> 相对于公司利润的增长来说，对职员们的待遇并不太好。

5. 앞에 명사가 오면 '인 데 비해'로 쓴다.

前面接名词变为'인 데 비해'来使用。

> 예 그는 부자**인 데 비해** 돈을 잘 쓰지 않는다.
> 他是有钱人却不爱花钱。
> 오늘이 휴일**인 데 비해** 사람들이 그리 많지 않다.
> 相对于今天是休息日来说，人并不是太多。

영호는 체력은 약한 데 비해 끈기는 있는 편이다.

는 둥 마는 둥 하다

동사	하다	먹다
	하는 둥 마는 둥 하다	먹는 둥 마는 둥 하다

1. 어떤 행동을 제대로 또는 열심히 하지 않음을 나타낸다.

表示做事不用心，或不仔细时使用。

> 예 늦잠을 자는 바람에 밥을 먹**는 둥 마는 둥** 하고 급히 집을 나왔다.
> 因为睡了懒觉，所以早饭似吃非吃匆忙地走出了家门。
> 너무 졸려서 숙제를 하**는 둥 마는 둥 하다**가 그냥 자 버렸다.
> 因为太困了，所以作业似做非做就睡着了。
> 머리가 복잡해서 수업을 듣**는 둥 마는 둥 했다.**
> 因为想法太多，马马虎虎地听了课。
> 그는 청소를 하**는 둥 마는 둥** 하고 밖으로 나왔다.
> 他马马虎虎地打扫了卫生，然后出去了。

2. '는 둥 마는 둥 하다'의 '하다'를 생략해서 부사로 쓸 수 있다.

可以省略'는 둥 마는 둥 하다'的'하다'变为副词使用。

> 예 친구는 내 말을 듣**는 둥 마는 둥** 통 집중을 하지 않는다.
> 我说的话朋友似听非听，根本就没有集中精神。
> 동생은 옷을 입**는 둥 마는 둥** 정신없이 뛰어나갔다.
> 弟弟的衣服似穿非穿地匆忙地跑了出去。

너 아까 보니까 수업을 듣는 둥
마는 둥 하던데, 무슨 일 있어?

내일 면접 때문에
신경 쓰여서 그래.

는 듯싶다 　　　 은 듯싶다/ㄴ 듯싶다

동사	가다	먹다
	가는 듯싶다	먹는 듯싶다

형용사	나쁘다	좋다
	나쁜 듯싶다	좋은 듯싶다

1. 현재의 상황을 주관적인 생각으로 막연히 추측함을 나타낸다.
表示对现在的状况以主观的看法任意推测时使用。

> ⑩ 친구가 전화를 안 받는 걸 보니 수업을 하**는 듯싶다.**
> 看朋友不接电话的样子, 可能是在上课。
> 아무리 불러도 쳐다보지 않는 걸 보니 음악을 듣**는 듯싶네요.**
> 看怎么叫都不看(听不见)的样子, 可能是在听音乐。
> 약을 먹는 걸 보니 어디가 아**픈 듯싶네요.**
> 看吃药的样子, 可能是哪里不舒服。

2. 말하는 사람이 자기의 생각을 부드럽게 표현할 때 사용한다.
说话人对自己的想法委婉地表达时使用。

> ⑩ 그 사람의 목소리가 너무 **큰 듯싶다.** 那个人的声音好像太大了。
> 내 친구는 공부밖에 모르**는 듯싶다.** 我的朋友好像只知道学习。

3. '있다, 없다'는 '는 듯싶다'를 쓴다.
'있다, 없다'接'는 듯싶다'来使用。

> ⑩ 저 사람은 예의가 없**는 듯싶다.** 那个人好像没有礼貌。
> 사람들의 표정을 보니 음식이 맛있**는 듯싶다.** 看大家的表情好像菜很好吃。

4. 비슷한 표현으로 '는 듯하다'가 있다. '는 듯싶다'는 '는 듯하다'에 비해 주관적인 느낌이 더 강하다. ('는 듯하다' → 63쪽 참고)
类似的语法有'는 듯하다', '는 듯싶다'比起'는 듯하다'主观性更强。
('는 듯하다' → 参考63页)

> ⑩ 그는 오늘따라 유달리 피곤**한 듯싶다.** 他今天看起来特别累。
> 그는 오늘따라 유달리 피곤**한 듯하다.**

5. 동사의 경우 과거 상황에 대해 말할 때는 '(으)ㄴ 듯싶다'로 쓰고, 동사와 형용사 모두 미래·추측 상황에 대해 말할 때는 '(으)ㄹ 듯싶다'로 쓴다.
对过去状况叙述时动词用'(으)ㄴ 듯싶다', 对未来·推测的状况叙述时动词, 形容词都变为'(으)ㄹ 듯싶다'来使用。

> 예 얼굴을 보니 어제 못 **잔 듯싶네요.** 看脸色昨天好像没睡好啊。
> 나는 오늘 모임에 못 **갈 듯싶어요.** 我今天好像不能参加聚会了。
> 오늘 잠을 못 자면 내일 힘들 **듯싶네요.** 今天不睡觉的话，明天好像会很累。

6. 앞에 명사가 오면 '인 듯싶다'로 쓴다.
前面接名词变为'인 듯싶다'来使用。

> 예 저 분이 우리 반 담임 선생님**인 듯싶다.**
> 那位好像是我们班的班主任。
> 그의 자리가 비어 있는 걸 보니 오늘 휴가**인 듯싶다.**
> 看他的位置空的样子，好像今天休假了。

민수 씨가 전화를 안 받네요.

수업을 하는 듯싶어요.

는다만/ㄴ다만　　다만

동사/형용사	가다	먹다	예쁘다	좋다
	간다만	먹는다만	예쁘다만	좋다만

1. '습니다만'의 반말 표현이다. 'ㄴ/는다+만'의 형태로, 앞의 내용을 받아들이면서 후에 그와 상반된 내용을 말할 때 쓴다.
是'습니다만'的非敬语表达方式。以'ㄴ/는다+만'的形态，表示虽然接受前面的内容但是后面接与其相反的内容时使用。

> **예** 나는 일이 있어서 먼저 **간다만** 네가 좀 더 어머니 곁에 머물러 있으면 좋겠다.
> 我因为有事情先走了，但是希望你能再多一些时间留在妈妈身边。
> 신경 써 주는 마음은 고맙**다만** 이건 나 혼자 할 수 있는 일이야.
> 感谢您费心了，但是这是我自己能做的事情。
> 이 집은 경치는 좋**다만** 교통이 좀 불편하다.
> 这个房子景色很好，但是交通有些不便。
> 배고파서 일단 먹기는 먹**는다만** 아주 맛있는 것은 아니다.
> 因为饿所以才吃了，但是并不是很好吃。

2. 동사, 형용사 모두 과거 상황에 대해 말할 때는 '았/었다만'으로 쓰고, 미래·추측 상황에 대해 말할 때는 '겠다만', '을 것이다만'으로 쓴다.
对过去状况叙述时动词，形容词都用'았/었다만'，对未来·推测的状况叙述时变为'겠다만'，'을 것이다만'来使用。

> **예** 시간은 늦**었다만** 할 일은 다 하고 가야겠다.
> 虽然时间不早了，但是要把该做的事情做完走。
> 일이 잘 되면 좋**겠다만** 앞일은 알 수 없는 법이지.
> 事情进行得顺利就好了，但是不能预知以后的事情。
> 민수가 오기는 **올 것이다만** 너무 늦게 올까 걱정이 된다.
> 民秀来是一定能来的，但是就担心来得晚。

ㄱ
ㄴ

ㄷ
ㄹ

ㅇ

ㅈ
ㅌ

3. 앞에 명사가 오면 '이다만'을 쓴다.

前面接名词变为'이다만'来使用。

> 예 민수는 어린 동생**이다만** 나보다 철이 든 것 같다.
> 虽然民秀是弟弟, 但是好像比我懂事。

오늘 날씨는 좋다만 바람이 많이 부는구나.

는댔자/ㄴ댔자

동사	가다	먹다
	간댔자	먹는댔자

1. [A 는댔자 B] A를 인정하거나 A를 한다고 해도 그 결과 B는 기대 이하임을
나타낸다.

[A 는댔자 B] 表示即使认可A或做A，但是其结果为期待以下的B时使用。

> 예 친구를 만**난댔자** 심심한 건 마찬가지이다.
> 即使见了朋友也一样无聊。
> 냉장고를 열어 **본댔자** 먹을 것도 없다.
> 即使打开冰箱也一样没有吃的。
> 지금 열심히 공부**한댔자** 내일 시험을 잘 볼 수 없을 것 같다.
> 即使现在努力学习，好像明天的考试也不能考好。
> 아이가 먹**는댔자** 얼마나 먹겠어요?
> 即使孩子再能吃，能吃多少啊?
> 지금 말**한댔자** 무슨 소용이 있나요?
> 即使现在说，还有什么用啊?

2. 앞에 명사가 오면 '(이)랬자'를 쓴다.

前面接名词变为'(이)랬자'来使用。

> 예 민수가 아무리 부자**랬자** 얼마나 부자겠어?
> 民秀再是有钱人，能是多有钱的人啊?

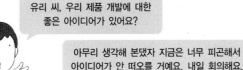

유리 씨, 우리 제품 개발에 대한
좋은 아이디어가 있어요?

아무리 생각해 본댔자 지금은 너무 피곤해서
아이디어가 안 떠오를 거예요. 내일 회의해요.

았던들/었던들

동사/ 형용사	가다	먹다	하다	작다	넓다	복잡하다
	갔던들	먹었던들	했던들	작았던들	넓었던들	복잡했던들

1. [A 았던들 B] 과거의 어떤 상황에 대해, A를 가정해도 그것과 상반되는 결과
인 B가 왔었을 것임을 나타낸다. 이미 끝난 과거의 상황에 대해 말할 때 쓰며,
A가 결과 B에는 영향을 끼치지 못했을 것임을 의미한다. B에는 '겠어요?, (으)
ㄹ까요?' 등과 같은 반어 의문문의 형태를 많이 쓴다.

[A 았던들 B] 对过去的某种状况假设A时，接与其相对应的B的结果时使
用。对已经过去的状况叙述时，A对结果B没有起到影响。B常接'겠어요?,
(으)ㄹ까요?'等反问句。

> **예** 내가 거기에 **갔던들**, 일이 해결이 안 됐을 것이다.
> 即使我去那儿，事情也不会解决的。
> 그때 경찰이 **왔던들**, 범인을 잡을 수 없었을 것이다.
> 即使那时候警察来了，也会不抓到犯人的。
> 그때 병원에 입원**했던들**, 가망이 없는 것은 마찬가지였을 것이다.
> 即使那时候住了院，也一样没有希望。
> 어제 공부를 시작**했던들**, 오늘 시험을 잘 볼 수 있었겠어?
> 昨天开始学习，今天能考好试吗?

2. [A 았던들 B] 과거의 어떤 상황에 대해, A를 가정하면 그것의 당연한 결과인 B가 왔었을 것임을 나타낸다. 이미 끝난 과거의 상황에 대해 말할 때 쓰며, A가 결과 B에 영향을 끼칠 수 있었을 것임을 나타내며 아쉬운 마음 또는 후회를 나타낸다. B에는 '겠어요?, (으)ㄹ까요?' 등과 같은 반어 의문문의 형태를 많이 쓴다.

[A 았던들 B] 对过去的某种状况假设A时，接当然的B的结果时使用。对已经过去的状况叙述时，A对结果B起到影响，表示遗憾或后悔。B常接'겠어요?, (으)ㄹ까요?'等反问句。

> 예 내가 거기에 **갔던들**, 일이 해결됐을 것이다.
> 我去了那儿，事情就会解决的。
> 그때 경찰이 **왔던들**, 범인을 잡을 수 있었을 텐데.
> 那时候警察来了，就能抓到犯人。
> 그때 병원에 입원**했던들**, 건강을 되찾을 수 있었을 것이다.
> 那时候住院了，就能恢复健康。
> 어제 공부를 시작**했던들**, 오늘 시험을 잘 볼 수 있었을 텐데.
> 昨天开始学习，今天就能考好试。
> 평소에 건강**했던들**, 이 정도 등산이 어려웠겠어?
> 如果平时很健康，这么登山还会累吗？

3. 앞에 명사가 오면 '이었던들/였던들'로 쓴다.
前面接名词变为'이었던들/였던들'来使用。

> 예 내가 경찰**이었던들**, 그때 범인을 잡을 수는 없었을 것이다. (의미 1번)
> 我要是警察，那时候也抓不到犯人。(用法1)

제가 키만 컸으면 농구 선수가 됐을 거예요.

그렇게 운동 신경이 없는데 키가 컸던들 농구 선수가 될 수 있었겠어요?

고요

동사/형용사	지내다	먹다	크다	좋다
	지내고요	먹고요	크고요	좋고요

1. '고1+요'의 형태로, 상대방의 말이나 자기가 한 말 뒤에 추가적으로 덧붙일 때 사용한다. ('고1' → 초급 참고)
以'고1+요'的形态，用于附加在对方或自己说过的话后面时使用。
('고1' → 参考初级)

> **예** 그 책은 내용이 참 좋아요. 그림도 이해하기 쉽**고요**.
> 这本书的内容很好。图片也容易理解。
> 유리 씨한테 사이즈가 딱 맞네요. 색깔도 잘 어울리**고요**.
> 刘丽穿着号码正好啊。颜色也很搭配。
>
> 가 : 저 친구 얼굴이 참 잘생겼네요. 那个朋友长得很帅气啊。
> 나 : 그러게요. 키도 크**고요**. 就是啊，个子也高。
>
> 가 : 옆집 아이들은 인사를 참 잘하네요. 邻居家的孩子很有礼貌啊。
> 나 : 맞아요. 공부도 잘 하**고요**. 是啊，学习也很好。

2. 추가적으로 상대방에게 덧붙여서 질문할 때에도 사용한다.
向对方附加提问时使用。

> **예** 가 : 어떻게 지내요? 지금도 그 회사에서 일하고 있**고요**?
> 过得怎么样? 现在也在那家公司工作吗?
> 나 : 그렇지요. 뭐. 특별히 갈 데도 없고 해서요.
> 是的，也没有特别可以去的地方。
>
> 가 : 잘 지내지요? 사업은 잘돼 가**고요**?
> 过得还好吧? 生意做得怎么样了?
> 나 : 네, 덕분에 먹고살 만해요. 做得还可以。

3. 과거 '았/었', 미래·추측 '겠' 등과 함께 쓸 수 있다.

与过去式'았/었', 未来·推测'겠'等一起使用。

> 예 가 : 어제 모임에 영호 씨도 왔어요?
> 昨天聚会荣浩也来了吗?
>
> 나 : 그럼요. 유리 씨도 **왔고요**.
> 当然了, 刘丽也来了。
>
> 가 : 먹구름이 몰려오는 게 금방이라도 비가 내릴 것 같아. 바람도 불**겠고**.
> 乌云笼罩好像马上就要下雨了。还要刮风。
>
> 나 : 우산도 없는데 얼른 뛰어가자.
> 没有雨伞快跑吧。

4. 앞에 명사가 오면 '(이)고요'로 쓴다.

前面接名词变为'(이)고요'来使用。

> 예 그 사람은 좋은 아빠예요. 부모님에게는 착한 아들**이고요**.
> 那个人是个好爸爸。对父母来说也是个好儿子。

방학 때 고향에 간다면서요?

네, 고향에 가요. 가는 길에 다른 곳에
들러서 여행도 좀 하고요.

ㄱ
ㄴ

ㄷ
ㄹ

ㅇ

ㅈ
ㅌ

다마다요

동사/형용사	가다	먹다	싸다	좋다
	가다마다요	먹다마다요	싸다마다요	좋다마다요

1. 구어적인 표현으로, 상대방의 말에 강하게 동의하면서 당연히 그러할 거라고 대답할 때 쓴다.

口语的表达方式。表示强烈地同意对方的话，并且回答当然如此时使用。

> **예** 가 : 집에 같이 갈 거지요?
> 　　　一起回家吧?
> 　　나 : 같이 가**다마다요**. 근데 잠깐 어디에 들렀다가 가도 되지요?
> 　　　当然一起回去。但是一会稍路过一下别的地方也可以吧?
>
> 　　가 : 혼자 살면서 밥은 잘 챙겨 먹는 거야?
> 　　　自己生活饭吃得好吗?
> 　　나 : 그럼. 잘 챙겨 먹**다마다**. 걱정하지 마.
> 　　　当然了。吃得很好。不要担心。
>
> 　　가 : 엄마, 떨어져 지낸 지 한 달이나 지났는데 나 안 보고 싶어?
> 　　　妈妈, 分开生活都一个月了不想我吗?
> 　　나 : 보고 싶**다마다**. 当然想了。
>
> 　　가 : 베트남에서는 과일이 정말 싸다면서요?
> 　　　听说越南的水果真的很便宜?
> 　　나 : 싸**다마다요**. 종류도 많고 맛도 아주 달아요.
> 　　　当然便宜了。种类也很多味道也很甜。

2. 과거 '았/었'과 함께 쓸 수 있다.

与过去式'았/었'一起使用。

> **예** 가 : 오늘 파티에 올 사람들한테 모두 연락했지요?
> 　　　今天要来派对的人都联系了吧?
> 　　나 : 연락했**다마다요**. 곧 도착할 때가 되었어요.
> 　　　当然联系了。马上就要到了。

가 : 그분 나이가 좀 있어 보이는데 결혼은 했나요?
　　那个人看起来年纪不小了，结婚了吗?

나 : 그럼요. 결혼**했다마다요**. 벌써 애가 둘인데요.
　　当然结婚了。都有两个孩子了。

3. 비슷한 표현으로 '고말고요'가 있다. ('고말고요' → 12쪽 참고)

类似的语法有'고말고요'。('고말고요' → 参考12页)

> 예 가 : 고향으로 돌아가는 게 그렇게 좋아요? 回家乡那么好啊?
>
> 나 : 네, 좋**다마다요**.
> 　　是啊，当然好。
> 　　네, 좋**고말고요**.

4. 앞에 명사가 오면 '(이)다마다요'로 쓴다.

前面接名词变为'(이)다마다요'来使用。

> 예 가 : 이번 계약이 우리에게 유리한 조건 맞아요?
> 　　这次签约是对我们有利的条件吗?
>
> 나 : 그럼요. 유리한 조건**이다마다요**. 나만 믿으세요.
> 　　当然是对我们有利的条件了。相信我吧。

내일까지 이 단어들을 모두 외워야
하는데 가능하겠어요?

그럼요. 가능하다마다요.

을 테고/ㄹ 테고

동사/형용사	오다	먹다	크다	좋다
	올 테고	먹을 테고	클 테고	좋을 테고

1. [A 을 테고 B] A를 추측하면서 B를 잇달아 말할 때 사용한다. 이때 A는 자신 있게
추측하는 내용이 온다. ('고1' → 초급 참고)
[A 을 테고 B] 表示一边推测A一边叙述B时使用。('고1' → 参考初级)

> 가 : 유리 씨가 왔으니까 영호 씨도 당연히 **올 테고** 민수 씨는요?
> 刘丽来了当然荣浩就来了，民秀呢？
> 나 : 민수 씨도 온대요. 民秀说也来。

> 가 : 유리 씨하고 민수 씨도 우리랑 같이 점심 먹는대?
> 刘丽和民秀跟我们一起吃午饭吗？
> 나 : 유리 씨는 당연히 같이 **먹을 테고** 민수 씨는 약속이 있대요.
> 刘丽当然一起吃，民秀有约定。

> 가 : 현금 인출기가 어디에 있어요? 1층으로 가면 있나요?
> 现金取款机在哪里？去1楼的话有吗？
> 나 : 1층으로 가 봤자 **없을 테고** 밖으로 나가서 옆 건물로 가 보세요.
> 去了1楼也不会有。出去之后到旁边的楼看吧。

> 가 : 수업 듣는 학생들이 많이 있어요? 초급은 학생들이 **많을 테고** 중급은 어때요?
> 听课的学生多吗？初级的学生一定多，中级怎么样？
> 나 : 중급도 많은 편이에요.
> 中级也很多。

2. 과거 '았/었'과 함께 쓸 수 있다.
与过去式'았/었'一起使用。

> 시간이 늦었으니까 유리 씨는 벌써 집에 **갔을 테고** 영호 씨도 갔나요?
> 时间不早了，刘丽一定回家了，荣浩也走了吗？
> 민수 씨는 혼자 그 많은 일을 다 하느라 많이 힘들**었을 테고** 영호 씨는 어때요?
> 民秀自己做那些事情一定累坏了，荣浩怎么样？

3. 앞에 명사가 오면 '(이)ㄹ 테고'로 쓴다.

前面接名词变为'(이)ㄹ 테고'来使用。

> 예 가 : 옷을 보니 저 사람들은 우리 학교 학생**일 테고** 그럼 저분들은 누구세요?
>
> 看穿着那位应该是我们学校的老师。那么，那位是谁啊?
>
> 나 : 우리 학교 학생들의 부모님이시래요.
>
> 是我们学校学生们的家长。

우리 이번 주말에 모일까? 민수는 월말이니까
당연히 바쁠 테고 너는 어때?

민수가 안 오면 재미없잖아.
다음 달에 같이 보자.

ㄱ
ㄴ

ㄷ
ㅁ

ㅇ

ㅈ
ㅌ

지3

동사/형용사	가다	먹다	크다	좋다
	가**지**	먹**지**	크**지**	좋**지**

1. [A 지 B] A와 상반되는 B를 대등하게 연결함을 나타낸다.

[A 지 B] 表示连接对等的A与B时使用。

> 예) 저 사람은 성격만 좋**지** 다른 건 볼 게 하나도 없다.
> 那个人除了性格好，别的一无是处。
> 이 휴대 전화는 가격만 비싸**지** 성능은 별로다.
> 这个手机价格很贵，但是性能不是很好。
> 이 회사의 관리 체제는 보기에만 그럴듯하**지** 업무 효율성은 안 좋다.
> 这个公司的管理体制看起来像那么回事儿，但是工作效率不是很好。
> 나는 소주만 안 마시**지** 맥주나 와인은 마신다.
> 我就是不喝烧酒，但喝啤酒或红酒。
> 그 사람은 운동만 하**지** 다른 취미 생활은 없다.
> 那个人只运动，没有别的爱好。

2. 과거 '았/었'과 함께 쓸 수 있다.

与过去式'았/었'一起使用。

> 예) 저는 어렸을 때만 부산에서 살**았지** 중학교 때부터는 계속 서울에서 살았어요.
> 我只是小时候生活在釜山，自从初中开始在首儿生活的。
> 그 사람은 돈만 많**았지** 인정이라고는 눈곱만큼도 없는 사람이다.
> 那个人只是钱多，一点人情味儿都没有。

3. 앞에 명사가 오면 '(이)지'로 쓴다.

前面接名词变为'(이)지'来使用。

> 예 우리는 친구**지** 연인이 아니다.
> 我们是朋友，不是恋人。
> 노력하는 사람이 성공하는 법**이지** 노력하지 않는 사람은 성공할 수 없다.
> 努力的人能成功，不努力的人不能成功。

민호 씨는 회사에서 일 잘해요?

머리만 좋지 일 처리 능력은 떨어져요.

< 379 >

더군

동사/형용사	가다	읽다	예쁘다	좋다
	가더군	읽더군	예쁘더군	좋더군

1. '더+군(요)'의 형태로 말하는 사람이 전에 알고 있거나 경험한 것을 회상하면서 그때 알게 된 사실에 대해 감탄하며 이야기할 때 사용한다. 반말 표현으로 나이가 많은 사람이 아랫사람에게 주로 쓴다. 이때 주어는 '나(저), 우리'를 쓸 수 없다. ('군요' → 초급 참고)

以'더+군(요)'的形态，表示说话人对过去知道或经历过的事实，一边回想并对此一边进行感叹时使用。非敬语的表达方式，常用于年纪大的人对比自己年纪小的人说话时使用。这时的主语不可以使用'나(저), 우리'。
('군요' → 参考初级)

> **예** 어제 정말 비가 많이 오더군. 昨天雨下得真大啊。
> 영호가 중국어를 아주 잘하더군. 荣浩中国语说得真好啊。
> 딸 결혼식 때는 정말 기분이 좋더군. 女儿结婚的时候心情真的很好。
> 옆집에 사는 아이가 아주 귀엽더군. 邻居家的孩子真的很可爱。

2. 과거 '았/었', 추측 '겠' 등과 함께 쓸 수 있다.
去式'았/었', 推测'겠'等一起使用。

> **예** 유리가 어렸을 때 정말 예뻤더군.
> 刘丽小的时候真的很漂亮。
> 일기예보를 보니 이번 여름은 아주 덥겠더군.
> 根据天气预报报道，今年夏天真的很热。

3. 앞에 명사가 오면 '(이)더군'으로 쓴다.

前面接名词变为'(이)더군'来使用。

> 예 영호 아내가 될 사람이 아주 유명한 화가**더군**. 荣浩的未婚妻是很有名的画家。
>
> 유리 씨 아버지께서 아주 훌륭한 분**이시더군**. 刘丽的爸爸是位很了不起的人。

지난번에 보니까 유리가 매운 음식을 잘 먹더군.

네, 그래서 저도 유리 씨를 만나면 매운 음식을 자주 먹으러 가요.

ㄱ
ㄴ

ㄷ
ㅁ

ㅇ

ㅈ
ㅌ

던걸

동사/형용사	가다	읽다	예쁘다	좋다
	가던걸	읽던걸	예쁘던걸	좋던걸

1. 말하는 사람이 과거에 새롭게 알게 된 것을 회상하면서 감탄하듯 말할 때 쓴다.
表示说话人对过去新知道的事实一边回想，并对此一边进行感叹时使用。

> **예** 밖에 비가 많이 오**던걸**.
> 外边雨下得很大啊。
> 영호 씨 회사가 아주 좋**던걸**.
> 荣浩的公司非常好。
> 어제 회사에 갔는데 휴일이라 그런지 아주 조용하**던걸**.
> 昨天去了公司，可能是因为放假的关系非常安静。

2. 반말 표현으로 말하는 사람이 전에 알고 있거나 경험한 것을 회상하면서 상대
방의 의견에 대해 부드럽게 반박할 때 쓴다.
非敬语的表达方式，表示说话人对过去知道的或经历过的事实，一边回想
一边对对方的意见委婉地反驳时使用。

> **예** 가 : 영호가 또 친구들하고 놀고 있겠지?
> 荣浩又在和朋友们一起玩儿吧?
> 나 : 아니, 아까 도서관에서 공부하**던걸**.
> 不是，刚才还在图书馆学习呢。
>
> 가 : 김 선생님은 좀 무뚝뚝한 것 같아.
> 金老师好像很冷漠。
> 나 : 어제 김 선생님하고 얘기해 봤는데 아주 친절하시**던걸**.
> 昨天和金老师聊天儿了，非常亲切啊。
>
> 가 : 민수 씨가 아직 안 왔겠지?
> 民秀还没来吧?
> 나 : 교실에 오다가 보니까 사무실에 있**던걸**.
> 路过教室的时候看见(他)在办公室。

3. 이미 완료된 과거 사실에 대해 말할 때는 '았/었던걸'로 쓰고 미래 사실에 대
해 추측해서 말할 때는 '겠던걸'로 쓴다.

对已经结束的过去事实叙述时用'았/었던걸', 对未来事实推测叙述时用
'겠던걸'来使用。

> 예 가 : 지금 빨리 가면 회의에 참석할 수 있을까?
> 现在快点儿去的话, 可以参加会议吗?
>
> 나 : 조금 전에 회의실에 가 봤는데 회의가 이미 끝**났던걸**.
> 刚才去会议室看的时候会议已经结束了。
>
> 가 : 편의점에서 우유 좀 사다 줄래?
> 能在便利店(给我)买点儿牛奶吗?
>
> 나 : 오다가 보니까 편의점 문이 닫**혔던걸**.
> 来的时候看到便利店关门了。
>
> 가 : 내일은 날씨가 좀 따뜻해질까?
> 明天能变得暖和点儿吗?
>
> 나 : 아니, 일기예보를 들어 보니까 내일은 더 춥**겠던걸**.
> 不能, 看天气预报, 明天更冷。

4. 앞에 명사가 오면 '(이)던걸'로 쓴다.

前面接名词变为'(이)던걸'来使用。

> 예 가 : 영호 씨 형은 회사에 다녀? 荣浩的哥哥上班吗?
> 나 : 아니, 아직 학생**이던걸**. 不上, 还是学生。

밖에 더워?

아니, 바람이 불어서 좀 쌀쌀하던걸.

■ 는 마당에　　　　　■ 은 마당에/ㄴ 마당에

동사	가다	먹다
	가는 마당에	먹는 마당에

형용사	바쁘다	작다
	바쁜 마당에	작은 마당에

1. [A 는 마당에 B] A와 같은 일이 벌어지는 상황을 나타낸다. 이때, A가 다 끝난 상황이어서 다른 어떤 것도 할 수 없다는 느낌을 준다. B에는 반문하는 형태의 문장이 주로 온다.

[A 는 마당에 B] 表示发生了与A相同的状况时使用。这时的A为已经结束的状况，什么也做不了时使用。B主要接反问句。

> 예 이제 여기를 떠나**는 마당에** 뭐가 더 필요하겠어요?
> 现在已经离开这里了，还需要什么啊?
> 사람들이 다 아**는 마당에** 무엇을 더 숨기겠어요?
> 大家已经都知道了，还有什么可隐瞒的啊?
> 시험에 이미 늦**은 마당에** 뭘 그렇게 서둘러요?
> 考试已经晚了，还有什么可着急的啊?
> 모든 증거가 확실**한 마당에** 더 이상 체포를 망설일 필요는 없어요.
> 所有的证据都在，没有必要再犹豫逮捕的问题了。

2. '있다, 없다'는 '는 마당에'를 쓴다.

'있다，없다'接'는 마당에'来使用。

> 예 친구도 가족도 모두 믿을 수 없**는 마당에** 누구를 믿겠습니까?
> 连朋友，家人都不能相信，还能相信谁啊?
> 늦게 일어나서 세수할 시간도 없**는 마당에** 무슨 아침을 먹어요?
> 起来晚了连洗脸的时间都没有，还吃什么早饭啊?

3. 동사의 경우 과거 상황에 대해 말할 때는 '(으)ㄴ 마당에'로 쓴다.

对过去状况叙述时动词用'(으)ㄴ 마당에'的形态来表达。

> 예 여자 친구랑 이미 헤어**진 마당에** 뭘 잘해 주라는 거예요?
>
> 已经和女朋友分手了，还怎么让我对她好啊?
>
> 그 사람이 이미 떠**난 마당에** 선물을 사 봤자 소용이 없을 것 같네요.
>
> 那个人已经离开了，买了礼物也好像没有用了。

이렇게 바쁜 마당에 그런 일까지 시키다니 말이 돼요?

그러게요. 그래도 어쩔 수 없이 해야겠지요.

ㄱ
ㄴ

ㄷ
ㅁ

ㅇ

ㅈ
ㅌ

는 만큼		**은 만큼/ㄴ 만큼**

동사	가다	먹다
	가는 **만큼**	먹는 **만큼**
형용사	나쁘다	좋다
	나쁜 **만큼**	좋은 **만큼**

1. [A 는 만큼 B] A가 기준이 되어 B도 그 정도로 비슷함을 나타낸다.

[A 는 만큼 B] 表示以A为基准B也到了类似的程度时使用。

> 예 내가 그 사람을 사랑하는 **만큼** 그 사람도 나를 사랑할 것이다.
> 我有多爱那个人，那个人就有多爱我。
> 돈을 많이 버는 **만큼** 일도 많이 하게 된다.
> 钱挣得多，活就干得多。
> 음식이 아이들 입맛에도 맞나 봐요. 어른들이 먹는 **만큼** 먹네요.
> 菜可能很合孩子们的口味啊。吃的和大人一样多。

2. [A 는 만큼 B] A가 B의 이유임을 나타낸다. 이때 A와 B는 비슷한 정도의 가치를 가진다.

[A 는 만큼 B] A为B的理由。这时A与B为相似程度的价值。

> 예 혼자 사는 **만큼** 독립심도 강해요.
> 因为自己生活，所以独立心也很强。
> 남을 위해 봉사하는 **만큼** 자신도 행복할 거예요.
> 为别人服务，所以自身也会感到幸福。
> 노력하는 **만큼** 더 좋은 결과가 있을 거예요.
> 因为努力，所以会有更好的结果的。
> 그 사람이 좋은 **만큼** 그 사람의 단점도 눈에 잘 안 들어온다.
> 喜欢那个人的程度越深，就越不容易发现他的缺点。

3. 동사의 경우 과거 상황에 대해 말할 때는 '(으)ㄴ 만큼'으로 쓰고 형용사의 경우 과거 상황에 대해 말할 때는 '았/었던 만큼'으로 쓴다.

动词的情况下，对过去状况叙述时用'(으)ㄴ 만큼'来使用。形容词的情况下，对过去状况叙述时用'았/었던 만큼'来使用。

> **예** 열심히 일**한 만큼** 이번 휴가에는 푹 쉬고 싶어요.
> (因为/根据)努力工作的结果，这次休假想充分地休息。
> 지난번에도 그 사람이 거짓말**한 만큼** 이번 일도 믿을 수가 없어요.
> 因为上次那个人说了谎，所以这次也不能相信。
> 마음 먹**은 만큼** 일이 잘 되면 좋겠다.
> 像下定决心那样，事情顺利的话就好了。
> 지금까지 **온 만큼** 더 올라가면 산 정상에 도착할 것이다.
> 再登现在为止来的高度，就能到达山顶了。
> 그 사람이 좋**았던 만큼** 그 사람이 떠났을 때는 슬픔도 아주 컸다.
> 因为很喜欢那个人，所以他离开时也很伤心。
> 엄마가 젊었을 때 예**뻤던 만큼** 그 딸도 아주 예쁘다.
> 妈妈年轻时很漂亮，所以她的女儿也很漂亮。

4. '있다/없다'는 '는 만큼'을 쓴다.

'있다/없다'接'는 만큼'来使用。

> **예** 내가 할 수 있**는 만큼** 최선을 다해 보겠다. 付出全力来做我能做的。
> 가진 것이 없**는 만큼** 잃을 것도 없다. 一无所有，所以也不怕失去。

5. 명사가 오면 '인 만큼'으로 쓴다.

前面接名词变为'인 만큼'来使用。

> **예** 영호 씨는 학교에서도 모범생**인 만큼** 집에서도 부모님께 아주 잘한대요.
> 荣浩在学校是模范生，听说在家里也很孝敬父母。
> 잘하려다가 실수한 것**인 만큼** 이번 실수는 넘어갈게요.
> 因为想做到更好所以才会失误，这次的失误就这么过去吧。

> 박물관 가기 전에 역사 공부를 하고
> 가니까 박물관 구경이 더 재미있었어.

> 그럼, 아는 만큼 보이는 법이거든.

는 바 | 은 바/ㄴ 바

동사	기대하다	먹다
	기대하**는 바**	먹**는 바**
형용사	나쁘다	좋다
	나**쁜 바**	좋**은 바**

1. 앞말이 뜻하는 내용 또는 그 일을 나타낸다. 이때 '는 바에 따라', '는 바를' 등
으로 쓰는 경우가 많다.
表示代表前面说过的话的内容。这时常以'는 바에 따라', '는 바를'来表达。

> 📋 부모님이 기대하**는 바**에 따라 유학을 가기로 했어요.
> 像父母期待的那样，(我)决定了去留学。
> 범인에게는 법이 정하**는 바**에 따라 처벌이 이루어질 것이다.
> 根据法律规定的那样，犯人会得到同样的处罚。
> 기분 나**쁜 바**를 표현 못 해서 답답하다.
> 糟糕的心情不能发泄，所以很郁闷。

2. 문어적인 표현으로 앞말이 뜻하는 상황이나 모습을 나타낸다. 이때 뒤에는 그
와 관련된 다른 상황이 온다.
以书面语的表达方式，表示代表前面说过的话的状况或样子。这时后面接
与其有关系的状况。

> 📋 곧 시험이 시작되**는 바**, 모두 조용히 하십시오.
> 考试马上就要开始了，请大家安静。
> 지금 보시**는 바**와 같이 올해 대학 졸업자의 취업률이 1% 증가했습니다.
> 就像所看到的一样，今年大学毕业的就业率增加了1%。
> 화재로 인한 피해가 많**은 바**, 피해 주민을 위한 모금 운동에 동참해 주시기 바랍니다.
> 因为火灾损失很大，希望大家能参加为受害居民展开的募捐活动。

3. '는 바이다'로 문장을 끝낼 수 있다.
可以用'는 바이다'结束文章。

> 📋 건강하게 살고자 하는 것은 모든 사람들이 원하**는 바이다**.
> 健康地生活是所有人所期望的。

욕심을 버리고 살자는 것이 이 시가 말하고자 하는 **바이다.**
丢掉贪心的欲望是这首诗想告诉大家的。
책임자를 찾아 사고의 원인을 물어야 한다고 생각하**는 바이다.**
我认为要找到负责人，来寻问事故的原因。

4. 동사의 경우 과거 상황에 대해 말할 때는 '(으)ㄴ 바'로 쓰고 형용사의 경우 과
거 상황에 대해 말할 때는 '았/었던 바'로 쓴다.
动词的情况下，对过去状况叙述时用'(으)ㄴ 바'来使用。形容词的情况下，
对过去状况叙述时用'았/었던 바'来使用。

> 예 홍수가 **난 바,** 그 지역은 출입 금지 명령이 떨어졌다.
> 发了洪水，那个地区被下了禁止出入的命令。
> 그 사고로 인명 피해가 일어**난 바,** 일단 사고 수습이 중요하다고 봅니다.
> 因为那件事故出现了人命伤害，所以要首先解决事故。
> 그날 기분이 나**빴던 바,** 나는 모임에 나가지 않았다.
> 那天心情不好，我没有去参加聚会。

5. '있다/없다'는 '는 바'를 쓴다.
'있다/없다'接'는 바'来使用。

> 예 이번 사건에 대해 알고 있**는 바를** 모두 말하세요.
> 请把对本次事件了解的都说出来。

6. 앞에 명사가 오면 '인 바'로 쓴다.
前面接名词变为'인 바'来使用。

> 예 삼십 년 만의 대지진**인 바,** 인명 피해가 많았다.
> 三十年来发生的这次地震出了很多人命。

이번 사건의 전말을 알고 있어요?

아니요, 알고 있는 바를 말해 주세요.

는 반면에　　　　은 반면에/ㄴ 반면에

동사	가다	먹다
	가는 반면에	먹는 반면에

형용사	나쁘다	좋다
	나쁜 반면에	좋은 반면에

1. [A 는 반면에 B] A와 반대되는 B가 있음을 나타낸다.

[A 는 반면에 B] 表示有与A相反的B时使用。

> 📕 그 가수는 노래는 잘하**는 반면에** 춤은 잘 못 춰요.
> 那个歌手虽然歌唱得好，相反之下舞跳得不好。
> 저와 제 동생은 외모는 비슷**한 반면에** 성격은 아주 달라요.
> 我和我的弟弟虽然长得很像，相反之下性格完全不同。
> 이 집은 시설은 좋**은 반면에** 전망은 별로 좋지 않네요.
> 那家的设施虽然很好，相反之下眺望不是很好。

2. 동사의 경우 과거 상황에 대해 말할 때는 '(으)ㄴ 반면에'로 쓰고 형용사의 경우 과거 상황에 대해 말할 때는 '았/었던 반면에'로 쓴다.

动词的情况下，对过去状况叙述时用'(으)ㄴ 반면에'来使用。形容词的情况下，对过去状况叙述时用'았/었던 반면에'来使用。

> 📕 같은 일에 대해서도 나는 화가 **난 반면에** 내 친구는 아무렇지도 않다고 했다.
> 对待同样的事情我也很生气，但是朋友却说没什么关系。
> 어제는 날씨가 좋**았던 반면에** 오늘은 구름이 많이 끼어서 흐리다.
> 昨天天气很好，但是今天却云很多有些阴。

3. '있다/없다'는 '는 반면에'를 쓴다.

'있다/없다'接 '는 반면에'来使用。

> 📕 내 친구는 공부하고 있**는 반면에** 나는 계속 놀았다.
> 我的朋友一直在学习，但我却一直在玩儿。
> 나는 돈이 없**는 반면에** 내 동생은 돈이 많다.
> 我没有钱，但是我的弟弟却钱很多。

4. '는 반면에'의 '에'는 생략할 수 있다.

可以省略'는 반면에'的'에'来使用。

> 예 민수 씨는 집에 가 버린 **반면에** 유리 씨는 끝까지 모임에 남아 있었다.
> 民秀回家了，但是刘丽却留到了聚会的最后。
> 민수 씨는 집에 가 버린 **반면** 유리 씨는 끝까지 모임에 남아 있었다.

5. 앞에 명사가 오면 '인 반면에'를 쓴다.

前面接名词变为'인 반면에'来使用。

> 예 저는 회사원**인 반면에** 제 형은 아직 대학생이에요.
> 我是公司职员，我哥哥却是大学生。

새로 들어간 회사 어때요?

일은 힘든 반면에 월급은 많아요.

▌는 법이다　　▌은 법이다/ㄴ 법이다

동사	가다	먹다
	가는 법이다	먹는 법이다
형용사	나쁘다	좋다
	나쁜 법이다	좋은 법이다

1. 아주 당연한 일임을 나타낸다.

表示理所当然的事情时使用。

> 예　노력하는 사람이 성공하는 **법이다**.
> 努力的人就会成功。
> 무작정 서두르면 놓치는 것들이 생기는 **법이야**.
> 匆忙地准备的话, 就会有落下的东西。
> 그렇게 함부로 말하면 누구라도 기분이 나쁜 **법이지**.
> 那么无理的讲话, 谁都会生气的。

2. '있다/없다'는 '는 법이다'를 쓴다.

'있다/없다'接'는 법이다'来使用。

> 예　하늘이 무너져도 솟아날 구멍은 있는 **법이다**.
> 天塌了也有能逃出的窟窿。(表示车到山前必有路)

3. 속담이나 격언 등에서 많이 쓰인다.

常用于熟语或格言。

> 예　벼는 익을수록 고개를 숙이는 **법이다**.
> 稻穗越熟越是爱低下头。(懂得越多的人越谦虚)
> 가는 말이 고와야 오는 말이 고운 **법이다**.
> 去有好言来有好语。

> 민수 씨하고 민수 씨 여자 친구는
> 성격이 비슷한 것 같아요.

> 원래 비슷한 사람끼리 만나는 법이에요.

는 셈치고

동사	가다	먹다
	가는 셈치고	먹는 셈치고

1. [A 는 셈치고 B] A를 한다고 가정하거나 A와 비슷한 일이라고 전제한 후, B
를 함을 나타낸다.

[A 는 셈치고 B] 表示假设为A或类似做A的前提下，做B时使用。

> **예** 휴가 때 잠깐 쉬**는 셈치고** 여행을 갔다가 거기에서 아예 살게 되었다.
> 休假时就当暂时休息去旅行的，干脆就留在这里生活了。
> 돈 버리**는 셈치고** 주식을 조금 사 보았다.
> 就当扔钱了，试着买了些股票。

2. 과거 상황에 대해 말할 때는 '(으)ㄴ 셈치고'로 쓴다.

对过去状况叙述时变为'(으)ㄴ 셈치고'来使用。

> **예** 친구에게 돈을 빌려줬는데, 그냥 돈을 잃어버**린 셈치고** 받을 생각을 안 했다.
> 借给了朋友钱，就当不要了(给他了)没有想要的想法。
> 가족들과 여행 **온 셈치고** 아프리카에 가서 봉사 활동을 했다.
> 就当和家人们来旅行，到非洲去做自愿服务了。
> 인생 경험**한 셈치고** 이번 일은 다 잊어버려.
> 就当是人生的经验，忘掉这次的事情吧。

3. '있다/없다'는 '는 셈치고'를 쓴다.

'있다/없다'接'는 셈치고'来使用。

> **예** 친구 하나 없**는 셈치고** 앞으로는 그 친구에게 신경 쓰지 않겠어.
> 就当没有一个朋友，以后不会在为他费心了。
> 이 돈은 없**는 셈치고** 빌려줄게. 就当没有这笔钱，借给你吧。

4. '는 셈치고' 뒤에 청유문이나 명령문으로 문장을 끝내는 경우가 많다.

以'는 셈치고'后接劝诱句，或命令句来做文章的结尾。

> **예** 속**는 셈치고** 내 말 한번 믿어 봐.
> 就当被骗了，相信一次我的话吧。
> 사람 하나 살리**는 셈치고** 이번 한 번만 도와줘.
> 就当救人命了，这次帮帮忙吧。

5. 앞에 명사가 오면 '인 셈치고'를 쓴다.

前面接名词变为'인 셈치고'来使用。

> 예 내가 외국인**인 셈치고** 이 단어를 나한테 알기 쉽게 설명해 봐.
> 就当我是外国人一样，把这个单词说明的简单一点儿。
> 내가 회사 사장**인 셈치고** 내 앞에서 발표 연습을 해 보세요.
> 就当我是公司老板，在我面前练习一下发表。

민수 씨 이사했다는데 한번 가 볼래요?

네, 구경하러 가는 셈치고 가서 같이 밥이나 먹지요.

는 양		**은 양/ㄴ 양**

동사	가다	먹다
	가는 양	**먹는 양**

형용사	나쁘다	좋다
	나쁜 양	**좋은 양**

1. [A 는 양 B] 사실은 그렇지 않은데 마치 A를 하는 척하고 B를 함을 나타낸다.

[A 는 양 B] 表示事实上不是那样，就好像是A那样来做B时使用。

> 예 내 룸메이트는 혼자 사**는 양** 집 안을 어지른다.
> 我的室友就好像是自己一个人住似的，把房间弄得很乱。
> 영호가 누군가를 찾**는 양** 주위를 두리번거렸다.
> 荣浩好像是在找谁的样子四处张望。
> 아이는 무슨 일인지 기분이 나**쁜 양** 씩씩거리며 돌아다녔다.
> 这个孩子好像有什么不开心似的，气呼呼地走来走去。
> 사고에 대한 충격이 큰지 기분이 **좋은 양** 실실 웃는다.
> 好像因为事故受到很大的刺激，心情很好似的笑嘻嘻。

2. 동사의 경우 과거 상황에 대해 말할 때는 '(으)ㄴ 양'으로 쓰고 형용사의 경우 과거 상황에 대해 말할 때는 '았/었던 양'으로 쓴다.

动词的情况下，对过去状况叙述时用'(으)ㄴ 양'来使用。形容词的情况下，对过去状况叙述时用'았/었던 양'来使用。

> 예 민수 씨는 자기가 직접 그 배우를 만**난 양** 떠들어댔다.
> 民秀好像亲眼见过那个演员似的嚷嚷着。
> 음식을 직접 해 준 성의가 고마워서 배고**팠던 양** 맛있게 먹었다.
> 对亲自做料理的诚意感谢，像饿了似的吃得很香。

3. '있다/없다'는 '는 양'을 쓴다.

'있다/없다'接'는 양'来使用。

> 예 친구가 해 준 음식이 맛이 없었지만 맛이 있**는 양** 많이 먹었다.
> 虽然朋友做的料理不好吃，但是像很好吃似的吃了很多。
> 일을 또 시킬까봐 시간이 없**는 양** 바쁜 척했다.
> 怕又让做事情，所以装成没有时间很忙似的。
> 그 남자는 모든 여자들에게 관심이 있**는 양** 친절하게 대하는 습관이 있다.
> 那个男的好像有对所有女的都有关心似的习惯。

4. 앞에 명사가 오면 '인 양'을 쓴다.

前面接名词变为'인 양'来使用。

> 예 내 동생은 나보다 키가 커서 밖에 나가면 가끔 내 형**인 양** 행동한다.
> 我的弟弟比我个子高，所以在外边偶尔装成我哥哥似的。
> 누나가 자꾸 엄마**인 양** 나한테 잔소리를 할 때가 있어요.
> 姐姐经常像妈妈似的，向我发牢骚。

유리 씨, 민수 씨하고 헤어졌다면서요?
무슨 일 있었어요?

나를 좋아하는 양 거짓말을 했어요.
기분 나빠서 헤어졌어요.

■ 는 이상   ## ■ 은 이상/ㄴ 이상

동사	가다	먹다
	가는 이상	먹는 이상

형용사	나쁘다	좋다
	나쁜 이상	좋은 이상

1. [A 는 이상 B] A가 확실하게 정해졌기 때문에 그런 상황에서는 당연히 B가
있거나 B를 해야 함을 나타낸다.

[A 는 이상 B] 表示因为A被确定，所以当然有B或要做B时使用。

> 예 대회에 나가**는 이상** 최선을 다해서 해 봅시다.
> 决定参加大赛，就付出全力吧。
> 그 사람이 우리를 돕**는 이상** 분명히 일이 잘 될 거니까 걱정하지 마.
> 那个人决定帮我们，事情就一定会很顺利所以不要担心。
> 혼자 사**는 이상** 예쁜 집보다는 안전한 집을 구하는 게 중요하다.
> 一个人生活比起漂亮的房子，当然还是找个安全的房子最重要。
> 집이 **먼 이상** 일찍 일어나야 지각을 안 할 것이다.
> 因为家很远，当然要早起才不会迟到。

2. 동사의 경우 과거 상황에 대해 말할 때는 '(으)ㄴ 이상'으로 쓴다.

动词的情况下对过去状况叙述时用'(으)ㄴ 이상'来表达。

> 예 결혼**한 이상** 다른 사람한테 한눈 팔면 안 되지요.
> 结婚了就不能对其他人感兴趣了。
> 아이에게 약속**한 이상** 그 약속은 꼭 지켜야 해요.
> 对孩子承诺了就一定要遵守。
> 일을 한번 시작**한 이상** 절대로 포기하지 마세요.
> 事情开始了就绝对不能放弃。
> 남자로 태어**난 이상** 한 가정을 책임져야 한다.
> 身为男人就一定要对一个家庭负责。

3. '있다/없다'는 '는 이상'을 쓴다.

'있다/없다'接'는 이상'来使用。

> **예** 경찰이 이곳에 있**는 이상** 이곳은 안전할 것이다.
> 只要警察在这里，这里就一定安全。
> 내가 너에게 할 말이 더 없**는 이상** 여기에 있을 필요가 없다.
> 我对你已经没有话可说了，所以没有必要留在这儿了。

4. 앞에 명사가 오면 '인 이상'을 쓴다.

前面接名词变为'인 이상'来使用。

> **예** 내가 외국인**인 이상** 한국 사람과 똑같이 한국말을 하는 것은 불가능하다.
> 因为我是外国人，所以像韩国人似的来讲韩国话是不可能的。
> 부모**인 이상** 자식을 잘 돌봐야 한다.
> 父母就应该好好照顾子女。

이번에 새로 맡은 일 어때요? 힘들지요?

네, 그래도 맡은 이상 끝까지 하려고요.

	는 한	은 한/ㄴ 한
동사	가다	먹다
	가**는 한**	먹**는 한**
형용사	나쁘다	많다
	나쁜 **한**	많**은 한**

1. [A 는 한 B] A의 조건 안에서 B가 이루어짐을 나타낸다.

[A 는 한 B] 表示在A的条件下达成B时使用。

> 📷 부모님이 옆에 계시**는 한** 힘든 일이 있어도 의지할 곳이 있다.
> 只要父母在身边，有困难的事情也有依靠。
> 내가 도와주지 않**는 한** 민수 씨는 혼자 그 일을 끝낼 수가 없을 것 같아요.
> 要是没有我的帮助，民秀可能自己完成不了那件事。
> 이렇게 적게 먹**는 한** 살이 안 빠질 수가 없겠네요.
> 吃得这么少，不可能不瘦。
> 돈이 그렇게 많**은 한** 돈 걱정은 안 하겠네.
> 钱那么多，就不用担心钱了。
> 그렇게 게으**른 한** 절대 성공할 수 없다.
> 那么懒，决对不可能成功。
> 지하철역에서 가까**운 한** 집값은 올라갈 수밖에 없다.
> 离地铁站近，房价就只能上涨。

2. '지 않는 한 (으)ㄹ 수 없다'의 형태로 많이 써서, 앞의 내용이 반드시 있어야 할 것, 필수적인 조건임을 강조한다.

常以'지 않는 한 (으)ㄹ 수 없다'的形态表示必须有前面的条件，强调必须 的条件时使用。

> 📷 사과하**지 않는 한**, 너를 용서**할 수 없다**. (사과해야 너를 용서할 수 있다.)
> 不道歉的话，绝不原谅你。(只有道歉才能原谅你。)
> 노력하**지 않는 한**, 성공**할 수 없다**. (노력해야 성공할 수 있다.)
> 不努力的话，决不能成功。(只有努力了才能成功。)

3. '있다/없다'는 '는 한'을 쓴다.

'있다/없다'接'는 한'来使用。

> 예 돈이 있는 한 배낭여행을 계속할 것이다.
> 只要有钱的话，就继续背囊旅行。
> 일이 이렇게 많이 남아 있는 한 일찍 퇴근할 수가 없어요.
> 事情剩下那么多，没办法提前下班。

4. 많이 쓰는 표현으로 '할 수 있는 한', '될 수 있는 한', '가능한 한' 등이 있다.

经常使用的表达方法有'할 수 있는 한', '될 수 있는 한', '가능한 한'等。

> 예 할 수 있는 한 최선을 다하세요. 请尽可能全力以赴。
> 될 수 있는 한 빨리 집에 돌아오세요. 请尽可能快点儿回家。
> 가능한 한 비행기표를 싸게 사고 싶다. 可能的话，想买便宜的飞机票。

5. 앞에 명사가 오면 '인 한'을 쓴다.

前面接名词变为'인 한'来使用。

> 예 저 아이가 초등학생인 한 이 문제를 풀 수가 없을 것이다.
> 那个孩子要是小学生就不能解这道题。

내일까지 이 일을 다 끝낼 수 있을까?

모르겠어. 그래도 할 수 있는 한 최선을 다하자.

는 한이 있어도

동사	가다	죽다
	가는 한이 있어도	죽는 한이 있어도

1. [A 는 한이 있어도 B] 극단적인 A의 상황이 있을 거라고 가정해도, 반드시 B를 하겠다는 의지를 강조할 때 쓴다.

[A 는 한이 있어도 B] 强调即使出现像A那样的极端状况，也会必须做B 的动作时使用。

> 예 내가 **죽는 한이 있어도** 이 일만은 계속하겠다.
> 我宁可死了也要继续做这件事情。
> 아이가 **우는 한이 있어도** 일단 약을 먹여야 해요.
> 宁可孩子哭也要喂药。
> **쓰러지는 한이 있어도** 마라톤을 포기하고 싶지 않다.
> 宁可倒下也不想放弃马拉松。
> 회사를 그만**두는 한이 있어도** 할 말은 해야겠다.
> 宁可辞职该说的话也要说。
> 우리가 헤어지**는 한이 있어도** 거짓말을 계속할 수는 없다.
> 宁可我们分手也不能继续说谎。

2. '있다/없다'는 '는 한이 있어도'를 쓴다.

'있다/없다'接'는 한이 있어도'来使用。

> 예 내가 이곳으로 다시 돌아올 수 **없는 한이 있어도** 하고 싶은 말은 하고 나가겠다.
> 宁可再也不能回到这里，也要把想说的话说完再出去。

3. 비슷한 표현으로 '는 한이 있더라도'를 쓸 수 있다.

类似的语法有'는 한이 있더라도'。

> 예 해고를 당하**는 한이 있어도** 회사의 잘못된 점은 밝히고 싶다.
> 宁可被解雇了也想指明公司的错误。
> 해고를 당하**는 한이 있더라도** 회사의 잘못된 점은 밝히고 싶다.

회사 근처 집값이 많이 올라서
좀 멀리 이사가려고 해요.

저는 월세를 사는 한이 있어도 지금은
회사 근처에서 살고 싶어요.

┃ 는가? 1　　　┃ 은가/ㄴ가? 1

동사	가다	먹다
	가**는가?**	먹**는가?**

형용사	나쁘다	좋다
	나**쁜가?**	좋**은가?**

1. 나이가 많은 사람이 아랫사람이나 가까운 사람에게 점잖게 질문할 때 쓴다. 다소 예스러운 표현이다.
　表示年龄比较大的人对下属或亲近的人文雅地提问时使用。多少带有礼貌的表达方式。

> 例 가 : 자네, 어디 가**는가?** 你, (用于平辈之间或对晚辈的称呼) 去哪儿?
> 　　나 : 친구를 만나러 갑니다. 무슨 일이십니까? 去见朋友。有什么事儿吗?
>
> 　　가 : 음식이 입에 맞**는가?** 菜还合口味吗?
> 　　나 : 네, 아주 맛있습니다. 是的, 非常好吃。
>
> 　　가 : 그곳은 날씨가 어**떤가?** 那个地方天气怎么样?
> 　　나 : 여기보다 따뜻합니다. 比这里暖和。

2. 동사, 형용사 모두 과거 상황에 대해 말할 때는 '았/었는가?'로 쓰고, 미래 · 추측 상황에 대해 말할 때에는 '겠는가?', '(으)ㄹ 것인가?'로 쓴다.
　对过去状况叙述时动词, 形容词都用'았/었는가?', 对未来 · 推测状况叙述时用'겠는가?', '(으)ㄹ 것인가?'等一起使用。

> 例 가 : 식사는 **했는가?** 吃饭了吗?
> 　　나 : 네, 했습니다. 어르신은 식사하셨습니까? 吃了, 老人家您吃饭了吗?
>
> 　　가 : 언제 일이 끝나**겠는가?** 事情什么时候结束啊?
> 　　나 : 한 시간 후에 끝날 것 같습니다. 大概一个小时后就能结束。

3. '있다, 없다'는 '는가?'를 쓴다.

'있다, 없다'接'는가?'来使用。

> 예 입맛이 없**는가?** 没有胃口吗?
>
> 연극이 재미있**는가?** 话剧有意思吗?

4. 앞에 명사가 오면 '인가?'를 쓴다.

前面接名词变为'인가?'来使用。

> 예 자네는 이 학교 학생**인가?** 你是这个学校的学生吗?

자네, 지금 바쁜가?

아닙니다. 무슨 일이십니까?

는가?2 | 은가/ㄴ가?2

동사	가다	읽다
	가는가	읽는가

형용사	싸다	높다
	싼가	높은가

1. 보고서, 발표 자료 등 학문적인 글에서 어떤 문제를 제시할 때 쓴다.

用于在报告, 材料发表等书面形式上提出问题时使用。

> 예 이번 사건의 원인이 무엇이라고 생각하**는가?**
> (你)认为这次事故的原因是什么?
> 다음 중 무엇이 여러분의 생각과 다**른가?**
> 下面当中有哪些与大家的想法不同的?
> 이 문제에 대해 어떻게 생각하**는가?**
> (你)关于这个问题有什么想法?
> 과학이 과연 인류 발전에 도움이 되**는가?**
> 科学究竟对人类的发展有帮助吗?

2. '있다, 없다'는 '는가?'를 쓴다.

'있다, 없다'接'는가?'来使用。

> 예 자기 생활에 만족하면서 사는 사람이 얼마나 있**는가?**
> 对自己的生活能够满足的人能有多少啊?

3. 동사, 형용사 모두 과거 상황에 대해 말할 때는 '았/었는가?'로 쓰고, 미래·추측 상황에 대해 말할 때는 '겠는가?', '(으)ㄹ 것인가?'로 쓴다.

与过去状况叙述时动词, 形容词都用'았/었는가?', 对未来·推测行动时用 '겠는가?', '(으)ㄹ 것인가?'来使用。

> 예 이 시대의 청소년 문제, 어디까지 **왔는가?**
> 这个时代青少年问题, 到了什么程度?
> 온난화 현상은 이대로 지속되**겠는가?**
> 温暖化问题将会持续下去吗?
> 초등학교 학급당 학생 수는 계속 감소**할 것인가?**
> 小学的班级数会会持续减少吗?

4. 앞에 명사가 오면 '인가'로 쓴다.

前面接名词变为'인가'来使用。

> 예 이 사건의 해결 방법은 무엇**인가**?
>
> 这个事件的解决方法是什么?
>
> 비정상적인 물가 상승의 원인은 과연 무엇**인가**?
>
> 非正常物价上涨的原因是什么?

> 앞으로의 경제 상황이 나아지겠는가?

동사	가다	먹다
	가는가 싶다	먹는가 싶다

형용사	나쁘다	좋다
	나쁜가 싶다	좋은가 싶다

■ 는가 싶다   ■ 은가 싶다/ㄴ가 싶다

1. 어떤 상황에 대한 말하는 사람의 생각을 나타낸다. 이때 말하는 사람의 생각은 확실한 것이 아니라 막연하게 떠올리는 경우가 많다.

表示说话人对某事的想法。这时说话人的想法并不肯定，大多是茫然的想出来时的状况。

예 민수 씨가 안 와서 어디 아픈가 싶었어요.
民秀没来，好像是哪里不舒服了吧。
유리 씨가 전화를 안 받네요. 오늘도 안 오는가 싶네요.
刘丽不接电话。可能今天也不能来了吧。
찌푸린 얼굴 표정을 보니, 기분이 나쁜가 싶어요.
看到愁眉苦脸的样子，心情可能不好吧。

2. 동사, 형용사 모두 과거 상황에 대해 말할 때는 '았/었는가 싶다'로 쓴다.

与过去状况叙述时动词，形容词都用'았/었는가 싶다'来使用。

예 민수 씨 가방이 안 보이는 걸 보니 민수 씨는 벌써 집에 갔는가 싶다.
看民秀书包不在的样子，可能是已经回家了吧。
아기가 밥을 안 먹는 걸 보니 벌써 많이 먹었는가 싶네요.
看孩子不吃饭的样子，可能是已经吃了很多了吧。
아이가 혼자 앉아 있는 걸 보니 엄마를 잃어버렸는가 싶어요.
看孩子自己坐在那的样子，可能是和妈妈走失了吧。

3. '있다, 없다'는 '는가 싶다'를 쓴다.

'있다, 없다'接'는가 싶다'来使用。

예 극장에 사람들이 별로 없는 걸 보니 영화가 인기가 없는가 싶다.
看电影院人不多的样子，可能是电影没有意思吧。

4. 앞에 명사가 오면 '인가 싶다'를 쓴다.

前面接名词变为 '인가 싶다' 来使用。

> 예 저 사람 차를 보니 부자**인가 싶네요**. 看那个人的车，好像是有钱人。
> 말하는 것을 보니 외국 사람**인가 싶어요**. 看说话的样子，好像是外国人。

민수 씨가 요즘 우울해 보여요.

여자 친구랑 헤어졌는가 싶은데요.

는가 하면	**은가 하면/ㄴ가 하면**	

동사	가다	먹다
	가는가 하면	먹는가 하면

형용사	나쁘다	좋다
	나쁜가 하면	좋은가 하면

1. [A 는가 하면 B] 어떤 상황에 대해서 A가 있으면서 동시에 B도 있음을 나타낸다.

[A 는가 하면 B] 表示在某种状况下有A的同时，B也存在时使用。

> **예** 같은 반이라도, 몇 명은 공부하**는가 하면** 몇 명은 게임을 하고 있다.
> 在同样的班，有几名学习的就有几名玩游戏的。
> 유리 씨는 요즘 괜히 짜증을 내**는가 하면** 이유도 없이 한숨을 쉬기도 해요.
> 刘丽最近不仅莫名其妙地发脾气，还没有理由地叹气。
> 인생이란 잘 흘러가**는가 하면** 힘들 때도 있는 법이다.
> 人生有顺畅的时候，就有苦的时候。
> 이곳 날씨는 아침에는 **좋은가 하면**, 저녁에는 비가 오기도 한다.
> 这个地方的天气早上虽好，到了晚上也会下雨。

2. [A 는가 하면 B] A에 대해 말할 때, 그것을 부가적으로 설명하는 B가 온다.

이때 A에는 '누구, 무엇, 어디, 언제, 어떻게, 얼마나, 왜' 등의 의문사와 함께 쓰여 말하고자 하는 주제를 나타내고, B는 그것에 대한 설명이다.

[A 는가 하면 B] 表示对A叙述时，接对其附加说明的B。 这时的A接'누구, 무엇, 어디, 언제, 어떻게, 얼마나, 왜'等疑问词，表示叙述的主题，B为对其的说明。

> **예** 여기에 **어떻게 가는가 하면** 저 사거리에서 왼쪽으로 돌아가면 된다.
> 要问这个地方怎么去，从这个十字路口向左转就可以了。
> 회의가 **어디에서 열리는가 하면**, 2층 대회의실이다.
> 要问会议在哪里开，在2楼的会议室。

3. 동사, 형용사 모두 과거 상황에 대해 말할 때는 '았/었는가 하면'으로 쓴다.

对过去状况叙述时, 动词形容词都用'았/었는가 하면'来表达。

> 예 **누가** 그 사건 현장을 목격**했는가 하면**, 바로 저 학생이다.
> 要问谁目睹了那个事件的现场, 正是那个幼小的学生。
> 그 사람이 **무엇을** 잘못**했는가 하면**, 책임자임에도 불구하고 그 자리를 피했다는 점이다.
> 要问那个人做错了什么, 就是身为负责人还逃避责任。
> 눈이 **얼마나** 많이 **왔는가 하면**, 무릎까지 쌓였다.
> 要问雪下了多少, 下到了膝盖。

4. '있다, 없다'는 '는가 하면'을 쓴다.

'있다, 없다'接'는가 하면'来使用。

> 예 똑같이 한국어를 배워도 말하기를 잘하는 학생이 있**는가 하면**, 유난히 쓰기를 잘하는 학생도 있다.
> 一起习韩国语, 有会话好的学生就有写作特别好的学生。
> 매운 음식을 좋아하는 사람이 있**는가 하면**, 전혀 못 먹는 사람도 있었다.
> 有喜欢吃辣的人, 就有一点儿也吃不了的人。

5. 앞에 명사가 오면 '인가 하면'으로 쓴다.

前面接名词时变为'인가 하면'来使用。

> 예 그 사람이 누구**인가 하면**, 요즘 제일 잘나가는 연예인이다.
> 要问那个人是谁, 是最近最走红的演员。
> 아까 김 선생님의 말이 무슨 말**인가 하면**, 어른들이 아이들 앞에서 모범을 보여야 한다는 말이다.
> 要问刚才金老师说的话是什么意思, 是大人门要在孩子们面前做出榜样的意思。

요즘에 일이 잘 안 풀려서 힘드네요.

인생에서 좋은 날이 있는가 하면 나쁜 날도 있는 법이잖아요. 힘내세요.

동사	가다	먹다
	가**는걸요**	먹**는걸요**

형용사	나쁘다	좋다
	나쁜**걸요**	좋**은걸요**

1. 구어적인 표현으로 말하는 사람이 상대방의 말에 가볍게 반박하면서 대립할 때 쓴다.
以口语表达方式，表示说话人对对方的话稍加反驳时使用。

> **예** 가 : 아기 키우기 힘들지요?
> 养孩子很辛苦吧?
>
> 나 : 아니에요, 아기가 벌써 많이 커서 혼자 밥도 먹**는걸요.**
> 不是的(还可以)，孩子已经长大了自己也能吃饭了。
>
> 가 : 내일까지 이 일을 다 끝내 주세요.
> 到明天为止请完成这件事。
>
> 나 : 미안하지만 안 되겠어요. 오늘도 일이 많**은걸요.**
> 很抱歉可能不行，今天的事也很多。

2. 구어적인 표현으로 말하는 사람이 어떤 것에 대해 알게 되어 가볍게 감탄하거나 놀라듯 말할 때 쓴다.
以口语的表达方式，表示说话人听说某事后，稍加感叹或惊喜时使用。

> **예** 영호 씨가 내 생각보다 훨씬 운동을 잘하**는걸요.**
> 荣浩的体育比我想象的好很多。
>
> 오늘 날씨가 정말 따뜻**한걸.** 정말 봄이 왔나 봐.
> 今天的天气真的很暖和，春天真的来到了。
>
> 와, 짐이 생각보다 무거**운걸요.** 이걸 어떻게 혼자 들 생각을 했어요?
> 哇，行李比想象的要沉啊。怎么想要自己一个人拿呀?

3. 동사, 형용사 모두 과거 상황에 대해 말할 때는 '았/었는걸요'로 쓰고 미래 · 추측에
대해 말할 때는 '겠는걸요', '(으)ㄹ걸요'로 쓴다. ('(으)ㄹ걸요' → 529쪽 참고)
对过去状况叙述时，动词形容词都用'았/었는걸요'对未来 · 推测叙述时用
'겠는걸요', '(으)ㄹ걸요'来表达。('(으)ㄹ걸요' → 参考529页)

예 가 : 민수 씨가 아직 사무실에 있지요? 民秀还在办公室吧?
　　나 : 민수 씨는 벌써 퇴근**했는걸요**. 아까 약속이 있어서 나갔어요.
　　　　民秀已经下班了。刚才因为有约会走了。

　　가 : 영호 씨가 어제 사표를 냈대요. 听说荣浩昨天交了辞职书。
　　나 : 아**닐걸요**. 아까 사무실에서 봤는데요. 不会吧。刚才还在办公室见到他了。

　　가 : 너무 피곤한데 회의 준비는 내일 해도 되겠지?
　　　　太累了，会议的准备明天做也可以吧?
　　나 : 안 **될걸**. 내일 아침에도 일이 있으니까 차라리 지금 하는 게 나을 것 같아.
　　　　不可以吧，明天早上也有事情，还不如现在做完好呢。

4. '있다, 없다'는 '는걸요'를 쓴다.
'있다, 없다'接'는걸요'来使用。

예 이 영화가 정말 재미있**는걸요**. 这部电影真的很有意思。

　　가 : 휴가 때 여행 안 가요? 休假的时候不去旅行吗?
　　나 : 가려고 했는데 비행기표가 없**는걸요**. 想去但是没有飞机票。

5. 앞에 명사가 오면 '인걸요'로 쓴다.
前面接名词变为'인걸요'来使用。

예 가 : 저 사람 한국 사람이지요? 那个人是韩国人吧?
　　나 : 아니에요, 중국 사람**인걸요**. 저도 몰랐어요.
　　　　不是的，是中国人。我也不知道。

유리 씨, 오늘 정말 춥지 않아요?

이 정도는 괜찮아요. 우리 고향은
훨씬 추운걸요.

는다고/ㄴ다고　　　다고

동사	가다	먹다
	간다고	먹는다고

형용사	나쁘다	좋다
	나쁘다고	좋다고

1. [A 는다고 B] A를 하기 위해서 B를 함을 나타낸다. 이때 A는 B의 목적이다.

　[A 는다고 B] 表示为了达成A做B时使用。这时A是B的目的。

> 예 할아버지께서 신문을 읽으**신다고** 안경을 쓰셨다.
> 爷爷为了看报纸，所以戴上了眼镜。
> 새로 출시된 자동차를 구경**한다고** 사람들이 자동차 주변에 모여 있었다.
> 为了看新上市的车，所以大家都围在车旁边。

2. [A 는다고 B] A 때문에 B를 함을 나타낸다. 이때 A는 B의 이유이다.

　[A 는다고 B] 表示因为A做B时使用。这时A为B的理由。

> 예 민수 씨가 화가 **난다고** 물건을 집어 던졌다.
> 民秀因为生气了，所以摔东西。
> 영호 씨가 데이트**한다고** 멋진 옷을 새로 샀다.
> 荣浩因为有约会，所以买了帅气的新衣服。
> 저 사람은 자기가 남보다 좀 똑똑**하다고** 남들을 무시한다.
> 那个人因为自己比别人有些聪明，所以看不起别人。
> 아기가 자고 있**다고** 조용히 해 달라고 했다.
> 因为孩子在睡觉，所以让(别人)安静点儿。

3. 동사, 형용사 모두 과거 상황에 대해 말할 때는 '았/었다고'로 쓰고 미래·추측 상황에 대해 말할 때에는 '겠다고', '(으)ㄹ 것이라고'로 쓴다. 이때 과거는 2번의 뜻인 경우에만 사용한다.

对过去状况叙述时动词，形容词都用'았/었다고'，对未来·推测状况叙述时用'겠다고'，'(으)ㄹ 것이라고'一起使用。这时的过去为第2项(表示因为A做B时使用。A为B的理由。)的意思时使用。

> 예 영호 씨는 멀리 이사 **갔다고** 사람들과 통 연락을 못 하고 사네.
> 荣浩搬到了远地方，所以和大家一点联系都没有。
> 강에 빠진 사람을 구하**겠다고** 영수 씨는 강으로 뛰어들었다.
> 为了救掉进河里的人，所以荣秀跳进了河里。
> 다음 주에 배낭여행을 **갈 것이라고** 동생은 들떠 있다.
> 因为下周要去背囊旅行，所以弟弟很兴奋。

4. 앞에 명사가 오면 '(이)라고'로 쓴다.

前面接名词变为'(이)라고'来使用。

> 예 저 사람은 부자**라고** 돈을 물 쓰듯이 쓴다.
> 那个人因为是有钱人，所以花钱像流水似的花。

민수 씨 못 봤어요?

아까 책을 빌린다고 도서관에 갔어요.

는다고 치다/ㄴ다고 치다

다고 치다

동사	가다	먹다
	간다고 치다	먹는다고 치다

형용사	나쁘다	좋다
	나쁘다고 치다	좋다고 치다

1. 어떤 상황에 대해 그렇다고 인정하거나 받아들임을 나타낸다. 이때 그 상황을 진심으로 인정한다기보다는 일단 그렇게 생각해 보겠다는 느낌을 준다.
表示对某种状况认同，或接受时使用。这时认同的状况感觉并不甘心时使用。

> 예 내가 지금 그 사람한테 사과**한다고 치자**. 그래도 그 사람은 화를 풀지 않을 거다.
> 就算我现在对那个人道歉。那样做那个人也不会消气的。

> 가 : 헤어진 남자 친구가 자꾸 생각나. 다시 만나자고 해 볼까?
> 总是想起分手的男朋友。从新交往怎么样？
> 나 : 그 사람을 다시 만**난다고 치자**. 그럼 행복할 것 같아? 더 괴로울걸.
> 就算是从新交往。那么会幸福吗? 会更加痛苦的。

> 가 : 부모님 잔소리 때문에 짜증나. 내가 알아서 할 수 있는 나이인데 말이야.
> 因为父母的唠叨很烦。我已经到了自己能做主的年龄了。
> 나 : 네 말이 맞**다고 쳐**. 그래도 부모님이 걱정되어서 하는 말씀인데 뭘 그렇게 화를 내?
> 就算是你说的话对。父母也是因为担心你, 至于那么生气吗?

2. 보통 'A 는다고 쳐도 B', 'A 는다고 치더라도 B' 등의 형태로 많이 쓰여, A를 일단 인정해도 그와 대립되는 B가 온다.
常用'A 는다고 쳐도 B', 'A 는다고 치더라도 B'的形态，表示虽然认同了A，但是接与其对立的B时使用。

> 예 그 사람이 하는 말이 맞**다고 쳐도** 지금 이 상황에서 무슨 도움이 되는지 모르겠다.
> 就算是那个人说的话对, 也不知道对现在的状况有什么帮助。

귀신이 존재**한다고 치더라도** 난 무섭지 않다.
就算是有鬼存在，我也不怕。
돈이 아무리 **없다고 치더라도** 집에 갈 차비는 있겠지.
就算再没有钱，回家的车费总该有吧。

3. 동사, 형용사 모두 과거 상황에 대해 말할 때는 '았/었다고 치다'로 쓰고 미래·
추측의 상황에 대해 말할 때는 '겠다고 치다', '(으)ㄹ 거라고 치다'로 쓴다.
对过去状况叙述时，动词形容词都用'았/었다고 치다'，对未来·推测叙述
时用'겠다고 치다'，'(으)ㄹ 거라고 치다'等来表达。

> **예** 그 아이가 잘못**했다고 치더라도**, 그 일이 전부 그 아이의 잘못으로 일어났겠니?
> 就算是那个孩子做的不对，那件事能都是那个孩子的错吗?
> 그 사람이 나중에는 지금의 일을 후회**할 거라고 치더라도**, 지금은 포기하지 않
> 을 것 같다.
> 就算那个人今后对现在的事后悔，但是现在也不会放弃的。

4. 앞에 명사가 오면 '(이)라고 치다'로 쓴다.
前面接名词变为'(이)라고 치다'来使用。

> **예** 그 사람에 대한 나쁜 소문이 모두 거짓**이라고 쳐도** 왠지 믿음이 안 간다.
> 就算是对那个人的传言都是假的，但是也不太相信。
> (表示不相信那个传言是假的)

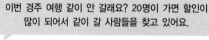

이번 경주 여행 같이 안 갈래요? 20명이 가면 할인이
많이 되어서 같이 갈 사람들을 찾고 있어요.

내가 간다고 쳐도 인원이 다 차지
않을 것 같은데요.

는다든지/ㄴ다든지　다든지

동사	가다	먹다
	간다든지	먹는다든지
형용사	나쁘다	좋다
	나쁘다든지	좋다든지

1. 보통 '는다든지 는다든지' 형태로 쓰여, 여러 가지 중에 하나를 선택함을 나타낸다.
常以'는다든지 는다든지'的形态, 表示在众多里选择一项时使用。

> 예 쇼핑하러 **간다든지** 운동을 하러 **간다든지** 빨리 대답해.
> 是要去购物还是去运动, 快点回答。
> 주말에 **쉰다든지** 여행**간다든지** 어떻게 할 건지 말해 줘. 그래야 나도 계획을 잡지.
> 周末是要休息还是要去旅行, 怎么打算的告诉我。这样我才能做计划啊。
> 지금 기분이 **좋다든지** 나쁘**다든지** 네 기분을 말해 줘.
> 现在的心情是好是坏, 告诉我你的心情怎么样?
> 영화가 어땠어? 재미있**다든지** 재미없**다든지** 네 생각을 좀 듣고 싶어.
> 电影怎么样? 有意思还是没有意思, 想听听你的想法。

2. 보통 '는다든지 는다든지 하다' 형태로 쓰여, 그 중 어떤 것이어도 상관없음을 나타낸다.
常以'는다든지 는다든지 하다'的形态, 表示其中, 是什么都没有关系时使用。

> 예 영화를 **본다든지** 연극을 **본다든지** 하자. 我们看电影或者看话剧吧。
> 백화점에 **간다든지** 시장에 **간다든지** 해서 먹을 것을 좀 사야겠다.
> 应该去百货店或者去市场买点儿吃的东西。
> 식당에서 외식**한다든지** 집에서 먹**는다든지** 하자. 去餐厅吃或者在家吃吧。

3. 동사, 형용사 모두 과거 상황에 대해 말할 때는 '았/었다든지'로 쓰고, 미래·
추측 상황에 대해 말할 때에는 '겠다든지', '(으)ㄹ 것이라든지'로 쓴다.
对过去状况叙述时动词，形容词都用'았/었다든지'，对未来·推测状况叙
述时用'겠다든지'，'(으)ㄹ 것이라든지'来使用。

> 예 어제 친구를 **만났다든지** 영화를 **봤다든지** 어제 한 일에 대해 말해 보세요.
> 昨天是去见朋友还是看电影了，请把昨天做的事情都说说看吧。
> 돈을 지금 **갚겠다든지** 다음 달까지 **갚겠다든지** 정확한 날짜를 말씀해 주세요.
> 是这个月还钱还是下个月还钱，请告诉详细的日期。

4. 비슷한 표현으로 '는다든가/ㄴ다든가'가 있다.
类似的语法有'는다든가/ㄴ다든가'。

> 예 주말에는 청소를 **한다든지** 빨래를 **한다든지** 집안일 하느라 좀 바빠요.
> 在周末打扫卫生或是洗衣服，因为做家务所以有点儿忙。
> 주말에는 청소를 **한다든가** 빨래를 **한다든가** 집안일 하느라 좀 바빠요.

5. 앞에 명사가 오면 '(이)라든지'로 쓴다.
前面接名词变为'(이)라든지'来使用。

> 예 사과**라든지** 포도**라든지** 아무거나 과일 좀 사 올래?
> 苹果也好葡萄也好，什么水果都可以，能买来一些吗？

유리 씨, 왜 아직도 답이 없어요? 그 모임에
간다든지 안 간다든지 빨리 말해 주세요.

아, 답이 늦어서 미안해요. 저도 갈 거예요.

┃ 는다손 치더라도/ㄴ다손 치더라도

┃ 다손 치더라도

동사	가다	먹다
	간다손 치더라도	먹는다손 치더라도

형용사	나쁘다	좋다
	나쁘다손 치더라도	좋다손 치더라도

1. [A 는다손 치더라도 B] 어떤 상황에 대해 A라고 가정해서 받아들여도 B에는
영향을 줄 수 없거나 B와는 관계가 없음을 나타낸다.
[A 는다손 치더라도 B] 表示在某种状况下假设接受A, 也不能给B影响或与
B无关时使用。

> 예 지금 택시를 타고 **간다손 치더라도** 어차피 제시간에는 갈 수 없어.
> 就算是现在打车去, 时间也不够。
> 음식이 맛이 **없다손 치더라도** 만든 사람 앞에서 그렇게 티를 내면 안 되지.
> 就算是菜不好吃, 但是在做的人面前表现出来, 是不对的。
> 아무리 바쁘**다손 치더라도** 부모님께 인사는 드리고 나가자.
> 就算是再忙, 也要和父母打招呼再走吧。

2. 동사, 형용사 모두 과거 상황에 대해 말할 때는 '았/었다손 치더라도'로 쓴다.
对过去状况叙述时动词, 形容词都用'았/었다손 치더라도'来使用。

> 예 내가 어제 그 여자를 만**났다손 치더라도** 너하고는 관계없는 일이다.
> 就算是昨天我和那个女的见面, 也和你没有关系。

유리 씨, 민수 씨하고 헤어졌다면서요?

그만 좀 물어보세요. 제가 헤어졌다손 치더라도
그게 영호 씨와 무슨 상관이 있나요?

는답니다/ㄴ답니다 　 답니다

동사	가다	먹다
	간답니다	먹는답니다
형용사	나쁘다	좋다
	나쁩답니다	좋답니다

1. '는다고 하다+ㅂ니다'의 형태로, 이미 알거나 들은 것에 대해 다른 사람에게 전달할 때 쓴다. 'ㄴ/는대요', '대요'의 격식적인 표현이다.
以'는다고 하다+ㅂ니다'的形态，表示向他人传达说话人已经知道的，或听说的事实时使用。是'ㄴ/는대요', '대요'的比较正式的表达方式。

> 예 부모님이 모두 건강하시**답니다.** 父母们都很健康。
> 유리 씨는 도서관에서 공부**한답니다.** 刘丽在图书馆学习。
> 이 영화가 아주 재미있**답니다.** 这部电影很有意思。

2. 'ㄴ/는다고 합니다', '다고 합니다'에 비해 좀 더 친숙한 느낌을 준다.
比起'ㄴ/는다고 합니다', '다고 합니다'更加亲切。

> 예 세 시에 회의를 시작**한다고 합니다.** 3点开始开会。
> 세 시에 회의를 시작**한답니다.**

3. 동사, 형용사 모두 과거 상황에 대해 말할 때는 '았/었답니다'로 쓰고 미래·추측에 대해 말할 때는 '겠답니다', '(으)ㄹ 거랍니다'로 쓴다.
对过去状况叙述时，动词形容词都用'았/었답니다'对未来·推测叙述时用'겠답니다', '(으)ㄹ 거랍니다'等来表达。

> 예 어제 민수 씨 할아버지께서 돌아가**셨답니다.** 昨天民秀的爷爷去世了。
> 내일 날씨가 나쁘**겠답니다.** 明天的天气会不好。
> 비행기가 곧 도착**할 거랍니다.** 飞机马上就要抵达了。

4. 앞에 명사가 오면 '(이)랍니다'로 쓴다.

前面接名词时变为'(이)랍니다'来表达。

> 예 민수 씨가 이번 시험에서 일등**이랍니다.** 民秀在这次考试是第一名。

민수 씨가 다음 주에 집들이를 한답니다.
유리 씨도 갈 거지요?

네, 갈게요.

	는답시고/ㄴ답시고	답시고
동사	가다	먹다
	간답시고	먹는답시고
형용사	나쁘다	좋다
	나쁘답시고	좋답시고

1. [A 는답시고 B] A는 B의 이유나 근거가 된다. 이때 말하는 사람이 그 이유나
근거 A가 충분하지 않다고 생각하여 빈정거리듯 말할 때 쓴다.
[A 는답시고 B] A为B的理由或根据。这时说话人认为该理由或根据A不充
分，带有讽刺的意思时使用。

> 예 사업이 좀 **잘된답시고** 친척들 앞에서 돈 자랑하는 모습이 보기 싫다.
> 不喜欢看到因为生意做得好，就在亲戚们面前炫耀的样子。
> 미영이는 좋은 대학에 다**닌답시고** 사람들 앞에서 잘난 척을 한다.
> 美英因为上了好大学，就在大家面前炫耀。
> 민수 씨가 요즘 바**쁘답시고** 모임에도 한 번도 안 나온다.
> 民秀最近忙，一次聚会都没参加。
> 행사가 있**답시고** 사람들이 주로 사용하는 길을 다 막아버렸다.
> 因为有活动，把大家经常使用的路都封掉了。

2. 동사, 형용사 모두 과거 상황에 대해 말할 때는 '았/었답시고'로 쓰고, 미래·
추측 상황에 대해 말할 때에는 '겠답시고', '(으)ㄹ 것이랍시고'로 쓴다.
对过去状况叙述时，动词形容词都用'았/었답시고'对未来·推测叙述时用
'겠답시고', '(으)ㄹ 것이랍시고'等来表达。

> 예 저 사람은 돈 좀 **벌었답시고** 여기저기 돈을 펑펑 쓴다.
> 那个人挣了点儿钱就到处乱花。
> 가수가 되**겠답시고** 할 일은 안 하고 매일 노래방에만 간다.
> 因为想当歌手，该做的事不做天天去歌厅。

3. 앞에 명사가 오면 '(이)랍시고'로 쓴다.

前面接名词时变为'(이)랍시고'来使用。

> 📖 유명한 배우**랍시고** 사람들 앞에서 거들먹거리는 모습이 우습다.
> 因为是有名的歌手, 所以在大家面前傲慢的样子很可笑。

민수 씨가 자기가 올 때까지 일을 시작하지 말라고 하네요.

정말요? 민수 씨가 이 일을 좀 해봤답시고
너무 아는 척을 하네요.

은들/ㄴ들

동사/형용사	가다	먹다	나쁘다	좋다
	간들	먹은들	나쁜들	좋은들

1. [A 은들 B] 어떤 상황에 대해 A라고 가정하거나 받아들여도 예상외의 결과인 B가 온다.

[A 은들 B] 表示假设或接受A为某种状况下，出现意想不到的B的结果时使用。

> **예** 지금 경찰이 **온들** 범인을 잡을 수 없을 것이다.
> 即使现在警察来了，也不能抓到犯人。
> 병원에 입원**한들** 지금으로서는 가망이 없다.
> 即使住院，现在看来也没有希望了。
> 그 아이에게 아무리 잔소리를 **한들** 이제 달라질 것도 없다.
> 即使再对那个孩子唠叨，现在也不会改变了。
> 돈이 많**은들**, 그걸로 건강을 살 수는 없다.
> 即使多钱，也不能用它买来健康。

2. [A 은들 B] B에는 반문하는 표현이 와서 A를 해도 어쩔 수 없음을 나타내는 경우가 많다.

[A 은들 B] B接反问句，表示做A也不能改变什么的时候使用。

> **예** 내가 그 사람을 붙잡**은들**, 그 사람이 여기 머무르겠어? (붙잡아도 그 사람은 떠날 것이다.)
> 我挽留下那个人，他会留在这里吗？(即使挽留了那个人也会离开。)
> 사고 후에 아무리 위로**한들**, 그 사람이 다시 살아 돌아오겠니? (아무리 위로해도 그 사람이 살아서 돌아올 수 없다.)
> 事故已经发生了再去安慰的话，那个人会活着回来吗？(再怎么安慰也不会活着回来。)

3. 앞에 명사가 오면 '인들'로 쓴다.

前面接名词变为'인들'来表达。

예 아무리 부자**인들**, 건강을 살 수는 없다. 即使再有钱的人, 也不能买来健康。

집값이 많이 올라서 다른 곳으로 이사갈까 해요.

다른 곳을 찾아본들, 지금 사는 집보다 나은
집은 없을걸요.

느니 느니 하다

으니 으니 하다/니 니 하다

동사	가다	먹다
	가느니 안 가느니 하다	먹느니 안 먹느니 하다

형용사	크다	좋다
	크니 작으니 하다	좋으니 나쁘니 하다

1. 어떤 일이나 상태에 대해 서로 다른 생각이나 의견들을 나열할 때 쓴다. 이때 '하다'를 생략할 수 있다.
表示列举相互不同的想法或意见时使用。这时可以省略'하다'。

> **예** 호텔이 경치가 좋**으니** 시설이 좋**으니 해도** 내 집만 못하다.
> 即使酒店的风景再好，设施再好也不如我(自己)家。
> 아까부터 사람들은 이 집이 좋**으니** 나쁘니 **한다**.
> 刚才开始大家就评论这个房子好或不好。
> 음식이 매**우니** 짜니 **하면서도** 결국 다 먹었다.
> 菜咸还是淡，最终还是都吃光了。
> 결혼식에 갈 때 한복을 입**느니** 정장을 입**느니 하더니** 결국 정장을 입기로 했다.
> 去参加婚礼时(考虑)穿韩服还是西服，最后还是决定穿西服了。

2. 동사의 경우 대조적인 상황을 열거할 때 '느니 안 느니 하다'를 '느니 마느니 하다'로 바꿔쓸 수 있다.
动词的情况下在列举对照的状况时，可以把'느니 안 느니 하다'变为'느니 마느니 하다'来使用。

> **예** 거기에 가**느니 안** 가**느니 하더니** 결국 안 갔군요.
> (考虑)去还是不去那里，最后还是没去啊。
> 거기에 가**느니 마느니 하더니** 결국 안 갔군요.

3. 많이 쓰는 표현으로 '뭐니 뭐니 해도', '어쩌니 저쩌니 해도'가 있다.

常用的表达方式有'뭐니 뭐니 해도', '어쩌니 저쩌니 해도'。

> **예 뭐니 뭐니 해도** 이 식당 음식 중에서는 갈비가 제일 맛있지.
> 这家饭店的菜不管怎么说，还是排骨最好吃。
> **어쩌니 저쩌니 해도** 영호 씨가 잘못한 거야.
> 不管怎么说是荣浩的不对。

4. 동사, 형용사 모두 과거 상황에 대해 말할 때는 '았/었느니 았/었느니 하다'로 쓰고, 미래·추측 상황에 대해 말할 때에는 '겠느니 겠느니 하다'로 쓴다.

对过去状况叙述时，动词形容词都用'았/었느니 았/었느니 하다'对未来·推测叙述时用'겠느니 겠느니 하다'等来表达。

> **예** 유리가 영화가 재미없**었느니** 지루**했느니** 말이 많다.
> 刘丽唠叨叨电影又没有意思，又无聊。
> 정부는 복지 예산을 늘리**겠느니** 경제 활성화를 이루**겠느니** 여러 가지 정책을 내놓았다.
> 政府推出了又要增加福利预算，又要实现搞活经济等各种政策。

5. 비슷한 표현으로 '네 네 하다'가 있다.

类似的语法有'네 네 하다'。

> **예** 배달하는 일이 힘드**니** 위험하**니 해도** 그 일을 하려는 지원자가 많다.
> 即使投递员的工作又辛苦又危险，但是申请要做的人很多。
> 배달하는 일이 힘드**네** 위험하**네 해도** 그 일을 하려는 지원자가 많다.

6. 앞에 명사가 오면 '(이)니 (이)니 하다'를 쓴다.

前面接名词变为'(이)니 (이)니 하다'来使用。

> 📝 몸에 좋은 것이 비타민**이니** 건강식품**이니 하지만**, 평소에 잘 먹는 게 건강을 지
> 키는 제일 좋은 방법이다.
>
> 维生素，健康食品虽然对身体好，但是对健康最好的方法还是平时要吃得好。

> 민수가 십 년 된 여자 친구랑 결혼한대요.
>
> 좋으니 싫으니 해도 오래 사귄 사람이 제일이지요.

더 생각해보기

과거 상황에 대해 말할 때 말하는 사람이 말하는 시간을 '발화시'라고 하고, 말하는 내용이
일어난 시간을 '사건시'라고 한다. 사건시와 발화시에 따라 다음과 같이 쓴다.

对过去状态叙述时说话的时间为'发话时'，说话的内容为'事件时'。根据事件
时和发话时如下。

1) 사건시가 발화시보다 앞설 때, 즉 과거의 사건에 대해 말할 때는 '았/었느니 았/
   었느니 하다'로 쓴다.

   事件时比发话时提前时，即，对过去的事件叙述时用'았/었느니 았/었느니
   하다'来表达。

   > 📝 민수가 어제 학교에 갔느니 안 갔느니 의견이 분분하다.
   >
   > 对昨天民秀来没来学校，意见纷纭。

2) 발화시가 사건시보다 앞설 때, 즉 아직 일어나지 않은 사건에 대해 말할 때는
   '느니 느니 했다'로 쓴다.

   发话时比事件时提前时，即，对还没有发生的事情叙述时用'느니 느니 했다'
   来表达。

   > 📝 민수가 내일 학교에 가느니 안 가느니 의견이 분분했다.
   >
   > 对民秀明天来不来学校，意见纷纭。

다 못해

동사/형용사	가다	먹다	나쁘다	좋다
	가다 못해	**먹다 못해**	**나쁘다 못해**	**좋다 못해**

1. [A 다 못해 B] A를 하다가 그것으로는 부족해서 그보다 정도가 심한 B로 넘어감을 나타낸다.

[A 다 못해 B] 表示做A不满足，所以到了程度更深的B时使用。

> 📋 하늘이 맑**다 못해** 눈이 부시다.
> 天晴到了刺眼的程度。
> 깨끗하게 세탁된 옷이 희**다 못해** 반짝거린다.
> 被洗得干净的衣服，白到了闪闪发亮的程度。
> 그 사람의 무례한 모습에 참**다 못해** 나도 한마디 했다.
> 看到那个人无理的样子，我也忍不住说了一句。
> 문제의 해결책을 생각하**다 못해** 친구에게 전화를 걸었다.
> 实在想不到问题的解决方法，给朋友打了电话。

유리 씨, 이번 발표 때 민수 씨가 도와줬다면서요?

네, 제가 준비를 잘 못했는데 도와줘서 고맙**다 못해** 눈물이 날 지경이었어요.

다시피

동사	가다	먹다
	가다시피	먹다시피

1. [A 다시피 B] '알다, 느끼다, 보다, 듣다, 짐작하다, 깨닫다, 예상하디' 등과 같이 써서 듣는 사람이 인지하고 있는 것처럼 B와 같은 상황임을 나타낸다.

   [A 다시피 B] 与'알다, 느끼다, 보다, 듣다, 짐작하다, 깨닫다, 예상하다' 等一起使用。表示像听话人已经认识到似的，做出类似B的状况时使用。

   예 너도 알**다시피** 우리는 지금 서로 도와야 하는 처지다.
   就像你知道一样，我们现在是要互相帮助的处境。
   우리 모두 느끼**다시피** 지금 날씨에는 어디에도 갈 수 없다.
   就像我们都知道的一样，像现在的天气哪也去不了。
   민수 씨도 짐작하**다시피** 상황이 별로 좋지 않습니다.
   就像民秀估计的那样，状况不是很好。
   보시**다시피** 여기 아무도 없습니다.
   就像看到的一样，这里谁都不在。

2. [A 다시피 B] A하는 것처럼 B함을 나타낸다. 이때 A는 실제로 그렇게 하는 것은 아니지만 그것과 비슷하다는 비유 표현처럼 쓴다.

   [A 다시피 B] 表示像做A一样做B。这时A实际上不是那样，但是比喻成与其类似的表达方式。

   예 기분이 좋아서 아이가 날**다시피** 가게로 뛰어갔다.
   因为心情很好，孩子像飞似的跑进了店里。
   너무 피곤해서 기**다시피** 방에 들어갔다.
   因为太累，像爬似的进了房间。
   아파서 쓰러지**다시피** 침대에 누웠다.
   因为生病，像晕倒了似的躺在了床上。
   기차 시간이 다 되어서 뛰**다시피** 역으로 들어갔다.
   因为火车时间马上就要到了，像跑似的进了站台。

3. 과거 '았/었', 미래·추측 '겠' 등과 함께 쓸 수 있다.

与过去式'았/었', 未来·推测'겠'等一起使用。

> 예 여러분도 들**었다시피** 이곳에서는 담배를 피울 수 없습니다.
> 就像大家听到的那样, 这里不允许抽烟。
> 너도 배**웠다시피** 경주는 신라의 옛 수도이다.
> 就像你学过的那样, 庆州是新罗从前的首都。
> 너도 짐작하**겠다시피** 민수가 그 제안을 수락했어.
> 就像你估计的那样, 民秀接受了那个提案。

4. '있다, 없다'는 '다시피'를 쓴다.

'있다, 없다'接'다시피'来使用。

> 예 여기 쓰여 있**다시피** 다음 주 월요일에 시험이 있습니다.
> 就像这里写的那样, 下周一有考试。

주말에 시간 있으면 영화 볼래?

미안해, 너도 알다시피 요즘 너무 바빠서 정신이 없어.

다시피 하다

	가다	먹다
동사	가**다시피 하다**	먹**다시피 하다**

1. 앞말이 뜻하는 것과 거의 비슷함을 나타낸다.

表示与前面说的意思相同时使用。

> 예 시험 공부 하느라 밤을 새우**다시피 했어요.**
> 因为准备考试，几乎通宵了。
> 오늘 커피 한 잔 겨우 마시고 종일 굶**다시피 했다.**
> 今天喝了杯咖啡，几乎一整天都没吃东西。
> 매일 친구 집에 가서 같이 살**다시피 한다.**
> 每天去朋友家，几乎像一起生活在他家。
> 다이어트를 하느라고 물만 마시**다시피 하면서** 살을 뺐다.
> 为了减肥，几乎只是喝水减的肥。

유리 씨, 미영 씨하고 친해요?

그럼요, 초등학교 동창인데 그때는 하도
친해서 우리 집에서 살다시피 했어요.

덕분에

명사	친구	선생님
	친구 **덕분에**	선생님 **덕분에**

1. 어떤 사람이나 어떤 것의 도움을 받음으로써, 좋은 결과가 생겼을 때 쓴다. 보통 감사 인사를 할 때 많이 쓴다.
表示受到某人或某事的帮助而得到好的结果时使用。常用于感谢时使用。

> 例 부모님 **덕분에** 제가 바르게 클 수 있었어요.
> 多亏了父母, 我才能身心健康成长。
> 선생님 **덕분에** 시험을 잘 볼 수 있었습니다.
> 多亏了老师才能考好试。
> 착한 사람들 **덕분에** 이 세상은 살 만하다.
> 幸好有善良的人, 才值得生活在这个社会。

2. 동사의 경우, '(으)ㄴ 덕분에'를 쓴다.
动词的情况下接'(으)ㄴ 덕분에'来使用。

> 例 친구가 택시를 잡아**준 덕분에** 늦지 않고 공항에 도착했다.
> 多亏朋友打的车, 才能准时到达机场。
> 선생님이 잘 가르쳐 주**신 덕분에** 시험을 잘 봤다.
> 多亏老师教得好, 考试才考得好。
> 그동안 염려해 주**신 덕분에** 무사히 잘 지낼 수 있었습니다.
> 多亏那段时间的挂念, 才能平安地度过。

ㄱ
ㄴ

ㄷ
ㅁ

ㅇ

ㅈ
ㅌ

3. '덕분에'의 '에'를 '으로'로 바꿔 쓸 수 있다.

把 '덕분에'的 '에'变为 '으로' 来使用。

> 예 친구들 **덕분에** 이사를 잘 할 수 있었다. 多亏朋友们(的帮助), 才能搬好家。
>
> 친구들 **덕분으로** 이사를 잘 할 수 있었다.

유리 씨, 이번 시험 잘 봤어요?

네, 선생님 덕분에 시험을 잘 볼 수 있었어요.

던 차에

동사	가다	먹다
	가던 차에	먹던 차에

1. [A 던 차에 B] A를 하려고 하는데 마침 그때 B의 상황이 일어남을 나타낸다. 이때 말하는 사람은 B 때문에 A를 하는 것을 잠시 망설이거나 주저하는 상황이다.
[A 던 차에 B] 表示刚好要做A时发生了B的状况时使用。这时说话人对因为B做了A的状况暂时有些犹豫不决时使用。

> 예 막 집에 가려**던 차에** 기다리던 민수 씨가 왔다.
> 刚打算要回家, 民秀就来了。
> 내가 이야기를 하려**던 차에** 유리 씨가 먼저 말을 했다.
> 刚好要说, 刘丽就先说了。
> 휴대 전화를 고치러 가**던 차에** 유리 씨를 만나서 잠깐 이야기를 했다.
> 要去修手机, 刚好见到了刘丽聊了一会儿。
> 급류에 휩쓸려 가**던 차에** 청년들을 만나서 구조되었다.
> 被急流冲走的瞬间, 刚好遇到了年轻人获救了。

왜 이렇게 늦게 왔어요?

미안해요, 퇴근하던 차에 아는 사람이 찾아와서 얘기 좀 하느라고요.

던가요?

동사/형용사	가다	먹다	예쁘다	좋다
	가던가요?	먹던가요?	예쁘던가요?	좋던가요?

1. 듣는 사람이 과거에 경험한 것에 대해 물어볼 때 쓴다. 이때 말하는 사람은 그 일을 경험하지 못했거나 알지 못하는 상황이다.
表示听话人对过去经验过的提问时使用。这时说话人对此事没有经验或不了解时使用。

> 예 8월에 서울이 정말 그렇게 덥**던가요?** 首尔8月真的那么热了吗?
> 사무실에 부장님이 계시**던가요?** 部长还在办公室吗?
> 영호가 거기에서 뭘 하**던가요?** 荣浩还在那里做什么啊?
> 회의는 잘 진행되**던가요?** 会议进行得还好吗?

2. 이미 완료된 과거 사실에 대해 말할 때는 '았/었던가요?'를 쓴다.
对已经结束的过去状况叙述时用'았/었던가요?'来表达。

> 예 지난 학기에 민수 씨가 장학금을 받**았던가요?** 上个学期民秀得了奖学金吗?
> 아이가 옷을 따뜻하게 입**었던가요?** 孩子的衣服穿得暖吗?
> 두 사람 사이가 원래 저렇게 좋**았던가요?** 两个人的关系原来就那么好吗?

3. 앞에 명사가 오면 '(이)던가요?'를 쓴다.
前面接名词变为'(이)던가요?'来使用。

> 예 그 사람이 한국 사람**이던가요?** 那个人是韩国人吗?

유리 씨, 오전 회의 때 신제품에 대한 반응이 좋던가요?

네, 아주 좋았어요.

데요

동사/형용사	가다	먹다	예쁘다	좋다
	가데요	먹데요	예쁘데요	좋데요

1. 구어적인 표현으로 새롭게 알게 된 사실에 대해 상대방에게 말할 때 쓴다. 이 때 말하는 사람이 그 사실에 대해 다소 놀라거나 감탄하는 등 느낌을 주어 말할 때 쓴다.
以口语的表达方式，表示向对方叙述刚刚知道的事实使用。这时说话人多少对叙述的事实有所吃惊，或感叹时使用。

> 예 주말에는 극장에 사람이 정말 많**데요**. 周末剧场的人真的很多。
> 민수 씨가 중국어를 아주 잘하**데요**. 民秀的中国语说得非常好。
> 그 사람이 정말 웃기**데**. 那个人真的很有趣。
> 설악산의 단풍이 정말 아름답**데요**. 雪岳山的枫叶真的很美丽。
> 어제 남산에 올라갔는데 공기가 정말 상쾌하**데**. 昨天登了南山，空气真的很清爽。

2. 구어적인 표현으로 어떤 사실에 대해 상대방에게 확인하면서 질문할 때 쓴다.
以口语的表达方式，表示向对方确认某事实并提问时使用。

> 예 이번 시험이 그렇게 어렵**데**? 这次的考试真的那么难吗？
> 부모님이 선물을 좋아하시**데**? 父母喜欢(送的)礼物吗？
> 극장에 사람이 많**데**? 剧场的人很多吗？

3. 과거 '았/었', 미래·추측 '겠' 등을 쓸 수 있다.
与过去式'았/었'，未来·推测'겠'等，一起使用。

> 예 민수 씨가 화**났데**. 民秀生气了。
> 그 지역에 홍수가 **났데**. 这个地区发了洪水。
> 날씨가 따뜻해서 꽃이 벌써 다 **피었데**. 因为天气很缓和，所以花儿都开了。
> 내일부터 세일이라 백화점에 사람이 **많겠데**. 明天百货店打折，会有很多人。

ㄱ
ㄴ

ㄷ
ㅁ

ㅇ

ㅈ
ㅌ

4. 앞에 명사가 오면 '(이)데'로 쓴다.

前面接名词变为'(이)데'来使用。

> 예 민수 씨 여자 친구가 외국인**이데**. 民秀的女朋友是外国人。
>   저 회사가 민수 씨가 다니는 회사**데**. 那个公司是民秀工作的公司。

어제 동창회에 갔는데 영호 씨가 벌써 결혼을 했데.

아, 몰랐어? 작년에 결혼했어.

도 이려니와/도 려니와

명사	분위기	음식
	분위기**도** 분위기**려니와**	음식**도** 음식**이려니와**

1. 명사를 반복해서 써서, 그것이 당연함을 나타낸다. 보통 뒤에는 그것에 추가되는 다른 것이 온다.

反复使用名词，表示当然怎么样时使用。后面常接补充的其他内容。

> 예 그 가수는 노래**도** 노래**려니와** 춤도 잘 춰요.
> 那个歌手不但歌唱得好，舞跳得也很好。
> 그 식당은 분위기**도** 분위기**려니와** 음식도 맛있었어요.
> 这家餐厅不但环境好，菜的味道也很好。
> 엄마가 만드는 음식은 맛**도** 맛**이려니와** 몸에도 좋다.
> 妈妈做的菜不但好吃，对身体也很好。

왜 어제 예쁘다고 한 옷을 안 샀어요?

값도 값이려니와 요즘 과소비를 하는 것 같아서 안 샀어요.

되

동사/형용사	가다	먹다	예쁘다	좋다
	가**되**	먹**되**	예쁘**되**	좋**되**

1. [A 되 B] 문어적이고 예스러운 표현으로 A와 B가 대조적으로 이어질 때 쓴다. 비슷한 표현으로 '지만'이 있다.

[A 되 B] 古式书面语表达方式。表示A与B形成对照时使用。类似的语法有'지만'。

예 오늘은 바람은 많이 불**되**, 춥지는 않다.
今天的风很大，但是不冷。
그 사람을 좋아하기는 하**되**, 사랑하지는 않는 것 같다.
虽然喜欢那个人，但是不爱他。
말하기는 쉽**되**, 실천하기는 어렵다.
说起来容易，做起来难。
말하기는 쉽**지만**, 실천하기는 어렵다.

2. [A 되 B] A를 한다고 가정하고, A를 할 때는 B와 같이 하거나 그렇게 해야 함을 나타낸다. 이때 B는 A를 하는 데 있어 조건, 단서가 된다.

[A 되 B] 假设做A, 表示做A时与B一起, 或要做成B那样时使用。

예 이 회사에서 일하**되**, 한국말로 의사소통을 해야 한다.
要想在这家公司工作，必须能用韩国语交流。
열심히 노력하**되**, 운도 따르기를 기대한다.
刻苦努力，也希望有好运跟随。
그 사람의 안부를 묻**되**, 내 안부는 전하지 말아 줘.
可以向那个人问好，但是不要告诉(他)我的状况。
수업 시간에는 한국어로 말하**되**, 질문은 중국어로 해도 됩니다.
上课时间要用韩国语讲话，但是提问可以用中国语。

3. '기는 되', '기는 하되'의 형태로 쓸 수 있다.

可以用'기는 되', '기는 하되'的形态使用。

> 예 먹고 싶은 만큼 먹**되**, 남기지는 마세요. 想吃多少都可以, 但是不要剩。
> 먹고 싶은 만큼 먹**기는 먹되**, 남기지는 마세요.
> 먹고 싶은 만큼 먹**기는 하되**, 남기지는 마세요.

4. 과거에는 '았/었으되'를 쓴다.

过去式为'았/었으되'来使用。

> 예 학생들이 선생님의 말에 대답**했으되**, 들리지 않았다.
> 学生们回答了老师的话, 但是听不见。
> 그 사람을 사랑**했으되**, 집안의 반대로 헤어졌다.
> 虽然爱了那个人, 但是因为家里的反对分手了。

> 태산이 높다 하되 하늘 아래 뫼이로다.

만 해도1

명사	친구	교실
	친구**만 해도**	교실**만 해도**

1. [A 만 해도 B] 여러 가지 예 중에서 대표적으로 A를 예로 들어 이떤 상황을 쉽게 설명할 때 쓴다.

[A 만 해도 B] 表示在众多例子中举例A来说明的话既有代表性又能概括说明时使用。

예 가 : 요즘 물가가 많이 올랐어요. 最近物价上涨了。

나 : 맞아요. 김밥**만 해도** 값이 2배로 올랐어요. (대표적으로 김밥을 예로 들어 물가가 오른 상황을 쉽게 설명함)

是的，比如说紫菜饭就涨了2倍。(把紫菜饭做为例子来说明物价上涨的状态)

가 : 요즘 사람들은 대체로 결혼을 늦게 하는 것 같아요.

最近大部分的人婚结的都晚。

나 : 그런 것 같아요. 제 친구**만 해도** 벌써 서른다섯 살인데 아직 결혼 생각이 없더라고요. (대표적으로 친구의 예를 들어 결혼을 늦게 하는 상황을 쉽게 설명함)

好像如此。比如说我朋友，已经三十五岁了还没有结婚的想法。(把朋友做为例子来说明普遍结婚晚的状态)

2. 동사나 형용사의 경우, '기만 해도'를 쓴다.

动词、形容词的情况下变为'기만 해도'来使用。

예 그 사람을 바라보**기만 해도** 좋다.

只要能看到那个人就很满足。

그 영화 음악을 듣**기만 해도** 영화의 내용이 다 떠오른다.

只要听到电影插曲，就能浮现出电影的内容。

유리 씨 집에는 책이 정말 많네요.

네, 소설책**만 해도** 100권이 넘는걸요.

만 해도2

명사	어제	오늘
	어제**만 해도**	오늘**만 해도**

1. 시간을 나타내는 명사와 같이 써서, 그 시간과 지금 사이에 변화가 있음을 나타낼 때 쓴다.

与表示时态的名词一起使用，表示那个时间到现在为止的变化。

> 예 십 년 전**만 해도** 이곳은 시골이었는데 지금은 많이 발전했다.
> 十年前这里还是乡下，现在发展了很多。
> 내 동생은 작년**만 해도** 나보다 키가 작았는데 지금은 나와 키가 비슷하다.
> 我的弟弟去年还比我的个子小，现在就和我的个子差不多了。
> 어렸을 때**만 해도** 친척들과 자주 만나곤 했는데 요즘은 너무 바빠서 그러질 못한다.
> 小时候还和朋友们经常见面，因为最近太忙所以不能见面。

2. '까지만 해도'로 써서 시간을 강조할 수 있다.

以'까지만 해도'的形态表示强调。

> 예 어제**까지만 해도** 쌀쌀했는데 오늘은 꽤 따뜻하다.
> 昨天还很冷，到了今天就很暖和。

혹시 민수 씨 못 봤어요?

글쎄요, 조금 전만 해도 사무실에 있었는데요.

말고도

명사	우리	음식
	우리 **말고도**	음식 **말고도**

1. '말고+도'의 형태로, 앞에 있는 명사가 없어도 다른 것이 있음을 ㅣ타낼 때 쓴다.

以'말고+도'的形态表示即使没有(除了)前面的名词还有其他时使用。

> **예** 이 식당에는 한국 음식 **말고도** 다른 여러 나라의 음식이 있어요.
> 这家餐厅除了韩国料理之外，还有其他国家的料理。
> 이 세상에는 그 남자 **말고도** 많은 남자들이 있으니 그만 잊어버려.
> 这个世界上除了那个男的还有很多男的，忘掉吧。
> 민수 씨는 운동 **말고도** 노래나 춤에 소질이 있다.
> 民秀除了体育好，在唱歌跳舞上也有天赋。

이번 회의 때 유리 씨가 발표를 좀 맡아 주세요.

또 제가 해요? 저 말고도
할 사람 많잖아요.

아 내다/어 내다

동사	참다	그리다	하다
	참아 내다	그려 내다	해 내다

1. 어떤 일을 드디어 끝마쳤음을 나타낸다. 이때 이 일은 쉽지 않은 과정을 통해
이루어진 것임을 의미한다.

表示终于结束某事时使用。这时意味着达成此事的过程较难。

> 예 김민수 씨는 홀로 아이들을 성인이 될 때까지 잘 길러 **냈다**.
> 金民秀独自把孩子抚养到了成年人。
> 삼일 밤낮에 걸쳐 수색을 해서 끝내 범인을 찾아 **냈다**.
> 经过三天三夜的搜索，终于找到了犯人。
> 이 사고의 원인을 밝혀 **내지** 않으면, 다음에도 똑같은 사고가 날 것이다.
> 不查明这次事故的原因，下次还会出现同样的事故。
> 그 사람의 가증스러운 미소를 참아 **내기** 어렵다.
> 忍耐那个人虚假的笑容很难。
> 콤플렉스는 극복해 **낼** 수 있는 것이니까 힘내세요.
> 自卑感是可以克服的，请加油。
> 김 부장님이 이사님을 밀어 **내고** 그 자리를 차지했다.
> 金部长推掉理事长，占了那个位置。

이번 신제품 아이디어가 아주 좋은데요.
누가 그런 생각을 했어요?

저희 팀이 일주일 동안 의논해서
생각해 낸 아이디어입니다.

아 대다/어 대다

동사	쏘다	마시다	하다
	쏘아 대다	마셔 대다	해 대다

1. 어떤 행위를 지나칠 정도로 계속함을 나타낸다. 이때 말하는 사람이 다소 책망하는 느낌이 있다.

表示过度的持续某行为时使用。这时说话人多少带有责备的意思。

> 📖 아기가 밤새도록 울**어 대서** 아기를 달래느라 잠을 못 잤다.
> 孩子哭了一宿，为了哄孩子没有睡觉。
> 여자 친구가 화가 났는지 무섭게 쏘**아 대서** 깜짝 놀랐다.
> 女朋友好像是生气了，大发脾气吓了(我)一跳。
> 그렇게 술을 마**셔 대면** 건강에 문제가 생길 거야.
> 像那样喝酒，健康会出现问题。
> 그렇게 단것만 먹**어 대면** 금방 뚱뚱해질걸.
> 像那样吃甜的，很快就会变胖。
> 아이들이 놀이터에서 떠들**어 대는** 소리가 아파트 위층까지 들린다.
> 孩子们在公园(游乐场)里吵闹的声音，在楼的高层都能听见。
> 여자 친구가 전화로 하도 잔소리를 해 **대서** 전화를 끊고 싶었다.
> 女朋友在电话里一直发牢骚，想挂断电话。

유리야, 게임 좀 그만 해. 그렇게 게임만
해 대면 공부는 언제 할래?

알겠어. 안 할 테니까 잔소리 좀 그만 해.

아 봤자/어 봤자

동사/ 형용사	가다	먹다	하다	작다	넓다	피곤하다
	가 봤자	먹어 봤자	해 봤자	작아 봤자	넓어 봤자	피곤해 봤자

1. [A 아 봤자 B] 지금 A의 행위나 상태를 가정해서 받아들인다 해도, 그 결과는 당연히 B와 같음을 나타낸다.

[A 아 봤자 B] 表示即使现在接受假设A的行为或状况, 其结果一定与B相同时使用。

예 호텔이 아무리 **좋아 봤자** 내 집만 못하다.
即使酒店再好, 也没有我家舒服。
지금 5시가 다 되었으니까 지금 **가 봤자** 은행 문은 닫혀 있을 거다.
现在快到5点了, 即使现在去银行的话, 银行也关门了。
내일이 시험인데 오늘 공부**해 봤자** 점수는 별반 다르지 않을 것 같다.
明天就考试了, 即使现在学习的话成绩也不会有什么变化。
그 사람이 아무리 예**뻐 봤자** 내 여자 친구보다 예쁘지 않을 거야.
即使那个人再漂亮, 也不会有我的女朋友漂亮。
애들이 먹**어 봤자** 별로 많이 먹지 않을 것 같아서 음식을 조금 준비했다.
即使孩子们吃得再多也不能吃得很多, 所以只准备了一点儿食物。

2. 앞에 명사가 오면 '이어/여 봤자'로 쓴다.

前面接名词变为'이어/여 봤자'来使用。

예 아무리 기분 좋은 꿈**이어봤자**, 꿈은 꿈이지 현실이 아니다.
即使做再好的梦, 梦也只是梦不现实。
그 사람이 부자**여봤자**, 얼마나 부자겠어?
即使那个人再有钱, 能有多少钱?

유리 씨, 오늘 점심은 구내식당에서 먹을까요?

지금 점심 때가 지나서 가 봤자 문을 닫았을 거예요. 그냥 밖으로 나가요.

아 주십사/어 주십사

동사	가다	먹다	하다
	가 주십사	먹어 주십사	해 주십사

1. [A 아 주십사 B] A를 부탁하기 위해 B를 함을 나타낸다. 듣는 사람을 매우 높이는 말이다.

[A 아 주십사 B] 表示为了拜托A来做B时使用。是对听话人的极度敬语。

> 곤경에 빠진 사람들을 좀 **도와 주십사** 전화 드렸습니다.
> 为了麻烦您帮助身处困境的人, (所以给您)打了电话。
> 대학원에 입학하려고 하는데 추천서 좀 **써 주십사** 찾아왔습니다.
> 因为想入大学院, 所以麻烦(您)写一下推荐书。
> 결혼할 때 사회를 좀 **봐 주십사** 전화를 드렸습니다.
> 结婚时想麻烦您当主持人, (所以给您)打了电话。

2. '아/어 주십사 하다'의 형태로 쓸 수 있다.

可以用'아/어 주십사 하다'的形态使用。

> 저 대신 그 행사에 참석**해 주십사** 연락드렸습니다.
> 麻烦您代替我去参加那个活动, (所以给您)打了电话。
> 저 대신 그 행사에 참석**해 주십사 하고** 연락드렸습니다.

무슨 일로 오셨습니까?

바쁘시겠지만 추천서 좀 써 주십사 찾아 왔습니다.

아 죽다/어 죽다

형용사	좋다	힘들다	피곤하다
	좋아 죽다	힘들어 죽다	피곤해 죽다

1. '어떤 상황이 아주 심해서 죽을 것 같을 정도'라는 뜻으로, 과장해서 말할 때 쓴다.
表示某状态严重到了死的程度，用于夸张时使用。

> 📋 민수 씨가 결혼하더니 **좋아 죽네요**. 民秀结了婚，好得要死。
> 영호 씨가 계속 야근을 하더니 아주 **피곤해 죽네**. 荣浩一直上夜班，累得要死。
> 밤을 새서 일했더니 **피곤해 죽겠어요**. 通宵工作，累得要死。
> 상사의 지시에 맞추느라 **힘들어 죽겠다**. 为了按照上司的指示去做，累得要死。
> 8월이 되니 날씨 때문에 **더워 죽겠다**. 到了8月，因为天气要热死了。
> 마음이 안 맞아서 저 사람하고 같이 일하기 불편**해 죽겠다**.
> 因为不默契，和那个人一起工作不方便死了。

민수 씨가 요즘 기운이 없어 보여요.

요새 일 때문에 힘들어 죽겠대요.

아 치우다/어 치우다

동사	팔다	먹다	하다
	팔아 치우다	먹어 치우다	해 치우다

1. 어떤 일을 신속하게 다 끝냄을 나타낸다. 이때 그 일을 완전하게 다 끝내서 남아 있는 것이 없다는 느낌을 강조한다.

表示对某事快速地结束时使用。这时强调此事都以结束没有剩余时使用。

> 📕 이사 가기 전에 필요 없는 물건들을 다 **팔아 치웠다**.
> 在搬家之前把不需要的东西都卖掉了。
> 일을 그렇게 하려면 다 집**어 치워**.
> 要是那么做事的话，都算了吧。(表示对那么做事情不满而气愤)
> 밀린 일을 다 **해 치우니까** 속이 시원하다.
> 把堆积的事情都做完了，心理很舒坦。

제가 먹던 음식을 여기 두었는데
없어졌네요.

아까 영호 씨가 와서 남은 음식을
다 먹어 치웠는데요.

아서야/어서야

동사/	가다	먹다	하다	작다	넓다	피곤하다
형용사	가서야	먹어서야	해서야	작아서야	넓어서야	피곤해서야

1. [A 아서야 B] A의 상태를 봤을 때, B와 같은 결과가 옴을 나타낸다. 부정적인
상황에 주로 쓰며, B에는 반문하는 의문문을 써서 강조하기도 한다.
[A 아서야 B] 表示在看A的状态下, 出现B的结果时使用。主要用于否定,
以反问B的疑问句表示强调。

예 집이 이렇게 **작아서야** 다섯 식구가 살 수 없겠다.
房子那么小, 五口人没有办法生活。
할 일이 그렇게 **많아서야** 이 작업을 마무리할 시간이 없는 게 당연하다.
要做的事情那么多, 当然没有结束这个工作的时间了。
그렇게 돈이 **없어서야** 차비도 못 내겠다.
那么没有钱, 可能车费也拿不起了。
저렇게 공부를 못 **해서야** 고등학교 졸업도 못 하겠다.
学习那么不好, 高中都不能毕业了。
매일 일만 **해서야** 사람답게 살 수 없다.
每天只工作, 不能过正常人的生活。
그렇게 조금씩 **먹어서야** 체력을 유지할 수 있겠니?
吃得那么少, 能保持体力吗?
옷이 그렇게 **비싸서야** 누가 사겠어?
衣服那么贵, 谁买啊?
날마다 놀러 다니기만 **해서야** 돈을 모을 수 있겠어?
每天只忙着到处去玩儿, 能攒钱吗?

ㄱ
ㄴ

ㄷ
ㅁ

ㅇ

ㅈ
ㅌ

2. [A 아서야 B] 동사와 함께 쓰여, A의 동작이 이루어진 후에 그제야 힘들게 B
의 상태가 됨을 나타낸다.

[A 아서야 B] 与动词一起使用, 表示A的动作达成之后, 才辛苦的变为B的
状态时使用。

예 집에 도착**해서야** 겨우 쉴 수 있었다.
　　到了家, 才勉强能休息。
　　택시를 **타서야** 겨우 기차를 놓치지 않고 탈 수 있었다.
　　打了车, 才勉强没有错过火车。
　　중앙 도서관까지 **가서야** 그 책을 겨우 빌릴 수 있었다.
　　到了中央图书馆, 才借到那本书。
　　온 방을 다 뒤**져서야** 잃어버린 돈을 찾을 수 있었다.
　　把房间翻了个遍, 才找到丢了的钱。

이렇게 날씨가 추워서야
밖에 나갈 사람이 아무도 없겠네요.

정말 춥네요. 그래도 다음 주가 되면
좀 풀린대요.

아야지/어야지

동사/ 형용사	가다	먹다	하다	작다	넓다	복잡하다
	가야지	먹어야지	해야지	작아야지	넓어야지	복잡해야지

1. 동사나 형용사와 함께 써서, 당연히 그렇게 해야 함 또는 그러한 상태여야 함을 말할 때 쓴다.

与动词或形容词一起使用，表示理所当然只有那样去做，或者只有那样的状态时使用。

> 예 할 사람이 없으니 민수 씨가 이 일을 맡으**셔야지요**.
> 没有人做，所以只有民秀来担任了。
> 이 일을 하려면, 일단 한국어를 잘**해야지**.
> 要做这件事，首先韩国语要说得好。
> 우리 가족이 같이 살려면, 집이 좀 넓**어야지**.
> 我们家人要一起住的话，房子要宽一些。
> 농구 선수가 되려면, 일단 키가 좀 커**야지**.
> 要当篮球选手的话，首先个子要高一些。

2. 동사와 함께 써서, 그렇게 하겠다는 말하는 사람의 의지를 나타낸다. 혼잣말로도 많이 쓴다. 이때 주어는 항상 '나(저), 우리'이다.

与动词一起使用，表示说话人有要那么做的意志。常用于自言自语。这时的主语为'나(저)，우리'。

> 예 내가 학교에 제일 먼저 가**야지**. 我要最早去学校。
> 이제부터는 인터넷 사용 시간을 좀 줄**여야지**. 现在开始要减少上网的时间。
> 스마트폰을 좀 적게 사용**해야지**. 要减少使用智能手机。

3. 과거 상황에 대해 말할 때는 '았/었어야지'로 쓴다. 이때, 과거에 당연히 그렇게 하지 않은 것에 대해 가볍게 책망하는 듯한 느낌을 준다.
对过去状况叙述时用'았/었어야지'来使用。这时带有对过去没有那么做，而稍加责备的感觉。

> 예 아기가 자고 있는데 좀 조용히 **했어야지**.
> 孩子在睡觉就要安静一些。
> 그렇게 무거운 짐을 들 때는 허리를 조심**했어야지**.
> 拎那么沉的东西时要小心腰。

4. 앞에 명사가 오면 '이어/여야지'로 쓴다.
前面接名词变为'이어/여야지'来使用。

> 예 선물 받는 사람이 기분이 좋으려면 그 사람이 원하는 선물**이어야지**.
> 要使收到礼物的人高兴的话，要送那个人喜欢的礼物呀。

오늘같이 중요한 날 일찍 왔어야지.

미안해, 급한 일이 있어서 늦었어.

았으면 하다/었으면 하다

동사/ 형용사	가다	먹다	하다	작다	넓다	복잡하다
	갔으면 하다	먹었으면 하다	했으면 하다	작았으면 하다	넓었으면 하다	복잡했으 면 하다

1. 말하는 사람의 바람을 나타낸다.

表示说话人的期望。

> 예 이번 주말에는 날씨가 **좋았으면 한다.** 希望这个周末天气好。
> 이 선물이 부모님 마음에 **들었으면 합니다.** 希望这个礼物父母们喜欢。

2. '았/었으면 하다'의 '하다'를 '좋겠다', '싶다'로 바꿔 쓸 수 있다.

可以把'았/었으면 하다'的'하다'变为'좋겠다', '싶다'来使用。

> 예 고향에 가서 옛 친구들을 **만났으면 합니다.** 希望回家乡见老朋友们。
> 고향에 가서 옛 친구들을 **만났으면 좋겠습니다.**
> 고향에 가서 옛 친구들을 **만났으면 싶습니다.**

3. 과거 상황에 대해 말할 때는 '았/었으면 했다'로 쓴다. 이때는 이루어지지 않은 과거 상황에 대한 아쉬움을 나타낸다.

对过去状况叙述时变为'았/었으면 했다'。这时对没有达成的过去状况表示遗憾时使用。

> 예 선물이 친구 마음에 **들었으면 했는데** 친구의 표정을 보니 별로 안 좋아하는 것 같았어요.
> 希望朋友能喜欢礼物，但是看到朋友的表情好像不太喜欢。
> 방학 때 여행을 **했으면 했는데,** 결국 여행도 못 하고 개학을 했네요.
> 放假想去旅行，最后旅行也没去上就开学了。

4. 앞에 명사가 오면 '이었/였으면 하다'를 쓴다.

前面接名词变为'이었/였으면 하다'来使用。

> 예 그 사람이 제 친구**였으면 해요**. 希望那个人是我的朋友。
>
> 제가 이번 시험에서 일등**이었으면 해요**. 希望这次考试我是第一名。

주말에 부산으로 여행을 가는데 날씨가
좀 좋았으면 해요.

아마 좋을 거예요. 걱정 마세요.

어찌나 던지

동사/ 형용사	가다	먹다	하다	작다	넓다	복잡하다
	어찌나 가던지	어찌나 먹던지	어찌나 하던지	어찌나 작던지	어찌나 넓던지	어찌나 복잡하던지

1. 이미 경험한 사실에 대해 회상하면서, 그것이 아주 대단했음을 강조해서 말할
때 쓴다.

表示对已经经验过的事实回想，强调此事非常了不起时使用。

> 예 할아버지께서 **어찌나** 건강하시**던지** 저보다 더 건강하신 것 같았어요.
> 爷爷非常健康，好像比我都健康。
> 아이가 **어찌나** 과일을 잘 먹**던지** 사과 두 개를 금방 먹더라고요.
> 爸爸非常喜欢吃水果，瞬间吃了两个苹果。
> 집이 **어찌나** 넓**던지** 다섯 식구가 살아도 충분하겠더라고요.
> 房子非常宽敞，五口人生活也足够了。

2. '어찌나 던지'의 '어찌나'는 '얼마나'로 바꿔 쓸 수 있다.

'어찌나 던지'的'어찌나'可以变为'얼마나'来使用。

> 예 그 가수가 **어찌나** 노래를 잘하**던지** 다들 기립 박수를 보냈어요.
> 那个歌手的歌唱得非常好，大家都起立鼓掌。
> 그 가수가 **얼마나** 노래를 잘하**던지** 다들 기립 박수를 보냈어요.

3. 과거 상황에 대해 말할 때는 '어찌나 았/었던지'로 쓴다.

对过去状况叙述时，变为'어찌나 았/었던지'来使用。

> 예 그 배우가 **어찌나** 잘 생겼**던지** 얼굴에서 빛이 나는 것 같았다.
> 那个演员长得非常好，脸上好像闪闪发光。
> **어찌나** 배가 나왔**던지** 바지가 안 들어갔다.
> 肚子很大，裤子都穿不上了。
> 눈이 **어찌나** 많이 왔**던지** 한 발자국도 나아갈 수가 없었어요.
> 雪下得非常大，一步都走不出去。

4. 앞에 명사가 오면 '어찌나 (이)던지'를 쓴다.

前面接名词变为'어찌나 (이)던지'来使用。

> 예 유리 씨는 **어찌나** 모범생**이던지** 숙제를 안 해오는 날이 없었어요.
> 刘丽是模范生，从来没有不写作业来的时候。

어제는 어찌나 덥던지 사우나를 하는 것 같았어요.

맞아요, 에어컨 없었으면 일도 못 했을 거예요.

에 한하여

명사	친구	음식
	친구에 한하여	음식에 한하여

1. 문어적인 표현으로 앞에 있는 명사를 기준으로 제한함을 나타낸다.

以书面的表达方式，表示以前面的名词为基准来限制时使用。

> 예 이 박물관의 입장료 할인은 초등학생에 **한하여** 가능합니다.
>
> 这个博物馆的优惠券只限于小学生使用。
>
> 이번 세일은 재고 품목에 **한하여** 이루어집니다.
>
> 这次打折只限于库存商品来进行。
>
> 이곳 입장은 관계자들에 **한하여** 허용됩니다.
>
> 这里只允许有关人员进入。
>
> 100밀리리터 이하의 액체에 **한하여** 기내 반입이 허용됩니다.
>
> 机内只允许带入100毫升以下的液体进入。

저도 유리 씨네 회사 구내식당을 이용할 수 있나요?

아니요, 저희 구내식당은 저희 직원에 한하여
이용할 수 있어요.

에도 불구하고

명사	친구	음식
	친구에도 불구하고	음식에도 불구하고

1. 앞서 말한 상황이 있지만, 그것에 영향을 받지 않음을 나타낸다.

表示不受之前所说的状况影响时使用。

> 힘든 경제 상황**에도 불구하고** 불우 이웃 성금이 많이 모였다.
> 即使经济状况不景气，但还是筹集了很多帮助不幸邻里的捐款。
> 신체적 약점**에도 불구하고** 마라톤에서 우승을 차지했다.
> 即使身体上有缺陷，但还在马拉松上获得了优胜奖。
> 어려운 가정 형편**에도 불구하고** 자신의 꿈을 이루었다.
> 即使家庭条件不好，但是还实现了梦想。

2. '(으)ㅁ에도 불구하고'로 많이 쓴다. '이다'와 같이 쓸 때에는 '임에도 불구하고'를 쓴다. ('(으)ㅁ' → 276쪽 참고)

常以'(으)ㅁ에도 불구하고'来使用。与'이다'一起使用时变为'임에도 불구하고'。('(으)ㅁ' → 参考276页)

> 몸이 아픔**에도 불구하고** 학교에 갔다.
> 即使身体不舒服，还去了学校。
> 남자 친구와 헤어졌**음에도 불구하고** 친구로 연락하고 지낸다.
> 即使和男朋友分手了，还以朋友的身份来联系着。
> 그 사람은 돈이 있**음에도 불구하고** 차비를 아끼기 위해 집까지 걸어갔다.
> 即使那个人有钱，还为了省车费徒步到家。
> 저 사람은 외국인**임에도 불구하고** 한국말을 한국 사람처럼 잘한다.
> 即使那个人是外国人，韩国话还说得像韩国人一样。

3. 많이 쓰는 표현으로 '그럼에도 불구하고'가 있다. '그렇다+(으)ㅁ에도 불구하고'
를 줄여 쓴 말이다.
常用的表达方式有'그럼에도 불구하고'。是'그렇다+(으)ㅁ에도 불구하고'
的缩写形式。

예 몸이 많이 아팠지만, **그럼에도 불구하고** 예정대로 행사를 진행했다.
身体虽然不舒服, 但是还照常举行了活动。

정부의 빠른 대처에도 불구하고 피해자가 속출했다.

으오/오

동사/형용사	가다	먹다	예쁘다	좋다
	가**오**	먹**으오**	예쁘**오**	좋**으오**

1. 예스러운 표현으로, 나이 많은 사람이 가까운 사이나 아랫사람을 존중하여 말할 때 쓴다.

古式的表达方式，表示年纪大的人对属下或亲近的人的敬语。

> 예 지금 어디 가**오**? 现在去哪儿?
>
> 시간이 없으니 서두르시**오** 没有时间了，请快点儿。
>
> 경치가 참 보기 좋**으오** 景色看起来非常好啊。

이 차 한잔 마셔 보오.

감사합니다. 잘 마시겠습니다.

으니 망정이지/니 망정이지

동사/형용사	가다	먹다	예쁘다	좋다
	가니 망정이지	먹으니 망정이지	예쁘니 망정이지	좋으니 망정이지

1. [A 으니 망정이지 B] A를 하거나 A와 같은 상황이 되었기 때문에 다행히 B와 같은 일이 발생하지 않음을 나타낸다.

[A 으니 망정이지 B] 表示做A或因为变为与A相同的状况时，幸好没有发生像B时使用。

> 예 몸이 안 아프**니 망정이지**, 내일까지 일을 못 끝낼 뻔했다.
> 幸好身体没有不舒服，不然到明天为止差点儿不能完成工作。
> 민수 씨가 나 대신 가**니 망정이지**, 회의가 무산될 뻔했다.
> 幸好民秀代替我去，不然会议差点儿就取消了。

2. '(으)니 망정이지' 뒤에는 '아니었으면, 그렇지 않았으면, 안 그랬으면, 하마터면' 등이 자주 오고, 문장 끝에는 '(으)ㄹ 뻔했다, (으)ㄹ 거예요, 았/었을 거예요, 았/었을 것 같아요' 등이 자주 온다. ('(으)ㄹ뻔하다' → 252쪽 참고) ('(으)ㄹ 거예요' → 초급 참고) ('(으)ㄹ 것 같다' → 초급 참고)

'(으)니 망정이지'后常接'아니었으면, 그렇지 않았으면, 안 그랬으면, 하마터면'等, 文章结尾常接'(으)ㄹ 뻔했다, (으)ㄹ 거예요, 았/었을 거예요, 았/었을 것 같아요'等。('(으)ㄹ뻔하다' → 参考252页) ('(으)ㄹ 거예요' → 参考初级) ('(으)ㄹ 것 같다' → 参考初级)

> 예 옷을 따뜻하게 입었**으니 망정이지 하마터면** 감기에 걸릴 **뻔했다.**
> 幸好穿得多，不然差点儿就感冒了。
> 김 선생님이 와서 도와줬**으니 망정이지 안 그랬으면** 오늘 이 일을 끝내지 못 할 **뻔했다.**
> 幸好金老师来帮忙，不然今天差点儿就不能完成这件事了。
> 날씨가 좋**으니 망정이지 그렇지 않았으면** 등산도 못 갔을 거예요.
> 幸好天气好，不然不能去登山了。

3. 과거 상황에 대해 말할 때는 '았/었으니 망정이지'를 쓴다.

对过去状况叙述时用'았/었으니 망정이지'。

> 예 일찍 나**왔으니 망정이지**, 5분만 늦었어도 비행기를 놓쳤을 것이다.
> 幸好出来得早，要是晚5分钟的话就搭不上飞机了。
> 몸이 안 아**팠으니 망정이지**, 오늘 정말 쓰러질 뻔했다.
> 幸好身体没有不舒服，今天真的差点儿晕过去。
> 아기가 감기에 걸렸는데 열이 떨어**졌으니 망정이지**, 응급실에 갈 뻔했다.
> 孩子感冒了，幸好退烧了不然差点儿就去急诊了。

4. 비슷한 표현으로 '기에 망정이지'가 있다. ('기에 망정이지' → 345쪽 참고)

类似的语法有'기에 망정이지'。('기에 망정이지' → 参考345页)

> 예 비가 왔**으니 망정이지**, 하마터면 가뭄이 들 뻔했다.
> 幸好下雨了，不然差点儿就干旱了。
> 비가 왔**기에 망정이지**, 하마터면 가뭄이 들 뻔했다.

5. 앞에 명사가 오면 '(이)니 망정이지'로 쓴다.

前面接名词变为'(이)니 망정이지'来使用。

> 예 오늘이 일요일**이니 망정이지** 안 그랬으면 쉬지도 못했을 거예요.
> 幸好今天是星期日，不然就不能休息了。

느니만큼/으니만큼　　오니만큼/니만큼

동사	가다	먹다
	가**느니만큼**	먹**느니만큼**

형용사	예쁘다	좋다
	예쁘**니만큼**	좋**으니만큼**

1. [A 느니만큼 B] A이기 때문에 B의 결과가 옴을 나타낸다.

[A 느니만큼 B] 表示因为A有了B的结果时使用。

> 예 열심히 준비하**느니만큼** 발표를 잘 할 수 있을 것이다.
> 因为认真准备了，所以发表会很好的。
> 성장기 때는 잘 먹**느니만큼** 키도 많이 큰다.
> 因为成长期间吃得好，所以个子也长得高。
> 이 식당은 분위기가 좋**으니만큼** 값이 비싸다.
> 因为这家餐厅环境好，所以价格也贵。
> 경제가 나쁘**니만큼** 실업률도 높다. 因为经济不好，所以失业率也高。
> 일을 하는 과정이 힘드**니만큼** 결과는 좋을 것이라 생각한다.
> 因为事情的过程艰辛，所以认为结果才好。

2. 비슷한 표현으로 '느니만치', '(으)니만치'가 있다.

类似的语法有'느니만치', '(으)니만치'。

> 예 열심히 운동하**느니만큼** 몸도 좋아졌으면 좋겠다.
> 因为努力运动，所以希望身体也变得健康。
> 열심히 운동하**느니만치** 몸도 좋아졌으면 좋겠다.
>
> 이번 연휴가 기**니만큼** 가족들과 보낼 시간도 많다.
> 因为这次长假很长，所以和家人共度的时间也多。
> 이번 연휴가 기**니만치** 가족들과 보낼 시간도 많다.

3. 앞에 명사가 오면 '(이)니만큼'으로 쓴다.

前面接名词变为'(이)니만큼'来使用。

> 예 오늘은 일요일**이니만큼** 집에서 쉬면서 재충전의 시간을 갖겠다.
> 因为今天是星期日，所以要在家里一边休息一边再充电。

으랴 으랴/랴 랴

동사	가다/오다	먹다/마시다
	가랴 오랴	먹으랴 마시랴

1. 여러 가지 일을 열거하면서 그러한 일을 하느라 매우 바쁨을 나타낸다.

列举众多，表示要做这些事情很忙时使用。

> 예 회의하**랴** 발표하**랴** 정말 바쁜 생활을 하고 있다.
> 又开会，又发表，活得真的很忙。
> 설거지하**랴** 청소하**랴** 정신없는 주말을 보냈다.
> 又刷碗，又打扫卫生，度过了繁忙的周末。
> 공부하**랴** 아르바이트하**랴** 하루가 어떻게 가는지 모르겠다.
> 又学习，又打工，不知道一天是怎么过去的。
> 이거 먹**으랴** 저거 먹**으랴** 음식이 많아서 이것저것 먹어 보느라 바빴다.
> 又尝这个，又尝那个，菜太多了，吃了这个吃那个都忙坏了。

주말 잘 보냈어요?

밀린 집안일이 많아서 청소하랴
빨래하랴 정신없었어요.

으려고 들다/려고 들다

동사	가다	먹다
	가려고 들다	먹으려고 들다

1. 어떤 일을 할 생각이나 의도가 있어서, 그것을 적극적으로 하려고 함을 나타낸다.

表示对要做某事的想法或意图，积极想去做某事时使用。

> 예 민수 씨는 궁금한 건 뭐든지 물어보**려고 드는** 사람이다.
> 民秀是个只要有想知道的就要问的人。
> 고양이가 나만 보면 핥**으려고 든다.**
> 小猫只见到我就要舔。

2. '려고만 들다'의 형태로 써서 강조할 수 있다.

以'려고만 들다'的形态表示强调。

> 예 배우**려고만 들면** 어떤 외국어든 쉽게 배울 수 있다.
> 只要想学，不管什么外国语都能轻易学会。
> 우리 아이는 시간이 있으면 놀**려고만 들어요.**
> 我们的孩子只要有时间就想玩儿。

3. 과거 상황에 대해 말할 때는 '(으)려고 들었다'로 쓴다.

对过去状况叙述时变为'(으)려고 들었다'。

> 예 예전에는 동생과 만나면 싸우**려고만 들었다.**
> 从前一见到弟弟的话就要打仗。
> 우리 집 강아지가 사람들을 만나면 물**려고 들었는데,** 요즘은 아주 순해졌다.
> 我们家的狗之前一见到人就要咬，最近变得很温顺。

유리 씨는 동생하고 사이가 좋아요?

네, 어렸을 때는 만나면 싸우려고 들었는데 이제는 친해요.

으려는지/려는지

동사	보다	읽다
	보려는지	읽으려는지

1. [A 으려는지 B] '(으)려고 하다+는지'의 줄임말로 어떤 사람이 하는 B의 행위
를 보고 A의 의도가 있음을 추측할 때 쓴다. 이때 주어는 제삼자이다.
('(으)려고 하다' → 초급 참고) ('는지' → 120쪽 참고)
[A 으려는지 B] 是'(으)려고 하다+는지'的缩写，表示某人看到B的行为，
而推测有A的意图时使用。这时的主语为第三者。
('(으)려고 하다' → 参考初级) ('는지' → 参考120页)

> 예 어머니께서 김장을 하시**려는지** 배추를 50포기나 사셨다.
> 妈妈买了50颗白菜，好像是要做泡菜。
> 민수가 나가**려는지** 옷을 갈아입고 있다.
> 民秀在换衣服，好像是要出去。
> 선생님이 영호 씨를 혼내시**려는지** 화가 난 목소리로 영호 씨를 찾으셨다.
> 老师好像是要批评荣浩，用生气的语气找了荣浩。
> 친구들이 파티를 준비하**려는지** 분주하게 움직이고 있다.
> 朋友们忙忙碌碌，好像是要开派对。

민수 씨가 친구들하고 나누어 먹으려는지
음식을 많이 사던데요

오늘 민수 씨 반에서 파티가
있다고 했거든요.

으련마는/련마는

동사/형용사	오다	읽다	예쁘다	좋다
	오련마는	읽으련마는	예쁘련마는	좋으련마는

1. [A 으련마는 B] 앞의 조건이 만족되면 A의 상황이 되겠지만 그렇지 못하거나, 또는 그럼에도 불구하고 B의 상황이 됨을 나타낸다. 이때 '(으)면 (으)련마는' 의 형태로 자주 쓰인다.

[A 으련마는 B] 表示要是对前面的条件满足时变为A的状况，但不满足或尽管如此时变为B的状况时使用。这时常以'(으)면 (으)련마는'来表达。

> 🔹 경제가 빨리 회복**되면 좋으련마는** 걱정이네요.
> 要是经济快点儿恢复就好了，很担心啊。
> 시간이 **있으면** 여행이라도 가**련마는** 일이 너무 많아서 힘들어요.
> 要是有时间的话去旅行就好了，但是事情很多有些困难。
> 책이 **있으면** 책이라도 읽**으련마는** 오늘은 아무것도 안 가지고 와서 할 일이 없네요.
> 要是有书的话看书就好了，今天什么也没有带来所以没有事情可做。
> 저 나이**라면** 자식도 **있으련마는** 왜 저렇게 철이 없는지 모르겠어요.
> 到了那个岁数可能都有子女了，不知道为什么那么不懂事。

2. '(으)련마는'의 형태로 문장을 끝낼 수 있다.

以'(으)련마는'的形态，可以结束文章。

> 🔹 좀 쉴 수 있으면 **좋으련마는**······.
> 要是能休息的话就好了······。
> 날씨가 좋으면 산책이라도 하**련마는**······.
> 要是天气好的话就能散散步······。

3. '(으)련마는'을 '(으)련만'으로 줄여 쓸 수 있다.

可以把'(으)련마는'缩写成'(으)련만'来使用。

> 🔹 경제가 빨리 회복되면 **좋으련마는** 걱정이네요.
> 要是经济快点儿恢复就好了，很担心啊。
> 경제가 빨리 회복되면 **좋으련만** 걱정이네요.

4. 과거 '았/었', 미래·추측 '겠' 등과 함께 쓸 수 있다.

与过去式'았/었', 未来·推测'겠'等一起使用。

> 예 그 사람이 도착했으면 전화를 **했으련만** 아직 도착하지 않았나 봐요.
> 那个人要是到了就会来电话，可能还没到吧。
> 나라면 유학을 **가겠건만** 왜 그렇게 고민만 하고 결정을 못 내리는지 모르겠어요.
> 要是我的话就去留学，不知道为什么只考虑不能下决定。

5. 비슷한 표현으로 '을 텐데'가 있다. ('(으)ㄹ 텐데' → 265쪽 참고)

类似的语法有'을 텐데'。('(으)ㄹ 텐데' → 参考265页)

> 예 선생님도 같이 가시면 **좋으련마는** 바쁘시다니 어쩔 수 없지요.
> 老师要是一起去就好了，因为(说)忙那就没办法了。
> 선생님도 같이 가시면 좋**을 텐데** 바쁘시다니 어쩔 수 없지요.

6. 앞에 명사가 오면 '(이)련만'으로 쓴다.

前面接名词变为'(이)련만'来使用。

> 예 저 정도면 좋은 학생**이련만** 선생님들은 왜 다 저 학생을 싫어하는 걸까요?
> 那样的话也算是好学生了，为什么老师们都讨厌那个学生啊？

저렇게 행동하면 사람들이 싫어하련마는
왜 저러는지 모르겠어요.

그러게요. 저도 그러지 말라고
여러 번 말했는데 안 고치네요.

으로 말미암아/로 말미암아

명사	실수	전쟁	개발
	실수로 말미암아	전쟁으로 말미암아	개발로 말미암아

1. 어떤 것의 원인이나 이유임을 나타낸다. 뒤에 오는 내용은 그 결과이며, 그 결과는 항상 안 좋은 상황이 된다.

表示为某事的原因或理由。后接的内容为其结果，结果为不好的状况。

> **예** 이번 사건**으로 말미암아** 한국 경제는 큰 타격을 입었습니다.
> 因这次事故，韩国的经济受到了很大的打击。
> 학생들의 불만**으로 말미암아** 이번 행사를 취소하게 되었습니다.
> 因为学生们的不满，这次活动被取消了。
> 무분별한 개발**로 말미암아** 대기 오염이 심각해지고 있습니다.
> 因乱开发，大气污染越来越严重。

2. 비슷한 표현으로 '(으)로 인해'가 있다. 이때 '(으)로 말미암아'는 부정적인 상황에서 주로 쓰이지만 '(으)로 인해'는 부정적인 상황, 긍정적인 상황에서 모두 쓰인다.

类似的语法有'(으)로 인해'。这时的'(으)로 말미암아'通常用在否定的状况，但'(으)로 인해'可以用于否定，肯定的状态。

> **예** 이번 일**로 말미암아** 모든 계획을 수정하게 되었습니다.
> 因本次事件，所有的计划都修正了。
> 이번 일**로 인해** 모든 계획을 수정하게 되었습니다.

이번 사고로 말미암아 많은 인명 피해가 있었습니다.

으로 볼 때/로 볼 때

명사	증거	실력	개발
	증거로 볼 때	실력으로 볼 때	개발로 볼 때

1. 어떤 것을 판단할 때 그 판단의 기준이나 증거임을 나타낸다.

表示为判断某事时的判断基准，或证据(依据)时使用。

> **예** 드러난 증거**로 볼 때** 그 사람이 범인임에 틀림없다.
> 以露出的证据来看，那个人一定就是犯人。
> 이번 사건**으로 볼 때** 한국인의 시민 의식이 많이 높아졌음을 알 수 있다.
> 根据这次事件来看，韩国人的市民意识提高了很多。
> 그 학생의 실력**으로 볼 때** 장학금을 받고 대학교에 입학하기는 어려울 것 같아요.
> 根据那个学生的实力来看，拿奖学金入大学没问题。
> 아버님의 건강 상태**로 볼 때** 좀 쉬시는 게 좋을 것 같습니다.
> 根据父母的健康状态来看，休息一下为好。

2. 비슷한 표현으로 '(으)로 봐서'가 있다. ('(으)로 봐서' → 473쪽 참고)

类似的语法有'(으)로 봐서'。('(으)로 봐서' → 参考473页)

> **예** 유리 씨 성적**으로 볼 때** 대학교에 합격하기 힘들 것 같아요.
> 根据刘丽的成绩来看，要考上大学有些难。
> 유리 씨 성적**으로 봐서** 대학교에 합격하기 힘들 것 같아요.

사람들의 반응으로 볼 때 이번에 출시된
신제품은 성공할 것 같습니다.

잘 됐으면 좋겠습니다.

으로 봐서/로 봐서

명사	증거	성격	개발
	증거로 봐서	성격으로 봐서	개발로 봐서

1. 어떤 것을 판단할 때 그 판단의 기준이나 증거임을 나타낸다.

表示为判断某事时的判断基准，或证据(依据)时使用。

> 예 저 사람 표정**으로 봐서** 거짓말을 하고 있는 것 같아요.
> 看那个人的表情，好像是在说谎。
> 최근의 패션 경향**으로 봐서** 올해도 까만색이 유행일 것 같아요.
> 看最近的时装趋势，今年也要流行黑色。
> 어제 방송된 드라마의 내용**으로 봐서** 주인공이 배신을 당할 것 같아요.
> 看昨天放映的连续剧的内容，主角好像要被背叛。
> 저 친구 성격**으로 봐서** 그런 일을 했을 리가 없지.
> 看那个朋友的性格，不可能做出那样的事。

2. '(으)로 봐서는'의 형태로 쓰여 앞의 내용을 강조할 수 있다.

以'(으)로 봐서는'的形态表示强调前面的内容时使用。

> 예 영호 씨의 실력**으로 봐서** 이번 대회에서 충분히 수상할 수 있을 것 같아요.
> 以荣浩的实力，这次比赛充分地可以获奖。
> 영호 씨의 실력**으로 봐서는** 이번 대회에서 충분히 수상할 수 있을 것 같아요.
> 以荣浩的实力，这次比赛充分地可以获奖。(强调)

3. 비슷한 표현으로 '(으)로 볼 때'가 있다. ('(으)로 볼 때' → 472쪽 참고)
类似的语法有'(으)로 볼 때'。('(으)로 볼 때' → 参考472页)

> 例 유리 씨 성적**으로 봐서** 대학교에 합격하기 힘들 것 같아요.
> 看刘丽的成绩，要考上大学有些难。
> 유리 씨 성적**으로 볼 때** 대학교에 합격하기 힘들 것 같아요.

선생님의 표정으로 봐서 학생들이
시험을 잘 본 것 같아요.

그래요? 그럼 다행이네요.

으로/로7

명사	실패	고장	개발
	실패**로**	고장**으로**	개발**로**

1. 어떤 것의 원인이나 이유임을 나타낸다. 이때 뒤에 나오는 내용은 그 결과이다.

表示为某事的原因或理由时使用。这时后接的内容为此结果。

> **예** 어제 발생한 지진**으로** 수많은 사상자가 생겼다.
> 因为昨天发生的地震，出现了很多死伤者。
> 최근 아파트의 지나친 공급**으로** 미분양 사태가 심각하다.
> 因为最近楼房的过度开发，未出售的状态很严重。
> 요즘 청소년들은 스마트폰 중독**으로** 학업에 많은 어려움을 겪고 있다.
> 最近因为青少年智能手机的中毒现象，给学业上带来了很大困难。
> 환절기에는 감기**로** 병원을 찾는 사람이 많다.
> 因为换季感冒，有很多人去了医院。
> 무분별한 개발**로** 자연이 많이 훼손되었다.
> 因为乱开发，自然受到了很大的损伤。

2. '(으)로'는 '(으)로 인해'의 형태로 많이 쓴다. ('(으)로 인해' → 228쪽 참고)

'(으)로'常以'(으)로 인해'形态使用。('(으)로 인해' → 参考228页)

> **예** 최근 자주 발생하는 층간 소음 문제**로 인해** 정부가 대책을 발표했다고 합니다.
> 最近因为经常发生的楼层噪音，政府发表了对策。

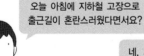

오늘 아침에 지하철 고장으로
출근길이 혼란스러웠다면서요?

네, 저도 1시간이나 늦었어요.

으로서/로서

명사	친구	선생님	딸
	친구로서	선생님으로서	딸로서

1. 어떤 지위나 자격을 나타낸다.

表示某种职位或资格。

> 예 부모로서 자식을 돌보는 것은 당연한 일입니다.
> 身为父母照顾孩子是应该的。
> 내가 친구로서 너한테 해 줄 수 있는 게 아무것도 없어서 슬프다.
> 我作为朋友什么也不能为你做感到很伤心。
> 대한민국 국민으로서 선거에 참여하는 것은 당연하지요.
> 身为韩国的公民参加选举是理所当然的。
> 사장으로서 직원들에게 해 줄 수 있는 것이 무엇인지 생각해 보십시오.
> 想想身为老板能为职员们做的是什么吧。

2. '으로서'의 '서'를 생략할 수 있다.

可以省略'으로서'的'서'来使用。

> 예 대한민국 국민으로서 선거에 참여하는 것은 당연하지요.
> 身为韩国的公民参加选举是理所当然的。
> 대한민국 국민으로 선거에 참여하는 것은 당연하지요.

3. '는', '만', '도' 등의 조사와 함께 쓸 수 있다.

可以与'는', '만', '도'等助词一起使用。

> **예** 사장**으로서는** 좋은 사람이지만 남편으로서는 별로예요.
> 作为老板是个不错的人、但是作为丈夫却不怎么样。
> 연인이 아닌 친구**로서만** 네 옆에 있을게.
> 不是情侣(我会)做为朋友留在你身边。
> 우리 아버지는 아버지**로서도** 좋지만 친구**로서도** 만점이에요.
> 我的爸爸作为爸爸很优秀、但作为朋友也是满分。

내가 선배로서 너한테 충고하는 거니까
기분 나쁘게 생각하지 마.

네, 알겠어요.

으로써/로써

명사	매	실력	칼
	매**로써**	실력**으로써**	칼**로써**

1. 어떤 일의 수단이나 도구를 나타낸다.

表示作为某事的手段或工具。

> 例 아이들을 매**로써** 가르쳐서는 안 된다. 孩子们不能用棍棒来教育。
> 실력**으로써** 승부를 겨루어야 한다. 要以实力来分胜负。
> 칼**로써** 얻은 것은 언젠가는 잃게 될 것이다. 用刀(武力)得到的终究会失去。

2. 동사의 경우에는 '(으)ㅁ으로써'의 형태로 쓴다. ('(으)ㅁ' → 276쪽 참고)

动词的情况下以'(으)ㅁ으로써'的形态来表达。('(으)ㅁ' → 参考276쪽)

> 例 온 국민이 노력**함으로써** 한국 경제가 발전되었다.
> 通过全国民的努力韩国的经济发展了。
> 자주 대화를 **함으로써** 서로 간에 오해의 소지를 없애야 한다.
> 要通过互相对话来解除对彼此的误会。
> 책을 많이 읽**음으로써** 견문을 넓히고 있습니다.
> 通过读很多书来扩大见识。

3. '(으)로써'의 '써'를 생략할 수 있다.

可以省略'(으)로써'的'써'来使用。

> 例 권력**으로써** 국민들의 마음을 얻으려고 하지 말고 믿음**으로써** 국민들에게 다가서십시오.
> 请不要用权力来得到国民的心(拥护)，请用真心来靠近国民。
> 권력**으로** 국민들의 마음을 얻으려고 하지 말고 믿음**으로** 국민들에게 다가서십시오.

> 요즘 대중교통을 이용함으로써 교통비를 절감하는 사람들이 많다고 합니다.

으리라/리라

동사/형용사	가다	찾다	예쁘다	많다
	가리라	찾으리라	예쁘리라	많으리라

1. 어떤 일에 대한 의지나 추측을 강하게 나타낸다. 예스러운 표현으로 문학 작품에 자주 쓰인다.

强烈地表示对某事的意志或推测时使用。以古式的表达方式常用于文化作品中。

> **예** 나는 끝까지 당신을 기다리**리라**. 我要等你到最后。
> 그 문제의 해결책을 반드시 찾**으리라**. 一定要找到这个问题的解决方法。
> 조만간 통일이 되**리라**. 不久之后就将统一。
> 그들은 반드시 돌아오**리라**. 他们一定会回来。
> 당신을 다시는 보지 않**으리라**. 再也不会见你。

2. '(으)리라'의 '라'를 생략할 수 있다.

可以省略'(으)리라'的'라'来表达。

> **예** 올해는 반드시 성공하**리라**. 今年一定要成功。
> 올해는 반드시 성공하**리**.

3. 추측의 의미로 쓰일 경우 과거 '았/었'과 함께 쓸 수 있다.

表示推测时可以与过去式'았/었'一起使用。

> **예** 그 사람이 어제 도착**했으리라**. 那个人昨天应该到了。
> 작년 이맘때도 이렇게 추**웠으리라**. 去年这个时候也这么冷。

4. 앞에 명사가 오면 '(이)리라'로 쓴다.

前面接名词变为'(이)리라'来使用。

예 저분이야말로 진정한 스승**이리라.** 那位才是真正的老师。

최선을 다해 나에게 주어진 삶을 살아가리라.

으리라고/리라고

동사/형용사	가다	찾다	예쁘다	많다
	가리라고	찾으리라고	예쁘리라고	많으리라고

1. 보통 뒤에 '생각하지 못했다, 상상하지 못했다' 등과 함께 쓰여 미처 예상하지
못했던 것을 나타낸다.
后面常接'생각하지 못했다, 상상하지 못했다'等表示没有事先预想到的意思。

> 예 선생님께서 그 소식을 듣고 그렇게 놀라시**리라고 생각지도 못했어요.**
> 没有想到老师听到那个消息后会那么吃惊。
> 사람들이 이렇게 많이 오**리라고 상상도 못했어요.** 没有想到会来这么多的人。
> 그 사람이 그렇게 나쁘**리라고 생각지도 못했는데요.** 没有想到那个人那么坏。

2. '는'과 함께 쓰여 강조할 수 있다.
'는'表示强调。

> 예 지하철에 사람이 이렇게 많**으리라고** 생각도 못했어요.
> 没想到地铁里会有这么多的人。
> 지하철에 사람이 이렇게 많**으리라고는** 생각도 못했어요.

3. 과거 '았/었'과 함께 쓸 수 있다.
与过去式'았/었'一起使用。

> 예 그 물건을 찾**았으리라고** 생각지도 못했어요.
> 没想到会找到那个东西。

4. 앞에 명사가 오면 '(이)리라고'로 쓴다.

前面接名词变为'(이)리라고'来使用。

예 그 사람이 한국어를 잘해서 외국인**이리라고** 생각지도 못했다.
因为那个人的韩国语说得很好，所以没想到他是外国人。

그 가수가 그렇게 인기가 많으리라고
생각도 못했어요.

왜요? 노래도 잘하고 멋있잖아요.

으리라는/리라는

동사/형용사	가다	찾다	예쁘다	많다
	가리라는	찾으리라는	예쁘리라는	많으리라는

1. '(으)리라+는'의 형태로 어떤 계획이나 추측을 나타내며 뒤에 오는 명사를 꾸며준다. ('(으)리라' → 479쪽 참고)
以'(으)리라+는'的形态表示计划或推测，修饰后面的名词。
('(으)리라' → 参考479页)

> 🖝 어떤 어려움이 있더라도 반드시 성공하**리라는** 믿음을 항상 가지고 있습니다.
> 即使遇到任何困难，也要时常坚信一定会成功的信念。
> 언젠가는 이 꿈을 이루**리라는** 다짐을 다시 한번 해 본다.
> 再一次下决心，终究有一天会实现这个梦想的。
> 올해는 출산율이 높**으리라는** 기대를 가지고 있습니다.
> 期待着今年的出产率会上升。
> 그 사람은 다시 돌아오**리라는** 메시지만 남기고 떠나 버렸다.
> 那个人只留下了还会回来的短信就离开了。

2. 이때 뒤에 오는 명사는 주로 '믿음, 생각, 각오, 결심, 신념' 등을 쓴다.
这时后面常接'믿음，생각，각오，결심，신념'等名词。

> 🖝 내 인생을 다시 찾**으리라는** 각오를 했다.
> 决心重新找回我的人生。

3. 추측으로 쓰일 경우 과거 '았/었'과 함께 쓸 수 있다.
表示推测时可以与过去式'았/었'一起使用。

> 🖝 영호 씨가 그 일을 목격**했으리라는** 생각으로 사건의 전말을 물어보았다.
> 因为荣浩目睹了那件事，所以(向他)问了事情的始末。
> 그분이 최선을 다 **했으리라는** 믿음으로 다시 한번 기회를 주고 싶어요.
> 相信那个人全力以赴了，所以想再给他一次机会。

4. 앞에 명사가 오면 '(이)리라는'으로 쓴다.

前面接名词变为'(이)리라는'来使用。

> **예** 저분들이 나의 친부모님**이리라는** 확신이 든다.
> 我确定他们是我的亲生父母。

어떤 각오를 가지고 이 회사에 지원하셨나요?

최선을 다해 노력하면 성공할 수 있으리라는 믿음으로 지원했습니다.

으리만큼 / 리만큼

동사/형용사	가다	찾다	아프다	싫다
	가리만큼	찾으리만큼	아프리만큼	싫으리만큼

1. [A 으리만큼 B] B의 상황이나 상태가 A를 할 정도임을 나타낸다.

[A 으리만큼 B] 表示B的状况或状态为做A的程度。

> 예) 저 사람은 어린 아이들도 다 알아보**리만큼** 유명한 사람이다.
> 那个人是连孩子们都认识的有名人。
> 저 아이는 어린데도 놀라**우리만큼** 대범하게 행동한다.
> 那个孩子虽然小，但是不卑不亢的行为让人吃惊。
> 그 학생의 실력은 다른 학생들과는 비교도 할 수 없**으리만큼** 탁월하다.
> 那个学生的实力卓越到了不能和其他学生比较的程度。
> 온몸이 다 아프**리만큼** 감기에 심하게 걸렸다.
> 感冒严重到了全身都疼的程度。

2. 비슷한 표현으로 '(으)리만치'가 있다. ('(으)리만치' → 486쪽 참고)

类似的语法有'으리만치'。 ('(으)리만치' → 参考486页)

> 예) 너무 아파서 숟가락도 들지 못 하**리만큼** 힘이 없다.
> 难受到了连勺子都提不起来的程度。
> 너무 아파서 숟가락도 들지 못 하**리만치** 힘이 없다.

그 사건은 생각하기조차 싫으리만큼 끔찍하다.

으리만치/리만치

동사/형용사	가다	찾다	아프다	싫다
	가리만치	찾으리만치	아프리만치	싫으리만치

1. [A 으리만치 B] B의 상황이나 상태가 A를 할 정도임을 나타낸다.

[A 으리만치 B] 表示B的状况或状态到了A的程度。

> 예) 저 사람은 어린 아이들도 다 알아보**리만치** 유명한 사람이다.
> 那个人是连孩子们都认识的有名人。
> 저 아이는 어린데도 놀라**우리만치** 대범하게 행동한다.
> 那个孩子虽然小，但是不卑不亢的行为让人吃惊。
> 그 학생의 실력은 다른 학생들과는 비교도 할 수 없**으리만치** 탁월하다.
> 那个学生的实力卓越到了不能和其他学生比较的程度。
> 온 몸이 다 아프**리만치** 감기에 심하게 걸렸다.
> 感冒严重到了全身都疼的程度。

2. 비슷한 표현으로 '(으)리만큼'이 있다. ('(으)리만큼' → 485쪽 참고)

类似的语法有'(으)리만큼'。('(으)리만큼' → 参考485页)

> 예) 그 이야기는 지겨**우리만치** 들었어요.
> 那个故事都听腻了。
> 그 이야기는 지겨**우리만큼** 들었어요.

이번 대지진은 나중에도 잊혀지지 않으리만치
큰 사건으로 기록될 것입니다.

으면 몰라도/면 몰라도

동사/형용사	가다	찾다	예쁘다	많다
	가면 몰라도	찾으면 몰라도	예쁘면 몰라도	많으면 몰라도

1. [A 으면 몰라도 B] A를 가정하여 그것이 만족되지 않으면 B와 같은 행위를 하거나 또는 B와 같은 상황이 됨을 나타낸다.

[A 으면 몰라도 B] 表示假设做A不满足时, 做与B一样的行为或相同状况时使用。

> **예** 선생님이 같이 가**면 몰라도** 저 혼자는 안 갈래요.
> 和老师一起去还可以, 我自己一个人不去。
> 모아둔 돈이 많**으면 몰라도** 힘들다고 해서 회사를 1년씩이나 쉬는 힘들지요.
> 要是攒下的钱多还可以, 不然因为辛苦的话休息工作1年有些困难。
> 가까운 곳으로 놀러 가**면 몰라도** 그렇게 먼 곳까지는 가기 힘들 것 같아요.
> 去近的地方玩儿还可以, 去那么远的地方好像有些难。
> 모르**면 몰라도** 그 사실을 알게 된 이상 눈감아 줄 수는 없지요.
> 要是不知道就算了, 已经知道了就不能睁一只眼闭一只眼。

2. 과거 '았/었', 미래・추측 '(으)ㄹ 것이다'와 함께 쓸 수 있다.

与过去式'았/었', 未来・推测'(으)ㄹ 것이다'等一起使用。

> **예** 우리 팀이 이**겼으면 몰라도** 다른 팀이 이겼는데 제가 왜 그 축하 파티에 가요?
> 要是我们队赢了还可以, 其他的队赢了我为什么要去参加那个庆祝派对啊?
> 아**팠으면 몰라도** 이유 없이 결석하는 건 안 되지요.
> 要是生病了就没办法了, 什么理由都没有就缺席是不可以的。
> 다음 주에 해외로 나**갈 거면 몰라도** 모임에는 참석하는 게 좋을 거예요.
> 下周去外国的话就没办法了, 不然还是参加聚会比较好。

3. 앞에 명사가 오면 '(이)면 몰라도'를 쓴다.

前面接名词变为'(이)면 몰라도'来使用。

예 부모님**이면 몰라도** 친구는 면회할 수 없어요.
父母的话还可以，朋友的话不可以来面会。

친구면 몰라도 어제 처음 본 사람한테 왜 그렇게 큰 돈을 빌려줬어요?
要是朋友还可以，不然为什么要借给昨天初次见面的人那么多的钱啊?

모르면 몰라도 민수 씨가 이번 일을
그냥 넘기지는 않을 거예요.

그래서 저도 좀 걱정하고 있었어요.

으세/세

동사	보다	읽다
	보세	읽으세

1. '(으)ㅂ시다'의 예스러운 표현으로, 나이 많은 사람이 아랫사람이나 가까운 사람을 존중하면서 말할 때 쓴다.
是'(으)ㅂ시다'古式的表达方式, 表示年纪大的人对属下或亲近的人尊敬的表达方法。

> **예** 오늘은 이만 가**세**. 今天到此为止我们走吧。
> 우리 여기에 앉**으세**. 我们坐在这里吧。
> 다음에는 이야기를 더 많이 나누**세**. 下次再聊更多的话吧。
> 내일 날이 밝는 대로 떠나**세**. 明天天一亮就出发吧。

2. 금지의 표현으로 '지 마세'를 쓴다.
表示否定时用'지 마세'来表达。

> **예** 내일은 시간이 없으니까 만나**지 마세**.
> 明天没有时间, 所以不要见面了。
> 사람들의 반대가 심하니 이번 행사는 진행하**지 마세**.
> 因为大家都反对, 所以取消这次的活动吧。

내일 다시 만나세.

네, 알겠습니다.

으오니/오니

동사/형용사	가다	찾다	아프다	많다
	가오니	찾으오니	아프오니	많으오니

1. '기 바라다'와 함께 쓰여 그것의 이유를 나타낸다. 주로 공지 사항이나 안내문 등에서 많이 사용되는 공식적인 표현이다.

与'기 바라다'一起使用表示理由。主要用于通知或布告等正式场合上。

> 예 저희 결혼식에 삼가 모시**오니** 부디 오셔서 자리를 빛내 주시기 바랍니다.
> 敬请参加我们的结婚典礼。
> 10시부터 12시까지 전화 문의가 많**으오니** 오후 시간을 이용해 주시기 바랍니다.
> 10点到12点电话咨询比较多，所以请利用下午时间。
> 안개로 인해 비행기 이륙 시간이 지연되**오니** 양해해 주시기 바랍니다.
> 因大雾的关系，飞机的起飞时间延迟了请大家给予谅解。
> 아래와 같이 상담원을 모집하**오니** 많은 지원 바랍니다.
> 招聘咨询员内容如下，请积极参加。
> 이곳에서는 흡연을 금하**오니** 주의해 주시기 바랍니다.
> 请注意，此处禁止吸烟。
> 다음 주 금요일에 행사가 진행되**오니** 모든 학생들은 참석해 주시기 바랍니다.
> 下周五将举行活动，请所有的学生参加。

2. 앞에 명사가 오면 '(이)오니'를 쓴다.

前面接名词变为'(이)오니'来使用。

> 예 모두 제 잘못**이오니** 우리 아이는 용서해 주시기 바랍니다.
> 都是我的错，请原谅我的孩子。
> 이 사람은 제 가장 소중한 친구**이오니** 잘 부탁드립니다.
> 这个人是我最要好的朋友，拜托了。

> 5월 15일에 외국인 말하기 대회를
> 개최하오니 많은 참여바랍니다.

은 고사하고/는 고사하고

명사	친구	선물
	친구는 고사하고	선물은 고사하고

1. [A 은 고사하고 B] A는 당연히 힘들거나 이룰 수 없고 그보다 훨씬 쉬운 B 역시 힘들거나 이룰 수 없음을 나타낸다. 이때 주로 부정적인 상황에서 쓰인다.
[A 은 고사하고 B] 表示A为很难或根本不能实现, B为比A更加简单, 但是仍然不能实现的状况时使用。主要用于否定的状况。

> **예** 가 : 어제 생일이었는데 선물 많이 받았어요?
>   昨天生日礼物收得多吗?
>
> 나 : 선물**은 고사하고** 축하 인사도 못 받았어요.
>   别说礼物了, 就连祝贺的话都没听到。
>
> 가 : 밥은 맛있게 드셨어요? 饭吃好了吗?
> 나 : 밥**은 고사하고** 물도 한 모금 못 마셨어요. 别说饭了, 就连口水都没有喝。

2. [A 은 고사하고 B] A는 당연히 힘들거나 이룰 수 없고 그보다 훨씬 쉬운 B라도 했으면 좋겠다는 바람을 나타낸다. 이때 주로 부정적인 상황에서 쓰인다.
[A 은 고사하고 B] 表示A为很难或根本不能实现, B为比A更加简单, 表示即使能做B也可以的情况下使用。主要用于否定的状况。

> **예** 가 : 일 끝내고 여행을 간다더니 어떠셨어요?
>   听说事情结束了要去旅行, 怎么样了?
>
> 나 : 여행**은 고사하고** 쉬기라도 했으면 좋겠어요.
>   别提旅行了, 要是能休息就已经好了。

ㄱ
ㄴ

ㄷ
ㅁ

ㅇ

ㅈ
ㅌ

3. 비슷한 표현으로 '은/는커녕'이 있다. ('은/는커녕' → 124쪽 참고)

　类似的语法有'은/는커녕'。('은/는커녕' → 参考124页)

> 예 일이 너무 많아서 휴가**는 고사하고** 일요일도 없네요.
> 事情太多了别提休假了，就连周末都没有。
> 일이 너무 많아서 휴가**는커녕** 일요일도 없네요.

선생님들도 모임에 많이 오셨어요?

선생님은 고사하고 학생도 두 명밖에 안 왔어요.

은 나머지/ㄴ 나머지

동사/형용사	보다	찾다	예쁘다	많다
	본 나머지	찾은 나머지	예쁜 나머지	많은 나머지

1. [A 은 나머지 B] A의 상황 때문에 부정적인 결과 B가 생겼을 때 쓴다. 이때 A는 어떤 한계 또는 극도의 상황이다.

[A 은 나머지 B] 表示因为A的状况发生了否定的B的状况时使用。这时的A 为某种极限，或极度的状况。

> 예 너무 화가 **난 나머지** 핸드폰을 던져 버렸어요.
> 因为太生气了，摔了手机。
> 요즘 바쁜 **나머지** 부모님께 한 달 동안 전화도 못 드렸네요.
> 因为最近很忙，一个月都没给父母打电话了。
> 건강이 너무 안 좋아**진 나머지** 병원에 입원했어요.
> 因为身体非常不好，所以住院了。
> 돈을 너무 많이 **쓴 나머지** 책 한 권 살 돈도 안 남았어요.
> 因为钱花得太多了，所以连买一本书的钱都没有了。

눈이 왜 그래요?

어제 영화를 보고 너무 운 나머지 충혈이 돼서 그래요.

은 바 있다[없다]/ㄴ 바 있다[없다]

동사	보다	읽다
	본 바 있다[없다]	읽은 바 있다[없다]

1. 문어적인 표현으로 어떤 경험이 있고 없음을 나타낸다.

以书面语的表达方式，表示有无某经验时使用。

> 예 제가 한국 문화에 대해 조사**한 바 있습니다.** 我研究过关于韩国的文化。
> 이번 일을 통해서 깨달**은 바가 있습니다.** 通过这件事有了领会。
> 대통령은 당선 전에 복지 정책에 대한 공약을 내세**운 바 있습니다.**
> 总统在当选之前提出过关于福利的承诺。
> 저는 그런 장면을 목격**한 바 없습니다.** 我没有目睹过那样的场面。
> 제가 그렇게 하겠다고 말**한 바 없습니다.** 我没有说过我要那样做。

> 그것에 대해서는 아무 것도 들은 바 없습니다.

은 후에야/ㄴ 후에야

동사	사다	읽다
	산 후에야	읽은 후에야

1. [A 은 후에야 B] A가 끝난 후에 이로 인해 그제야 B가 이루어짐을 나타낸다.

[A 은 후에야 B] 表示A结束之后才因A达成B时使用。

> **예** 저는 결혼한 **후에야** 철이 들었어요.
> 我结了婚之后才懂事。
> 술을 마신 **후에야** 솔직한 마음을 털어놓을 수 있었다.
> 喝了酒之后才坦率地掏出心里话。
> 딸이 집에 도착한 **후에야** 마음 놓고 잠들었다.
> 女儿到家之后(我)才放心地睡着了。
> 병원에 가서 주사를 맞은 **후에야** 겨우 열이 떨어지기 시작했다.
> 去医院打了针之后才勉强退了烧。
> 여기저기 물어본 **후에야** 선생님의 전화번호를 알 수 있었다.
> 到处打听了之后才知道老师的电话号码。

2. 비슷한 표현으로 '고서야'가 있다. ('고서야' → 326쪽 참고)

类似的语法有'고서야'。('고서야1' → 参考326页)

> **예** 아이는 사탕을 받은 **후에야** 울음을 그쳤다. 孩子拿到了糖之后才停止了哭。
> 아이는 사탕을 받**고서야** 울음을 그쳤다.

우리 언제 놀러 갈까?

시험이 끝난 후에야 시간을 낼 수 있을 것 같아.

을 거라고는/ㄹ 거라고는

동사	마시다	읽다
	마실 거라고는	읽을 거라고는

1. [A 을 거라고는 B] A가 가능한 것이 오직 B 하나임을 나타낸다. 이때 B에는 '밖에 없다, 뿐이다'가 주로 온다. ('밖에' → 초급 참고) ('을 뿐' → 253쪽 참고)
[A 을 거라고는 B] 表示A能体现的只有B。这时的B常接'밖에 없다, 뿐이다'来使用。('밖에' → 参考初级) ('을 뿐' → 参考253页)

> 집에 먹**을 거라고는** 빵밖에 없다.
> 家里能吃的只有面包。
> 마실 **거라고는** 물뿐이다.
> 能喝的只有水。
> 읽**을 거라고는** 이 책밖에 없다.
> 可以看的只有这本书。
> 볼 **거라고는** 이 영화뿐이다.
> 可以看的只有这部电影。

먹을 거라고는 라면밖에 없네.

그래? 그럼 우리 집에 가서 밥 먹을래?

을 것이 아니라/ㄹ 것이 아니라

동사	가다	찾다
	갈 것이 아니라	찾을 것이 아니라

1. [A 을 것이 아니라 B] A를 하지 말고 다른 것 B를 제안하거나 명령할 때 쓴다.

[A 을 것이 아니라 B] 表示不做A, 提出或命令做别的B时使用。

예 아무 운동이나 **할 것이 아니라** 영호 씨한테 맞는 운동을 하세요.
不要什么运动都做, 请做适合荣浩的运动。
수업만 많이 **들을 것이 아니라** 혼자서 공부하는 시간을 좀 가지세요.
不要只听课, 要有自己学习的时间。
눈이 많이 오니까 버스를 **탈 것이 아니라** 지하철을 탑시다.
因为下了很多雪, 所以不要坐公车还是坐地铁吧。
다이어트를 한다고 해서 **굶을 것이 아니라** 운동을 좀 하는 게 어때요?
不要因为减肥所以饿着, 适当的运动怎么样?

2. '(으)ㄹ 것이 아니라'를 '(으)ㄹ 게 아니라'로 줄여서 쓸 수 있다.

'(으)ㄹ 것이 아니라'可以省略为'(으)ㄹ 게 아니라'来使用。

예 밥만 먹**을 것이 아니라** 반찬도 좀 드세요.
不要只吃饭, 请吃点儿菜。
밥만 먹**을 게 아니라** 반찬도 좀 드세요.

3. '머무르다'의 의미인 '있다'와 같이 쓸 수 있다.

可以与带有滞留, 停留意思的'있다'一起使用。

예 주말인데 집에만 **있을 게 아니라** 밖에 좀 나갔다 오세요.
周末不要只呆在家里, 去外边(走走)再回来。

우리 냉면 먹을까?

날도 추운데 냉면을 먹을 게 아니라
따뜻한 음식을 먹자.

을 대로/ㄹ 대로

동사	되다	먹다
	될 대로	먹을 대로

1. 어떤 것이 극한 상황까지 갔음을 강조하여 나타낸다. 이때 같은 동사를 반복해서 쓴다.

表示强调某事到了极致的程度。这时以反复同样的动词来使用。

> **예** 그동안 참**을 대로** 참았는데 이젠 더 이상 참을 수가 없어요.
> 那段时间已经忍到了极点，现在不能再忍。
> 자식을 기다리는 부모들의 마음은 이미 지**칠 대로** 지쳐 있었다.
> 等待孩子的父母们的心已经精疲力尽到了极点了。
> 상처를 받**을 대로** 받은 유족들의 마음을 이제 와서 위로해 봤자 소용없지요.
> 死者家属受到的满身伤现在来安慰还有什么用。
> 이제는 모르겠어요. 될 **대로** 되겠지요.
> 现在不知道了，顺其自然吧。
> 그의 마음은 약해**질 대로** 약해졌다.
> 他的心已经弱到了极点。

> 부패할 대로 부패한 세상, 어떻게 사는 것이 옳은 것일까?

는 듯이　　은 듯이/ㄴ 듯이1

동사	가다	먹다
	가는 듯이	먹는 듯이

형용사	바쁘다	작다
	바쁜 듯이	작은 듯이

1. [A 는 듯이 B] 마치 A의 상태인 것처럼 B의 행동을 함을 나타낸다.

[A 는 듯이 B] 表示像A的状况B在行动时使用。

> 예　그는 아무 것도 안 들리는 듯이 가만히 있었다.
> 他好像什么也听不见似的，静静地在那里。
> 선생님의 질문에 아는 듯이 자신 있게 말했다.
> 好像知道老师提问似的，充满自信回答了。
> 그는 귀찮은 듯이 대충 대답을 했다.
> 他好像很不耐烦似的回答了。
> 그 사람은 바쁜 듯이 빠른 걸음으로 지나갔다.
> 他好像是很忙似的，飞快地走过去了。

2. '는 듯이'의 '이'를 생략할 수 있다.

可以省略'는 듯이'的'이'来表达。

> 예　그는 여행을 가는 듯이 커다란 가방을 가지고 왔다.
> 他好像是要去旅行似的，拿来了很大的提包。
> 그는 여행을 가는 듯 커다란 가방을 가지고 왔다.

3. '있다, 없다'는 '는 듯이'를 쓴다.

'있다, 없다'接'는 듯이'来使用。

> 예　그는 자고 있는 듯이 아무 대답이 없었다.
> 他好像是在睡觉似的，没有任何回答。
> 교실에는 아무도 없는 듯이 불이 꺼져 있었다.
> 教室里好像没有人似的，关着灯。

ㄱ
ㄴ

ㄷ
ㅁ

ㅇ

ㅈ
ㅌ

4. 앞에 명사가 오면 '인 듯이'로 쓴다.

前面接名词变为'인 듯이'来使用。

> 예 그는 교복을 입고 학생**인 듯이** 행동했다.
> 他穿着校服像是学生似的行动。
> 동생이 내 목걸이를 자기 목걸이**인 듯이** 하고 다닌다.
> 妹妹带着我的项链好像是她的似的。

왜 그렇게 귀찮은 듯이 대충 말하세요?

죄송해요. 너무 피곤해서 그래요.

더 생각해보기

'는 듯이'와 '듯이'의 차이 ('듯이' → 155쪽 참고)
'는 듯이'与'듯이'的区别 ('듯이' → 参考155页)

'는 듯이'는 단순히 앞 내용을 추측하는 것이고 '듯이'는 앞 내용과 뒤 내용의 모양이나 모습과 거의 같음을 나타낸다. 그러므로 '듯이'는 비유적인 표현으로 많이 쓴다.
'는 듯이'只单纯表示推测前面的内容，'듯이'表示前后的内容相似时使用。所以'듯이'经常用于比喻的表达方式。

> 예 누가 물을 쓰는 듯이 계속 물소리가 난다. (누군가 물을 쓰는 것 같음)
> 有人在用水似的，一直有水声。(好像有人在用水。)
> 유리 씨는 물 쓰듯이 돈을 쓴다. (물을 쓰는 모습과 돈을 쓰는 모습이 같음)
> 刘丽花钱像流水。(用水的样子和花钱的样子相同)
>
> 영호 씨가 다른 생각을 하면서 공부를 하는 듯이 앉아 있네요. (영호 씨가 공부를 하는 것 같음)
> 荣浩在想别的事情，但是像学习似的坐着。(荣浩像学习一样)
> 영호 씨가 공부를 하듯이 메모를 해 가면서 소설책을 읽네요. (영호 씨가 공부를 하는 모습과 소설책을 읽는 모습이 같음)
> 荣浩像学习似的一边记录一边看小说。(荣浩学习的样子和看小说的样子相同)

은 듯이/ㄴ 듯이2

동사	보다	읽다
	본 듯이	**읽은 듯이**

1. [A 은 듯이 B] 과거 상황 A가 B와 비슷하다고 추측함을 나타낸다.

[A 은 듯이 B] 表示推测过去状况A与B类似时使用。

> 예 친구가 화가 **난 듯이** 나를 쳐다보았다.
> 朋友好像生气了似的，看着我。
> 병에 걸**린 듯이** 자꾸 피곤하고 힘이 없어요.
> 好像生病了似的，又疲倦又没有力气。
> 두 사람이 싸**운 듯이** 눈도 안 마주쳐요.
> 两个人好像吵架了似的，连互相看都不看。
> 저 사람이 무슨 잘못을 **한 듯이** 안절부절 못하네요.
> 那个人好像做错了什么似的，坐立不安。

2. '은 듯이'의 '이'를 생략할 수 있다.

可以省略'은 듯이'的'이'来使用。

> 예 두 사람이 싸**운 듯이** 눈도 안 마주쳐요.
> 两个人好像吵架了似的，连互相看都不看。
> 두 사람이 싸**운 듯** 눈도 안 마주쳐요.

3. 관용 표현으로 다음과 같은 표현이 있다.

惯用语如下。

> 예 **쥐 죽은 듯이** 고요하다. 鸦雀无声。
> **날개 돋친 듯이** 잘 팔린다. (就像长了翅膀似的被卖出去了)卖得好。
> **씻은 듯이** 나았다. 病好得很利索。

저 사람이 나를 어디에서 만난 듯이 아는 척하더라.

진짜 모르는 사람이야?

을 듯이/ㄹ 듯이

동사	볼다	읽다
	볼 듯이	읽을 듯이

1. [A 을 듯이 B] 미래 상황 A가 B와 비슷하다고 추측함을 나타낸다.

[A 을 듯이 B] 表示推测未来状况A与B类似时使用。

> 예 바로 나갈 **듯이** 옷을 차려 입었다. 就像要马上出去似的, 穿好了衣服。
> 비가 올 **듯이** 날이 흐리다. 就像马上要下雨似的, 天气很阴。
> 전화를 할 **듯이** 만지작거린다. 就像要打电话似的, 摆弄着(手机)。

2. '을 듯이'의 '이'를 생략할 수 있다.

可以省略'을 듯이'的'이'来使用。

> 예 유리 씨가 옷을 많이 **살 듯이** 이것저것 입어 본다.
> 刘丽好像要买很多衣服似的, 试了很多。
> 유리 씨가 옷을 많이 **살 듯** 이것저것 입어 본다.

3. 관용 표현으로 다음과 같은 표현이 있다.

惯用语如下。

> 예 **뛸 듯이** 기쁘다. 喜出望外。

이번에 복권에 당첨이 되어서 뛸 듯이 기뻐요.

정말요? 그럼 저한테도 한턱내세요.

을 듯하다/ㄹ 듯하다

동사/형용사	마시다	읽다	예쁘다	많다
	마실 듯하다	읽을 듯하다	예쁠 듯하다	많을 듯하다

1. 미래의 상황을 막연히 추측함을 나타낸다. 이때 추측은 말하는 사람의 주관적
인 생각이다.

表示提前茫然的推测某状况时使用。这时的推测为说话人主观的想法。

> **예** 조만간 큰일이 생길 **듯해요**.
> 好像早晚会出大事。
> 먹구름이 낀 걸 보니 오후에 비가 올 **듯해요**.
> 乌云笼罩的样子，下午好像要下雨。
> 내일부터 세일이니까 백화점에 사람이 많을 **듯해요**.
> 明天开始打折，百货店的人会很多。
> 민수 씨가 이번에 1등을 할 **듯해요**.
> 民秀好像这次要得第一名。
> 저 게임이 재미있을 **듯해요**.
> 那个游戏好像会很有意思。

2. 말하는 사람이 자기의 생각을 부드럽게 표현할 때 사용한다.

表示说话人对自己的想法委婉地表达时使用。

> **예** 오늘은 바빠서 모임에 참석을 못 할 **듯합니다**.
> 今天因为很忙好像不能参加聚会了。
> 내일은 만날 수 없을 **듯합니다**.
> 明天好像不能见面了。

3. 과거 '았/었'과 함께 쓰여 어떤 일에 대한 정보가 없이 막연히 과거를 추측할 때
쓴다.

与过去式았/었一起使用，表示对某事没有任何信息，茫然的推测过去时使用。

> **예** 유리 씨가 저 기차를 **탔을 듯해요**. 刘丽好像坐了那个火车。
> 영호 씨가 이 영화를 **봤을 듯해요**. 荣浩好像看过这部电影。
> 러시아는 어제도 **추웠을 듯해요**. 俄罗斯昨天也好像很冷。

4. 비슷한 표현으로 '(으)ㄹ 듯싶다'가 있다. '(으)ㄹ 듯싶다'는 '(으)ㄹ 듯하다'에 비해 주관적인 느낌이 더 강하다. ('(으)ㄹ 듯싶다' → 365쪽 참고)
类似的语法有'(으)ㄹ 듯싶다'。'(으)ㄹ 듯싶다'比起'(으)ㄹ 듯하다'主观性更强。('(으)ㄹ 듯싶다' → 参考365页)

> 예 민수 씨가 오늘은 바쁠 **듯하다**. 民秀今天好像会很忙。
> 민수 씨가 오늘은 바쁠 **듯싶다**.

5. 앞에 명사가 오면 '일 듯하다'로 쓴다.
前面接名词变为'일 듯하다'来使用。

> 예 저분이 우리 반 담임 선생님**일 듯하다**. 那位好像是我们班的班任。
> 이분이 민수 씨 어머니**일 듯해요**. 这位好像是民秀的母亲。

저 옷이 좀 비쌀 듯하지요?

네, 좀 비싸 보이네요.

을 리 만무하다/ㄹ 리 만무하다

동사/형용사	마시다	읽다	예쁘다	많다
	마실 리 만무하다	읽을 리 만무하다	예쁠 리 만무하다	많을 리 만무하다

1. 어떤 일이 절대로 그러하지 않음을 추측할 때 쓴다.

表示推测某事绝对不会怎样时使用。

> **예** 이렇게 비싼 제품이 팔릴 **리 만무하다.** 这么贵的产品绝对不会卖得出去。
> 학생들이 시험을 좋아**할 리 만무하다.** 学生们没有喜欢考试的。
> 그 옷이 그렇게 비**쌀 리 만무하다.** 这件衣服绝对没有那么贵。
> 그 문제가 빨리 해결**될 리 만무하다.** 那件事绝对不会那么快解决。

2. 과거 '았/었'과 함께 쓸 수 있다.

与过去式'았/었'一起使用。

> **예** 내 친구가 그렇게 나쁜 짓을 저질**렀을 리 만무하다.**
> 我的朋友绝对不会做出那么坏的事情。
> 그 남자가 유리 씨와 영화를 **봤을 리 만무하다.**
> 那个男的绝对不会和刘丽一起看电影的。
> 우리 엄마가 만든 음식이 맛이 없**었을 리 만무하다.**
> 我妈妈做的料理绝对不可能不好吃。

3. 비슷한 표현으로 '(으)ㄹ 리가 없다'가 있다. ('(으)ㄹ 리가 없다' → 248쪽 참고)

类似的语法有'(으)ㄹ 리가 없다'。 ('(으)ㄹ 리가 없다' → 参考248页)

> **예** 그렇게 착한 사람이 사기를 쳤**을 리 만무하다.** 那么善良的人绝对不会骗人的。
> 그렇게 착한 사람이 사기를 쳤**을 리가 없다.**

4. 앞에 명사가 오면 '일 리 만무하다'로 쓴다.

前面接名词变为'일 리 만무하다'来使用。

> 예 저게 그렇게 비싼 음식**일 리 만무하다**. 那个绝对不可能是那么贵的食物。
>
> 이게 내 시험 점수**일 리 만무하다**. 这个绝对不可能是我的考试成绩。

오늘 모임에 사람들이 많이 올까?

이렇게 교통이 불편한 곳에 사람들이
많이 올 리 만무하지.

을 만큼/ㄹ 만큼

동사	가다	먹다
	갈 만큼	먹을 만큼

1. [A 을 만큼 B] A가 기준이 되어, 그 정도로 B를 함을 나타낸다. 보통 B의 상황이 어느 정도인지를 설명할 때 사용한다.

[A 을 만큼 B] 表示A为基准，B也到了类似的程度时使用。

> 예 그 영화는 1,000만 관객이 **볼 만큼** 인기가 많다.
> 那部电影的人气达到了千万观众的观看。
> 쓰러**질 만큼** 아파서 병원에 갔다.
> 难受到了晕倒的程度，去了医院。
> 저는 유리 씨를 죽**을 만큼** 사랑했어요.
> 我爱刘丽爱到死。

2. '있다, 없다'와 함께 쓸 수 있다.

可以与'있다/없다'一起使用。

> 예 이 춤은 누구나 따라할 수 있**을 만큼** 쉬운 춤이다.
> 这个舞简单到了谁都可以跟着跳。
> 저 사람은 좋아하는 사람이 하나도 없**을 만큼** 성격이 안 좋다.
> 那个人的性格不好到了没有一个人喜欢的程度。

3. 비슷한 표현으로 '(으)ㄹ 정도로'가 있다. ('(으)ㄹ 정도로' → 259쪽 참고)

类似的语法有'(으)ㄹ 정도로'。('(으)ㄹ 정도로' → 参考259页)

> 예 눈물이 **날 만큼** 영화가 감동적이었어요. 电影感动到了流眼泪的程度。
> 눈물이 **날 정도로** 영화가 감동적이었어요.

그 노래 인기가 많지?

응, 모든 사람이 따라 부를 만큼 인기가 많아.

을망정/ㄹ망정

동사/형용사	마시다	읽다	예쁘다	많다
	마실망정	읽을망정	예쁠망정	많을망정

1. [A 을망정 B] A의 상황 안에서 오히려 그와 상반되는 B의 행위나 상황이 있음을 나타낸다.

[A 을망정 B] 表示在A的状况里，反而会有与其相反的B的行为或状况时使用。

> **예** 너는 그런 상황에서 위로는 못 해 **줄망정** 화를 내면 어떻게 하니?
> 你在那样的情况下不仅不能安慰，怎么能发脾气呢？
> 나는 어려운 친구를 돕지는 못 **할망정** 방해만 되는 것 같다.
> 我不仅不能帮助有困难的朋友，好像还妨碍了似的。
> 네가 나한테 그 사실을 알려주지 못 **할망정** 어떻게 거짓말을 할 수 있어?
> 你不仅不能告诉我事实，怎么还能向我说谎？
> 내가 가난**할망정** 1년에 한 번은 여행을 간다.
> 即使我穷，也会一年去一次旅行。
> 제가 외국에 있**을망정** 마음만은 언제나 부모님과 함께 있어요.
> 虽然我一个人在外国，但是心什么时候都是和父母在一起的。

2. [A 을망정 B] A라는 부정적인 상황을 가정해도 B를 반드시 하겠다는 뜻을 나타낸다.

[A 을망정 B] 表示假设为A的否定状况时，也必须要做B时使用。

> **예** 거지가 **될망정** 그런 식으로 돈을 벌고 싶지는 않다.
> 宁可当乞丐，也不想以那种方式挣钱。
> 굶어 죽**을망정** 남에게 구걸은 하지 않겠다.
> 宁可饿死，也不想向别人乞讨。
> 경기에서 **질망정** 반칙은 하지 않겠다.
> 宁可输了比赛，可不能犯规。

3. 비슷한 표현으로 '(으)ㄹ지언정', '(으)ㄹ지라도'가 있다.

类似的语法有'(으)ㄹ지언정', '(으)ㄹ지라도'。

> 예 유학 생활이 힘들**망정** 끝까지 최선을 다 하겠다.
> 虽然留学生活很苦, 也要坚持到最后。
> 유학 생활이 힘들**지언정** 끝까지 최선을 다 하겠다.
> 유학 생활이 힘들**지라도** 끝까지 최선을 다 하겠다.

4. 앞에 명사가 오면 '일망정'으로 쓴다.

前面接名词变为'일망정'来使用。

> 예 내가 가난한 부모**일망정** 아이들에게 무책임하게 굴지는 말아야지.
> 即使身为贫穷的父母, 也不会对孩子们不负责任的。
> 내가 힘없는 시민**일망정** 내 권리는 포기하지 않으리라.
> 即使身为无力的市民, 也不能放弃我的权利。

시험에 떨어질 것 같은데 나 좀 보여 주면 안 될까?

시험에 떨어질망정 부정행위는 하면 안 되지.

을 바/ㄹ 바

동사	가다	앉다
	갈 바	**앉을 바**

1. 어떤 일의 방법이나 수단을 나타낸다.

表示是某事的方法或手段时使用。

> 예 문제가 커져서 어찌**할 바**를 모르겠어요.
> 问题变大了不知道怎么办才好。
> 상황에 따라 자신이 해야 **할 바**를 잘 알아야 한다.
> 根据状况要知道自己应该做的事情。
> 그렇게 칭찬해 주니 몸 **둘 바**를 모르겠네요.
> 过度的称赞使我无地自容。

2. 앞의 말이 뜻하는 바로 그것을 나타날 때 쓴다.

表示体现前面说的话时使用。

> 예 그것은 내가 **알 바**가 아니다.
> 那不是我该知道的事情。(与我无关的事情)
> 그 일은 네가 상관**할 바**가 아니니까 신경 쓰지 마.
> 因为那件事与你无关, 请不要干涉。

이번 일에 최선을 다 했나요?

물론이죠, 저는 제 할 바를 다 했어요.

을 바에는/ㄹ 바에는

동사	가다	찾다
	갈 바에는	찾을 바에는

1. [A 을 바에는 B] A를 한다고 가정했을 때, A를 하는 것보다는 차라리 B를 하는 게 그나마 나음을 나타낸다.

[A 을 바에는 B] 表示假设做A时，做A不如做B好时使用。

> **예** 네가 그렇게 계속 고집을 피울 **바에는** 다 그만두자.
> 你要是一直那么顽固的话, 还不如就都到此为止吧。(放弃所做的一切)
> 이렇게 맛없는 음식을 먹을 **바에는** 굶고 말겠다.
> 吃这么难吃的东西, 还不如饿着。
> 비싸게 주고 수리할 **바에는** 새 것을 사는 것이 나을 수도 있어요.
> 修理费那么贵, 还不如买新的呢。

2. '(으)ㄹ 바에는' 앞에 '어차피, 기왕(에), 이왕(에)' 등의 부사가 주로 온다.

'(으)ㄹ 바에는'前面经常接'어차피, 기왕(에), 이왕(에)'等副词。

> **예** **기왕(에)** 늦게 갈 **바에는** 밥이나 먹고 가.
> 既然已经晚了, 还不如吃完饭再去。
> **이왕(에)** 꾸중을 들을 **바에는** 사실대로 말하세요.
> 既然已经被批评了, 还不如说实话。

3. '(으)ㄹ 바에는' 뒤에 '차라리, 오히려, 도리어' 등의 부사가 주로 온다.

'(으)ㄹ 바에는'前面经常接'차라리, 오히려, 도리어'等副词。

> **예** 그런 이상한 사람과 결혼할 **바에는 오히려** 혼자 사는 것이 더 좋겠다.
> 和这样不正常的人结婚, 还不如自己一个人生活呢。
> 그런 심한 모욕을 당할 **바에는 차라리** 죽는 게 낫겠다.
> 受那么大的耻辱, 还不如死了算了。

ㄱ
ㄴ

ㄷ
ㅁ

ㅇ

ㅈ
ㅌ

4. '머무르다'의 의미인 '있다'와 함께 쓸 수 있다.

可以与带有滞留，停留意思的'있다'一起使用。

> **예** 집에 혼자 있을 **바에는** 불편해도 여기가 나을 듯해요.
> 虽然不方便，但比起自己在家这里更好。

5. 비슷한 표현으로 '(으)ㄹ 바에야'가 있다. ('(으)ㄹ 바에야' → 513쪽 참고)

类似的语法有'(으)ㄹ 바에야'。('(으)ㄹ 바에야' → 参考513页)

> **예** 같이 가기로 한 여행인데 혼자 **갈 바에는** 가지 않을래.
> 约好一起去的旅行要是自己去的话，还不如不去了。
> 같이 가기로 한 여행인데 혼자 **갈 바에야** 가지 않을래.

잘못도 아닌데 보나마나 선생님께서 야단을 치실 거예요.

이왕 꾸중을 들을 바에는 사실대로 말하세요.

을 바에야/ㄹ 바에야

동사	떠나다	먹다
	떠날 **바에야**	먹을 **바에야**

1. [A 을 바에야 B] A를 한다고 가정했을 때, A를 하는 것보다는 차라리 B를 하는
게 그나마 나음을 나타낸다.

[A 을 바에야 B] 表示假设做A时，做A不如做B好时使用。

> 📗 그렇게 천천히 일을 진행할 **바에야** 아예 그만두는 것이 낫다.
> 那么慢慢做(进行)事的话，还不如不做更好。
> 늦게 들어왔다고 혼날 **바에야** 차라리 더 놀다 갈래.
> 总之晚回去也会挨骂，还不如多玩一会再回去。
> 게으름을 피울 **바에야** 안 하는 것이 더 좋겠다.
> 偷懒的话，还不如不做更好。

2. '(으)ㄹ 바에야' 앞에 '어차피, 기왕(에), 이왕(에)' 등의 부사가 주로 온다.

'(으)ㄹ 바에야'前面接'어차피, 기왕(에), 이왕(에)'等副词。

> 📗 **이왕** 할 **바에야** 즐겁게 하는 게 어때? 既然已经做了，愉快地做怎么样？
> **어차피** 그 사람과 다시 만나지 못할 **바에야** 잊어 버려.
> 反正再也不能和那个人见面了，就忘了吧。

3. '(으)ㄹ 바에야' 뒤에 '차라리, 아예' 등의 부사가 주로 온다.

'(으)ㄹ 바에야'前面接'차라리, 아예'等副词。

> 📗 그런 이상한 사람과 결혼할 **바에야 차라리** 혼자 사는 것이 더 좋겠다.
> 和这样不正常的人结婚，还不如自己一个人生活呢。
> 그렇게 조금 줄 **바에야 아예** 주지 말지.
> 给的那么少，还不如不给算了。

4. '머무르다'의 의미인 '있다'와 함께 쓸 수 있다.

可以与带有滞留，停留意思的'있다'一起使用。

> 📗 집에 혼자 있을 **바에야** 불편해도 여기가 나을 듯해요.
> 虽然不方便，但比起自己在家这里更好。

5. 비슷한 표현으로 '(으)ㄹ 바에는, 느니'가 있다.

('(으)ㄹ 바에는' → 511쪽 참고) ('느니' → 349쪽 참고)
类似的语法有'(으)ㄹ 바에는, 느니'。

('(으)ㄹ 바에는') → 参考511页) ('느니' → 参考349页)

> **예** 같이 가기로 한 여행인데 혼자 **갈 바에야** 가지 않을래.
> 约好一起去的旅行要是自己去的话，还不如不去了。
> 같이 가기로 한 여행인데 혼자 **갈 바에는** 가지 않을래.
> 같이 가기로 한 여행인데 혼자 **가느니** 가지 않을래.

엊그제 잃어버린 돈만 생각하면 속상해 죽겠어.

다시 찾지 못할 바에야 그냥 잊어버려.

을 법하다/ㄹ 법하다

동사	일어나다	받다
	일어날 **법하다**	받을 **법하다**

1. 말하는 사람이 그런 일이 생길 가능성이 있다는 것을 인정할 때 쓴다.

表示说话人对有可能发生那样的事情表示认同时使用。

> 예 영호는 종종 **그럴 법한** 이야기로 사람들을 웃게 만든다.
> 荣浩经常说一些像那么回事的话, 使大家笑。
> 월급만 많이 준다면 회사를 **옮길 법한데** 그러지 않았다니 놀라운데요.
> 要是工资给多的话跳槽还可以, 但是又没涨工资就跳槽真是很令人吃惊啊。
> 이 파란색 넥타이를 고른다면 센스 있는 남자라는 칭찬을 **들을 법하다**.
> 挑这条蓝色领带的话, 会被夸奖为有时尚感觉的男士。

2. '있다, 없다'와 함께 쓸 수 있다.

可以与'有, 没有'一起使用。

> 예 옛날에는 그런 일을 상상도 못 했지만 요즘과 같은 시대에는 **있을 법한** 얘기네요.
> 在从前像那样的事情都想象不到, 但是像现在的时代兴许会有那样的事情。
> 그런 사소한 일로 학교생활에 문제가 될 일은 **없을 법하다**.
> 因为那样琐碎的事情是不会给学校生活带来影响的。

눈이 올 법한 하늘이에요.

그렇잖아도 일기 예보에서 눈이 올 거라고 했어요.

더 생각해보기

'(으)ㄹ 법하다'와 '(으)ㄹ 만하다'의 차이 ('(으)ㄹ 만하다' → 250쪽 참고)
'(으)ㄹ 법하다'与'(으)ㄹ 만하다'的区别 ('(으)ㄹ 만하다' → 参考250页)

'(으)ㄹ 법하다'는 어떤 상황이 일어날 가능성을 나타내고 '(으)ㄹ 만하다'는 어떤 상황이 일어날 수 있는 정도나 가치를 나타낸다.
'(으)ㄹ 법하다'表示某事发生的可能性, '(으)ㄹ 만하다'则表示某事发生的程度或价值。

예 듣고 보니 그럴 법하군요. (가능성) (○)
听起来像是那么回事。(可能性)
듣고 보니 그럴 만하군요. (가치) (○)
听起来是那么回事。(价值)

아주 맛있는 것은 아니지만 먹을 만해요. (가치) (○)
虽然不是很好吃, 但是还可以。(价值)
아주 맛있는 것은 아니지만 먹을 법해요. (×)

을 성싶다/ㄹ 성싶다

동사/형용사	깨다	닫다	짜다	많다
	깰 성싶다	닫을 성싶다	짤 성싶다	많을 성싶다

1. 앞으로 일어날 상황에 대해 미루어 짐작함을 나타낸다.

表示对今后放生的状况推断时使用。

> 예 그 사람이 화를 **낼 성싶어서** 그 말을 하지 않았어요.
> 可能(怕)那个人会生气，所以没有说那件事情。
> 이렇게 시끄러운데도 계속 자는 걸 보니 쉽게 깨지 않**을 성싶다.**
> 这么吵还在继续睡觉，看起来不会轻易醒的。
> 내 생각에 다른 사람이 하자는 대로 하는 게 좋**을 성싶다.**
> 我认为按照别人做的那样做比较好。

2. 과거 상황에 대해 말할 때는 '았/었을 성싶다'로 쓴다.

对过去状况叙述时用'았/었을 성싶다'来使用。

> 예 지금쯤 영호 씨가 도착**했을 성싶어서** 전화를 했다.
> 荣浩现在大概要到了，所以打了电话。
> 손님들이 다 드**셨을 성싶은데** 후식을 준비하는 게 어때요?
> 客人们大概都吃完了，现在准备(饭后)甜点怎么样?
> 학교 다닐 때 성적이 좋**았을 성싶은데** 맞나요?
> 上学的时候成绩很好，对吗?

왜 자꾸 밖을 내다 봐요?

비가 금방 그칠 성싶어서 기다리고 있거든요.

을 수 없으리만치/ㄹ 수 없으리만치

동사	보다	찾다
	볼 수 없으리만치	찾을 수 없으리만치

1. [A 을 수 없으리만치 B] A를 할 수 없을 정도로 B의 상황이 심함을 나타낸다.

[A 을 수 없으리만치 B] 表示因B的状况严重到了不能做A的程度时使用。

> 例 지난 한 주 동안은 정신을 차릴 **수 없으리만치** 너무 바빴다.
> 上周一周期间忙到不可开交的程度。
> 그곳은 다른 곳과 비교할 **수 없으리만치** 경치가 아름다웠다.
> 那个地方的景色美到了不能与其他地方比较的程度。
> 한 치 앞을 볼 **수 없으리만치** 폭우가 쏟아져 운전을 할 수 없었다.
> 暴雨下到了连一尺前都看不到的程度, 所以没法开车。
> 어머니의 사랑은 어떤 말로 표현할 **수 없으리만치** 위대하다.
> 妈妈的爱伟大到了不能用语言来表达的程度。

2. '머무르다'의 의미인 '있다'와 함께 쓸 수 있다.

可以与带有'滞留, 停留'意思的'있다'一起使用。

> 例 이곳에 잠시라도 있을 **수 없으리만치** 끔찍한 기억이 있다.
> 这里有使我一刻都不能呆下去的可怕的记忆。

3. '(으)ㄹ 수 없으리만치'에서 '만치'를 '만큼'으로 바꿔 쓸 수 있다.

'(으)ㄹ 수 없으리만치'中的'만치'可以变为'만큼'来使用。

> 例 아이가 한시도 눈을 뗄 **수 없으리만치** 장난이 심한 편이다.
> 孩子调皮到了一刻也不能不留意的程度。
> 아이가 한시도 눈을 뗄 **수 없으리만큼** 장난이 심한 편이다.

> 한국에서 가장 아름다운 관광지로 제주도가 선정되었다면서요?

> 네, 제주도는 다른 곳과 비교할 수 없으리만치 정말 아름다워요.

을 턱이 없다/ㄹ 턱이 없다

동사/형용사	기다리다	받다	나쁘다	좋다
	기다릴 턱이 없다	받을 턱이 없다	나쁠 턱이 없다	좋을 턱이 없다

1. 그렇게 되어야 할 이유가 전혀 없다는 것을 말할 때 쓴다.

表示没有丝毫的理由变为某种状态时使用。

> 예 그동안 얼마나 잘해 줬는데 영호가 나를 속일 턱이 없지.
> 那段时间我对荣浩那么好，他不可能骗我。
> 유리처럼 그렇게 완벽한 사람이 실수를 할 턱이 없어요.
> 像刘丽那么完美的人不可能失误。
> 그런 나쁜 말을 듣고 기분이 좋을 턱이 없지.
> 听了那么不好的话，心情不可能会好。

2. 과거의 상황에 대해 말할 때는 '았/었을 턱이 없다'로 쓴다.

对过去状况叙述时变为'았/었을 턱이 없다'来使用。

> 예 영호가 숙제를 안 했을 턱이 없지.
> 荣浩不可能不写作业。
> 그렇게 일찍 나갔는데 기차를 놓쳤을 턱이 없다.
> 出去得那么早不可能错过火车。

3. '(으)ㄹ 턱이 있다'로 쓸 때는 '(으)ㄹ 턱이 있어요?/있겠어요?'와 같은 형태로 쓴다.

以'(으)ㄹ 턱이 있다'使用时，可以用'(으)ㄹ 턱이 있어요?/있겠어요?'的形态来使用。

> 예 영호가 아무 말도 하지 않았으니 우리가 알 턱이 있어요?
> 荣浩什么也不说我们怎么可能知道？
> 잘 모르는 사람인데 모임에 초대할 턱이 있겠어요?
> 不太熟悉的人怎么可能会被邀请来参加聚会？

4. 비슷한 표현으로 '(으)ㄹ 리가 없다'가 있다. ('(으)ㄹ 리가 없다' → 248쪽 참고)

类似的语法有'(으)ㄹ 리가 없다'。 ('(으)ㄹ 리가 없다' → 参考248页)

> 예 그 사람이 나를 두고 다른 사람을 만날 **턱이 없다**.
> 那个人不可能放下我去和别人交往。
> 그 사람이 나를 두고 다른 사람을 만날 **리가 없다**.

요즘 민수가 많이 우울해 보여.

여자 친구와 헤어졌는데
기분이 좋을 턱이 없지.

을 테지만/ㄹ 테지만

동사/형용사	오다	먹다	크다	작다
	올 테지만	먹을 테지만	클 테지만	작을 테지만

1. 앞의 상황은 확실하지만 뒤의 상황은 앞의 것과 다르거나 확실하지 않음을 나타낸다.

表示前面的状况虽然确定，但是后面的状况与前面的状况不同或不确定时使用。

> **예** 영호가 도서관에 가기는 **갈 테지만** 공부할지는 모르겠다.
> 虽然荣浩去了图书馆，但是学不学习就不知道了。
> 가는 길이 좀 복잡해서 힘들 **테지만** 그렇게 멀지는 않을 거야.
> 去的路虽然有些复杂所以会累，但是不会很远。
> 지금은 좀 고생이 **될 테지만** 나중에는 살아가는 데 큰 도움이 많이 될 거야.
> 虽然现在有些辛苦，但是在今后的生活上会有很大的帮助的。

2. 과거의 상황에 대해 말할 때는 '았/었을 테지만'으로 쓴다.

对过去状况叙述时变为'았/었을 테지만'来使用。

> **예** 영호 형은 벌써 대학을 졸업**했을 테지만** 동생은 아직 안 했을 걸.
> 荣浩的哥哥已经大学毕业了，但是弟弟可能还没有毕业。
> 어머니가 이 음식을 만드**셨을 테지만** 누나도 도와 드렸을 거야.
> 虽然这道菜是妈妈做的，可能也姐姐也帮了忙。
> 벌써 저녁을 먹**었을 테지만** 그래도 조금만 먹어 봐. 아주 맛있어.
> 虽然已经吃了晚饭，但是也尝尝看吧。非常好吃。

민수 씨한테 전화 좀 해 볼래요?

전화는 해 볼 테지만 받을지는 모르겠네요.

을 계기로/를 계기로

명사	실패	사건
	실패**를 계기로**	사건**을 계기로**

1. 어떤 일이 생기게 된 결정적인 원인, 동기를 나타낸다.

表示使某事发生的决定性原因，动机。

> 예 이번 일**을 계기로** 두 사람은 연인이 되었다.
> 以这件事为契机两个人终成眷属。
> 이번 실패**를 계기로** 다시 계획을 세워 시작하면 좋겠습니다.
> 希望以这次失败为契机，从新计划再开始。
> 동물 실험 논쟁**을 계기로** 동물 보호 캠페인을 시작하게 되었습니다.
> 以动物实验论争为契机，开始了动物保护活动。
> 이번 일**을** 도약의 **계기로** 삼아 한 걸음 더 발전하시기 바랍니다.
> 以挑战这件事为契机，期望能有进一步的发展。

2. 동사가 올 경우 '는 계기가 되다', 형용사가 올 경우 '(으)ㄴ 계기가 되다'로 쓴다.

接动词时变为'는 계기가 되다'，接形容词时变为'(으)ㄴ 계기가 되다'来
表达。

> 예 이번 행사는 양국 간 교류의 새로**운 계기가 되었습니다.**
> 这次活动成为了两国间交流的新的契机。
> 이 책을 통해서 나 자신을 새롭게 되돌아보**는 계기가 되었다.**
> 通过这本书能够从新回顾自身。

환경보호 캠페인을 시작하게 된 동기는 무엇입니까?

환경 파괴를 다룬 프로그램을 본 것을 계기로 시작하게 되었습니다.

을 막론하고/를 막론하고

명사	이유	사정
	이유**를 막론하고**	사정**을 막론하고**

1. 앞에 오는 명사를 구별하여 따지지 않음을 나타낸다.

表示不区别，计较前面的名词时使用。

> **예** 공공 기관에서 일할 때는 이유 여하**를 막론하고** 어떠한 비리도 저질러서는 안 된다.
> 在公共机关做事，不论什么理由绝对不可以犯不正之风。
> 대통령은 지위 고하**를 막론하고** 이번 사건에 대해 그 책임을 묻겠다고 했다.
> 总统下令不论职位高低，都要对此次事件追加责任。

2. 비슷한 표현으로 '을/를 불문하고'가 있다. ('을/를 불문하고' → 525쪽 참고)

类似的语法有'을/를 불문하고'。('을/를 불문하고' → 参考525页)

> **예** 동서양**을 막론하고** 엄마들의 교육열은 대단하다.
> 不论东西方国家，妈妈们的教育热潮都很了不起。
> 동서양**을 불문하고** 엄마들의 교육열은 대단하다.

민수 씨는 장소를 막론하고 항상 큰 소리로 말해요.

저도 그게 불만이에요.

을 바탕으로/를 바탕으로

명사	연구	경험
	연구를 바탕으로	경험을 바탕으로

1. 어떤 것의 기본, 근본이 됨을 나타낸다.

表示为某事的基本，根本时使用。

> 예 이 영화는 실화**를 바탕으로** 만들어졌어요.
> 这部电影是以真实的事件为基础制作的。
> 성실과 신용**을 바탕으로** 열심히 일하십시오.
> 请以诚实和信誉为根本来努力做事。
> 온고지신(溫故知新)은 옛것**을 바탕으로** 새것을 익힌다는 말입니다.
> '溫故知新'是以复习从前的知识，而从新获得新知识的意思。

그 영화가 인기가 많은 이유가 뭐예요?

실화를 바탕으로 해서 사람들이 많이 동감하는 것 같아요.

을 불문하고/를 불문하고

명사	남녀	국적
	남녀**를 불문하고**	국적**을 불문하고**

1. 아무 것도 묻지 않고 가리지도 않음을 나타낸다.

表示什么也不问，不计较时使用。

> 예 배우 이영애 씨는 남녀노소**를 불문하고** 모두에게 사랑받는 배우이다.
> 演员李英爱不分老少是受所有人喜欢的演员。
> 가끔 아이들은 장소**를 불문하고** 떼를 써서 부모를 힘들게 하지요.
> 孩子们偶尔不分场所耍赖，使父母很累。
> 동서고금을 **불문하고** 아름다워지고 싶은 사람의 심리는 동일하다.
> 不论古今中外人们向往美丽的心理是一样的。

2. 비슷한 표현으로 '을/를 막론하고'가 있다. ('을/를 막론하고' → 523쪽 참고)

类似的语法有'을/를 막론하고'。('을/를 막론하고' → 参考523页)

> 예 비방하는 댓글은 이유**를 불문하고** 네티켓에 어긋나는 일이다.
> 恶性的帖子不分理由是违背网德的事。
> 비방하는 댓글은 이유**를 막론하고** 네티켓에 어긋나는 일이다.

3. 말할 때는 '을/를 불문하고'에서 '을/를'을 생략할 수 있다.

在口语中可以省略'을/를 불문하고'中的'을/를'来使用。

> 예 건강 유지는 세대 **불문하고** 모든 사람들의 최대 관심사이다.
> 保持健康不分年龄是所有人最关心的事。
> 이 옷은 남녀 **불문하고** 모두가 즐겨 입는 스타일이에요.
> 这件衣服不分男女是所有人喜欢穿的款式。

> 남녀노소를 불문하고 맛있게 먹을 수 있는 맛집 좀 알려 주세요.

> 지난번에 갔던 한정식집이 어때요?

을 비롯해서/를 비롯해서

명사	아이	어른
	아이를 비롯해서	어른을 비롯해서

1. 여러 가지 중에서 대표적인 것을 처음으로 말할 때 쓴다.

表示在众多中，初次叙述具有代表性的某事时使用。

> 예 지난 주말에 선생님**을 비롯해서** 모든 학생들이 양로원 자원봉사를 했다.
> 上周以老师为首，所有的学生都到养老院做了志愿服务。
> 신혼살림을 시작하게 되면 침대**를 비롯해서** 여러 가지 가구들이 필요하다.
> 开始新婚生活的话，需要包括床之类的各种家具。
> 내일 서울**을 비롯해서** 경기 지방에 많은 비가 내릴 것이라고 합니다.
> 明天包括首尔和京畿地区将要下很大的雨。

2. '을/를 비롯해서'의 '비롯해서'를 '비롯하여'로 바꿔 쓸 수 있다.

可以把'을/를 비롯해서'的'비롯해서'变为'비롯하여'来使用。

> 예 할머니 생신에 불고기**를 비롯해서** 여러 가지 음식을 잔뜩 준비했다.
> 奶奶生日时准备了包括腌牛肉之类的各种料理。
> 할머니 생신에 불고기**를 비롯하여** 여러 가지 음식을 잔뜩 준비했다.

분리 배출이 뭐예요?

종이를 비롯해서 재활용 쓰레기를 종류별로 버리는 거예요.

을 통해/를 통해

명사	뉴스	상담
	뉴스를 통해	상담을 통해

1. 어떤 것을 수단으로 하여 지나감을 나타낸다.

表示通过某事为手段经过时使用。

> 예 여기**를 통해** 지나가면 훨씬 편할 텐데.
> 通过这里过去的话更方便。
> 올림픽 경기는 텔레비전 방송**을 통해** 전 세계로 실시간 중계된다.
> 奥运会通过电视播放向全世界实况转播。
> 이 다리**를 통해서** 건너가면 훨씬 빠를 거야.
> 通过这条桥过去的话会更快。

2. 어떤 과정이나 경험을 거침을 나타낸다.

表示为某过程或经验的经过时使用。

> 예 혼자 고민하지 말고 선생님과 상담**을 통해** 한번 해결해 보지 그래.
> 不要自己烦恼，通过和老师的谈话来解决试看。
> 이번 경험**을 통해** 성장할 수 있는 기회가 되기를 바랍니다.
> 希望能通过这次经验成为成长的机会。
> 유럽 배낭여행**을 통해** 유럽의 문화와 역사를 배울 수 있었습니다.
> 通过去欧洲的背囊旅行，学习到了欧洲的文化和历史。

ㄱ
ㄴ

ㄷ
ㅁ

ㅇ

ㅈ
ㅌ

3. '을/를 통해'에서 '통해'를 '통해서, 통하여'로 바꿔 쓸 수 있다.

可以把'을/를 통해'中的'통해'变为'통해서, 통하여'来使用。

> **예** 네 소식은 영호**를 통해** 자주 들었어. 정말 반갑다.
> 能通过荣浩经常听到你的消息，真的很高兴。
> 네 소식은 영호**를 통해서** 자주 들었어. 정말 반갑다.
> 네 소식은 영호**를 통하여** 자주 들었어. 정말 반갑다.

민수랑 연락해?

SNS를 통해 자주 연락하는 편이야.

을걸요/ㄹ걸요

동사/형용사	가다	읽다	예쁘다	좋다
	갈걸요	읽을걸요	예쁠걸요	좋을걸요

1. 불확실한 일이나 미래의 일에 대한 추측으로 대답할 때 쓴다.

表示对不确信或对未来将要发生的事进行推测回答时使用。

> **예** 가 : 영호가 오고 있을까? 荣浩在来吗? (在来的路上吗?)
> 나 : 응, 지금 오고 있**을걸**. 是的, 大概现在正在来呢。
>
> 가 : 옷이 예쁜데 비쌀까요? 这件衣服很漂亮, 能不能贵啊?
> 나 : 아마 비**쌀걸요**. 应该贵吧。
>
> 가 : 민수도 시간 되면 같이 가자고 할까?
> 民秀也有时间的话问他一起去怎么样?
> 나 : 그래. 아마 좋아**할걸**.
> 好啊。(他)会想去的。

2. 말하는 사람이 상대방의 의견에 대해 부드럽게 반박할 때 쓴다.

表示说话人对对方的意见委婉地反驳时使用。

> **예** 가 : 불고기 3인분이면 우리 넷이 먹을 수 있을까요?
> 腌牛肉3人份的话够不够我们4个人吃啊?
> 나 : 3인분이면 좀 모자**랄걸요**.
> 3人份的话可能不够吧。
>
> 가 : 제가 민수 씨한테 잘 얘기해 볼 테니까 영호 씨는 좀 기다려 보세요.
> 我来对民秀好好说, 荣浩请稍等一会儿。
> 나 : 워낙 고집이 세서 결정을 바꾸기 어려**울걸요**.
> (民秀)本来就很固执, 很难改变(他的)决定。

3. 과거 상황에 대해 말할 때는 '았/었을걸요'로 쓴다.

对过去状况叙述时变为'았/었을걸요'来使用。

> 예 가 : 영호가 왔니? 荣浩来了吗?
> 나 : 아니요, 영호는 아직 안 **왔을걸요**. 没有, 荣浩还没有来吧。
>
> 가 : 편의점에서 우유 좀 사다 줄래? 能不能在便利店(给我)买牛奶啊?
> 나 : 지금은 편의점이 닫**혔을걸요**. 现在便利店关门了吧。

4. 앞에 명사가 오면 '일걸요'로 쓴다.

前面接名词时, 变为'일걸요'来使用。

> 예 가 : 영호 씨 형도 학생인가요? 荣浩的哥哥也是学生吗?
> 나 : 네, 영호 씨 형도 학생**일걸요**. 是的, 荣浩的哥哥大概也是学生吧。

지금 밖이 많이 추울까요?

바람이 불지 않아서 그다지 춥지 않을걸요.

을라치면/ㄹ라치면

동사	나가다	먹다
	나갈라치면	**먹을라치면**

1. [A 을라치면 B] A를 하려고 생각하거나 가정하면 언제나 B가 일어남을 나타
낸다. B 때문에 A를 하기 어려운 상황이 될 때 주로 쓴다.
[A 을라치면 B] 表示打算或假设要做A的话，就会发生B时使用。表示因
为B，做A出现了困难的状况时使用。

> 예 잘 놀다가도 엄마가 밖에 **나갈라치면** 아이가 울어대요.
> 虽然玩的很好，只要妈妈要出门孩子就开始哭。
> 세차를 좀 **할라치면** 꼭 비가 오더라고요.
> 只要一打算洗车的话，就一定下雨。
> 돈 좀 **모을라치면** 예외 없이 돈 쓸 일이 생겨요.
> 只要一攒点儿钱，就有意想不到的地方要用钱。
> 음악이라도 들으면서 **쉴라치면** 꼭 누군가 찾아와.
> 只要想听听音乐休息一下的话，就有人来找。

2. '머무르다'의 의미인 '있다'와 함께 쓸 수 있다.
可以与带有'滞留，停留'意思的'있다'一起使用。

> 예 모처럼 집에라도 **있을라치면** 손님들이 찾아와서 쉴 틈이 없다.
> 好不容易想在家里休息，还来了客人忙的没有时间休息。

3. 비슷한 표현으로 '(으)려고 하면'이 있다.

类似的语法有'(으)려고 하면'。

> **예** 책상에 앉아 공부 좀 **할라치면** 두말할 것 없이 졸립다.
>
> 只要坐在书桌前学习的话，不用说一定困。
>
> 책상에 앉아 공부 좀 하**려고 하면** 두말할 것 없이 졸립다.

오늘 친구를 만날 거라더니 안 만나요?

모처럼 제가 시간이 나서 만날라치면
친구들이 시간이 안 된대요.

으려야 을 수가 없다/려야 ㄹ 수가 없다

동사	쉬다	먹다
	쉬려야 쉴 수가 없다	먹으려야 먹을 수가 없다

1. 어떤 일을 하려고 하는데 그 목적과 반대되는 상황으로 인해 도저히 할 수 없음을 나타낸다. 같은 동사를 반복해서 그 뜻을 강조한다.
表示想做某事但因为与该目的相反的状况，根本无法进行时使用。反复同一个动词起到强调的作用。

> **예** 일이 많이 밀려서 평일이건 주말이건 도통 **쉬려야 쉴 수가 없다**.
> 因为事情很多不管平日还是周末，根本没办法休息。
> 비록 그 사람과 헤어졌지만 함께 했던 추억은 **잊으려야 잊을 수가 없다**.
> 虽然已经和那个人分手了，但是在一起时的回忆想忘也忘不掉。
> 나를 속였다는 것 때문에 너무 화가 나서 **참으려야 도저히 참을 수가 없다**.
> 因为欺骗了我，所以非常气愤想忍也没办法忍。
> 술을 조금만 마셔도 얼굴이 빨개져서 **마시려야 마실 수가 없다**.
> 喝一点儿酒脸就红，所以想喝也不能喝。
> 시끄러워서 잠을 **자려야 잘 수가 없잖아요**.
> 太吵了，想睡也没办法睡啊。
> 가격표를 보니 너무 비싸서 **사려야 살 수가 없다**.
> 看了价格表因为太贵了，所以想买也买不起。

2. '머무르다'의 의미인 '있다'와 함께 쓸 수 있다.
可以与带有'滞留，停留'意思的'있다'一起使用。

> **예** 비자 때문에 한국에 더 **있으려야 있을 수가 없게** 되었어요.
> 因为签证的关系，想继续留在韩国也变得没法留了。

요즘 민수를 보려야 볼 수가 없던데 많이 바쁜가봐.

지난주에 미국으로 출장을 갔다고 들었어.

을뿐더러/ㄹ뿐더러

동사/형용사	가다	읽다	예쁘다	좋다
	갈뿐더러	읽을뿐더러	예쁠뿐더러	좋을뿐더러

1. [A 을뿐더러 B] A에 B가 더 있음을 나타낸다. 보통 뒤의 상황이 더 심각하거나 정도가 더한 경우가 많다.

[A 을뿐더러 B] 表示A上面还有B时使用。一般表示后边的状况更加严重或程度更深时使用。

> 예 영호는 노래도 잘**할뿐더러** 악기도 잘 다룬다.
> 荣浩不仅歌唱得好，还很精通乐器。
> 한국의 8월은 몹시 더**울뿐더러** 습도도 높아요.
> 韩国的8月不仅非常热，湿度还很高。
> 돈은 벌기도 어려**울뿐더러** 쓰기도 힘들어요.
> 钱不仅挣起来难，花起来也很难。
> 그 책은 내용도 좋**을뿐더러** 재미도 있어요.
> 那本书不仅内容好，还很有意思。

2. 비슷한 표현으로 '(으)ㄹ뿐만 아니라'가 있다.

类似的语法有'(으)ㄹ 뿐만 아니라'。

> 예 영호는 공부도 잘 **할뿐더러** 운동도 잘해. 荣浩不仅学习好，体育也很好。
> 영호는 공부도 잘 **할뿐만 아니라** 운동도 잘해.

민수 씨는 말이 별로 없는 것 같아요.

네, 민수 씨는 말도 없을뿐더러
별로 웃는 편도 아니에요.

을세라/ㄹ세라

동사	오다	젖다
	올세라	젖을세라

1. [A 을세라 B] A의 상황이 될 것 같아서 그 일이 일어나지 않도록 B의 행동을 함을 나타낸다.

[A 을세라 B] 表示会变成A的状况，不让发生那个状况以B为行动。

> 例 아이가 **깰세라** 조용히 방문을 닫았다. 怕孩子醒，轻轻地关了门。
>
> 누가 들**을세라** 작게 말하는 거야? 是怕别人听见了，所以小声地说话吗?
>
> 비에 젖**을세라** 빨래를 서둘러서 걷었어요.
>
> 怕被雨淋湿，所以赶紧收好了晾干的衣服。

2. 비슷한 표현으로 '(으)ㄹ 까봐'가 있다.

类似的语法有'(으)ㄹ 까봐'。

> 例 교수님의 설명을 놓**칠세라** 집중해서 강의를 들었다.
>
> 怕错过了教授的说明，所以集中了精神听。
>
> 교수님의 설명을 놓**칠까 봐** 집중에서 강의를 들었다.

어머니는 어떤 분이셨어요?

어머니는 언제나 제가 다칠세라 애지중지 키우셨지요.

을지라도/ㄹ지라도

동사/형용사	배우다	찍다	싸다	적다
	배울지라도	찍을지라도	쌀지라도	적을지라도

1. [A 을지라도 B] 혹시 A가 그렇다고 해도 그것과 관계없이 B를 해야 함을 나타낸다.

[A 을지라도 B] 表示假设A为怎样的状况，但与此无关也要做B时使用。

> 🔲 날씨가 좋지 **않을지라도** 여행을 떠날 거야.
> 即使天气不好也要去旅行。
> 아무리 **급할지라도** 과속해서는 안 되지요.
> 即使再着急，超速也是不可以的。
> 한소리 **들을지라도** 할 말은 해야겠어요.
> 即使会被指责，但是该说的话也要说出来。
> 아무리 **힘들지라도** 포기하지 않을 거예요.
> 即使再辛苦，也不会放弃的。

2. 부사 '아무리, 비록' 등과 자주 쓴다.

常与副词'아무리，비록'等一起使用。

> 🔲 **아무리** 힘든 일이 생**길지라도** 희망을 버리지 맙시다.
> 即使发生再辛苦的事，我们也不要放弃希望。
> **비록** 몸은 떨어져 있**을지라도** 마음은 함께 있을 거예요.
> 虽然分开了，但是心还是在一起的。

3. 과거 상황에 대해 말할 때는 '았/었을지라도'로 쓴다.

对过去状况叙述时变为'았/었을지라도'来使用。

> 🔲 아무 말 없이 가 **버렸을지라도** 너무 섭섭하게 생각하지 마세요.
> 即使什么话也没说就走了也不要太伤心。
> 기분이 **상했을지라도** 그렇게 화를 내면 안 되지요.
> 即使心情不好，也不能那么发脾气啊。

4. 앞에 명사가 오면 '일지라도'로 쓴다.

前面接名词时, 变为'일지라도'来使用。

> **예** 아무리 친한 사이**일지라도** 공과 사는 구별할 줄 알아야지.
> 即使再亲近的关系也要知道分清公与私啊。
> 어린 아이**일지라도** 하나의 인격체로 존중해야 한다.
> 即使是孩子也是有人格的, 要被尊重。

미안한데 너무 바빠서 오늘 약속을
지키지 못하겠어요.

아무리 바쁠지라도 여러 사람이
같이 한 약속인데 지켜야지요.

을지언정/ㄹ지언정

동사/형용사	빌리다	먹다	바쁘다	작다
	빌릴지언정	먹을지언정	바쁠지언정	작을지언정

1. [A 을지언정 B] A를 인정한다고 해도 B의 상황이 더 중요하다는 것을 강조할 때 쓴다. 이때 A와 B는 상반되는 내용이다.
[A 을지언정 B] 表示即使认定了A，但是更加强调B的状况更重要时使用。这时A与B为相反的内容。

> **예** 늦**을지언정** 과속은 하지 않겠어요.
> 即使(宁可)晚了也不能超速。
> 다른 사람에게 돈을 빌**릴지언정** 영호한테는 빌리고 싶지 않다.
> 宁可跟别人借钱，也不愿意跟荣浩借钱。
> 저녁은 굶**을지언정** 지금 당장은 먹어야겠다.
> 宁可晚饭饿着，现在也要马上吃东西。
> 당장의 이익을 포기**할지언정** 회사의 신용을 잃을 수는 없다.
> 宁可放弃眼前的利益，也不能丢掉公司的信用。
> 돈이 없**을지언정** 네가 원하는 것 정도는 사 줄 수 있어.
> 即使没有钱，你想要的还是能买得起的。
> 키는 작**을지언정** 농구 선수가 되고자 하는 꿈은 접을 수 없다.
> 即使个子矮，要成为篮球选手的梦想是不会放弃的。

2. 비슷한 표현으로 '(으)ㄹ망정'이 있다.
类似的语法有'(으)ㄹ망정'。

> **예** 비록 나이는 어**릴지언정** 생각은 어른보다 훨씬 깊다.
> 虽然年纪小，但是想法比大人更深。
> 비록 나이는 어**릴망정** 생각은 어른보다 훨씬 깊다.

3. 과거 상황에 대해 말할 때는 '았/었을지언정'으로 쓴다.

对过去状况叙述时变为'았/었을지언정'来使用。

> 📷 비록 몸은 **늙었을지언정** 마음은 아직도 청춘이다.
> 虽然身体已经老了, 但是心灵还很年轻。
> 약속은 못 **지켰을지언정** 거짓말을 해서는 안 된다.
> 宁可不能遵守约定, 但是说谎是决定不可以的。

4. 앞에 명사가 오면 '일지언정'으로 쓴다.

前面接名词时, 变为'일지언정'来使用。

> 📷 아이**일지언정** 기본적인 예의는 가르쳐야 한다.
> 虽然是孩子, 但是基本的礼仪也要教。

민수 씨와 친해지기가 쉽지 않네요.

속으로는 좀 불편할지언정 상대방 입장을 생각해서 내색하면 안 돼요.

이라고는/라고는

명사	친구	학생
	친구라고는	학생이라고는

1. 앞의 명사만을 한정하여 강조할 때 쓴다. 부정적 상황에 자주 사용된다.

表示只限定强调前面的名词时使用。常用于否定的状况。

> 예 내가 가진 돈**이라고는** 이게 전부야.
> 说起我的钱，这些就是全部了。
> 영호는 예의**라고는** 전혀 없는 사람이야.
> 荣浩是很没有礼貌的人。
> 집에 먹을 것**이라고는** 먹다 남은 과자 몇 조각뿐이야.
> 家里能吃的东西，除了几块儿饼干之外什么也没有。

2. '겨우, 고작, 오직, 단지, 전혀' 등의 부사와 함께 쓸 수 있다.

与副词'겨우, 고작, 오직, 단지, 전혀'等一起使用。

> 예 내가 가진 재산**이라고는 겨우** 이 집뿐이야.
> 我的财产就只有这些了。
> 두 시간동안 쓴 **것이라고는 고작** 문장 몇 줄이 전부다.
> 两个小时写的东西只有这两行文章了。

한국 친구가 많아요?

아니요, 한국 친구라고는 민수 씨뿐이에요.

이라기보다/라기보다

명사	이유	날
	이유라기보다	날이라기보다

1. 어떤 것에 대해서 말할 때 앞의 것보다 뒤의 것에 더 가까움을 나타낼 때 쓴다.

表示对某事叙述时比起前面的内容，后面的内容更加接近时使用。

> 예 졸업이란 마지막**이라기보다** 새롭게 시작하는 날이라고 할 수 있죠.
> 毕业不是结束，而是新的开始的一天。
> 그 의견은 미래 지향적**이라기보다** 기존의 생각을 조금 바꾼 것이라고 할 수 있다.
> 那个建议不是指向未来的，而是把过去的想法稍微改变了一下。
> 이 방은 작업실**이라기보다** 책도 읽고 쉬기도 하는 공간이라고 할 수 있습니다.
> 这个房间比起当工作室，更是能看书能休息的空间。

민수 씨하고 아주 친한가 봐요.

네, 우리는 친구라기보다 가족에 가깝다고 할 수 있지요.

이란/란

명사	공부	사랑
	공부**란**	사랑**이란**

1. 어떤 말이나 사물의 뜻을 정의할 때 쓴다.
表示对语言或事物下定义时使用。

> 예 사랑**이란** 서로를 아껴주고 지켜주는 것이다.
> 爱情是互相珍惜和守护的。
> 속담**이란** 옛날부터 전해져 온 관용 표현이다.
> 熟语是从前开始流传到现在的惯用表达。
> 행복**이란** 생활에서 충분한 만족과 기쁨을 느껴 좋다는 뜻이다.
> 幸福是从生活当中体会到的充分的满足感和喜悦的意思。
> 친구**란** 기쁠 때나 슬플 때나 항상 곁에 있어 주는 것이다.
> 朋友是不论在开心时，或伤心时都一直陪在身边的。

도서 대출이 무슨 뜻이에요?

도서 대출이란 책을 빌리거나
빌려준다는 뜻이에요.

이랄까/랄까

명사	시	향
	시랄까	향이랄까

1. 말하는 사람이 어떤 것에 대해서 뜸을 들이거나 신중하게 자신의 생각을 말할 때 쓴다.

表示说话人对某事不轻易发言，或慎重地表达自己的想法时使用。

> 📦 방에서 꽃향기**랄까** 뭔가 좋은 냄새가 났다.
> 房间里好像有花香味，是很好闻的香味。
> 그 사람과 첫 만남에서 마치 운명**이랄까** 그런 것을 느꼈어요.
> 和那个人初次见面就好像是命运一样的感觉。
> 그 노래는 뭐**랄까** 한 편의 시를 감상하는 듯했어요.
> 听那首歌就好像是在欣赏一首诗一样。

내가 어제 준 음악 들어 봤어?

응, 마음이 편안해지는 느낌이랄까 아무튼 듣기 좋았어.

ㄱ
ㄴ

ㄷ
ㅁ

ㅇ

ㅈ
ㅌ

이야/야

명사	노래	돈
	노래**야**	돈**이야**

1. 앞의 명사가 당연히 그렇다는 것을 강조하는 경우에 쓴다.

表示强调前面的名词当然怎么样时使用。

> **예** 나이 차이**야** 얼마든지 극복할 수 있을 거야.
> 年龄差异是很容易克服的。
> 한국 생활이 재미**야** 있지요. 그렇지만 아직도 말이 많이 서툴러요.
> 韩国生活当然很有意思，但是话仍然说的不熟练。
> 말**이야** 쉽지. 그렇지만 사실상 실천하기는 어려운 일이 많아.
> 话虽容易，但是事实上实践上困难的事情很多。
> 돈**이야** 또 벌면 되지만 건강은 한번 잃으면 쉽게 되찾을 수 없습니다.
> 钱可以再挣，但是健康一旦失去了就不容易再找回来了。

2. '(이)야' 앞에 시간과 장소의 '에, 에서'를 쓸 수 있다.

'(이)야'前面可以用表示场所，时间的'에，에서'。

> **예** 회사**에야** 정장을 입고 가지만 집**에서야** 당연히 편한 옷을 입죠.
> 在公司当然要穿正装，但是在家里当然要穿舒适的衣服。
> 하루 종일 바빠서 저녁**에서야** 겨우 시간을 낼 수 있었어요.
> 忙了一整天，到了晚上才勉强抽出时间来。

약속 시간을 좀 바꿔도 될까요?

저야 상관없지만 민수 씨는 괜찮을지 모르겠어요.

이야말로/야말로

명사	김치	소문
	김치야말로	소문이야말로

1. 앞의 명사를 강조하여 '(명사)은/는+정말로'라는 뜻으로 말할 때 쓴다. 그 명사
를 강하게 강조함을 나타낸다.

　表示强调前面的名词, 以'(名词)은/는+정말로'的意思使用。表示强调该名词。

> 예 오늘**이야말로** 내게는 잊을 수 없는 날입니다.
> 今天才是我难以忘怀的日子。
> 김치**야말로** 한국 음식 문화를 대표하는 것이라고 할 수 있다.
> 辛奇才是代表韩国文化的食物。
> 결혼**이야말로** 일생에서 가장 중요한 일입니다.
> 结婚才是人生当中最重要的事情。
> 그 사람**이야말로** 우리 회사에서 없어서는 안 될 사람이다.
> 那个人才是我们公司不可缺少的人。
> 그 소문**이야말로** 믿을 수 없는 헛소문이다.
> 那个传言才是不可信的谣言。

여행을 하고 싶은데 언제가 가장 좋을까요?

덥지도 않고 춥지도 않은 5월**이야말로**
여행하기 가장 좋은 때지요.

이요/요

명사	미래	희망
	미래**요**	희망**이요**

1. 여러 가지를 나열하여 말할 때 쓴다.

表示罗列叙述时使用。

> 예 그것은 내 소원**이요** 바람입니다. 那是我的心愿又是我的期望。
> 우리 딸은 내 기쁨**이요** 자랑이다. 我的女儿是我的喜悦又是我的骄傲。
> 에어컨으로 인해 실내는 겨울**이요** 밖은 찜통이다.
> 因为空调，所以室内是冬天外边是蒸笼。
> 그 말은 곧 진리**요** 생명이다. 那句话是真理又是生命。

> 새 생명의 탄생은 우리의 미래요 희망이다.

이자/자

명사	부모	선생님
	부모**자**	선생님**이자**

1. '명사1+(이)자+명사2'의 형태로 주제가 되는 대상이 명사1과 명사2의 성격을 함께 가지고 있음을 나타낸다.
以'名词1+(이)자+名词2'的形态，表示身为主题的对象同时拥有名词1与名词2的性质时使用。

> **예** 졸업은 끝**이자** 또 하나의 시작이라는 의미를 갖고 있습니다.
> 毕业了又意味着另一个新的开始。
> 가정은 안식처**이자** 보금자리입니다.
> 家庭是安身之处，又是安乐窝。
> 그분은 제 스승**이자** 제 아버지 같으신 분입니다.
> 那位既是我的老师，也是像父亲一样的人。
> 제가 처음**이자** 마지막으로 드리는 부탁입니다.
> 这是我第一次又是最后一次拜托。
> 게으름은 인간을 망치는 근본**이자** 독이다.
> 懒惰是毁掉人的根本又是毒。

오늘 기분이 좋아 보이는데 무슨 좋은 일이라도 있어요?

오늘은 제 생일이자 우리 부부의 결혼기념일이거든요.

자니

동사	자다	읽다
	자자니	읽자니

1. [A 자니 B] A를 하려고 하지만 실제로는 B와 같아서 망설이거나 고민함을 나타낸다.
 [A 자니 B] 表示想做A但是实际上又与B相同，所以犹豫或烦恼时使用。

> 예 돈이 당장 필요한데 적금을 해지하**자니** 너무 아깝네요.
> 马上需要钱，但是解约存款又太可惜。
> 그 책을 읽**자니** 한자가 너무 많아서 어렵다.
> 想看那本书，但是汉字太多了很难。
> 잘 모르는 사람과 함께 일을 하**자니** 어려움이 많다.
> (想)与不熟悉的人一起工作，但是困难很多。

2. '자니'를 반복해서 사용해서 쓰기도 한다.
 反复'자니'来使用。

> 예 그 모임에 가**자니** 모르는 사람뿐이어서 어색하고 안 가**자니** 마음이 편하지 않다.
> 去那个聚会因为都是不认识的人所以很尴尬，不去的话心里又不舒坦。
> 애를 키우**자니** 힘들고 일하**자니** 일자리를 찾기도 쉽지 않다.
> 想养孩子很辛苦，想找工作又很难找。
> 존댓말을 하**자니** 어색하고 그렇다고 반말을 하**자니** 좀 부끄럽네요.
> 说敬语很尴尬，但是不说敬语又很害羞。

혼자서 여행을 간다더니 왜 안 갔어?

혼자 여행을 하자니 좀 심심할 것
같아서 망설여지네.

자면1

동사	알아보다	돕다
	알아보**자면**	돕**자면**

1. [A 자면 B] A를 하려고 할 때 B는 조건이 되거나 결과가 됨을 나타낸다.

　[A 자면 B] 表示要做A时B为条件或结果时使用。

> **예** 유학을 하**자면** 돈이 많이 필요해요. 要想留学的话，需要很多钱。
> 좋은 회사에 취업하**자면** 실력이 있어야 합니다.
> 要想到好公司工作的话，要有实力才可以。
> 성공하**자면** 많은 노력이 있어야 할 것이다.
> 要想成功的话需要很多的努力。
> 저희 가족을 소개하**자면** 아버지, 어머니, 동생 그리고 저입니다.
> 要介绍我的家人的话，有爸爸、妈妈、弟弟还有我。

이 컴퓨터 어때요?

솔직히 말씀드리자면 너무 비싼 것 같아요.

자면2

동사	마시다	읽다
	마시**자면**	읽**자면**

1. [A 자면 B] 청유의 간접 인용 '자고 하다'에 조건의 '(으)면'이 결합된 형태로 B의 조건이 A임을 나타낸다.
('자고 하다' → 초급 참고) ('(으)면' → 초급 참고)
[A 자면 B] 以劝诱的间接引语'자고 하다'与表示条件的'(으)면'结合的形态来表示B的条件为A时使用。
('자고 하다' → 参考初级) ('(으)면' → 参考初级)

> 예 내가 먹기 싫어도 네가 먹**자면** 먹어야지 뭐.
> 我不想吃，但是你说要吃就吃吧。
> 친구가 가**자면** 천 리 길도 따라갈 거야.
> 朋友说要去，千里路也要跟着去啊。
> 아내가 하**자면** 하자는 대로 해야겠지요?
> 妻子吩咐的话，就要按照吩咐去做不是吗？

내가 같이 여행가자면 갈 수 있어?

글쎄, 어디로 가느냐에 달려 있겠지.

조차

명사	준비	생각
	준비**조차**	생각**조차**

1. 미처 생각지 못했던 상황이거나 예상하기 어려울 만큼 심한 상황임을 나타낸
다. 주로 부정적인 상황에 사용되며 '안, 못' 등의 부정문과 함께 쓰는 경우가
많다.
表示没有想到的结果或很难预测的情况严重时使用。主要用于否定的状
况与'안, 못'等一起使用。

> **예** 그 말이 거짓말이라고 생각**조차** 못했어요.
> 就连想都没有想到那句话是谎言。
> 학교 갈 시간인데 준비**조차** 안 하면 어떻게 하겠다는 거니?
> 到了去学校的时间, 就连准备都没准备到底想怎么办?
> 너무 슬퍼서 눈물**조차** 나오지 않았다.
> 伤心到了极点, 就连眼泪都流不出来。

2. 비슷한 표현으로 '까지, 마저'가 있다.
类似的语法有'까지, 마저'。

> **예** 방도 어두운데 창문**조차** 작아요. 房间很暗, 就连窗户也小。
> 방도 어두운데 창문**까지** 작아요.
> 방도 어두운데 창문**마저** 작아요.

3. 앞의 것은 물론 뒤의 것까지도 부정하는 '은/는커녕'과 자주 쓴다.
('은/는커녕' → 124쪽 참고)
常与表示前后都否定的'은/는커녕'一起使用。('은/는커녕' → 参考124页)

> **예** 회사 일이 많아서 휴가**는커녕** 주말**조차** 쉬지 못하고 있어요.
> 公司工作太忙了, 别提休假了就连周末都不能休息。
> 피곤해서 씻기**는커녕** 옷**조차** 갈아입지 못하고 쓰러져 잤다.
> 太累了, 别提洗漱了就连衣服都没有换就倒下了。

4. '조차' 앞에 동사가 오면 '(으)ㄹ 수조차 없다'로 쓴다.
　　动词位于'조차'前面时, 变为'(으)ㄹ 수조차 없다'来使用。

> 예 앉을 **수조차 없어서** 불편할 때가 있어요.
> 　有(那样)就连坐都不自在的时候。
> 걸을 **수조차 없는** 높은 구두를 신고 오니까 발이 아프지.
> 　穿了高到不能走路的鞋, 当然脚会疼了。

지난번에 만난 그 사람 전화번호 알아?

누구? 이름조차 생각도 안나.

더 생각해보기

'마저'와 '조차', '까지'의 차이 ('마저' → 157쪽 참고) ('까지' → 초급 참고)
'마저'与'조차', '까지'的区别 ('마저' → 参考157页) (까지 → 参考初级)

1) '마저'와 '까지'는 비슷한 표현으로 쓸 수 있다. 하지만 '마저', '조차'는 부정적인
   상황에서만 쓰고 '까지'는 부정적인 상황과 긍정적인 상황 모두에 쓸 수 있다.
   '마저'与'까지'为类似的语法。但是'마저'与'조차'用于否定的状况，'까지'肯定，
   否定都可以使用。

   예 시간이 오래 지나서 그 사람의 이름마저 잊어버렸어요. (○)
   时间过去的太久了就连那个人的名字都忘记了。
   시간이 오래 지나서 그 사람의 이름까지 잊어버렸어요. (○)
   시간이 오래 지나서 그 사람의 이름조차 잊어버렸어요. (○)

   그 사람은 중국어와 한국어 뿐만 아니라 일본어까지 잘해요. (○)
   那个人不仅中国语和韩国语说得好，就连日本语也很好。
   그 사람은 중국어와 한국어 뿐만 아니라 일본어마저 잘해요. (×)
   그 사람은 중국어와 한국어 뿐만 아니라 일본어조차 잘해요. (×)

2) '까지'는 생각할 수 있는 범위 안에서의 하나를 의미한다. '마저'는 생각할 수 있
   는 범위 안에서 가장 마지막의 것을 의미한다. '조차'는 생각할 수 있는 범위 밖
   의 것을 의미한다.
   '까지'表示能想到的范围内的一个。'마저'表示能想到的范围内的最后一
   个。'조차'表示能想到的范围之外。

   예 친구까지 내 생일을 잊어버렸다.
   连朋友都忘了我的生日。
   남자 친구마저 내 생일을 잊어버렸다.
   连男朋友都忘了我的生日。
   우리 엄마조차 내 생일을 잊어버렸다.
   连我妈都忘了我的生日。

ス
ㅌ

탓에

명사	과로	늦잠
	과로 **탓에**	늦잠 **탓에**

1. 원하지 않았던 결과에 대한 원인이나 이유를 나타낸다. 보통 말하는 사람이 잘못된 행동에 대해 원망할 때 쓴다.

表示针对不希望的结果的原因或理由时使用。一般表示抱怨说话人的错误行为时使用。

> 예 매일 과로 **탓에** 몸살이 났나 봐요.
> 因为每天过劳的原因，所以可能生病了。
> 요즘 추위 **탓에** 꽃이 제때 피지 못하는 것 같아요.
> 因为最近天气冷的原因，花儿没能准时开放。
> 경기 침체 **탓에** 실업자의 수가 증가하고 있다고 한다.
> 因为经济停滞的原因，失业者数正在增加。
> 지구 온난화 **탓에** 지구가 점점 더워지고 있다.
> 据说因为地球温暖化的原因，地球变得越来越热了。

2. '탓' 뒤에 '으로'가 함께 쓰여 '탓으로'로 사용되기도 한다.

'탓'后接'으로'变为'탓으로'来使用。

> 예 자신의 잘못을 남 **탓으로** 돌리지 마세요.
> 不要因为自己的失误，去责怪别人。
> 4월은 봄이지만 강한 바람 **탓으로** 체감 온도는 낮은 편이다.
> 虽然4月份是春天，但是因为刮风的原因体感温度还比较低。

3. 문장의 끝에 사용되어 '탓이다'로 쓰이기도 한다.

用于文章结尾变为'탓이다'来使用。

> 📵 나중에 잘못되면 그건 다 네 **탓이다.**
>
> 以后要是出现问题的话，那都是因为你。
>
> 그 사람이 하는 일마다 잘 풀리지 않는 것은 급한 성격 **탓이다.**
>
> 那个人做的事都不顺，是因为那个人的急性子的关系。

어젯밤에 바람이 정말 많이 불더군요.

네, 바람 탓에 가로수들이 많이 쓰러졌대요.

더 생각해보기

'탓에'와 '때문에'의 차이 ('때문에' → 초급 참고)

'탓에'与'때문에'的区别 ('때문에' → 参考初级)

'탓에'와 '때문에' 모두 이유를 나타내지만 '때문에'는 결과가 좋거나 나쁜 경우 모두 쓸 수 있지만 '탓에'는 결과가 나쁜 경우에만 쓸 수 있다.

'탓에'与'때문에'都表示理由，但'때문에'的结果好与坏的情况下都可以使用，但'탓에'只能用于不好的结果。

> 📵 눈 때문에 길이 많이 미끄러워요. (○) 因为下雪路很滑。
>
> 눈 탓에 길이 많이 미끄러워요. (○) 因为下雪的原因路很滑。
>
> 해맑게 웃는 아이들 때문에 피곤해도 웃는다. (○)
>
> 因为孩子天真无邪的笑容，即使辛苦也能笑出来。
>
> 해맑게 웃는 아이들 탓에 피곤해도 웃는다. (×)

■ 는 탓에   ■ 은 탓에/ㄴ 탓에

동사	오다	먹다
	오는 탓에	먹는 탓에

형용사	비싸다	높다
	비싼 탓에	높은 탓에

1. 부정적인 결과에 대한 원인이나 이유임을 나타낸다.

表示针对否定的结果的原因或理由时使用。

예 다른 사람보다 스트레스를 자주 받**는 탓에** 건강이 안 좋은 편이에요.
因为比起其他人经常受到压力的原因，健康算是不大好。
밤늦도록 컴퓨터를 하**는 탓에** 아침에 자주 늦게 일어나요.
因为从早到晚玩电脑的原因，早上经常起的很晚。
시험 문제가 어려**운 탓에** 학생들의 점수가 좋지 않다.
因为考试题难的原因，学生们的成绩不太好。
경기가 안 좋**은 탓에** 대학 졸업생의 취업률이 낮은 편이에요.
因为经济不好的原因，大学生毕业后就业率很低。

2. '있다, 없다'는 '는 탓에'를 쓴다.

'있다, 없다'接 '는 탓에' 来使用。

예 돈이 없**는 탓에** 원하는 것을 살 수 없었다.
因为没有钱的原因，不能买想要的东西。

3. 동사의 경우 과거 상황에 대해 말할 때는 '(으)ㄴ 탓에'를 쓰고 형용사의 경우
과거 상황에 대해 말할 때는 '았/었던 탓에'로 쓴다.
动词的情况下，对过去状况叙述时用'(으)ㄴ 탓에'来使用。形容词的情况下，
对过去状况叙述时用'았/었던 탓에'来使用。

예 늦게 일어**난 탓에** 아침도 못 먹고 왔다.
因为起来晚的原因，早饭都没吃。
졸음운전을 **한 탓에** 사고를 냈다나 봐요.
据说是因为困驾，所以出了车祸。

어렸을 때 키가 작았던 **탓에** 친구들이 자주 놀렸어요.
小时候因为个子小的原因，所以经常被嘲笑。
지난 시험이 어려웠던 **탓에** 불합격자가 많았다.
上次的考试因为难的原因，有许多落榜者。

4. 비슷한 표현으로 '는 바람에'가 있다.('는 바람에' → 67쪽 참고)
类似的语法有'는 바람에'。('는 바람에' → 参考67页)

> 예 밤새도록 아이가 기침을 하는 **탓에** 잠을 설쳤어요.
> 因为孩子整夜咳嗽的原因，没有睡好觉。
> 밤새도록 아이가 기침을 하는 **바람에** 잠을 설쳤어요.

유리 씨, 어디 아파요?

감기 몸살에 걸린 탓에
힘이 하나도 없어요.

부록

1. 피동(被动)

-이-	-히-	-리-	-기-
보다(看)-보이다	먹다(吃)-먹히다	듣다(听)-들리다	안다(抱)-안기다
놓다(放)-놓이다	읽다(读/念)-읽히다	걸다(挂)-걸리다	끊다(断)-끊기다
보다(看)-보이다	막다(挡/隔开)-막히다	열다(开)-열리다	쫓다(追)-쫓기다
쓰다(写)-쓰이다	잡다(抓)-잡히다	팔다(卖)-팔리다	찢다(撕)-찢기다
꺾다(折/折断)-꺾이다	뽑다(拔)-뽑히다	뚫다(钻/打通)-뚫리다	뜯다(拆)-뜯기다
잠그다(锁, 淹/侵泡) -잠기다	닫다(关)-닫히다	자르다(剪)-잘리다	빼앗다(抢)-빼앗기다

2. 사동(使动)

-이-	-히-	-리-	-기-
먹다(吃)-먹이다	읽다(读/念)-읽히다	알다(知道)-알리다	벗다(脱)-벗기다
보다(看)-보이다	입다(穿)-입히다	울다(哭)-울리다	웃다(笑)-웃기다
높다(高)-높이다	밝다(亮)-밝히다	놀다(玩)-놀리다	신다(穿鞋, 袜)-신기다
붙다(贴)-붙이다	넓다(宽)-넓히다	살다(活)-살리다	맡다(担任)-맡기다
끓다(开/沸腾)-끓이다	앉다(坐)-앉히다	걷다(走)-걸리다	씻다(洗)-씻기다
죽다(死)-죽이다	눕다(躺)-눕히다	날다(飞)-날리다	감다(闭眼睛)-감기다
녹다(融化)-녹이다	맞다(对/正确)-맞히다	구르다(滚)-굴리다	숨다(藏)-숨기다
속다(骗)-속이다	좁다(窄)-좁히다	흐르다(阴)-흘리다	굶다(饿)-굶기다

-우-	-구-	-추-
자다(睡)-재우다	돋다(升高)-돋구다	늦다(慢)-늦추다
크다(大)-키우다	달다(热)-달구다	맞다(合适)-맞추다
타다(烧)-태우다	솟다(涌出)-솟구다	낮다(底)-낮추다
쓰다(戴)-씌우다	-	-
깨다(醒)-깨우다	-	-
쓰다(戴)-씌우다	-	-
차다(满)-채우다	-	-
서다(站立)-세우다	-	-

한국어 선생님과 함께하는 TOPIK 한국어 문법 II

개정4판1쇄 발행	2024년 08월 30일 (인쇄 2024년 06월 25일)
초 판 발 행	2014년 08월 05일 (인쇄 2014년 06월 27일)
발 행 인	박영일
책 임 편 집	이해욱
공 저	김훈 · 김미정 · 이수정 · 임승선 · 현원숙
편 집 진 행	구설희 · 이영주
표지디자인	조혜령
편집디자인	장하늬 · 곽은슬
발 행 처	(주)시대고시기획
출 판 등 록	제10-1521호
주 소	서울시 마포구 큰우물로 75 [도화동 538 성지 B/D] 9F
전 화	1600-3600
팩 스	02-701-8823
홈 페 이 지	www.sdedu.co.kr

I S B N	979-11-383-7347-0 (13710)
정 가	19,000원